히스테리 연구

히스테리 연구

요제프 브로이어·지크문트 프로이트 김미리혜 옮김

일러두기

1. 열린책들의 『프로이트 전집』 2020년 신판은 기존의 『프로이트 전집』(전15권, 제2판, 2003)을 다시 한 번 교열 대조하여 펴낸 것이다. 일부 작품은 전체를 재번역했다. 권별 구성은 제2판과 동일하다.

2. 번역 대본은 독일 피셔 출판사S. Fischer Verlag 간행의 『지크문트 프로이트 전집Sigmund Freud Gesammelte Werke』과 현재까지 발간된 프로이트 전집 가운데 가장 충실하고 권위 있는 전집으로 알려진 제임스 스트레이치James Strachey 편집의 『표준판 프로이트 전집The Standard Edition of the Complete Psychological Works of Sigmund Freud』을 사용했다. 그러나 각 권별 수록 내용은 프로이트 저술의 발간 연대기순을 따른 피셔판 『전집』이나 주제별 편집과 연대기적 편집을 절충한 『표준판 전집』보다는, 『표준판 전집』을 토대로 주제별로 다시 엮어 발간된 『펭귄판』을 참고했다.

3. 본 전집에는 프로이트의 주요 저술들이 모두 수록되어 있다. 다만, (1) 〈정신분석〉이란 용어가 채 구상되기 이전의 신경학에 관한 글과 초기의 저술, (2) 정신분석 치료 전문가들을 위한 치료 기법에 관한 글, (3) 개인 서신, (4) 서평이나 다른 저작물에 실린 서문 등은 제외했다. (이들 미수록 저작 중 일부는 열린책들에서 2005년 두 권의 별권으로 발행되었다.)

4. 논문이나 저서에 이어 ( ) 속에 표시한 연도는 각 저술의 최초 발간 시기를 나타내며, 집필 연도와 발간 연도가 다를 경우에는 [ ] 속에 집필 연도를 병기했다.

5. 주석의 경우, 프로이트 자신이 붙인 원주는 각주 뒤에 〈 — 원주〉라고 표시했으며, 옮긴이주는 별도 표시 없이 각주 처리했다.

6. 본문 중에 용어의 원어가 필요할 때는 독일어를 병기했다.

이 책은 실로 꿰매어 제본하는 정통적인 사철 방식으로 만들어졌습니다.
사철 방식으로 제본된 책은 오랫동안 보관해도 손상되지 않습니다.

초판 서문

1893년 우리는 「예비적 보고서」를 간행했다. 이 논문은 히스테리 현상을 살펴보고 치료하는 새로운 방법에 관한 것이다. 여기에 우리는 가능한 한 간결하게 우리가 이끌어 낸 이론적 결론을 부연했다. 이제 우리는 이 「예비적 보고서」를 다시 수록한다. 「예비적 보고서」는 명제로서의 역할을 할 것이고, 우리의 목표는 그 명제를 예시하고 입증하는 것이다.

우리는 「예비적 보고서」에 덧붙여 일련의 사례사를 실었다. 그러나 안타깝게도 사례 선택에서 순전히 과학적 기준에만 의존할 수가 없었다. 우리의 경험은 교육 정도가 높고 교양이 있는 사회 계급 내의 개인 진료소에서 이루어졌다. 그리고 우리가 다룬 주제는 환자의 가장 사적인 생활과 개인 내력에 관한 것이 많았다. 이러한 종류의 내용 발표는 비밀 보장을 깨뜨리는 것이 될 터이다. 환자가 누구라는 것을 알아볼 수 있고, 치료자에게만 털어놓은 사항들을 환자의 주위 사람들이 알게 될 위험성이 크기 때문이다. 따라서 우리로서는 우리가 관찰한 것들 중에서 가장 교육적이고 설득력 있는 몇 개 사례는 실을 수 없었다. 이는 특히 성적인 관계나 결혼 관계가 병인으로서 중요한 역할을 하는 사례들의 경우에 해당된다. 따라서 우리는 단지 우리의 견해 — 히스테리를 일으키는 데 성이 심리적 외상의 원천으로서, 또한 〈방어〉에 대한 동기로서(즉, 관념을 의식에서 억압하는 동기로서) 중요한 역할을 하는 것 같다는 견해 ─ 를 입증하는 매우 불완전한 증거만을 제시하게 되었다. 우리가 미발표로 놔둘 수밖에 없었던 것은, 바로 매우 성적인 특성을 지닌 관찰 사항들이다.

사례 뒤에는 여러 이론적인 논의가 따른다. 그리고 마지막 장은 치료에 관한 장으로, 〈카타르시스 요법〉의 시행법을 제시했다.

만약 어느 지점에서 서로 다른 의견이나 심지어 모순된 의견이 쓰여졌더라도 우리 견해가 우왕좌왕한다는 증거로 간주해서는 안 될 것이다. 두 저자 간의 당연하고도 정당한 차이에서 비롯된 것이다. 두 저자는 사실들과 그 사실들에 대한 기본적인 견해에는 동의했지만 그 해석과 추측에서 완전히 일치하지는 않는다.

1895년 4월
브로이어, 프로이트

재판 서문

정신분석에 대한 관심이 점점 커지면서 이제 이 『히스테리 연구』에까지 영향을 끼친 것 같다. 현재 이 책이 절판되어 새 판을 찍게 되었다. 아무런 수정도 없이 본 책이 그냥 2쇄로 나온다. 그렇지만 초판에 제시되었던 견해와 방법은 그때 이후 상당히 깊이 또한 광범위하게 발전을 거듭했다. 그러나 나 개인으로 말할 것 같으면 그때 이후 이 주제를 특별히 다룬 적이 없었다. 이 주제에서 중요한 발전이 이루어지기는 했지만 나는 아무런 역할을 하지 않았기에 1895년 집필에 어떤 새로운 것을 부연할 수가 없었다. 그리하여 나는 이 책 속에 내가 쓴 두 장을 수정 없이 그냥 2쇄로 낼 것을 요청했을 뿐이다.

브로이어

내가 집필한 부분 역시 초판의 본문 그대로 수정 없이 2쇄를 낼 수밖에 없었다. 13년간 작업하면서 내 견해가 발전했고 변화가 생겼지만 그 발전이나 변화의 정도가 너무도 광범위해서 초기에 내가 했던 설명의 본질적인 성질을 모두 파괴하지 않고는 나의 초기 설명에 갖다 붙일 수가 없었다. 또한 내가 초기에 지녔던 견해에 대한 증거를 없애고 싶은 마음도 없었다. 지금도 나는 나의 초기 견해들을 잘못이라고 생각하지 않고, 길고 지속적인 노력을 한 뒤에야만 얻어지는 지식에 처음으로 접근해 가는 가치 있는 것이라고 간주한다. 주의 깊은 독자라면 이 책에서 카타르시스 이론에 그 이후에 부가된 모든 것의 기원을 찾을 수 있을 것이다. 예를 들면 성심리적 *psychosexuell* 요인들과 발육 부전의 역할, 꿈과 무의식적 상징의 중요성들이 그것이다. 그리고 카타르시스가 정신분석으로 발달하는 과정에 흥미를 느끼는 사람들에게 『히스테리 연구』부터 읽어 보면서 내가 밟았던 길을 따라가 보라는 것보다 더 나은 충고는 없을 듯하다.

프로이트
1908년 6월 빈

차례

초판 서문   5
재판 서문   7

히스테리 현상의 심리 기제에 대하여 : 예비적 보고서
(브로이어와 프로이트)   **11**

사례 연구   33
아나 O . 양 (브로이어)   35
에미 폰 N . 부인 (프로이트)   69
루시 R . 양 (프로이트)   142
카타리나 (프로이트)   167
엘리자베트 폰 R . 양 (프로이트)   182

이론적 고찰 (브로이어)   **251**

히스테리의 심리 치료 (프로이트)   **337**

프로이트의 삶과 사상   405
프로이트 연보   423
『히스테리 연구』에 대하여 ─ 제임스 스트레이치, 앨릭스 스트레이치   429
역자 해설   445
참고 문헌   453
찾아보기   459

히스테리 현상의 심리 기제에 대하여: 예비적 보고서

(브로이어와 프로이트)

히스테리 현상의 심리 기제에 대하여: 예비적 보고서[1]
(브로이어와 프로이트)

1

어떤 우연한 관찰을 계기로 지난 몇 년간 우리는 히스테리의 다양한 형태와 증상 들을 연구하게 되었다. 우리는 히스테리를 일으킨 원인, 다시 말해 맨 처음 발병을 가져온 사건(발병하기 수년 전에 일어난 경우가 많은)을 알아내고자 했다. 사례를 연구하다 보면 대부분 환자에게 단순히 물어보는 것만으로는(아무리 자세하고 완벽하게 물어본다고 해도) 히스테리의 시작 지점을 파악할 수 없을 때가 많다. 그 이유 중 하나는 발병을 가져온 사건이 환자들이 이야기하기를 꺼리는 사건일 경우가 있기 때문이다. 그러나 환자가 정말로 그 사건을 기억하지 못하고 유발 사건과 히스테리 증상 간의 인과 관계를 의심해 보지 않아서일 경우가 많다. 따라서 환자에게 최면을 걸어 처음 증세가 나타났던 시점에 대한 기억을 일깨워 줄 필요가 있다. 최면을 시행하면 분명하고 설득력 있게 그 인과 관계를 보여 주는 것이 가능해진다.

여러 사례에서 이 최면법을 통해 이론적으로나 실제적으로 가

---

1 이 장은 프로이트와 브로이어가 함께 쓴 것으로, 원래 1893년에 따로 발표된 연구 논문이다.

치 있는 결과들을 얻었다.

　그러한 결과들이 이론적으로 볼 때 가치 있는 이유는 그러한 결과들을 토대로 사람들이 생각하거나 인정하는 것 이상으로 히스테리의 정신 병리를 결정하는 데 외부적 사건이 크게 작용한다는 점을 알 수 있기 때문이다. 〈외상성(外傷性)〉[2] 히스테리의 경우 분명히 특정 사건이 증세들을 야기한다는 것은 말할 필요도 없다. 마찬가지로 히스테리 발작이 일어날 때마다 첫 번째 발작을 야기한 것과 똑같은 사건을 환각으로 본다는 것을 환자의 이야기로 알아낼 수 있다면 여기서도 인과 관계가 명백하다. 다른 현상을 보고하는 사례에서는 이보다는 그 인과 관계 상황이 모호할 수 있다.

　그러나 우리의 경험에 따르면 매우 다양한 증상, 겉으로 보기에 자생적이고, 또 뭐랄까, 개인에게 특유한 히스테리의 산물들이 히스테리를 촉발하는 외상에 엄연히 연관되어 있다. 우리가 위에서 방금 언급했고, 또 꽤 분명히 연관성을 보여 준 히스테리 현상만큼이나 분명히 외상과 관련되어 있다는 것이다. 이러한 유형의, 촉발 요인들로 그 원인을 거슬러 올라갈 수 있는 증상에는 다음과 같은 것들이 있다. 매우 다양한 종류의 신경통과 신경마비(그중에는 수년간 지속되는 증상들도 많다) 경직과 마비, 히스테리 발작, 간질성 경련 (모든 사람이 진짜 간질이라고 여기는), 간질 소발작과 틱Tic의 성질을 띠는 장애들, 만성 구토와 거식증 (모든 영양을 거부하는 지경에 이르는), 여러 형태의 시각 장애, 반복적으로 나타나는 시각적 환영 등이다. 우리가 외상으로 인한 신경증 환자들을 보면, 히스테리 증상이 수년간 지속되는 데 반

　2　이후 Trauma는 〈외상〉이라고 번역하기로 한다. 원래는 〈큰 상처를 남긴 사건〉 혹은 〈외상〉, 〈쇼크〉라는 뜻이다.

해, 증상들을 유발한 사건은 단지 한 번밖에 일어나지 않았다는 기간상의 불균형을 흔히 보게 된다. 유발 사건은 어린 시절에 경험한 것인 경우가 많은데, 이런 사건들이 심한 증세들을 촉발시키고 그 증세를 수년간 지속시키는 것이다.

어떤 경우에는 그 관계가 너무도 분명해서 다른 사건이 아닌 바로 그 촉발 사건이 어떻게 특정 현상을 일으켰는지를 훤히 이해할 수 있다. 그런 경우 그 증상은 당연히 촉발 원인으로 인해 결정된 것이다. 흔한 예를 들어 본다면, 우리가 식사를 하는 동안 떠오른 고통스러운 감정을 참고 억제한다면 메스꺼움과 구토가 나타날 수 있고, 이 증세들은 히스테리성 구토의 형태로 몇 달씩 지속된다. 불안 속에서 환자를 돌보던 한 소녀는 섬망 상태에 빠져 무서운 환영을 보았다. 그녀는 의자의 등받침대 위에 올려놓은 오른팔이 갑자기 저려 왔다고 한다. 바로 여기서 경직과 신경 마비를 수반한 마비가 시작되었던 것이다. 그녀는 기도를 드리려고 했지만, 아무런 말도 생각해 낼 수 없었다. 기껏 영어로 어린이의 기도를 반복할 수 있었을 뿐이다. 급기야는 매우 심하고 복잡한 히스테리로 발전했는데, 그때쯤부터 그녀는 모국어를 잃어버린 채 18개월 동안 영어만 쓰고 듣고 말할 수 있었다.[3] 어떤 어린이 환자의 어머니는 겨우 잠이 든 아이를 깨우지 않기 위해 의지력을 총동원해 가만히 있으려고 온 정신을 집중했다. 바로 그런 의도 때문에 그녀는 혀 차는 소리를 냈다(《히스테리성 반대 의지 hystericher Gegenwille》의 한 예). 이 소리는 종종 꼼짝 않고 가만히 있었으면 하고 바랄 때 반복되었다. 그리고 바로 여기서 혀를 차는 틱 증세가 생겼는데, 그로부터 수년 동안 그녀가 흥분만 하면 틱 증세가 나타났다.[4] 매우 지적인 한 남자는 자신의 형제가 마취 상태에서

---

3 이 환자가 바로 첫 사례 보고에 나오는 환자이다.

교착된 다리 관절을 펴는 시술을 지켜보게 되었다. 관절이 우두둑하는 소리와 함께 펴지는 순간 지켜보던 자신의 관절에 극심한 통증을 느꼈는데, 이 통증이 거의 일 년 동안 지속되었다. 이 외에도 계속해서 사례를 들 수 있다.

이 외에 다른 사례들에서는 상관관계가 그리 단순하지 않다. 촉발 원인과 병리 현상 간에 단지 〈상징적〉 관계라고 할 수 있는 것만 존재하는 경우가 있다. 이러한 관계는 건강한 사람들도 꿈을 꾸는 동안에 나타난다. 이러한 〈상징적 연결〉의 예로는 정신적인 고통을 겪은 후에 신경통이 따른다든지, 도덕적 혐오감을 느낀 후에 구토가 따른다든지 하는 것 등을 들 수 있다. 우리는 이런 종류의 상징화를 매우 자주 사용한 환자들을 연구한 적이 있다.[5] 또 어떤 사례들에서는 우리가 제시한 방식으로 사례를 정리하고 이해하려고 할 때 어떤 식으로 해야 할지 언뜻 보기에 감이 잡히지 않는 경우도 있다. 이러한 유형의 증상들이 바로 전형적인 히스테리인데, 이를테면 반쪽 마비, 시각 장애, 간질 형태의 전환 등이다. 이 유형의 증상 집단들에 관한 우리의 견해는 그 사례를 좀 더 자세히 논하면서 밝힐 예정이다.

〈이러한 관찰을 근거로 우리들은 일반 히스테리의 병인론을 가지고 외상성 신경증의 병인론을 유추해 나갈 수 있고, 외상성 히스테리의 개념을 확장시키는 것을 정당화할 수 있다.〉 외상성 신경증에서 작용한 원인은 사소한 신체적 손상이 아니라 두려움이라는 감정, 즉 심리적 외상이다. 관찰 결과를 유추해서 적용해 보면, 대부분은 아니더라도 많은 히스테리 증상에서 심리적 외상이라고 부를 만한 촉발 원인을 찾아낼 수 있다. 부정적 정서 ─ 공

4 이 환자가 바로 두 번째 사례 보고에 나오는 환자이다.
5 체칠리Cäcilie M. 부인에 관한 설명을 볼 것.

16

포감, 불안, 창피함 혹은 신체적 고통 따위 — 를 불러일으키는 경험이라면 어떤 것이든지 간에 이러한 종류의 외상으로 작용할 수 있다. 그리고 실제로 그 경험이 외상으로 작용하느냐 마느냐는 당연히 당하는 개인의 취약성에 달렸다(또 다른 변인에 관해서는 후에 언급할 것이다).

일반 히스테리 *die gewöhnliche Hysterie*에서는 하나의 큰 외상 대신에 여러 개의 크고 작은 외상을 발견하게 되는 경우도 적지 않다. 즉 하나의 외상 집단이 히스테리의 원인이 되는 경우를 말한다. 이 외상들은 그 전체가 모두 하나로 집적된 후에라야 비로소 외상으로 작용하는 것이다. 외상의 하나하나는 병력의 한 요소가 되고, 이는 다시 장애 전체를 구성하게 된다. 또 어떤 사례에서는 그 자체만으로는 아무것도 아닌 상황이었는데, 이것이 근본적으로 병의 원인이 될 수 있는 힘을 가진 사건과 결합하거나 혹은 특히 자극에 민감해져 있는 시기에 부딪히게 되면 생각지도 않은 외상으로서의 위력을 갖게 되고, 그 위력이 계속 유지되는 경우도 있다.

여기서 짚고 넘어가야 할 사항은, 결정적인 심리적 외상이 히스테리 현상의 원인이라고 해서 외상이 〈발병 인자〉로서 증상을 일으키고, 이후에는 이 증상만이 계속해서 독립적으로 존재한다는 말은 아니다. 오히려 심리적 외상(좀 더 정확하게 말해 외상에 대한 기억)은 이물질의 형태로 존재하고, 이 이물질은 한번 침투하면 멈추지 않고 오랫동안 원동력으로 작용한다. 매우 흥미로운 증상을 통해 이에 대한 증거를 발견해 냈는데, 이는 우리들이 증상에 대해 어떤 판단을 내릴 때 실제적으로 중요한 도움을 준다.

왜냐하면 놀랍게도 우리는 〈환자가 히스테리의 원인이 되는 사건을 다시 완전하게 기억해 내고 동시에 그 기억에 얽혀 있는 감정을 불러일으키는 데 성공하면, 그리고 환자가 그 사건에 대해 가능한 한 상세하게 진술하고 감정들을 말로 표현하게 된다면, 개개의 히스테리 증상은 곧 소멸되고 두 번 다시 일어나지 않는다〉라는 사실을 발견했기 때문이다.

이 치료법에서는 회상에 감정이 개입되지 않으면 대체로 전혀 효과가 없다. 사건이 발생했을 당시의 심리적 과정이 가능한 한 생생하게 재생되어야만 성공을 거둘 수가 있다. 즉 〈발생 당시의 상태status nascendi〉 그대로 거슬러 올라가서 그것이 〈언어로 표현되어야만〉 한다는 것을 의미한다. 자극 증상인 경련, 신경통, 환각 등이 신체적으로 나타나는 경우에는 처음 발생 당시의 상태가 재생될 때, 그때처럼 강렬하게 다시 한번 그 증상들이 나타나고 그 후에는 영원히 소멸된다. 기능 장애 및 근육 마비, 신경 마비 또한 마찬가지로 같은 치료법을 쓰면 증상이 소멸된다. 그렇지만 이 증상들은 위의 증상들과는 달리 증상 소멸 전의 순간적인 악화 현상이 따르지 않는다.[6] 여기서 무의식적 암시가 개입되고 있는 것은 아닌가 하는 의심이 생겨날 수 있다. 즉 환자가 이 치료를 통해 병에서 해방되기를 기대하고 있기 때문에 말로 표현했다는 그 사실보다도 이 기대 자체가 효과를 가져오는 것은 아닌가 하는 점

---

6 이러한 절차가 치료법으로 쓰여질 가능성은 이미 델뵈프J. R. L. Delboeuf와 비네A. Binet가 생각해 냈다. 다음의 인용문을 보면 이를 분명히 알 수 있다. 〈여기에서 우리는 최면 시술자가 완치를 어떻게 촉진시키는지 설명할 수 있다. 최면 시술자는 환자를 병이 발생했을 당시의 상태로 되돌리고는 언어를 사용해서 그 병과 싸운다〉(델뵈프, 『동물 자기 Le magnétisme animal』, 1889). 〈……아마 우리들은 다음 사실을 깨닫게 될 것이다. 즉 심리 기법을 써서 환자를 처음 증상이 나타난 바로 그 당시로 되돌려 그 환자가 치료 암시에 한층 잘 따르도록 할 수 있다는 것을……〉(비네, 『성격의 변화 Les altérations de la personnalité』, 1892). 자네P. Janet는 『정신적 자동 현상L'automatisme psychologique』(1889)이라는 흥미로운 저서에서 히스테리를 겪는 소녀에게 현재 우리가 시도하고 있는 치료법과 비슷한 방법을 써서 효과를 본 사례에 대해 기술하고 있다—원주.

이다. 하지만 사실은 그렇지 않다. 1881년으로 기록되어 있는, 이런 유형에 대한 관찰 사례가 있는데, 이 사례를 살펴보면 1881년은 〈전(前)암시〉 기간이었다. 상당히 복잡한 히스테리 사례가 이와 같은 방법으로 분석되었으며, 각각의 원인으로부터 발생한 증상들이 또한 각각 제거되었다. 환자의 자발적인 자가 최면 덕에 이것을 관찰할 수 있었는데, 당시 관찰자를 크게 놀라게 했다.

〈원인이 멈추면 결과도 멈춘다cessante causa cessat effectus〉라는 명제를 역으로 하여, 우리는 이상의 관찰에 대해 다음과 같은 결론을 내리고자 한다. 즉 원인이 되는 사건은 수년 동안 어떤 형태로든 계속 작용을 미친다. 더욱이 이 작용은 중간 인자의 연결 고리를 매개로 하는 간접적인 형태가 아니라 직접적인 원동력으로 작용하게 된다. 마치 의식 속에 기억의 형태로 남아 있는 정신적 고통이 사건이 끝난 후에도 한참 동안 눈물이 나게 하는 현상과 같다. 〈히스테리 환자의 대부분은 무의식적인 기억으로 인해 괴로워하고 있는 것이다.〉[7]

2

처음에는 그토록 오래전에 경험한 사건들이 이렇게 강하게 계속 작용한다는 점이 너무도 이상해 보인다. 우리의 기억들이 결국은 스러지게 되는데, 그러한 자연적인 기억 소멸 과정이 그 사건들에 대한 기억에는 해당 사항이 없기 때문이다. 다음을 읽으

7 이 〈예비적 보고서〉에서 언급되는 새로운 내용은 다른 작가, 예를 들어 뫼비우스P. J. Möbius나 슈트륌펠A. von Strümpell 등이 언급한 부분과 큰 차이는 없다. 이들도 히스테리에 관하여 우리와 유사한 견해를 갖고 있지만 우리들의 견해나 치료에 관한 상세한 이론과 가장 가까운 것을 구하고자 한다면, 가끔씩 발표되는 베네딕트M. Benedikt의 논문이 적절할 것이다. 이에 관해서는 다른 곳에서 논하기로 한다 — 원주.

면 아마도 이것을 좀 더 잘 이해할 수 있을 것이다.

어떤 기억의 퇴색이나 그 감정을 잃어버리는 데는 여러 가지 요인이 작용한다. 〈이 요인들 중 가장 중요한 것은 감정을 불러일으킨 사건에 대한 강한 반응이 있었는가의 여부이다.〉 여기서 〈반응〉이라고 했는데, 이것은 모든 수의(隨意)적, 불수의적 반사들을 모두 합쳐서 그렇게 부른 것이다 — 눈물을 흘리는 것에서 복수 행위까지, 경험을 통해 알고 있는 것처럼 그러한 반사들을 통해서 정서가 분출되는 것이다. 만약 이 반응이 충분히 크게 일어나면, 그 결과 상당 부분의 정서가 사라진다.

언어의 관용법이 바로 그 증거로, 일상생활에서 우리는 〈실컷 울어서 해소하다〉, 〈분을 폭발시키다〉 등의 말들을 사용한다. 만약 이러한 반응이 억제되면 감정이 기억에 붙어 있는 채 그대로 남아 있게 된다. 어떤 모욕에 대해 보복했던 경우는 설사 말로만 보복했더라도 그냥 그 모욕을 받아들일 수밖에 없었던 경우와는 다르게 그 모욕이 기억될 것이다. 언어를 보면 이 차이, 즉 정신적·심리적 결과의 차이를 반영하고 있다. 아무런 말 없이 당해야만 했던 모욕은 〈*Kränkung*〉, 원래 말 그대로하면 〈병나게 하는 것〉이라고 표현한다.

외상적 사건에 대한 모욕당한 사람의 반응은, 그 반응이 적절한 경우에만, 예를 들어 복수 따위의 경우에만 카타르시스 *Katharsis* 효과를 발휘한다. 그러나 언어가 행동을 대신할 수 있다. 즉 언어의 도움만으로 행동과 거의 마찬가지로 효과적으로 감정을 〈소산*Abreagieren*〉시킬 수 있다.[8] 어떤 경우에는 말하는 것 자체가 적절한 반사인 경우가 있는데, 예를 들면 통곡과 비밀의 괴로

8 〈정화*Katharsis*〉와 〈소산〉이라는 용어가 처음 공식적으로 사용된 것이 바로 이 문장에서이다.

움을 벗어나기 위한 고백 따위가 그것이다. 만약 행위로건 말로 건 그러한 반응을 하지 못했다면, 하다못해 눈물이라도 흘리지 않았다면 그 사건에 대한 기억은 최초에 경험했던 감정과 똑같이 강한 색조를 띤 채 남아 있게 된다.

그러나 그렇다고 해서 〈소산(消散)〉만이 심리적 외상을 겪은 정상인이 사용할 수 있는 해결법은 아니다. 그러한 외상에 대한 기억은 설사 소산되지 않더라도 복잡한 연상 속에 파고 들어가 다른 경험(모순될 수도 있는)과 함께 떠올라서는 다른 생각들을 통해 바로잡을 기회를 맞게 된다. 가령 사고 이후에 위험에 관한 기억과 (완화된) 공포의 반복이, 후에 일어난 사건 ─ 즉 구조와 현재 안전하다는 의식 ─ 에 대한 기억과 연결이 된다. 또 예를 들면 사실들을 옳게 판단함으로써 자신이 가치 있는 인간이라고 생각해 본다든지 함으로써 수치스러운 기억이 정정된다. 이런 방식으로 정상인은 자신의 얽힌 감정들을 연상 과정을 통해 제거할 수 있다.

이에 더해 인상의 일반적 소멸을 들 수 있다. 이는 우리가 〈망각〉이라고 부르는, 기억이 바래져 가는 현상으로, 이제 더 이상 감정이 개입되지 않는 생각이나 기억들을 소멸시킨다.

반면에 히스테리 현상의 결정 인자들이 되어 버린 기억들은 오랜 시간이 지나도 놀랄 만큼 생생하고 완전하게, 그리고 강렬한 감정 색조를 그대로 유지한 채 존재한다는 것을 관찰하게 되었다. 그러나 나중에 다시 설명하겠지만 여기서 우리가 말해 두어야 할 또 하나의 놀라운 사실이 있다. 그것은 바로 이러한 히스테리 현상을 일으키는 기억들은 환자의 다른 기억들과는 달리 환자가 어찌해 볼 도리가 없다는 것이다. 오히려 〈이 히스테리 현상을 일으킨 체험들은 환자가 정상적인 심리 상태에 있을 때는 환자의 기억 속에서 아예 존재하지 않거나 또는 기껏해야 매우 개략적인 형태로만 존재한다.〉 최면 상태에서 환자에게 물어보아야지만 비로소 이 기억들이 마치 최근에 발생한 것 같은, 조금도 약화되지 않은 생생함으로 떠오르게 된다.

그리하여 우리가 본 환자 중에 한 명은 6개월 동안 1년 전의 바로 그날(급성 히스테리의 발작 동안) 그녀를 흥분시켰던 모든 것을 생생한 환각으로 재생시켰다. 그녀 몰래 그녀의 어머니가 가지고 있던 일기와 대조해 보면 그 재생이 일기의 사실과 완전히 일치한다. 또 다른 환자는, 일부는 최면 상태에서 또 일부는 자생적인 발작 상태에서 10년 전에 경험했던 히스테리적 정신병 증세와 관련된 모든 사건을 분명하게 환각으로 재경험했다. 그 증세들이 다시 올라올 순간까지만 해도 대부분 잊고 있었던 것이다. 15년이나 25년 전으로 거슬러 올라가는 기억이라도 병인론적으로 중요한 것들은 놀라울 만큼 고스란히, 감각 하나하나를 그대로 유지한 채 남아 있다. 그러한 기억이 돌아오면 처음 경험할 때와 같은 정도의 강한 감정이 그대로 작용하는 것이다.

이 현상은 이 기억들이 우리가 이전에 논의했던 기억 소멸 과정들이 해당되지 않는 예외라고 해야지만 설명이 가능해진다. 다시 말해 이 기억들은 충분히 소산되지 않은 외상에 관한 것이다. 충분한 소산이 이루어지지 않은 이유들에 관해 좀 더 자세히 알고 싶은가? 적어도 다음 두 가지 조건을 생각할 수 있다.

첫 번째는 외상의 특성상 환자가 심리적 외상에 반응하지 못한 경우이다. 예를 들어 사랑하는 사람을 잃었는데, 결코 돌이킬 수 없는 경우라든지 사회적인 상황이 반응을 불가능하게 만들었다든지 환자가 그냥 잊고 싶어 했기 때문에, 의도적으로 의식적 사고로부터 억압되어[9] 억눌려지고 억제된 경우들이다. 최면 상태에서 우리가 찾게 되는 히스테리 현상의 근원은 이런 종류의 고통스러운 것들이다. (이러한 히스테리 현상의 예로, 성자나 수녀, 품행이 단정한 부인, 예의범절 교육이 잘된 아이들에게서 보는 히스테리성 착란을 들 수 있다.)

두 번째는 기억의 내용이 해당 사건을 경험할 당시 환자의 〈심리 상태〉에 따라 규정된다. 최면 상태에서 발견되는 히스테리 증상의 원인들 중에는 그 자체로서는 히스테리 증상을 일으키기에 미약한데도 그 사건이 예를 들어 공포와 같이 온몸을 얼어붙게 만드는 극한 정서 상태에 처했을 때 일어났기 때문에, 혹은 공상이나 자기 최면 따위가 막 깨려는 반최면 상태 따위에서 일어났기 때문에 없어지지 않고 계속 남아 있게 된 경우가 있다. 그런 경우에서 사건에 대한 반응을 불가능하게 만든 것은 바로 환자의 상태이다.

물론 두 가지 조건은 한꺼번에 존재할 수 있다. 실제로도 자주 그러하다. 즉 그 자체만으로 작용을 미칠 수 있는 외상이 몸을 꼼짝 못 하게 만들 정도의 극한 정서 상태에서 발생했다든지 의식이 변형된 상태에서 발생하는 경우가 있다는 것이다. 그러나 많은 사람에게는 정신적 외상이 이러한 비정상적인 상태를 야기하고, 그런 뒤 이 비정상적인 상태로 인해 반응을 할 수 없게 된다.

두 가지 조건에는 공통점이 있는데, 그 어떤 조건하에서건 반응으로 해결되지 못한 정신적 외상은 연상이라는 작업으로도 해

---

9 처음으로 〈억압되다〉라는 표현을 정신분석학적 의미로 사용했다. 이 책에서 프로이트는 계속 이 용어를 사용했다. 그 당시에 〈억압Verdrängung〉이라는 말은 〈방어〉와 같은 뜻으로 쓰였다. 〈방어〉라는 용어는 이 절에는 등장하지 않지만 프로이트가 역시 이 책의 다른 부분에서 자유롭게 사용했다. 브로이어는 그의 〈이론적 고찰〉에서 두 용어를 모두 사용한다. 초기에 억압이라는 말을 쓸 때는 〈의도적으로〉 혹은 〈일부러〉라는 부사를 동반했다. 〈의도적으로〉라는 말은 이 경우 단순히 동기가 존재한다는 것이지 〈의식적〉인 의도를 가진다는 의미는 아니다.

결되지 못한다는 것이다. 첫 번째 조건에서는 환자가 그 고통스러운 경험을 잊겠다고 작정하고 가능한 한 연상으로부터 멀리 내쫓아 버린다. 반면 두 번째 조건에서는 정상적 의식 상태와, 생각이 떠오르게 되는 병적인 의식 상태 간에 연상을 가능하게 하는 연결이 없기 때문에 연상 작업이 이루어질 수가 없다. 이 문제에 관해서는 좀 더 깊이 논의할 기회가 있을 것이다.

결론적으로 병을 유발하게 되는 관념들은 억압되지 않은 연상 때의 재생과 소산을 통해 정상적으로 바래지는 과정을 거치지 않기 때문에 그처럼 생생하고 강한 감정을 그대로 유지한 채로 지속된다고 말할 수 있다.

3

우리가 경험한 대로 심리적 외상으로 인해 히스테리 현상이 발생하는 데는 환자의 상태가 중요한 역할을 한다는 이야기를 한 바 있다. 그런 이야기를 할 때 우리는 병을 일으키는 관념이 떠오르게 되는 비정상적인 의식 상태에 관해서 언급하지 않을 수 없었다. 그리고 환자가 정상적으로 기억할 때가 아니라 최면 상태에서 기억할 때만이 작용력을 지닌 심리적 외상을 회상할 수 있더라는 점을 강조하지 않을 수 없었다. 이 현상들에 관해 오랫동안 골몰해 있을수록 우리는 다음과 같은 확신이 깊어졌다. 잘 알려진 고전적인 사례들에서 〈이중 의식〉의 형태로 매우 현저하게 나타나는 의식의 분열은 사실 모든 히스테리에 원형적인 형태로 존재한다. 그리고 그러한 의식 분열 혹은 의식 분열을 동반한 비정상적인 의식 상태(〈유최면 상태 *Hypnoide*〉라는 용어를 하나로 묶어 표현할 것이다)가 나타나는 성향이 바로 히스테리라는 신경증의 기본 현상이다. 우리들의 이러한 견해는 비네A. Binet와 두 명의 자네[10]의 견해와 일치한다. 그러나 우리는 아직 자네의 지각 상실자에 관한 놀라운 발견들을 몸소 접한 경험이 없다.

우리는 〈최면은 인위적인 히스테리이다〉라는 익숙한 명제에 다른 명제, 즉 〈히스테리의 기초와 필수 조건은 유최면 상태의 존재이다〉를 더함으로써 균형을 꾀하고자 한다. 아무리 서로가 다른 면에서 차이가 나더라도 이 유최면 상태들 간에는, 또 유최면 상태와 최면 간에는 공통점이 있다. 그것은 바로 그 상태에서 떠오른 심상들이 매우 강하기는 하지만 나머지 의식 내용과의 연상적 연결이 끊겨 있다는 사실이다. 연상은 유최면 상태들 간에 일어날 수 있고 그 관념적 내용이 이런 식으로 다소 높은 정도의 심리적 체계화를 이룩할 수 있을 것이다. 더군다나 유최면 상태의 특성과 이 상태가 다른 나머지 의식 과정으로부터 끊겨진 정도는 최면 시나 마찬가지로 제각각임에 틀림없다. 가볍게 졸린 상태부터 몽유병까지, 또 완전한 회상에서 완전한 기억 상실까지의 넓은 범위를 갖는다.

만약 이런 유최면 상태가 병세가 보이기 전에 이미 존재한다면 이 상태는 감정이 병을 유발할 기억에 신체 증상을 심게 되는 토양이 된다. 이것이 바로 〈소질성disponierten〉 히스테리에 해당한다. 그러나 우리가 알게 된 바는, 심한 외상(외상성 신경증에서 본 것과 같은)이나 힘을 많이 들인 억제Unterdrückung(예를 들면 성적인 감정의 억제)가 아무 장애가 없는 사람들에게서조차도 심상들의 분열을 가져올 수 있다는 것이다. 그리고 이것이 바로 심리적으로 비롯된 히스테리의 기제일 것이다. 이러한 두 양극단의 히스테리들 사이에는 의식이 분열되는 경향의 정도와 외상에 얽힌

---

10 피에르 자네P. Janet와 쥘 자네J. Janet를 말한다.

감정의 강도에 따라 일련의 사례들이 차례로 위치한다고 상정해야 한다.

우리는 소질성 유최면 상태의 근원에 관해서 모르고 있던 어떤 새로운 것을 말할 수는 없다. 단지 건강한 사람들에게서도 잘 나타나는 백일몽에서 발전하는 경우가 많으며, 바느질이나 그 외의 유사한 일을 할 때 여성들이 특히 걸리기 쉬운 듯하다는 것을 말하고 싶다. 이 유최면 상태에서 일어나는 〈병적 연상〉은 왜 그토록 견고하며 관념보다도 더 많은 영향을 신체 과정에 미치는가? 이 질문은 최면 암시의 효과에 관한 일반적인 질문들과 일치한다.

이 문제에 관해 우리의 관찰이 어떤 새로운 것을 알려 주지는 않는다. 그러나 〈히스테리는 일종의 정신병이다〉라는 전문가의 공식 견해와 〈히스테리 환자 중에는 매우 명석한 지성과 강한 의지력, 훌륭한 인격, 그리고 뛰어난 비판력을 가진 사람들이 있더라〉는 사실 간의 모순을 우리의 관찰을 통해 밝혀 줄 수 있다. 다시 말해 환자들의 이 특성은 그들의 정상적인 사고에 해당되며 유최면 상태에서는 우리가 꿈속에서 그러하듯이 미쳐서 비상식적으로 되는 것이다. 단, 꿈에서의 정신병 증상은 우리가 깨어난 상태에 영향을 미치지 않는 반면, 유최면 상태의 산물은 히스테리 증상의 형태로 일상생활에 침입하게 된다.

4

만성적인 히스테리 증상에 대해 우리가 주장한 바는 거의 마찬가지로 히스테리 발작에도 적용될 수 있다. 이미 잘 알려진 바대로 샤르코J.-M. Charcot가 〈주된〉 히스테리 발작에 대해서는 간략하게 서술한 바 있다. 그에 따르면 전체 히스테리는 다음 네 가지 단계로 구분 지을 수 있다. 즉, (1) 유사 간질 단계, (2) 대운동 단계, (3) 격정적 태도 단계(환각 단계), (4) 말기적 섬망 단계 들로 구분된다.

샤르코[11]에 따르면 히스테리 발작의 형태들이 모두 완전하게 갖추어져서 나타나는 경우는 〈대발작grande attaque〉이라 하고, 실제로는 대발작보다도 더 자주 우리가 보게 되는 발작 형태는 각 단계의 지속 기간이 짧아지거나 길어지는 한 형태, 혹은 어떤 단계가 나타나지 않는다든지 고립되어 발생한다든지 하는 형태의 발작이라고 했다.

우리는 세 번째 단계인 〈격정적 태도〉 단계에서부터 설명을 시작하고자 한다. 이 단계가 뚜렷한 형태로 나타날 때, 히스테리의 발병을 가져오는 중요한 기억이 환각으로 재생된다. 이 기억은 하나의 주요한 외상에 관한 기억이든지(외상적 히스테리에서 뚜렷이 볼 수 있듯이), 서로 연관된 일련의 부분 외상들(일반 히스테리의 기저에 있는 것과 같은)에 관한 기억이다. 혹은 외상에서의 특이 소질이 존재한 바로 그 순간에 사건이 발생한 탓으로 그 사건이 강조되어 발작 동안 이 사건이 재생될 수도 있다.

하지만 어떤 종류의 발작은 운동성 현상만을 보이고 〈격정적 태도〉 단계는 빠져 있는 듯 보이는 경우도 있다. 전반적 경련이나 강직성 경직, 혹은 수면 발작attaque de sommeil 등의 발작을 환자가 보이는 동안 그 환자와 의사 소통을 잘할 수만 있다면, 아니면 그보다 더 나은 방법으로 최면 상태에서 발작을 불러낼 수 있다면 — 이 경우에도 역시 단일의 심적 외상이나 여러 개의 심적 외상에 대한 기억이 근저에 존재한다는 것을 보게 된다. 이러한 기억은 보통 때는 근저에 숨어 있다가 환각 단계에서야 뚜렷이 보인다.

---

11 『신경성 질환에 대한 강의Leçons sur les maladies du système nerveux』, 제3권 참조.

한 어린 소녀가 일반 경련으로 보이는 발작을 수년간 겪었다. 간질성일 가능성이 컸고, 사람들은 실제로도 간질성이라고 여겼다. 감별 진단을 목적으로 그녀에게 최면을 걸었다. 최면 상태에 빠지자마자 그녀는 발작했다. 무엇이 보이느냐는 물음에 그녀는 〈개요! 개가 와요!〉라고 대답했다. 아니나 다를까 그녀가 들개에게 쫓긴 다음에 첫 발작을 겪었음이 판명되었다. 치료가 성공했다는 것은 우리가 선택한 진단명이 옳았음을 입증해 주었다.

또 다른 한 예로 상사에게 학대를 당하고서 히스테리 환자가 된 직장인이 있었다. 그는 발작하는 동안에 쓰러져서는 걷잡을 수 없는 분노에 휩쓸렸지만 환각에 관한 이야기를 한 적이 없었고, 환각이 나타나는 듯한 모습도 보이지 않았다. 그러나 최면 상태에서 발작을 이끌어 내자 환자는 상사가 길에서 그를 학대하고, 지팡이로 구타하는 장면을 경험하고 있다고 보고했다. 며칠 후 환자는 다시 찾아와 그 이후 똑같은 발작이 일어났다고 호소했다. 이번에는 최면 중에 실제의 발병과 관련된 장면을 재경험했다. 그 장면은, 그가 법정에서 학대에 대한 배상을 받는 데 실패하는 장면이었다.

히스테리 발작 중에 나타나든지 불러일으켜지는 기억들은, 다른 모든 측면에서도 〈만성〉 히스테리 증세의 뿌리에 있는 촉발 원인들과 부합한다. 후자의 원인들과 마찬가지로 히스테리 발작의 근저에 있는 기억은 소산이나 연상적 사고 작용으로 제거되지 못한 심적 외상에 관한 것이다. 만성 히스테리 증세의 뿌리에 있는 촉발 원인들과 마찬가지로, 히스테리 발작의 근저에 있는 기억들은 정상적 의식 상태에서 기억하려고 해도 전혀 기억할 수 없다든지 혹은 그 본질적인 요소를 기억해 낼 수가 없으며, 연상이 통제되는 유최면 상태의 심상 내용물이다. 마지막 공통점으로는,

둘 다 모두 치료적 검사가 적용된다는 점이다. 우리의 관찰에 따르면, 그때까지 발작을 일으킨 기억도 최면 중에 반응 과정과 연상에 따른 정정 과정을 거친 다음에는 발작을 일으키지 않게 되었다.

히스테리 발작의 운동 현상 중 일부는 기억에 얽힌 감정과 부합되는 일반적인 반응 형태로 해석될 수 있고(예를 들어 아기들도 그러하듯, 발로 찬다든지 팔다리를 흔든다든지 하는 형태), 또 일부는 이 기억을 직접 표현하는 것으로도 해석될 수 있다. 그러나 만성 증상에서 볼 수 있는 히스테리성 변질(變質) 징후처럼 이런 방식으로는 설명할 수 없는 부분도 있다.

우리는 앞서 〈히스테리에는 유최면 상태에서 생기는 관념군이 존재하는데, 이 관념군은 다른 관념과의 연상적 연결이 끊겼고, 단지 자기네들끼리의 연상만이 가능할 뿐이다. 그리하여 이 관념군은 다소간 잘 조직화된 제2차 의식의 원형을 형성한다〉라는 이론을 제시했다. 이 이론을 염두에 둔다면 히스테리성 발작은 특히 흥미로워진다. 이 이론에 따르면 만성 히스테리 증상이란 이 제2차 상태가 보통은 정상 의식의 통제권에 있는 신경의 신체 지배로 침입한 것에 해당한다. 그에 비해 히스테리성 발작은 이 제2차 상태가 더 잘 조직된 체계라는 증거이다. 히스테리 발작이 처음으로 나타났을 때, 그 순간은 바로 유최면 의식이 그 개인의 전 존재를 지배하기 시작한 순간이다. 즉 그 순간은 급성 히스테리를 가리킨다. 그리고 그 이후에 기억을 가지고 나타나면 그것은 그 순간이 다시 돌아온 것을 가리킨다. 샤르코는 히스테리 발작이 제2차 상태의 원형적 상태라고 이미 말한 바 있다. 발작 동안에는 신체의 신경 전체의 지배권이 유최면 의식으로 넘어간다. 그렇다고 정상 의식이 늘 전적으로 억압되는 것은 아닌데, 이는 잘 알려진 관찰 결과에서 볼 수 있다. 정상 의식은 발작 동안의 운동 현상을 의식하고 있다. 그러나 그 운동 현상에 얽힌 심리적 사건은 인지하지 못한다.

잘 알려져 있지만, 중증 히스테리의 전형적인 진행 과정은 다음과 같다. 즉 처음에 유최면 상태 동안에 관념의 내용이 형성되고, 이것이 충분히 발전하여 신체의 신경 지배 통제권을 얻게 되고, 환자 전체에 대한 지배권을 얻게 되는데, 이것이 〈급성 히스테리〉의 기간이다. 그리고 만성 증상과 발작을 일으킨다. 그런 뒤 후유증을 남긴 채 발작과 증상들이 없어진다. 정상적인 인격이 또다시 지배권을 갖게 되더라도 유최면 상태의 심상 내용 중 남아 있는 것들이 히스테리 발작 시에 다시 나타나고, 환자를 외상으로 인해 쉽게 영향받을 수 있는 상태에 가끔 빠뜨린다. 그런 뒤 두 심적 상태 간에 예전대로 균형 상태를 회복해 하나의 인간 속에서 합쳐진다. 즉 히스테리 발작과 정상 생활이 서로 방해하지 않고 나란히 자리 잡게 된다.

정상인에게는 기억이 저절로 떠오르듯이 발작도 저절로 생긴다. 그리고 연상의 법칙에 따라 기억을 불러일으킬 수 있는 것과 마찬가지로 발작도 불러일으키는 것이 가능하다. 발작을 일으키려면, 〈히스테리를 일으키는 부분hysterogenic Zone〉[12]을 자극하든지 병인이 되는 경험과 유사한 새로운 경험을 하면 된다. 이 두 가지의 결정 요인이 매우 상이해 보일지 몰라도 본질적으로는 같으며 두 결정 요인 모두에서 감각이 넘치는 기억이 건드려진다는 것을 밝히고자 한다.

그러나 이러한 균형이 매우 불안정한 경우도 있다. 즉 정상적인 인격이 지치고 무기력해지기만 하면 발작이 일어나 유최면 의

12 이 용어는 샤르코가 자주 사용한 말이다.

식의 잔여물을 나타내 보인다. 여기서 발작이 그 원래 의미를 상실했기에 내용물 없이 운동 반응의 형태로서만 되풀이되어 나타나고 있다는 가능성을 배제할 수는 없다.

앞으로의 연구 과제로 남길 수밖에 없는 것은 히스테리적 인격 자체가 발작 동안이나 만성 증상에서, 혹은 두 가지가 혼합되어 나타날 때 그 모습을 드러내게 되는 결정 요인을 알아내는 것이다.[13]

5

이제 우리가 이 논문에서 서술한 심리 치료 절차가 어떻게 해서 치료 효과가 있는지를 이해할 수 있을 것이다. 이 치료법은 억제된 감정이 말을 통해 빠져나가도록 함으로써 처음에 소산되지 않은 심상의 작용력을 제거한다. 또한 심상을 (가벼운 최면 상태에서) 정상 의식으로 끌어들이거나 의사의 암시를 통해 제거함으로써(기억 상실을 수반한 몽유병 상태에서 그러하듯) 연상적 정정을 가능하게 한다.

우리는 이러한 치료 절차의 이점이 상당하다고 생각한다. 물론 소질 탓인 히스테리를 완치할 수 없다는 것은 사실이다. 또한 유 최면 상태가 재발할 때도 그에 대해 아무런 조처를 취할 수가 없다. 게다가 급성 히스테리의 생산기 동안에는 우리의 치료 절차로 그토록 공을 들여 제거했던 현상이 곧 새로운 현상으로 대치되는 것을 막을 방도가 없다. 그러나 일단 이 급성기가 지나면 만성 증상이나 발작의 형태로 남은 잔여물을 우리의 치료법으로 제거할 수 있으며, 영구히 사라지게 할 수 있다. 이는 우리의 방법이 철저하기 때문이다. 증상을 영구히 제거한다는 점에서, 오늘날

13 이 문제는 훨씬 뒤에 히스테리 발작에 관한 논문에서 프로이트가 다루었다.

심리 치료자들이 사용하는 직접적인 암시를 통한 제거법보다도 치료 효과가 월등한 듯싶다.

우리가 히스테리 현상의 심리 기제를 발견함으로써 예전에 샤르코가 히스테리성 외상으로 인한 마비를 성공적으로 설명했고, 인위적으로 모방함으로써 나선 길을 따라 한 걸음 더 걸어간 셈이다. 그렇다고 해도 우리가 히스테리 증상들의 기제만을 이해하는 데 더 가까이 접근한 것뿐이지 히스테리의 내부적 원인에 대한 이해는 아직도 멀었다. 우리들은 히스테리의 병인론을 단지 건드린 것에 불과하고, 히스테리의 후천적 형태에 관해서만, 즉 우발적 요인들이 본 신경증에 대해 가지는 의미에 관해서만 분명하게 밝힐 수 있었다.

1892년 12월 빈에서

사례 연구

(브로이어와 프로이트)

아나 O. 양
(브로이어)

처음 아프기 시작했을 때(1880년) 아나는 스물한 살이었다. 먼 친척 중에 정신병을 앓은 사람이 있었던 것으로 미루어 볼 때, 아나는 유전적으로 약간 심한 신경증적 소인이 있지 않았나 싶다. 그녀의 부모는 둘 다 정상이었다. 아나도 어렸을 때는 건강했고 자라면서도 신경증적 증상들을 전혀 보인 적이 없었다. 그녀는 눈에 띄게 지능이 높고, 놀라울 정도로 사물을 빨리 파악했으며, 직관력이 뛰어났다. 이해하기 힘든 정신적 양식도 잘 소화해 낼 수 있을 정도로 지적 능력이 뛰어났고(비록 학교를 떠난 뒤에는 정신적 양식을 얻지 못했지만), 또 필요할 때 그 능력이 잘 발휘되었다. 또한 놀라운 시적 재능과 상상력을 지녔지만, 이는 날카롭고 비판적인 상식의 범위를 벗어나지 않았다. 이러한 분별력 때문에 그녀는 결코 암시에 걸릴 사람이 아니었다. 토론만이 그녀에게 영향을 줄 수 있었고, 단지 우기는 것만으로는 그녀를 설득할 수 없었다. 그녀는 정신력이 강하고 정열적이고 고집이 셌다. 어떤 때는 지나치게 완고해지기도 했는데, 이럴 때는 타인들에게 친절하고 그들을 배려해야 한다는 생각으로 간신히 자제할 수 있었다.

그녀가 지닌 본질적인 성격 요인 중 하나는 동정심에서 우러난 친절함이었다. 병을 앓고 있는 중이라 해도 그녀는 여러 명의 가난하고 병든 사람을 보살필 수 있었고, 그렇게 함으로써 강력한 본능을 만족시킬 수 있었기에 결국 그녀 자신에게도 크게 도움이 되었다. 기쁠 때나 슬플 때나 그녀의 감정 상태는 항상 약간 지나친 경향이 있었다. 따라서 때때로 그녀는 기분에 좌우되기도 했다. 놀라울 정도로 그녀는 성적으로 미발달 상태였다. 나는 그 누구도 남의 생활을 이렇게 잘 알지 못하리라고 말할 수 있을 정도로, 이 환자의 삶에 대해서 잘 알고 있었다. 그런 내가 보기에 그녀는 한 번도 사랑에 빠져 본 적이 없었다. 그리고 그녀가 병을 앓는 동안 겪은 수많은 환각 중에서도 정신생활의 그 요소(성적 요소)는 끼지 않았다.

이 소녀는 지적인 활기로 넘쳐났지만 청교도적 사고방식을 지닌 가족과 함께 매우 단조로운 생활을 영위하고 있었다. 그녀는 단조로운 생활을 흥미롭게 만들기 위해 자신이 〈개인 극장〉이라고 부른 백일몽으로 윤색하고 있었다. 아마도 이것으로 인해 그녀가 병에 걸린 것이 아닐까 싶다. 사람들이 그녀가 주위에 함께 있다고 생각할 때, 실상 그녀는 자신의 상상 속에서 동화의 삶을 살고 있었다. 그렇지만 누군가 그녀에게 말을 걸면 그녀는 항상 자기가 있던 자리로 돌아오기 때문에 아무도 눈치채지 못했다. 집안일은 나무랄 데 없이 잘하는 동안에도 그녀는 거의 끊임없이 이러한 공상을 계속했다. 이제 나는 그녀가 정상적일 때 습관적으로 백일몽에 빠졌던 것이 어떻게 해서 병으로 진행되었는지, 그 경로를 묘사해 보고자 한다.

병의 경로는 명백하게 구분되는 다음 몇 가지 단계를 밟았다.

(A) 잠복: 1880년 7월 중순부터 대략 같은 해 10월 10일까지. 보통 이 단계에서는 병이 겉으로 드러나지 않는다. 그러나 이 사례의 경우 그 독특한 성격 때문에 완전하게 접근할 수 있었다. 그

러나 그 자체는 사례의 병리에 아무런 흥미를 더하지 못한다. 이 잠복기에 관해 곧 서술하기 시작할 것이다.

(B) 외부로 나타난 병: 특이한 종류의 정신병, 즉 착어증, 교차성 사시, 심한 시력 장애, 마비(수축 형태로 나타남) ─ 사지의 오른쪽 상단과 양쪽 하단에는 완전 마비, 왼쪽 상단에는 부분 마비, 목 근육에는 진행성 마비. 오른쪽 사지의 수축이 점차 경감. 약간의 호전을 보였으나 4월, 심한 심리적 외상으로 중단됨(환자의 아버지의 죽음). 곧 다음 단계로 이어짐.

(C) 계속되는 몽유기와 어느 정도의 정상 상태가 번갈아서 나타남. 여러 만성 증상이 1881년 12월까지 지속되었다.

(D) 1882년 6월에 이르기까지 병적 상태와 증상들이 점차 없어짐.

1880년 7월, 환자가 매우 좋아했던 아버지가 흉막 주위 농양[1]에 걸렸다. 병이 낫지 않고 1881년 4월에 사망했다. 아버지가 병에 걸린 뒤 처음 1개월간 아나는 아버지를 극진히 간호했다. 그리하여 그녀 자신의 건강도 극도로 나빠졌을 때 그 누구도 크게 놀란 사람이 없었다. 그 누구도, 아마 환자 자신조차도 자신에게 무슨 일이 일어나고 있는지를 몰랐던 모양이다. 그러나 결국 쇠약해진 상태, 빈혈, 입맛을 잃는 등의 증세가 심해져서, 결국에는 더 이상 아버지를 계속 간호할 수 없었다. 이렇게 된 가장 직접적인 원인은 매우 심한 기침이었는데, 이 때문에 그녀는 처음으로 진찰을

1 신체 조직의 괴사로 인해 고름이 생기는 병.

받게 되었다. 전형적인 신경성 기침tussis nervosa이었다. 얼마 안 있어 그녀는 오후만 되면 쉬고 싶어 했고, 저녁때면 거의 수면과 비슷한 상태에 빠졌으며, 그 후에는 매우 흥분된 상태를 보였다.

12월 초 교차성 사시가 나타났다. 어느 안과 의사가 이것을 외시신경의 마비 탓이라고 (잘못) 설명해 주었다. 12월 11일 결국 환자는 침대에 눕고 말았고, 4월 1일까지 일어나지 못했다.

새로 발생한 것이 분명한 심각한 장애들이 연이어 빠르게 진행되었다. 그런 장애들은 다음과 같다. 즉 오른쪽 후두부의 두통, 흥분하면 심해지는 교차성 사시, 벽이 넘어지는 것 같다는 호소(사안근의 질환), 분석하기 어려운 시각 장애와 함께 목의 앞부분에 마비 증상이 나타나 나중에는 환자가 머리를 움직이려면 어깨를 올린 뒤 어깨 사이로 머리를 파묻고, 등 전체를 움직여야 했다. 오른쪽 다리의 상부에서 수축과 지각 마비가 나타났고 얼마 후에는 하부에서도 이 같은 증세가 나타났다. 이 지각 마비는 점점 퍼지고 내전되어 안쪽으로 돌아갔다. 후에 같은 증상이 왼쪽 다리 말단에 나타나고, 마지막에는 왼팔에도 나타났으나, 손가락은 어느 정도 움직일 수 있는 힘이 있었다. 또한 어깨의 관절도 움직이기 힘들어졌다. 수축이 팔 윗부분의 근육에서 최고조에 달했다. 지각 마비는 팔꿈치 부위에서 극에 달했는데, 후에 이것을 면밀히 테스트할 수 있었다. 병의 초기에는 지각 마비를 제대로 테스트할 수 없었는데, 그 이유는 환자의 불안감에서 비롯된 저항 때문이었다.

나는 환자가 이런 상태일 때 치료를 맡게 되었고, 내가 다루어야 할 심리적 장애의 심각성을 즉시 인식했다. 두 가지의 완전히 상이한 의식 상태가 예고도 없이 매우 자주 교차되어 나타났는데, 병이 진행됨에 따라 더욱 두 의식 상태의 구분이 확연해졌다. 첫 번째 의식 상태에 있을 때는 그녀는 주위를 인식할 수 있었다. 우울하고 불안하기는 했지만, 두 번째 의식 상태 때보다 정상이었다. 하지만 두 번째 의식 상태에 있으면 그녀는 환각에 빠졌고 〈못된〉 여자였다. 사람들에게 욕을 퍼붓고, 방석을 던지기도 했으며, 수축 때문에 힘들었음에도 잠옷 단추를 뜯어내고 겨우 움직일 수 있는 손가락으로 천을 찢는 등 행패가 심했다. 그녀가 병적인 의식 상태에 있었을 때 방의 내부를 바꾸거나 누군가가 출입했다면, (정상적인 상태로 돌아오면) 필름이 끊겼었다고 호소하면서 의식적 생각의 흐름에 공백이 있다고 말하곤 했다. 자신이 미쳐 가는 것 같다고 호소할 때, 주위 사람들은 그 사실을 부정하면서 그녀를 진정시키려고 했기 때문에, 그녀는 베개를 집어 던지면서 사람들이 자신을 혼란에 빠뜨린 채로 놓아 둔다고 비난했다.

이러한 〈부재absence〉[2]는 그녀가 병상에 눕기 전에도 이미 관찰된 바 있다. 즉 문장 중간에서 이야기를 멈추고는 마지막 단어를 반복하다가 잠시 후에 다시 이야기를 계속하곤 했다. 이러한 중지는 방금 묘사한 차원으로 발전할 때까지 점차 늘었다. 그리고 병이 절정에 이르는 동안, 수축이 왼쪽 몸으로 퍼진 다음에는 하루 중 그녀가 어느 정도 정상인 시간이 매우 짧아졌다. 또한 비교적 의식이 명료한 순간에도 장애가 그녀를 덮쳤다. 기분의 변화가 극도로 빨라서, 과도하게 그러나 아주 일시적으로 기분이 고양되었다가 금방 또 심한 불안과 모든 치료에 대한 고집스러운 반항, 검은 뱀에 관한 끔찍한 환각에 빠졌다. 그녀에게는 자신의 머리카락이나 리본 같은 것들이 검은 뱀으로 보였다. 그럴 때 그녀는 스스로에게 바보같이 굴지 말라고 자꾸 타일렀다. 지금 보이는 것은 그저 머리카락일 뿐이라는 등의 말을 계속하면서 자신

2 프랑스어임.

의 정신이 꽤 명료할 때 그녀는 머릿속이 혼란스럽고 아무런 생각을 할 수가 없으며 눈이 안 보이고 귀가 안 들리며, 진짜 자신과 나쁜 짓을 강제로 하게 하는 악한 자신, 두 개의 자신이 있다는 식의 호소를 하곤 했다.

오후부터 해가 저문 후 약 한 시간이 지날 때까지는 비몽사몽 상태에 빠져 지냈다. 그 후에 깨어나서는 무엇인가가 자기를 괴롭힌다고 호소하곤 했다 — 아니면 그냥 비인칭으로 그냥 〈괴롭힌다, 괴롭힌다〉라는 말만을 반복했다. 수축 상태가 진행되면서 심각한 언어 기능의 해체가 나타났다. 처음에는 그녀가 단어를 찾는 데 힘들어한다는 것을 알아챌 수 있을 정도였는데, 이 어려움이 점차 커졌다. 나중에는 문법과 구문론을 제대로 사용하지 못했고, 동사 변화도 하지 못했다. 결국에는 부정사만을 사용했는데, 대부분의 경우 약변화 과거분사로 된 틀린 용법이었다. 또한 정관사이건 부정관사이건 관사는 모두 빠뜨렸다.

시간이 흐르면서 그녀는 거의 모든 단어를 잊어버렸다. 네다섯 가지의 언어를 낑낑거리면서 구사하려고 했지만 거의 이해할 수 없는 수준이었다. 글로 쓰려고 할 때도 (나중에는 수축 때문에 아무것도 쓸 수 없었지만) 마찬가지였다. 2주 동안 그녀는 완전히 바보가 되었고, 말을 하려고 계속 무진 애를 써도 한마디도 할 수 없었다. 이제 처음으로 장애의 심리 기제가 분명해졌다. 내가 알고 있는 대로, 그녀는 무엇인가에 매우 기분이 상해 있었고, 그에 대해서 말하지 않기로 결심한 것이다. 내가 이것을 짐작으로 맞히고 강제로 그것에 대해 말하게끔 했더니 그 어떤 말도 할 수 없게끔 만들었던 억압이 사라졌다.

이러한 변화는 1881년 3월 왼쪽 다리의 운동력이 되살아난 시기와 우연히도 일치한다. 착어증도 나아졌다. 그러나 이번에는

영어로만 말했다 — 비록 자신은 그 사실을 모르고 있었지만. 그
녀는 당연히 말귀를 못 알아듣는 간호사와 다투었다. 수개월이
지난 뒤에야 나는, 그녀 자신이 영어로 말한다는 사실을 그녀에
게 납득시킬 수 있었다. 그러면서도 그녀 자신은 독일어로 말하
는 주위 사람들의 말을 알아들을 수는 있었다. 단지 극심한 불안
에 빠진 순간에만 언어력이 완전히 엉망이 되든지 모든 종류의
언어를 마구 혼동해서 썼다. 컨디션이 최상이고 편안할 때는 프
랑스어와 이탈리아어를 사용했다. 이럴 때와 영어로 이야기할 때
사이에는 완전한 기억 상실이 일어났다. 사시도 나아지기 시작해
그녀가 크게 흥분한 순간에만 나타났다. 또한 자신의 머리를 다
시 잘 지탱할 수 있게 되었다. 4월 1일 그녀는 처음으로 병상에서
일어났다.

4월 5일, 사랑하던 아버지가 죽었다. 그녀가 병을 앓고 있는 동
안 그녀는 아버지를 잠깐 몇 번 만난 것이 다였다. 이것은 그녀가
겪은 체험 중 가장 심한 심리적 외상이었다. 격렬한 흥분이 분출
된 다음에는 연이어 인사불성 상태가 약 이틀 동안 계속 되었다.
그런 뒤 상태가 크게 변했다. 처음에 그녀는 훨씬 침착해졌고 불
안감도 감소되었다. 극심하지는 않았지만, 오른쪽 팔다리의 수축
과 지각 마비가 계속되었다. 시야가 매우 좁아져 그녀가 좋아하
는 꽃다발을 받고도 단지 한 번에 꽃 한송이씩만 볼 수가 있었다.

사람들을 알아보지 못한다는 호소도 했다. 보통은 의식적으로
노력하지 않고도 사람 얼굴을 알아볼 수 있었다고 그녀가 말했다.
지금은 아주 낑낑대면서 사람 얼굴을 알아보기 위한 〈인식 작업
recognizing work〉[3]을 해야 했다. 자신에게 〈이 사람의 코는 이러이
러하고 그의 머리카락은 이러이러하니, 아무개임에 틀림없다〉라

3 원본에 영어로 표기되어 있다.

는 식의 말을 해야 했다. 그녀에게는 모든 사람이 자신과 아무런 관계가 없는 밀랍 인형처럼 보였다. 그녀와 가까운 친척이 함께 있는 것에 대해 매우 불편해했고, 이러한 부정적인 태도는 점차 강해져 갔다.

전에는 만나면 반가워했던 누군가가 방에 들어오면 처음 얼마간은 그를 알아보고 사물을 분간할 수 있었으나, 곧 원래의 자신만의 상념으로 빠져 들곤 했기 때문에 방문객은 그녀에게 더 이상 보이지 않았다. 방문했을 때 그녀가 항상 알아보는 사람은 나뿐이었다. 나와 이야기하고 있는 도중의 그녀는 항상 현실을 접하고 있었고, 환각 증세로 인한 〈부재〉가 갑작스럽게 대화를 중지시키는 때를 제외하고는 생동감이 있었다.

이제 그녀는 영어로만 말하며, 누가 독일어로 이야기하면 알아듣지 못하게 되었다. 주위 사람들도 그녀와는 영어로 말해야 했다. 간호사조차도 어느 정도 영어로 의사소통하게끔 되었다. 아나는 프랑스어와 이탈리아어를 읽을 수 있었다. 그녀가 프랑스어나 이탈리아어로 된 글을 소리 내어 읽어야 했을 때는 놀랍게도 즉흥적으로, 그것도 아주 유창하게 영어로 번역해서 읽었다.

그녀는 다시 글을 쓰기 시작했는데, 매우 독특한 방식을 사용했다. 상대적으로 덜 뻣뻣한 왼팔로 글씨를 썼는데, 셰익스피어의 책에서 알파벳을 본뜬 로마자의 인쇄체를 사용했다.

전에도 조금만 먹었지만 이제는 식사를 완전히 거부하게 되었다. 그러나 내가 먹여 주는 것만은 허용했기 때문에 곧 더 많은 음식을 먹기 시작했다. 식사 후 그녀는 입을 헹구었으며 어떤 이유에서인지 아무것도 먹지 않았어도 입을 헹구었다 ― 이것은 그녀가 그런 일에 대해 얼마나 무신경한지를 말해 준다.

오후의 비몽사몽 상태와 해가 진 후의 깊은 수면 상태는 오랫동안 계속되었다. 그 뒤 그녀가 자신을 설득해서 일어나게 되면 (이에 관해서는 후에 설명할 것이다) 정신이 명료하고 평화롭고 명랑했다.

이러한 비교적 견딜 만한 상태는 오래 지속되지 않았다. 아버지가 죽고 나서 10일 정도 지났을 때 고문 의사가 방문했다. 내가 그에게 그녀의 특이한 증세들을 보여 주는 동안 모르는 사람에게 으레 그러듯이 그녀는 완전히 이 사람을 무시했다. 내가 프랑스어 교과서를 영어로 읽게 했을 때 그녀는 웃으면서, 〈이건 마치 시험 같네요 *That's like an examination*〉[4]라고 말했다. 그 의사가 대화에 끼어들어 그녀의 관심을 끌려고 했지만 소용없었다. 이것이 바로 순전히 〈음성 환각〉으로, 그 이후에도 실험을 위해 여러 번 시도했다. 결국 그 의사가 그녀의 얼굴에 담배 연기를 뿜은 다음에야 그녀의 음성 환각을 깨고 주의를 끄는 데 성공할 수 있었다. 갑자기 그녀는 이 처음 보는 사람을 쳐다보더니 문으로 달려가 열쇠를 빼고 바닥에 정신을 잃고 쓰러졌다. 이어서 마구 화를 내며 발작한 다음 심한 불안 발작이 뒤따르는 바람에 진정시키느라 애를 먹었다. 불행히도 나는 그날 밤 빈을 떠나 여행을 가야 했는데, 며칠 후 여행에서 돌아왔을 때 나는 환자의 상태가 훨씬 더 악화되었음을 발견했다. 그동안 그녀는 전혀 먹지 않고 불안감에 빠져 있었고, 그녀의 환각적 〈부재〉는 끔찍한 모습, 죽은 사람들의 머리와 해골 등으로 가득 차 있었다. 그녀는 마치 이러한 것들을 현재 경험하고 있는 것처럼 행동했고, 부분적으로는 말로 표현했기 때문에 그녀 주위의 사람들 또한 환각의 내용을 알게 되었다.

규칙적으로 나타나는 병의 순서는 다음과 같다. 오후에는 비몽사몽 상태가, 일몰을 전후해서는 깊은 최면 상태로 이어졌는데,

4 원본에 영어로 표기되어 있다.

그녀는 이 상태를 〈구름 clouds〉[5]이라고 불렀다. 그녀가 그날 중에 체험한 환각을 말로 표현할 수 있는 날에는 깨어나 정신이 명료해졌고, 마음이 진정되었으며 명랑했다. 그런 때면 이성을 되찾은 채 일을 할 수 있었고, 글을 쓴다든가 그림을 그린다든지 하면서 밤늦게까지 앉아 있곤 했다. 새벽 네 시경에는 잠자리에 들었다. 다음 날 같은 일들이 같은 순서로 반복되곤 했다. 그것은 정말로 놀라운 대비였다. 낮에는 환각에 쫓기는 전혀 무책임한 환자, 밤에는 아주 명료한 정신을 가진 처녀가 되었던 것이다.

그녀가 밤에 기분 좋은 상태에 있어도 신체 상태는 계속 악화되기만 할 뿐이었다. 강한 자살 충동이 나타났기 때문에 계속 3층에 살도록 놓아 두는 것이 위험할 듯했다. 그리하여 그녀 자신의 반대에도 불구하고 그녀를 빈 인근의 시골집으로 옮겼다(1881년 7월 7일의 일이다). 나는 거처를 옮겨야 한다고 그녀에게 위협조로 말한 적이 한 번도 없었으나 그녀는 이사를 끔찍하게 여겼고, 말로 표현하지는 않았지만 두려운 마음으로 기다리고 있었다. 이 사건으로 인해 불안감이 그녀의 심리 상태를 얼마나 강하게 지배하는지를 다시 한번 확인했다. 아버지가 돌아가신 후 곧 진정하게 된 것처럼, 두려워했던 일이 실제로 일어난 다음 그녀는 진정했다. 그럼에도 불구하고 이사 직후 사흘간 전혀 자거나 먹지 않고 자살을 여러 번 기도했다(정원에서 자살 시도를 하는 한 위험할 것이 없었다). 창을 부수는 등 난동을 피웠고, 〈부재〉가 수반되지 않는다는 점에서 그녀가 쉽게 구분할 수 있었던 타입의 환각에도 빠졌다. 이런 소동 후 그녀는 조용해졌고, 간호사가 자신에게 음식을 먹이게끔 내버려 두었으며, 밤에 클로랄[6]을 먹기도 했다.

5　원본에 영어로 표기되어 있다.
6　수면제의 일종이다.

이 사례에 관한 설명을 계속하기 전에 다시 한번 뒤로 돌아가서 지금까지 지나가는 투로 언급했던 이 사례의 특이한 점 한 가지에 관해 서술하고자 한다. 이미 말했듯이 지금까지 병이 든 상태에서 이 환자는 매일 오후 비몽사몽 상태에, 그 뒤 해가 지면 깊은 수면 상태인 〈구름〉 속에 빠진다. (이 순서는 그녀가 몇 달간 아버지를 간호하고 있을 때 굳어진 것이라고 여겨진다. 밤에 아버지의 병상을 지켜봐야 했고, 아침까지 안절부절못하면서 귀를 기울이며 초조하게 뜬눈으로 지새우기 일쑤였다. 오후에는, 간호사들이 으레 그러하듯 잠시 쉬려고 누웠다. 이러한 수면-각성 패턴이 자기 자신이 병들어서까지 이어지고 수면이 최면으로 대치된 후에도 오랫동안 지속되었다.) 한 시간가량의 깊은 수면 후에 그녀는 눈은 그대로 감은 채 안절부절못하게 되고 몸을 이리저리 뒤척이면서 〈괴롭히고 있어. 괴롭히고 있어〉를 되풀이했다. 또한 낮에 〈부재〉 상태에서 그녀가 어떻게 해서 어떤 상황이나 사건을 만들어 내고 있는가 하는 것을 알 수 있었는데, 그녀가 웅얼거리는 몇 마디 말이 실마리를 준 덕분이었다. 처음에는 우연으로 시작되었지만 나중에는 고의적으로 일으킨 일인데, 그녀 주위의 누군가가 그녀가 〈괴롭히고 있어〉라고 호소하는 동안 그 실마리가 된 단어들을 반복해 말했다. 즉시 그녀가 거기 끼어들어 어떤 상황을 묘사해 주거나 어떤 이야기를 들려주었다. 처음에는 주저주저했고 착어증적 횡설수설을 했지만 오래 이야기하면서 점점 나아져 나중에는 독일어를 정확하게 구사하게 되었다. (이것은 앞에서 언급한 대로 그녀가 영어로만 말하기 전인 초창기의 일이다.) 그녀의 이야기는 항상 슬픈 내용이었고, 그중 몇 가지 이야기는 매혹적이었는데, 한스 안데르센의 〈그림 없는 그림책〉 스타일이었다. 아마도 그 책이 모델인 것 같다. 으레 이야기의 처음이나 중요 시점에, 불안한 마음으로 병상 옆에 앉은 소녀가 등장한다. 그렇지만 다른 주제로 이야기를 꾸미기도 했다. 이야기를 끝낸 뒤 얼마 안 있어 그녀는 깨어나서는 확실히 진정된 상태, 혹은 그녀가 이름 붙이길 〈gehäglich〉[7]라는 상태로 되었다. 밤이 되어 다시 안절부절못하고 아침이 되어 두어 시간 자고 난 다음에는, 다른 종류의 생각에 잠기는 것이 관찰되었다. 어떤 이유이건 저녁 최면 때 그녀가 이야기를 해줄 수 없을 경우에는 나중에 진정을 못 했고, 다음 날 두 가지의 이야기를 해주어야 했다.

이 현상의 본질적인 면 — 즉 그녀의 〈부재〉 상태가 높아지고 강화되어 저녁때 자기 최면에 도달한다는 점, 그녀가 상상해 낸 산물의 심리적 자극으로서의 효과, 최면 동안 자극에 관해 언급함으로써 자극이 완화되거나 제거된다는 점 — 은 그녀를 관찰한 18개월을 통틀어 항상 그렇게 계속되었다.

당연히 아버지가 돌아가신 뒤 이야기가 더욱 비극적으로 전개되었다. 그렇지만 몽유병 같은 상태가 앞에서 기술한 대로 지리멸렬해진 후, 그녀 자신의 정신 상태가 악화되자 저녁때 그녀의 이야기는 다소 자유롭게 생각해 낸 시적인 조합물로서의 성격이 없어지고 끔찍하고 무서운 환각들로 변해 버렸다(낮에 환자의 행동을 통해서 이 환각들을 들여다볼 수 있었다). 내가 이미 기술한 대로 그녀가 두려움과 공포에 떨면서도 이 끔찍한 영상을 다시 불러일으키고 그에 관해 말로 묘사한 다음에 그녀의 마음은 완전히 안정되곤 했다.

그녀가 시골에 머무는 동안 내가 매일 그녀를 방문할 수 없었

---

7 〈편안한〉을 뜻하는 올바른 독일어 *behäglich* 대신 자신이 만든 이 신조어를 사용했다.

을 때, 사태는 다음과 같이 전개되었다. 나는 주로 저녁때 방문했는데, 물론 그녀가 최면 상태에 있으리라고 예상하고 그렇게 한 것이다. 그녀는 지난번 방문 이후 쌓아 두었던 상상의 산물들을 내게 다 쏟았다. 좋은 결과를 위해서는 이것이 완전해야 했다. 이것을 마친 뒤에 그녀는 완벽하게 진정되었고, 이튿날에는 상냥해지고 다루기 쉬워졌으며, 부지런해지고 명랑해지기까지 했다. 그러나 두 번째 날에 그녀는 점차 음울해지고 고집스러워지며 불쾌해했다. 셋째날에는 훨씬 더했다. 이런 상태에 있을 때 그녀에게 말을 거는 것은 쉬운 일이 아니었고, 최면 상태에서도 마찬가지로 어려웠다.

그녀는 이러한 과정을 진지하게 말할 때는 〈대화 치료*talking cure*〉라는 적절한 이름을 붙였지만, 장난 삼아 말할 때는 〈굴뚝 청소*chimney-sweeping*〉[8]라고 불렀다. 자신의 환각에 대해 이야기하면 자신의 모든 완고한 언행과 〈에너지〉라고 묘사한 것들을 잃어버린다는 것을 그녀는 알고 있었다. 비교적 긴 공백 후 그녀가 기분이 나쁠 때는 대화를 거부하곤 했다. 그럴 때면 나는 어르고 달래면서, 또한 그녀가 자신이 지어낸 이야기를 시작할 때 버릇이 된 형식을 사용하기도 하면서 그녀의 입을 열기 위해 애를 썼다. 그러나 그녀는 주의 깊게 내 손을 만져서 내 정체를 확인하기 전까지는 결코 이야기를 시작하지 않았다.

이야기를 통해서도 진정되지 않는 밤에는 클로랄의 도움을 빌려야 했다. 이전에도 몇 번 시도했지만, 그녀에게 5그램을 주어야 했고, 수면이 시작되기 전, 몇 시간 동안 중독 상태가 계속되었다. 내가 있을 때는 이것이 기분 좋은 상태일 수 있었지만, 내가 없으면 매우 불쾌해하면서 흥분과 불안감으로 점철되었다. (이 심한

8 이 두 용어는 원본에 모두 영어로 표기되어 있다.

중독 상태는 그녀의 수축 상태에 아무런 영향을 주지 않았다.) 그
녀가 자신의 환각을 말로 표현함으로써 수면에는 이르지 못했으
나 진정시킬 수 있었기 때문에 나는 마약 사용을 피할 수 있었다.
그녀가 시골에서 지낼 때 최면 상태에서 평온을 얻지 못한 밤에
는 너무도 견디기 힘들어 클로랄에 의존할 수밖에 없었다. 그러
나 점차로 그 복용량을 줄일 수 있었다.

지속적인 비몽사몽 상태는 다시 돌아오지 않았다. 그러나 두
가지 의식 상태가 교대로 계속 나타났다. 그녀는 대화 도중에 때
때로 환각에 빠지기도 하고 도망치기도 하고 나무에 오르기도 하
는 등의 행동을 보였다. 누가 그녀를 붙잡으면, 그사이 무슨 일이
일어났는지 모르는 채 재빨리 중단된 문장을 계속 이어 나갔다.
이 모든 환각은 최면 중에 나타났고 그녀 스스로 보고한 것이다.

그녀의 상태가 전반적으로 나아졌다. 음식도 간호사가 어려움
없이 먹였다. 그러나 빵을 요청했다가 빵이 그녀의 입술에 닿자
마자 거절한 적은 있다. 다리의 수축 마비는 크게 완화되었다. 판
단력이 향상되어 그녀를 방문했던 의사인 내 친구 B 박사를 따르
게 되었다. 그녀는 선물 받은 뉴펀들랜드 개를 무척 사랑했는데,
이것이 그녀에게 큰 도움이 되었다. 그렇지만 한번은 다음과 같
은 일이 있었다. 그녀의 개가 고양이를 공격한 적이 있었는데, 이
때 이 병약한 처녀가 왼손에 채찍을 들고 그 커다란 개를 늘씬하
게 패주어서 고양이를 구해 주는 장면은 가관이었다. 후에 그녀
는 가난하고 병든 사람들을 돌보아 주었는데 이는 그녀에게 큰
도움이 되었다.

휴가 동안 수주에 걸친 여행을 마치고 돌아왔을 때 나는 〈부
재〉, 다시 말해 〈제2상태〉 동안에 만들어진 심상의 복합체가 갖는
효과들, 즉 병의 원인이 되는 효과와 흥분시키는 효과에 관한 설

득력 있는 증거를 얻었다. 또한 이 복합체가 최면 상태 동안 말로 표현됨으로써 제거된다는 확증을 얻었다. 몇 주의 공백기 동안 〈대화 치료〉가 시행될 수 없었는데, 이는 나 말고 다른 누구에게 털어놓도록 설득시키는 것이 불가능했기 때문이다. 다른 면에서는 좋아했던 B 박사조차도 불가능했다. 내가 돌아왔을 때 그녀는 의기소침해서 비참한 지경에 있었다. 생기가 전혀 없고 말을 들으려고도 하지 않았으며 성질을 부렸고, 심지어는 악의에 가득 차 있었다. 저녁때 그녀의 이야기를 통해 그녀의 상상력과 시상이 메말라 버렸다는 것을 분명히 알 수 있었다. 그녀가 보고한 것에서는 점점 환각들과 관련 있는 이야기들이 많아졌다. 예를 들어 지난 며칠 동안 그녀를 괴롭혔던 것들에 관한 이야기였다. 그녀가 보고한 이야기들은 공상의 형태로 표현되었지만 시적으로 세련되기보다는 상투적인 이미지에 불과했다.

그러나 내가 그녀를 일주일간 다시 빈에서 지내도록 주선해 주고, 매일 저녁 나에게 세 편에서 다섯 편의 이야기를 들려주도록 하자 사태는 호전되었다. 이런 식으로 내가 마무리하자 비로소 내가 부재중이던 그 몇 주 동안 누적되었던 모든 것이 잘 풀렸다. 이제야 이전의 리듬이 다시 회복된 것이다. 그녀가 자신의 환상을 말로 표현하고 난 그날은 온순해지고 명랑해졌으나, 둘째날에는 다소 짜증을 내고 덜 온순했다. 셋째날에는 확실하게 〈못된〉 여자가 되었다. 그녀의 사기는 그녀가 마지막으로 언어적 표현을 한 이후 시간이 지날수록 점점 밑으로 떨어져 갔다. 이것은 그녀가 상상한 산물들 모두, 그리고 그녀 마음의 병적인 부분들로 인해 동화된 사건들도 모두 하나하나의 심리적 자극으로 계속 작용했기 때문이다. 각 자극이 언어로 표현되면 더 이상 작용하지 않았다.

가을에 환자가 빈으로 돌아왔을 때(그녀가 처음에 병에 걸릴 때 살던 집이 아닌 다른 집으로 간 것이지만) 그녀의 심신 상태는 그런대로 괜찮았다. 왜냐하면 병을 일으킬 심리적 자극이 될 만한 체험들이 거의 없었기 때문이다. 실로 매우 인상적인 체험만이 심리적 자극으로 남아 있었다. 그녀가 새로운 자극에 대해 정기적으로 말로 표현함으로써 새로운 자극들이 그녀 마음에 영구히 짐을 지우는 것을 막으면서 나는 지속적으로 차도가 있기를 바랐다. 그러나 나는 곧 실망하기 시작했다.

12월에 그녀의 심리 상태가 눈에 띄게 악화되었다. 또다시 흥분이 되어 침울해지고 짜증을 냈다. 〈정말로 좋은 날〉은 더 이상 없었다. 그녀 마음속에 〈들러붙을〉 만한 그 어떤 것도 찾지 못했던 때조차보다도 상태가 안 좋았다. 12월 말 크리스마스 무렵 특히 안절부절못했다. 크리스마스 주일 내내 저녁때 내게 이야기해 준 것 중에 새로운 것은 없었고, 단지 1880년(1년 전)의 크리스마스 동안 심한 불안과 정서에 스트레스를 받으면서 매일매일 다듬었던 상상의 산물에 관해서만 이야기했을 뿐이다. 일련의 이야기를 마친 뒤 그녀는 꽤 나아졌다.

그녀가 아버지 곁을 떠나 병상에 누운 지도 어언 1년이 흘렀다. 이때부터 그녀의 상태는 점차 명료해졌고, 매우 특이한 체계를 형성해 갔다. 교대로 나타나던 두 의식 상태는, 아침부터 시작해 하루가 진행되면서 그녀의 〈부재〉(다시 말해 그녀의 제2차 상태의 출현)가 항상 점점 더 자주 나타나고, 그러다 저녁때쯤 되면 완전히 부재 상태에 빠졌다 — 이전에 이 교대되는 두 의식 중 첫 번째 것은 정상이고, 두 번째 것은 소외된 장애 상태란 점에서 서로 달랐다. 그러나 이제는 더 차이가 나는 점이 있는데, 그것은 첫 번째 상태에서 1881~1882년의 겨울 동안 그녀는 다른 사람들과 마찬가지로 살았고, 1880~1881년의 겨울 동안 두 번째의 의식 상태로 지냈다는 점이다. 그녀는 차후9의 모든 일을 잊었다. 그럼에도 거의 항상 그녀의 의식 속에 남아 있던 것으로 보인 것은, 아버지가 돌아가셨다는 사실이다. 그녀의 의식은 새 집에 있으면서도 전에 살던 방에 있다는 환각에 빠질 정도로 강하게 지난해로 돌아가 있었다. 그래서 그녀가 문 쪽으로 가다가 옛날 방의 문이 있던 위치에 해당하는 창가로 가 그곳에 놓여 있던 스토브에 부딪히기도 했다. 한 의식 상태에서 다른 의식 상태로의 전환이 저절로 일어났는데, 실은 지난해를 생생하게 상기시켜 주는 그 어떠한 감각-인상이라도 쉽게 그러한 전환을 일으켰을 것이다. 누군가 그녀의 눈앞에 오렌지를 들고 있기만 해도(오렌지는 그녀가 처음 아팠을 때의 주식이었다) 그녀는 1882년이나 1881년으로 돌아갔다. 그러나 이러한 지난 과거로의 전환이 전반적이거나 막연한 형태로 일어난 것은 아니고 지난겨울 그대로 매일매일을 살았다. 그녀가 매일 저녁 최면 상태에서 1881년의 같은 날에 그녀를 흥분시켰던 것들에 대해 이야기하지 않았거나 혹은 그녀의 어머니가 가지고 있었던 1881년의 일기가 환각의 근거가 되는 사건의 발생이 실제로 일어났었다는 것을 증명해 주지 않았다면 나로서는 오직 추측에 머무를 수밖에 없었을 것이다. 이런 식으로 전년도를 다시 사는 일은 1882년 6월 병이 결정적으로 낫게 될 때까지 계속되었다.

여기서 상당히 흥미롭게 관찰할 수 있는 부분은 이렇게 그녀의 제2차 상태에 속하는 재생된 심리 자극들이 그녀의 제1차 상태, 즉 상대적으로 정상인 상태를 침범하는 것이다. 예를 들어 어느 날 아침 환자는 웃으면서 도대체 뭐가 문제인지는 모르지만 내게 화가 난다고 했다. 일기 덕분에 영문을 알 수 있었다. 그리고 아니

---

9 1881년 봄 이후를 말한다.

나 다를까 저녁 최면 때 다시 한번 이런 일이 일어났다. 그런데 1881년 같은 날에 내가 환자를 굉장히 화나게 한 일이 있었다. 또 다른 예를 들면 언젠가 그녀는 자신의 눈에 이상이 있다고 내게 말했다. 즉 색이 다르게 보인다는 것이다. 그녀는 자신이 갈색 옷을 입고 있는 것으로 알고 있는데, 지금은 그것이 청색으로 보인 다는 것이다. 우리는 곧 시각 테스트를 통해서 그녀가 시각 테스트 용지의 모든 색은 옳게 그리고 선명하게 분간할 수 있는데, 단 지 그 의복에 관계된 색에만 장애를 일으키고 있다는 것을 알게 되었다. 그 이유는, 1881년의 바로 그날 그녀가 아버지를 위해 잠 옷을 만드느라 바빴었는데 그 잠옷의 재질은 현재 그녀가 입고 있는 옷과 같은 천이었으며, 청색이었던 것이다. 이것은 불시에 떠오르는 기억들이 이미 전부터 그녀에게 작용하고 있었다는 것 을 우연하게, 그러나 분명히 보여 주는 것이다. 즉 정상적인 상태 의 이러한 혼란이 이미 더 일찍부터 일어나고 있었으며 그 기억 들이 제2차 상태에서 단지 천천히 소생하고 있었던 것이다.[10]

따라서 저녁 최면은 그녀에게 커다란 부담을 주었다. 왜냐하면 우리는 그녀가 현재 상상한 산물뿐 아니라 1881년의 사건들과 〈괴로움vexations〉[11]에 관해서도 이야기해야 했기 때문이다(다행 히도 1881년의 상상적 산물은 이미 다루었다). 그러나 여기에 더 해서 환자와 의사가 해야 하는 작업은 똑같은 방식으로 제거해야 하는 제3의 별도 문제들 때문에 엄청나게 증가될 수밖에 없었다. 제3의 문제들은 1880년 7월부터 12월까지 병의 잠복기와 관련된 심리적 사건들로서 사실 전체 히스테리 현상을 일으킨 장본인이 었다. 그리고 이 심리적 사건들이 언어로 표현되었을 때 증상은

10 비슷한 현상이 체칠리 M. 부인의 사례에도 등장한다.
11 원문에 영어로 표기되어 있다.

사라졌다.

　이것이 처음으로 일어났을 때 — 다시 말해 저녁 최면 때 이러한 우연적이고 자발적인 언어 표현을 사용한 결과, 꽤 오랫동안 지속되던 혼란이 사라졌을 때 — 나는 크게 놀랐다. 더위가 기승을 부리던 여름이었는데, 환자는 심한 갈증에 시달렸다. 이유도 모른 채 환자는 아무것도 마실 수 없게 된 자신을 발견했다. 그녀가 그토록 갈구하던 물이 든 잔을 들어 올릴 수는 있었으나, 잔이 입술에 닿자마자 마치 공수병 환자인 양 잔을 밀쳐 버렸다. 이때 2~3초 동안 〈부재〉 상태에 있었음이 분명하다. 그녀는 고통스러운 갈증을 해소하기 위해 멜론 따위의 과일만 먹었다. 이런 현상은 6주가량 지속되었다. 그러던 어느 날 최면 중에 그녀는 자신이 별로 좋아하지 않았던 영국 여자 친구에 관해 온갖 혐오감을 드러내 보이면서 불평했다. 언젠가 그녀의 방에 들어갔더니 작은 개 — 끔찍한 짐승 — 가 잔에 든 물을 마시고 있더라는 것이다. 당시 환자는 예의상 아무 말도 하지 않았다고 했다.

　쌓인 울분을 마음껏 표현한 뒤 그녀는 마실 것을 요청하고는 많은 양의 물을 힘들이지 않고 마신 뒤 잔을 입에 댄 채 최면에서 깨어났다. 그 뒤부터는 물을 마시지 못하던 증세가 사라졌고, 다시 재발하지도 않았다. 이와 마찬가지로 극심하게 고집스럽던 변덕도 그것을 일으켰던 체험에 관해 이야기를 한 이후로 사라졌다. 초기부터 나타났던 그녀의 만성적 증세, 즉 오른쪽 다리의 수축도 마찬가지 방식으로 많이 완화되면서 그녀는 큰 차도를 보였다.

　히스테리 현상을 일으켰던 사건들이 최면 중에 재생되자마자 히스테리 현상들이 사라지더라는 발견은, 그 논리적 일관성이나 체계적 적용에서 더 바랄 것이 없는 완벽한 치료 기법을 끌어냈다. 이 복잡한 사례에서 각 증세는 하나하나 별개로 취급되었다.

증세가 나타났던 모든 경우를 역순으로 기술한다. 즉 환자가 병상에 눕기 전부터 시작해 처음에 그 증세가 나타나도록 한 사건으로까지 거슬러 올라간다. 이 사건에 관해서 이야기하면 증세는 영원히 사라진다.

이런 방식으로 그녀의 마비된 수축과 지각 마비, 여러 시각 장애, 청각 장애, 신경통, 기침, 손떨림 등 그리고 마지막으로 언어 장애가 〈이야기를 함으로써 해소되었다.〉시각 장애 중에서 다음의 것들은 따로따로 제거시켰다. 교차성 사시와 복시, 양 눈이 모두 오른쪽으로 일탈한 결과 어떤 것을 집으려고 손을 뻗으면 손이 항상 그 물건의 왼쪽으로 가게 되는 증상, 시야의 협착, 중심성 약시, 거시증, 아버지 대신 죽은 사람의 머리가 보이는 증상, 글을 읽지 못하는 증상, 몇 개의 산발적인 현상(예를 들면 마비된 수축이 몸의 왼쪽으로 확대된 것 따위의)은 그녀가 병상에 누워 있는 동안에 발전된 것들인데, 이 분석 절차를 가지고는 다루지 않았다. 추측하건대 사실상 그 현상들은 직접적인 심리적 원인이 된 것 같지 않다.

증상들을 유발한 최초의 원인을 그녀의 기억에서 먼저 끌어냄으로써 작업을 단축시키는 것은 전혀 실행 가능성이 없음이 판명되었다. 우선은 그녀 자신이 그 원인을 찾지 못하고 점차 혼란스러워해서, 그녀가 하는 대로 차분하고 꾸준하게 끌어올린 기억의 실을 거꾸로 더듬어 올라가는 것보다 속도가 훨씬 느렸다. 그러나 이 방법을 저녁때 최면 동안 실행하는 것이 너무 오래 걸렸는데, 그 이유는 두 가지 다른 종류의 체험을 〈이야기로 해소하기〉가 그녀로서는 너무 힘들고 혼란스럽고, 회상이 생생해질 때까지 시간이 필요했기 때문이다. 그리하여 우리는 다음과 같은 절차를 개발해 냈다. 나는 아침에 그녀를 방문해 최면을 걸었다(경험을 통해 가장 단순한 최면법을 발견했다). 그다음에 나는 그녀에게 현재 치료 중인 증상에 생각을 집중할 것과 나타난 장면을 바로 내게 말해 줄 것을 요청했다. 빠르고 간단명료하게 환자는 관련 있는 외적 사건을 계속 말했고, 나는 그것을 받아 적었다. 그날 저녁때 최면 상태에서 그녀는 내 기록의 도움을 받아 이러한 상황들에 관해 꽤 자세한 설명을 해주었다.

다음의 예를 보면 그녀가 철저한 방식으로 이 일을 했던 것을 알 수 있다. 누군가 그녀에게 말을 건넸을 때 듣지 못하는 것이 보통이었다. 듣지 못하는 습관은 다음과 같이 분류할 수 있다.

(1) 생각을 빼앗긴 채 멍하니 있을 때 누군가 들어오면 듣지 못하는 경우. 사람이나 상황이 언급되고 종종 날짜까지 언급되는 이런 일이 일어난 적이 108번 있었음. 첫 사건: 그녀의 아버지가 들어올 때 듣지 못함.

(2) 여러 사람이 말하고 있을 때 알아듣지 못하는 경우. 27회. 첫 번째 사건: 이번에도 또 아버지와 아는 사람.

(3) 혼자 있을 때 누군가 직접 말을 걸어도 못 듣는 경우. 50회. 발단: 아버지가 그녀에게 포도주를 달라고 했으나 소용없었음.

(4) 몸이 흔들려서 귀가 먹는 경우(마차 속에서 흔들린다든지 해서). 15회. 발단: 어느 날 밤 그녀가 병실 문에서 엿듣고 있는 것을 남동생이 발견하고 화를 내면서 그녀의 몸을 흔들었음.

(5) 소음으로 인한 두려움으로 귀가 머는 경우. 27회. 발단: 그녀의 아버지가 뭔가를 잘못 삼켜 사레가 들려 목이 메이는 발작이 일어남.

(6) 깊은 〈부재〉 상태에 빠져 있는 동안 귀가 먹는 경우. 12회.

(7) 오랫동안 너무 열심히 들은 탓에 귀가 멀어 누군가 말을 걸면 듣지를 못하는 경우. 54회.

물론 이 모든 사례가 다 멍한 상태라든지 〈부재〉 혹은 공포로 거슬러 올라갈 수 있다는 점에서 서로 꽤 비슷하다. 그렇지만 환자의 기억 속에서는 확연히 구분되었다. 혹시라도 그녀가 에피소드들의 순서를 틀리면 정정해서 바른 순서를 밝혀야 했다. 만약 이 정정이 이루어지지 않으면 보고가 중단되었다. 그녀가 이야기한 사건들은 너무 재미없고 의미를 발견하기 힘든 것이었으며, 굉장히 세밀한 부분까지 진술되었기 때문에 그녀가 지어냈다고는 생각할 수 없었다. 그녀가 이야기한 대부분의 사건은 순수한 내적 경험으로 구성되어 있어 실제로 그 사건이 일어났는지의 여부를 가릴 수 없는 것들이다. 또 어떤 사건들(혹은 그 사건들과 연관되는 상황)은 그녀 주변에 있는 사람들의 기억 속에도 남아 있는 것들이었다.

이 예들도 또한 〈이야기를 함으로써〉 증상이 없어질 때 늘 관찰되었던 특징을 보였다. 즉 그녀가 특정 증상에 관한 이야기를 할 때 그 증상은 더욱 강렬하게 나타났다. 따라서 그녀가 듣지 못하는 증상을 분석하는 동안 그녀는 어느 부분에 이르러서 귀가 먹게 되었다. 그때 나는 글로써 그녀와의 대화를 계속할 수밖에 없었다.[12] 최초의 유발 원인은 아버지를 간호하는 동안 그녀가 습관적으로 경험했던 기이한 것 따위였다. 예를 들어 그녀가 무엇을 빠뜨린다든지 하는 것이었다.

기억하는 작업이 늘 쉽게 이루어졌던 것은 아니어서 때때로 환자는 애를 많이 써야 했다. 어떤 때는 기억이 떠오르지 않아 전체 진행이 중단된 적도 있었다. 대체로 그런 경우는 환자에게는 특별히 무서운 환각과 관련된 것이다. 그녀는 아버지를 간호하는

---

12 이 현상은 나중에 프로이트가 길게 논의하게 된다. 프로이트는 이것을 〈대화 중의 결합〉이라고 했다.

동안 아버지의 머리가 죽은 사람의 머리가 된 환각을 본 적이 있었다. 그녀와 주위 사람들은 그 당시를 기억하고 있었는데, 그때는 겉보기에 그녀가 건강했을 때이다. 당시 그녀는 친척집을 방문했다가 돌아와 문을 여는 순간 의식을 잃고 그 자리에 쓰러졌다. 치료 과정에서 그에 관한 기억이 잘 떠오르지 않아 치료의 진전을 가져올 양으로 또 한 번 같은 장소에 가 보았는데, 방 안으로 들어서자마자 바닥에 또 정신을 잃고 쓰러졌다. 그다음의 저녁 최면 때 우리는 큰 진전을 보았다. 그녀가 방 안으로 돌아왔을 때 문 반대쪽에 걸린 거울에 비친 자신의 창백한 얼굴이 보였다. 그러나 그녀가 본 것은 그녀 자신이 아니라 죽은 사람의 얼굴을 한 아버지였다 — 이 예에서 보듯 우리는 공포로 인해 떠오르지 않던 그녀의 기억이 환자나 의사의 강요로 인해 끌려 올라오는 경우를 자주 보았다.

다음의 예는 특히 그녀의 상태가 상당히 논리적인 일관성이 있음을 보여 준다. 이미 설명한 대로 이 기간에 그녀는 밤에 늘 〈제2차 상태〉 — 1881년에 살고 있다 — 에 있었다. 어느 날 그녀는 밤에 일어나 누가 또 자신을 집 밖으로 옮겼다고 주장하면서 난리를 치는 통에 집 안 전체가 발칵 뒤집혔다. 그 이유는 간단했다. 전날 밤에 대화 치료를 하는 동안 시각 장애가 나아졌고, 그녀의 〈제2차 상태〉도 나아졌던 것이다. 따라서 밤에 그녀가 잠에서 깨어났을 때 자신이 낯선 방에 있는 것으로 생각했던 것이다. 왜냐하면 그녀 가족은 1881년 봄에 이사했기 때문이다. 그 이후로 항상 저녁때 나는 (그녀의 요청으로) 그녀의 눈을 감겨 주고, 다음 날 아침 내가 와서 깨우기 전까지는 눈을 뜨지 못하도록 암시를 주었더니 이러한 불쾌한 사건은 일어나지 않게 되었다. 이 소동은 딱 한 번 더 되풀이되었다. 그때 환자는 꿈을 꾸면서 울었고,

그 때문에 깨어나면서 눈을 떴던 것이다.

병의 준비기인 1880년 여름을 힘들게 분석해 나간 이후로 나는 이 히스테리 사례의 잠복과 병인에 관한 완벽한 통찰을 얻었다. 이제 내가 얻은 통찰을 짧게 서술하고자 한다.

1880년 7월 그녀의 아버지가 시골에 머무는 동안 심한 흉막하농양(胸膜下膿瘍)을 앓고 있었다. 아나는 그녀의 어머니와 역할을 분담하여 아버지를 간호했다. 그녀는 밤에 고열에 시달리던 아버지에 대한 불안감 때문에 잠에서 깨어났다. 그녀는 수술 집도를 위해 빈으로부터 도착 예정이었던 외과 의사를 기다리면서 초조해하고 있었다. 그녀의 어머니는 잠시 다른 곳에 있었고, 아나는 의자 등받이에 오른팔을 올려놓은 채 병상을 지켰다. 그녀는 백일몽 상태에 빠졌고, 검은 뱀 한 마리가 벽에서 나와 아버지 쪽으로 가서 물려고 하는 것을 보았다(실제로 집 뒤쪽에 뱀이 있었고, 이전에 그 뱀들 때문에 그녀가 놀랐을 가능성이 매우 크다. 그래서 그 뱀들이 환각의 소재를 제공했을 것이다). 그녀는 뱀을 쫓아버리려고 했지만 마비된 듯 몸이 움직이지 않았다. 의자 뒤에 있던 그녀의 오른팔이 저렸기 때문에 마비가 되어 감각이 없었다. 그녀가 오른팔을 내려다보았을 때 손가락들이 죽은 사람의 머리를 한(손톱 부분) 작은 뱀들로 변했다(그녀가 뱀을 쫓기 위해 마비된 오른팔을 사용하려고 했고, 그 결과 무감각과 마비가 뱀의 환각과 결합되었을 것이다). 뱀이 사라지자 공포의 와중에서도 그녀는 기도하려고 했다. 그러나 말이 나오지 않았다. 그 어떤 언어로도 말할 수가 없었다. 마침내 영어로 된 어린이용 성구[13]를

---

13 「예비적 보고서」에서 그녀가 생각해 낸 것이 기도였다고 서술되어 있다. 물론 모순이 되는 것은 아니다.

생각해 냈고, 그런 다음 영어로 기도할 수 있게 되었다. 마침내 그녀는 기다리고 있던 의사가 탄 기차의 기적 소리에, 마력의 주문에서 깨어났다.

그다음 날 게임을 하던 중 그녀는 덤불숲에 고리를 던졌다. 고리를 주우려고 들어갔을 때 구부러진 나뭇가지가 뱀의 환각을 다시 불러일으켰고, 동시에 그녀의 오른팔이 뻣뻣하게 경직되었다. 그 이후로 어떤 뱀 비슷한 형체를 한 물체를 보고 환각에 사로잡힐 때마다 오른팔의 경직이 일어났다. 그러나 수축과 마찬가지로 이러한 환각은 그날 밤 이후로 점점 더 자주 생기기 시작했던 〈부재〉 동안에만 나타났다. (수축은 12월에 환자가 기운이 완전히 없어져 병상을 떠날 수 없을 때가 되어서야 굳어졌다.)

내가 지금은 어디에 기록했는지 찾지도 못하고 기억도 나지 않는 특정 사건의 결과로, 오른팔의 수축 말고도 오른쪽 다리의 수축이 새로 생겼다.

자기 최면 형태의 〈부재〉에 빠지는 경향이 이때부터 형성되었다. 내가 서술했던 바로 그다음 날 아침 그녀는 외과 의사가 도착하기를 기다리면서 멍한 상태에 빠져 있었다. 그리하여 마침내 외과 의사가 방에 들어왔을 때는 소리를 듣지 못했다. 지속적인 불안감 때문에 그녀는 잘 먹지도 못하고 점점 더 메스꺼운 증세가 심해졌다. 이것은 차치하더라도 그녀는 강한 정서 상태 동안 각각의 히스테리 증상이 나타났다. 각각의 경우에 순간적인 〈부재〉 상태가 수반되었는지는 확실하지 않지만 깨어 있을 때 그전에 무슨 일이 일어났는지 전혀 모르고 있는 점으로 보아 그랬을 가능성이 있다.

하지만 그녀가 보인 증상 중 어떤 것은 〈부재〉 상태가 아니라 단지 〈깨어 있는〉 중에 강한 정서를 경험할 때 나타난 것 같다. 만약 후자가 사실이라면 그 증상이 마찬가지 방식으로 반복될 것이다. 그래서 그녀에게 나타난 온갖 상이한 시각 장애에 대해 다소 명백한 각 결정 원인으로 거슬러 올라갈 수 있었다. 예를 들어 한 번은 그녀가 아버지 병상 옆에 앉아 눈물을 흘리고 있을 때 갑자기 아버지가 몇 시냐고 물었던 적이 있다. 제대로 보이지 않았다. 그래서 보려고 무진 애를 썼다. 시계를 눈 가까이 갖다 대기까지 했다. 그때 시계의 정면이 갑자기 굉장히 커 보였다 — 이것이 그녀의 거시증과 교차성 사시를 설명해 준다. 또한 그녀는 아버지가 눈물을 보지 못하도록 울음을 억지로 참으려고 했었다.

말다툼을 하는 동안 대답을 억누르다가 성문(聲門) 경련을 유발했고, 비슷한 상황이 일어날 때마다 이 증상이 반복되었다.

그녀의 언어 구사력의 상실도 (1) 그녀가 밤에 처음으로 환각을 경험한 이후, 공포심이 일어난 결과, (2) 말을 억지로 억누른 다음(적극적 억압), (3) 어떤 것에 대해 부당하게 비난받은 뒤, (4) 모든 유사 상황에서(그녀가 기분이 몹시 상했을 때) 일어났다. 아버지의 병상 곁을 지키던 어느 날 그녀는 이웃집에서 들려오는 댄스 음악을 듣고 갑자기 그곳에 가보고 싶다는 생각이 들었지만 자책하면서 이를 극복했을 때, 처음으로 기침을 하기 시작했다. 그 뒤로는 병에 걸려 있던 내내 그녀는 리듬 있는 음악 소리가 들릴 때마다 신경성 기침으로 반응하게 되었다.

내 기록이 불완전하여 다양한 히스테리 증세가 나타난 여러 경우를 일일이 다 열거할 수 없는 것이 유감이다. 그녀는 아까 언급한 증상 하나만 제외하고 모든 증세에 대해 이야기했고, 이미 말했듯이 그녀가 처음 그 증세가 나타났을 때에 관해 서술한 뒤에는 각 증세가 사라졌다.

이런 식으로 병이 완치되었다. 시골로 이사가고 나서 1년이 되던 날(6월 7일)까지는 치료가 종결되어야 한다고 환자 자신이 결연히 결정했다. 그리하여 그녀는 6월 초가 되자 〈대화 치료〉에 더 정력적으로 몰입했다. 마지막 날 — 아버지의 병실을 본따 방 안 재배치 방법을 동원하여 위에서 서술한 끔찍한 환각을 재생시킬 수 있었다. 이 환각이 바로 그녀의 병 전체에서 뿌리가 되는 것이었다. 원래의 장면에서는 영어로만 생각하고 기도할 수 있었다. 그러나 이 장면을 재생시킨 다음에는 독일어로 말을 할 수 있게 되었다. 또한 이전에 보였던 다른 여러 증상으로부터도 자유로워졌다.[14] 이후로 그녀는 빈을 떠나 잠시 여행했다. 그렇지만 그 이후로 꽤 많은 시간이 흐른 다음에야 그녀는 정신적 균형을 완전히 회복할 수 있었다. 일단 회복한 뒤로 그녀는 완벽하게 건강했다. 내가 지금까지 흥미로운 세부 사항들을 꽤 많이 생략하기는 했지만 그럼에도 아나의 병력은 다른 정형적인 히스테리 병에 비해 굉장히 양이 많아질 수밖에 없었다. 그러나 세부 사항을 생략한 채 이 사례에 관해 서술하는 것은 불가능했고, 이 사례의 특징들은 이렇게 길게 서술할 가치가 있을 정도로 아주 중요하다. 이 사례가 중요한 이유는 극피동물의 알이 생태학적으로 중요한 것과 마찬가지이다. 극피동물의 알이 생태학적으로 중요한 이유는 성게[15]가 특별히 흥미로운 동물이어서가 아니라 성게알의 원형질이 투명해서 관찰하기가 좋기 때문이다. 그 알을 관찰한 데서 얻어진 사실을 근거로 불투명한 원형질을 가진 알에서 일어나는

14   원본에는 이곳에 공백이 있다. 프로이트는 아나의 치료를 종결지은 것에 관해 서술하려고 했던 것이다. 어니스트 존스Ernest Jones가 쓴 프로이트의 생애를 보면 이 치료는 성공적으로 끝났고, 환자는 갑자기 브로이어에게 성적인 긍정적인 전이를 강하게 드러냈다고 한다. 이 전이는 분석되지 않았다. 프로이트는, 브로이어가 이 사례의 발표를 그토록 오랫동안 미루었고, 더 이상 프로이트의 연구에 협력하지 않았던 이유가 이 때문이라고 믿었다.
15   극피동물의 일종이다.

일들을 추측해 볼 수 있다. 현재의 사례가 흥미로운 이유도 발병의 원인이 매우 분명하고 이해하기 쉽기 때문이다.

그녀가 아직 병이 들지 않았을 때 앞으로 닥칠 히스테리 병을 유발한 두 가지 심리적 소인이 있다.

(1) 단조로운 가정 생활과 적절한 지적 직업의 부재로 인해 그녀가 사용하지 않은 정신적 활기와 에너지가 넘쳐났는데, 이러한 활기와 에너지는 계속적인 상상 활동 속에서 출구를 발견했다.

(2) 이 때문에 백일몽(그녀의 〈개인 극장〉)이 습관화되었으며, 이는 그녀의 정신적 인격을 분열시키는 밑바탕이 되었다. 그렇지만 이 정도의 분열은 아직까지는 정상 범주 안에 있다. 다소 기계적인 일을 하고 있을 때의 몽상이나 숙고는 그 자체로 병적인 의식 분열을 뜻하지 않는다. 왜냐하면 예를 들어 누가 말을 건다든지 해서 몽상이나 숙고가 방해를 받으면 정상적인 의식의 통일 상태가 복구되기 때문이다. 또한 원칙적으로 그 어떤 기억 상실도 일어나지 않기 때문이다.

그렇지만 아나의 경우에는 이러한 습관이 바로 불안감과 공포감이 자리를 잡을 수 있었던 터전이 되었다. 내가 서술한 대로 강한 정서 때문에 환자의 백일몽이 환각적 〈부재〉로 변형되었던 것이다. 참으로 주목할 만한 것은, 병의 초기에 나타났던 증세들이 이미 그전에 주요한 특성을 나타내 보이고 있었고, 후에도 거의 2년 동안 변함없이 남아 있었다는 점이다. 제2의 의식 상태는 처음에는 일시적인 〈부재〉로 나타났고, 나중에는 〈이중 의식〉으로 체계화되었다. 말의 억제는 불안감으로 인해 생겼고, 영어 구절 덕분에 불안감을 분출할 수 있었다. 나중에는 착어증과 모국어 구사력의 상실이 유창한 영어로 대치되었다. 마지막으로 압박으로 인한 오른팔 마비가 점차 진전되어 오른쪽의 수축성 마비와 지각 마비로 되었다. 방금 언급한 수축성 마비와 지각 마비가 생긴 메커니즘은 샤르코의 외상성 히스테리 이론과 완전히 일치한다. 그는 가벼운 외상이 최면 상태에서 발생할 수 있다고 했다.

그러나 샤르코가 일부러 시험 삼아 일으킨 마비는 바로 생겨서 고정되고 또 심한 외상성 쇼크로 외상성 신경증을 앓는 사람들이 보이는 마비도 즉시 일어나는 반면, 아나의 신경계는 4개월 동안이나 저항하는 데 성공했다. 그녀의 수축 증상은, 이에 수반되는 다른 증상들과 마찬가지로, 그녀의 〈제2차 상태〉의 짧은 〈부재〉 동안만 일어났고, 정상 상태에서는 그녀가 자기 몸을 마음대로 조절할 수 있었고, 감각도 완전했다. 그래서 그녀 자신이나 주위 사람들이 아무것도 알아차리지 못했는데, 물론 주위 사람들의 주의가 아나의 병든 아버지에게 쏠려 있어 아나에게 제대로 신경 쓰지 못한 것도 사실이다.

맨 처음의 환각적 자기 최면 이후 전면적 기억 상실을 수반한 부재와 히스테리 현상은 점점 더 자주 생기면서 같은 종류의 증상들이 새로 생길 기회가 늘어 갔고, 이미 형성된 증상들이 점점 더 강하게 굳어졌다. 이에 더해 그 어떤 갑작스러운 불쾌한 정서도 〈부재〉와 같은 결과를 가져오기도 했다. (물론 그 어떤 병의 사례에서도 그러한 정서가 일시적인 〈부재〉를 야기할 수 있다.) 또한 우연으로 병적 연상과 감각 및 운동 장애가 생겼다가 그 이후로 정서와 함께 나타났다. 그러나 이때까지는 이것이 단지 순간적으로만 일어났다. 환자가 병상에 완전히 드러눕기 전부터 그녀는 이미 히스테리 현상의 전체 증상들을 다 발달시켰던 것이다. 그러나 이 사실을 아무도 알아채지 못했다. 영양 부족, 불면, 계속적인 불안으로 인한 체력 쇠진 탓으로 완전히 탈진된 후에야, 그리고 제2차 상태에서 지내는 시간이 정상 상태보다도 더 길어지기 시작했을 때에야 비로소 그녀의 히스테리 현상이 정상 상태도 침범하고 간헐적인 급성 증상에서 만성 증상으로 변했다.

이 시점에서 환자의 진술을 얼마나 신뢰할 수 있는가, 히스테리의 근원이 되는 사건이나 형태가 정말 그녀가 말한 대로인가 하는 의문이 생긴다. 좀 더 중요하고 근본적인 사건에 관한 한 그녀가 진술한 내용의 진실성은 내게 의심의 여지가 없었다. 〈이야기를 한〉 뒤 증상이 소멸해 버렸다는 것이 그 증거가 아니겠느냐고 할지 모르지만 나는 그 사실을 증거로 삼을 수는 없다. 왜냐하면 암시가 증상 소멸을 일으켰다고 볼 수도 있기 때문이다. 하여간 내가 느끼기에는 환자가 늘 진실되며 신뢰할 수 있었다. 그녀가 내게 말해 준 것들은 그녀 자신의 가장 신성한 것과 밀접히 얽혀 있었다. 다른 사람들을 통해 경험할 수 있는 것들은 모두 사실임이 확인되었다. 설사 아무리 뛰어난 여자라도 이 사례가 보이는 만큼의 일관성 있는 이야기를 지어낼 수는 없을 것이다. 그러나 엄밀히 말해 그녀의 일관성 때문에 (너무나도 완전히 믿었기에) 실제로는 촉발 원인이 아닌데도 어떤 요인이 한 증상의 촉발 원인이라고 그녀가 믿었음에 틀림없다. 그러나 이 의구심 역시 합당치 않다고 본다. 그녀가 언급한 그 많은 원인 모두가 매우 의미 깊다는 점과, 그들과 연관된 것들이 비이성적인 특성을 띠고 있는 점이 그 사실성을 대변해 준다. 환자는 왜 댄스 음악이 기침을 유발하는지 이해하지 못했다. 그리고 그 이유를 분석하는 것은 의미가 없었다. (내 생각에 우연히 양심의 가책이 성문 경련을 일으켰고, 그녀가 춤추는 것을 매우 좋아했기 때문에 운동 충동이 이 성문 경련을 신경성 기침으로 변형시켰을 가능성이 크다.) 그러한 연유로 나는 환자의 보고가 매우 신뢰성이 있고 사실과 부합된다고 본다.

여기서 우리가 고려해 보아야 할 사항은, 다른 환자들에게서도 히스테리가 유사한 방식으로 생긴다고 가정하는 것, 또 제2차 상태가 그리 뚜렷이 체계적으로 나타나지 않는 경우라도 그 전개 과정이 유사하다고 가정하는 것이 어느 정도 타당한가 하는 점이다. 내가 서술한 대로 매우 특이하게도 그녀는 최면 때 일어났던 일을 기억했고 자신이 기억한 것들을 말해 주었는데, 만약 이러한 특이성이 아니었더라면 이 사례의 경우, 환자나 의사가 병의 전개 과정을 전혀 알지 못할 수도 있었을 것이다. 그녀는 깨어 있는 동안에는 이 모든 것을 몰랐다. 따라서 환자가 깨어 있을 때 진찰한 것을 근거로 사례 전체가 어떤지에 관한 결론에 다다르는 것은 불가능하다. 왜냐하면 아무리 의욕이 넘치더라도 그 상태에서는 아무런 정보를 줄 수가 없기 때문이다. 그리고 이미 지적했듯이 환자 주변 사람들은 병이 진행 중이라는 것을 거의 눈치채지 못했다. 그러므로 아나 양의 사례에서 그녀의 자기 최면이 제공했던 것과 같은 절차를 다른 환자들에게 쓸 때만이 그 환자의 상태를 볼 수 있게 된다. 잠정적으로 우리는 다음과 같은 견해만 제시할 수 있을 뿐이다. 여기서 서술된 것과 비슷한 일련의 사건이, 발병 메커니즘을 우리가 몰랐을 적에 추측했던 것보다도 사실은 훨씬 자주 일어난다는 것이다.

아나가 병상에 눕게 되고, 그녀의 의식이 계속 정상 상태와 〈제2차〉 상태 사이를 오락가락하고 있을 때, 따로따로 시작되었던 증상들과 그때까지 잠복해 있던 증상들이 모두 한꺼번에, 만성 증상들로 변하여 나타났다. 여기에 이들과는 다른 원인으로 보이는 한 집단의 새로운 현상이 더해졌다. 즉 왼쪽 다리의 마비성 수축과 머리를 올려 주는 근육의 마비였다. 내가 이 증상들을 다른 증상들과 구분 지은 까닭은 이 증상들의 경우 일단 소멸되고 나면 결코 재발하지 않았기 때문이다. 일시적이든 아주 가볍든 간에, 또한 전체 히스테리 병의 최종 단계나 회복 단계에서도 전혀 재발하지 않았던 것이다. 반면 다른 증상들은 어느 기간 동안 나타나지 않다가 다시 두드러졌다. 또 하나의 차이는, 최면 분석 동안 그녀가 이 마비성 수축과 근육 마비에 관해 언급한 적이 없었고, 따라서 정서적 근원이나 공상적 근원으로 거슬러 올라간 적이 없다는 것이다. 그러므로 내 생각에 이 증상들은 다른 증상들과 동일한 심리 과정 때문에 생긴 것이 아니고 히스테리 현상의 신체적 기초가 되는 미지의 상태가 2차적으로 확장된 탓으로 돌려야 한다.

병에 걸린 전체 기간 중에 그녀의 두 가지 의식 상태가 나란히 계속되고 있었다. 첫 번째 의식 상태는 심리적으로 꽤 정상적이고, 두 번째 의식 상태는 공상의 산물과 환각이 풍부하다는 점에서, 또 기억의 공백이 크고 연상상의 억제와 통제가 부족하다는 점에서 마치 꿈과도 같다. 이러한 제2차 상태에서 환자는 정신 이상 상태에 있다. 환자의 정신 상태가 전적으로 이 제2차 상태의 정상 상태로의 침입에 달렸다는 사실은 히스테리 정신병 증세의 적어도 어떤 부분에 관해서는 중요한 시사점을 던진다. 저녁 최면 때마다 보면 제2차 상태의 산물이 〈무의식 속에서〉[16] 자극으로 작용하지 않는 한에는, 그녀의 정신 상태가 전적으로 맑고 정연하며 그녀의 느낌이나 의지도 정상이라는 것이 증명된다. 마음

---

16 이 책은 〈무의식〉이라는 용어를 정신분석적 의미에서 사용한 첫 번째 발표문인 것 같다. 물론 이 용어는 이전에 다른 작가들, 특히 철학자들이(하르트만E. von Hartmann의 『무의식의 철학Philosophie des Unbewußten』, 1869) 이미 자주 사용했다. 브로이어가 이 용어를 강조한 이유는 아마도 프로이트를 인용했다는 뜻일 것이다. 프로이트 자신도 이 책에서 이 용어를 사용했다. 그는 또한 잠재 의식das Latentbewußte이라는 용어도 사용한다. 브로이어 역시 이 용어를 사용하고, 사실은 프로이트보다도 더 자주 사용했다. 독자들이 알다시피 프로이트는 후에 이 용어의 사용을 반대했다.

의 짐을 더는 이러한 최면 과정 사이사이에 틈이라도 보이면 심각한 정신병 증세가 나타나곤 하는데, 이것은 공상의 산물이 그녀가 〈정상 상태〉에 있을 때의 심리적 사건에 어느 정도로 영향을 미치는지 보여 준다. 하나는 정신적으로 정상이고 다른 하나는 미친, 그러한 두 가지 인격으로 환자가 쪼개져 있다는 식으로 상황을 설명하게 되는 것을 피하기는 어렵다.

내 견해로는, 현 사례에서 두 가지 상태가 확실하게 분리되어 있다는 점은 여러 다른 히스테리 환자의 설명 불가능했던 문제들이 어떻게 생겨났는가 하는 것을 좀 더 분명하게 보여 준다. 아나 자신이 이름 붙인 대로 〈사악한 자기〉가 만든 부산물이 얼마나 도덕적 습관에 영향을 끼쳤는지가 현 사례에서는 특히 눈에 띈다. 만약 이러한 부산물이 계속적으로 제거되지 못했다면 그녀는 악성 히스테리 환자가 되어 버렸을 것이다 ─ 즉, 고집 세고 게으르며 사귀기 힘들고 성질이 못된 환자 말이다. 그러나 실제로는 그러한 자극을 제거한 결과 그녀의 진짜 성격, 즉 이 모든 형용사의 반대인 특성이 바로 나타났던 것이다.

그녀의 두 상태가 확연히 분리되었음에도 제2차 상태가 제1차 상태에 침입한 것은 물론 그 어떤 때라도, 설사 환자가 매우 나쁜 상태에 있더라도 그녀 말에 따르면, 예리하고 침착한 관찰자가 그녀의 뇌 한구석에 앉아 모든 미친 짓거리를 보고 있었던 것이다. 정신병 증상이 실제로 진행되는 동안에도 이 명료한 사고를 계속 유지한 탓에 이 명료한 사고의 존재가 매우 이상한 방식으로 표현되었다. 히스테리 현상이 멈춘 이후 환자가 일시적인 우울증에 빠졌을 때 그녀는 어린애 같은 공포와 자책하는 모습을 보였는데, 개중에는 그녀가 전혀 아픈 적이 없고, 그 모든 일이 꾸며진 것이었다고 생각하는 것도 포함된다. 우리가 이미 알고 있듯이, 비슷한 일이 빈번히 관찰된 바 있다. 이런 종류의 장애가 완치되고 두 가지 다른 의식 상태가 다시금 하나로 합쳐졌을 때 환자들이 과거를 돌이켜보면 말도 안 되는 이 모든 짓거리를 의식하고 있었던 분열되지 않은 단일한 인격체로서의 자기 자신들을 보게 된다. 이때 환자들은 만약 자신들이 그러기를 원했다면 그러한 짓거리들을 예방할 수 있었을 것이라고 생각하며, 따라서 마치 자기들이 의도적으로 장난을 한 것처럼 느끼는 것이다 ─ 여기서 고려해야 할 것은, 제2차 상태 동안 지속된 이 정상적인 생각이 그 크기에서 굉장히 변화가 심했고, 완전한 결여 상태에 있던 적도 매우 자주 있었으리라는 점이다.

병의 시작부터 종결까지 제2차 상태에서 비롯된 모든 자극, 그리고 그 결과들까지 최면 시의 언어적 표현으로 영구히 제거되었다는 놀라운 사실에 대해서는 이미 서술한 바 있다. 여기서 나는, 이 사실이 내가 환자에게 암시를 걸어 강요한, 나 자신에 의한 허구가 아니라는 보증을 덧붙이고자 한다. 나는 이 사실에 전적으로 놀랐고, 이런 식으로 증상들이 제거된 다음에야 비로소 나는 그 사실로부터 치료 기법을 발전시켰다.

히스테리의 최종적인 완치에 대해 몇 가지 의견을 더 말하고자 한다. 이미 내가 언급한 대로 최종 단계에서는 환자의 정신 상태가 꽤 악화되고 동요된다. 현 사례에 관한 나의 소견으로는, 그때까지 조용하게 있던 제2차 상태의 여러 산물이 의식 속으로 강하게 밀고 들어오더라는 것이다. 그리고 처음에는 그 산물들이 제2차 상태 때만 기억났지만, 정상 상태에 부담을 주고 동요시킨다는 것이다. 만성 히스테리가 정신병으로 종결되는 다른 사례들의 경우에서도 같은 근원을 찾을 필요는 없는지의 여부는 앞으로 밝혀져야 할 일이다.

두 번째 사례

에미 폰 N. 부인

(프로이트)

1889년 5월 1일.[1] 나는 40세가량된 부인을 담당하게 되었다. 그녀의 증세와 성격은 매우 흥미로웠기 때문에 나는 많은 시간을 그녀에게 할애했고, 그녀의 회복을 위해 내가 할 수 있는 모든 일을 하리라고 결심했다. 그녀는 히스테리 증상을 보였는데 손쉽게 몽유 상태에 빠질 수 있었다. 그래서 이 사실을 알게 된 나는 최면 상태에서 탐색해 나가는 브로이어의 치료 기법을 사용하기로 결정했다. 이 치료 기법은 그의 첫 번째 환자를 성공적으로 치료한 뒤 내게 설명해 주는 과정에서 배운 것이다. 현 사례는 내가 그 치료 방법을 이용한 첫 번째 시도였다. 물론 그때까지도 그 방법을 완전히 터득한 것은 아니었다. 실상은 증세에 대한 분석[2]을 충분히 깊게 수행하지도 않았고 충분히 체계적으로 시도하지도 못했다. 이 환자의 상태와 의료적 처치가 어떠한 것이었는지를 알리

1 이 사례는 연대가 모순적이다. 치료는 1889년이 아니라 1888년에 시작되었을 가능성이 크다. 독일어판에 있는 날짜 그대로 본 번역판에 싣기는 했지만 고쳐야 할 필요가 있다. 프로이트가 환자의 익명성을 보장해 주기 위해서 치료 시기(그리고 에미 부인이 살던 장소)를 고쳤던 것 같은데 전체 사례에서 내내 일관성 있게 고치는 데는 실패한 듯하다.

2 프로이트는 1894년에 이미 〈분석〉이라는 용어(또한 〈심리적 분석〉, 〈정신적 분석〉, 〈최면 분석〉)를 사용한 바 있다. 훨씬 뒤인 1896년에 〈정신-분석〉이라는 단어를 도입했다. 〈분석된〉이라는 단어는 1893년, 이 책의 〈예비적 보고서〉에 나온다.

기 위해 치료가 시작된 처음 3주 동안 내가 매일 저녁 기록한 것을 그대로 쓰겠다. 나중에 경험을 통해 더 잘 이해하게 될 때마다 각주와 삽입 문구로 표현할 예정이다.

1889년 5월 1일. 이 부인은 내가 처음에 봤을 때 가죽 쿠션에 머리를 기댄 채 소파 위에 누워 있었다. 그녀는 아직 젊어 보였고, 아름다운 자태의 개성 있는 부인이었다. 그러나 그녀의 얼굴에는 긴장되고 고통스러운 표정이 역력했다. 그녀의 눈꺼풀은 처지고 눈은 내리깔고 있었다. 이마는 심하게 찡그러지고, 인중이 깊게 파여 있었다. 마치 말하기가 힘든 듯 그녀는 작은 소리로 말했고, 가끔 발작적으로 중단되기도 했는데, 그럴 때는 말을 더듬곤 했다. 두 손을 단단히 깍지 낀 채 그녀의 손가락은 수전증 비슷한 지속적인 떨림 증세를 보이고 있었다. 그녀의 얼굴과 목 근육에는 경련성 틱과 유사한 움직임이 자주 나타났는데, 어떤 때는 오른쪽 흉쇄유양돌기(胸鎖乳樣突起)[3]가 두드러지게 나와 있었다. 게다가 그녀는 말하는 도중 흉내 낼 수도 없는, 〈짤깍〉 하는 기괴한 소리를 내면서 말을 중단하기 일쑤였다.[4]

그녀가 나에게 한 말이 완벽하게 일관성 있는 것으로 보아 그녀가 보통 이상의 교육을 받았고, 지적 능력이 높음을 드러냈다. 그런 까닭에 2~3분 간격으로 갑자기 말을 중단하고 얼굴을 찌푸리며 공포와 혐오의 표정을 지을 때마다 더욱 기괴하게 느껴지는 듯했다. 그때마다 그녀는 내게 손을 내밀고 손가락을 펼쳐서 구부린 채 불안에 가득 찬 목소리로 다음과 같이 부르짖었다. 〈가만

---

3 흉골, 쇄골, 유양 돌기에서 시작되고 부착되는 근육을 지칭한다.
4 이 짤깍거리는 소리는 여러 가지 소리로 이루어져 있었다. 내 동료 중 하나는 사냥 경험이 있는데 그 소리를 듣고 그 마지막 소리가 유럽산 뇌조의 일종인 대뇌조의 우는 소리와 닮았다고 말해 주었다 ─ 원주.

히 있어! 아무 말도 하지 마! 내게 손대지 마!〉 그녀는 아마도 반복되는 끔찍한 내용의 환각에 시달리고 있는 듯했고, 이런 주문으로[5] 침입하려고 하는 그 무엇을 막고 있는 것 같았다. 이 간섭은 갑자기 시작해서 갑자기 끝났고, 환자는 그전에 이야기하던 것을 이어서 계속 말해 나갔다. 그녀는 자신의 일시적인 흥분을 더 이상 지속시키지 않았고, 그 행동에 대해 설명하거나 사과하지 않았다. 그런 것으로 미루어 보건대 아마도 그녀는 그 간섭을 알아채지 못하는 듯했다.[6]

그녀의 상황에 관해 내가 알게 된 것은 다음과 같다. 그녀의 가족은 원래 중부 독일 출신이지만 두 세대 전에 러시아의 발트해 연안 지구에 정착해서 커다란 부동산을 소유했다. 그녀는 열네 명의 아이 중 열세 번째 아이였다. 열네 명 중 단지 네 명만이 살아남았다. 그녀는 지나치게 활동적이고 엄격한 어머니 밑에서 엄격한 훈육으로 조심스럽게 양육되었다. 그녀는 스물세 살 때 매우 재능 있고 유능한 남자와 결혼했다. 그 당시 남편은 대실업가로서 이미 높은 지위에 올라 있었는데 그녀보다 나이가 훨씬 많았다. 짧은 결혼 생활 후 그는 뇌졸중으로 죽었다. 그녀는 자신의 질환을, 이 사건과 관련 있고 자주 아프고 신경 장애를 겪는 것이 열여섯 살, 열네 살 된 두 딸의 양육 문제 탓으로 돌렸다. 14년 전 남편이 죽은 뒤 정도가 갖가지로 변하긴 했지만 항상 아팠다. 4년

5 이 단어들은 사실 공식화된 보호 주문이었는데, 이에 관해서는 나중에 설명할 것이다. 이 환자 이후로 비슷한 보호 주문을 사용하는 우울증 여성을 만난 적이 있는데, 그녀는 이 주문을 사용해서 자신의 고통스러운 생각들, 즉 남편과 어머니에게 나쁜 일이 일어났으면 하는 바람과 신에 대한 불경스러운 말 등을 억제하려고 무진 애를 쓰고 있었다 — 원주.

6 우리가 여기서 보는 것은 히스테리성 착란으로 정상적인 의식 상태에 대치되어 나타난 것이다. 마치 진짜 틱 현상이 수의적 움직임으로 침입해 들어오면서 정상적인 의식 상태를 혼란시키거나 정상적인 의식 상태와 서로 섞이지 않는 것과 같다 — 원주.

전 마사지와 전기 목욕을 병행하여 치료했더니 그녀의 상태는 일시적으로 좋아졌다. 이때 말고는 자신의 건강을 찾으려는 모든 노력이 허사로 돌아갔다. 그녀는 여행을 많이 다녔고, 여러 가지 일에 흥미를 보였다. 현재는 대도시 근교 발트해 연안[7]의 전원 주택에서 살고 있다. 여러 달 전부터 또다시 심하게 아파 왔다. 우울증과 불면증에 시달리며 통증으로 고통받고 있다. 부질없는 희망을 안고 아바치아[8]에도 갔었다. 그러다 최근 6주간 빈에 머물고 있는데 지금까지 어느 훌륭한 의사의 치료를 받고 있다.

그녀의 두 딸에게 가정 교사도 딸려 있으니 아이들과 떨어져서 요양소로 들어가 매일 나에게 치료를 받으라고 환자에게 제안했다. 이에 대해 그녀는 추호의 반대도 없이 동의했다.

5월 2일 저녁. 요양소로 그녀를 방문하러 갔다. 문이 갑자기 열릴 때마다 그녀가 심하게 놀라는 것을 보았다. 그래서 그녀는 간호사와 의사들에게 자기 방에 들어올 때는 큰 소리로 노크한 뒤 들어오라고 할 때까지는 들어오지 말도록 했다. 그러나 그런 조처에도 불구하고 그녀는 누가 들어올 때마다 얼굴을 찡그렸고, 움찔하며 놀랐다.

오늘 그녀는 주로 오한과 왼쪽 다리의 통증을 호소했다. 통증은 장골능[9] 위쪽의 잔등에서 시작된다고 했다. 그녀에게 따뜻한 물로 목욕할 것을 처방하고 하루에 두 번씩 내가 그녀를 마사지해 주겠다고 했다.

그녀는 최면에 빠뜨리기 좋은 대상이다. 그녀 앞에 손가락 하

7   나중에는 〈D-〉로 표기되었다. 환자의 신분을 보호하기 위해 프로이트는 유럽 내 다른 곳으로 환자의 주소를 위장했다.
8   아드리아해에 있는 오스트리아의 휴양지.
9   엉덩이뼈의 한 부분.

나를 들어 보이고 그녀에게 잠이 들라고 지시하면 멍하고 혼란스러운 모습으로 몸을 뒤로 기대었다. 나는 그녀에게 잠을 잘 잘 것이다, 모든 증세가 좋아질 것이다 등의 암시를 주었다. 그녀는 눈을 감은 채였지만 이 모든 것을 주의 깊게 집중하며 듣고 있었다. 그리고 그녀의 모습은 점차 이완되었고 평온해 보였다. 이런 식으로 최면을 처음으로 시도한 뒤 그녀는 내가 한 말을 막연하게나마 기억했다. 그러나 두 번째 시도 때는 (기억 상실을 동반한) 완벽한 몽유 상태였다. 최면 상태에 빠뜨리겠다고 제안했을 때 그녀는 아무런 이의를 제기하지 않았다. 그녀는 이전에 한 번도 최면에 걸린 경험은 없었지만 최면에 관한 서적을 읽은 적이 있다고 가정하는 것이 타당하리라. 그러나 그녀가 최면 상태에 관해 어떠한 생각을 가지고 있는가는 알 수가 없었다.[10] 뜨거운 물로 목욕하기, 하루에 두 번 마사지를 받기, 그리고 최면중 암시, 이 모든 치료법은 다음 며칠간 계속되었다. 그녀는 잠을 잘 잘 수 있게 되고 눈에 띄게 좋아졌으며, 조용히 침대에 누워 거의 하루 종일 그렇게 보냈다. 그녀의 아이들을 만나는 일, 독서, 편지 연락은 금지되지 않았다.

5월 8일 아침. 그녀는 꽤 정상적인 상태였는데 짐승들에 관한 기분 나쁜 이야기를 내게 들려주었다. 그녀 앞에 놓인 탁자 위

10　그녀는 최면 상태에서 깨어날 때마다 잠시 혼란스러운 모습으로 주위를 돌아보았다. 그런 뒤 시선을 나에게 떨어뜨리고는 제정신으로 돌아온 듯했다. 그리고 잠에 빠지기 전에 벗어 놓았던 안경을 쓰고 곧 다시 생기가 돌았고 완전히 현실로 되돌아왔다. 치료 과정 중에(이 첫해에 7주 동안 그리고 이듬해 8주 동안 계속되었음) 우리는 여러 종류의 주제에 관해 이야기를 나누었고, 거의 매일 그녀를 잠에 빠뜨리긴 했지만 그녀는 최면에 관해 한 번도 내게 말한 적도 없고 질문한 적도 없다. 그리고 깨어 있는 동안에 그녀는 자신이 최면 요법을 받고 있다는 사실을 가능한 한 무시하는 것 같았다 — 원주.

『프랑크푸르트』지에 난 기사에, 어느 학생이 한 소년을 묶어 놓고는 흰쥐를 그의 입에 집어넣은 이야기를 읽었다고 했다. 그 소년은 공포에 질려 죽어 버렸다는 것이다. 또한 K 박사가 상자 가득히 흰쥐를 채워 티플러스에 보낸 적이 있노라고 그녀에게 말해 주었다고 했다. 이 이야기를 한 뒤 그녀는 극심한 공포의 징후를 보였다. 손을 꽉 쥐었다 폈다 하는 동작을 여러 번 반복했다. 〈가만히 있어! 아무 말도 하지 마! 내게 손대지 마! 그런 짐승이 내 침대에 들어 있다고 생각해 봐요!〉 (그녀는 몸서리를 쳤다.) 〈그 상자를 푼다면 어찌 될지 생각 좀 해봐요! 그 속에 죽은 쥐가 한 마리 있어요. 물-어-뜯긴 쥐가!〉

최면 상태에서 나는 이 짐승 환각을 쫓으려고 시도했다. 그녀가 자고 있는 동안 나는 『프랑크푸르트』지를 집어 들었다. 그 소년이 학대받은 일화는 소개되어 있지만 생쥐나 집쥐에 관한 어떠한 언급도 없었다. 따라서 그녀가 이 기사를 읽는 동안 착란 상태에서 이 환각을 끌어들인 것이었다. (그날 저녁 대화 도중에 흰쥐에 관한 이야기를 했다. 그녀는 아무것도 모르고 있었고, 매우 놀라워하면서 웃었다.)[11] 오후에 그녀는 — 그녀가 부르는 대로 하자면 — 〈목 경련〉[12]을 겪었는데, 〈단지 잠깐 동안만 지속되었어요 — 두 시간가량요〉라고 말했다.

11 이런 식으로 착란이 갑작스럽게 깨어 있는 상태로 들어서는 일이 그녀에게 자주 일어났고 이후에도 내가 있는 상태에서 자주 반복해 일어났다. 그녀는 대화 중에 종종 엉뚱한 대답을 해서 다른 사람들이 그녀가 무슨 말을 하는지 영문을 모를 경우가 많다고 호소하곤 했다. 내가 처음 그녀를 방문했을 때 나는 그녀의 나이를 물었는데, 〈저는 전세기(前世紀)의 여자입니다〉라고 진지하게 답했다. 수주일 후 그녀가 이 대답에 관해 설명해 주었는데, 당시 그녀는 착란 상태에서 고가구 애호가로서 여행 때 산 고풍 찬연한 찬장에 관해 생각하고 있었다고 했다. 그녀의 나이에 관한 나의 질문이 시기에 관한 주제를 떠올렸기 때문에 그녀는 이 찬장이 얼마나 오래되었는지 대답했을 뿐이었다 — 원주.

12 편두통의 일종 — 원주.

저녁. 최면 중에 그녀에게 무엇인가 말을 해달라고 요청했는데, 약간 애를 쓰더니 말하기 시작했다. 그녀는 작은 소리로 말했고, 대답하기 전에 언제나 잠시 동안 숙고했다. 그녀의 표정은 말하는 내용에 따라 변했고, 그 표정은 내가 그 표정을 거두라는 암시를 주면 곧바로 평안한 표정이 되었다. 왜 그렇게 쉽사리 겁에 질리느냐고 묻자 그녀는 다음과 같이 대답했다.

「내가 아주 어렸을 때의 기억과 관계 있습니다.」

「언제?」

「처음은 다섯 살 때였습니다. 형제자매들이 제게 죽은 짐승들을 자주 던졌습니다. 그때가 제가 처음으로 기절해서 경련을 일으킨 때예요. 그런데 그때 숙모님께서 그러한 발작은 수치스러운 일이므로 다시는 그러한 발작을 일으키게 해서는 안 된다고 말씀하셨습니다. 그래서 형제자매들이 장난을 그만두었습니다. 그리고 일곱 살 때 잠시 겁에 질린 적이 있습니다. 난데없이 관에 들어가 있는 제 언니를 보게 된 것입니다. 그리고 여덟 살 때 제 오빠가 마치 유령처럼 몸에 천을 두르고 저를 자주 놀라게 했습니다. 또 아홉 살 때는 관에 누워 계신 숙모를 보게 되었는데, 갑자기 숙모의 턱이 떨어졌습니다. 그때도 굉장히 겁에 질렸습니다.」

왜 그녀가 그토록 겁에 잘 질리는가 하는 나의 질문에 대해 그녀가 대답해 준 이 외상적 원인들은 그녀의 기억 속에서 꼬리에 꼬리를 물고 있었음이 분명했다. 그렇지 않고서야 그녀는 나의 질문과 그녀의 대답 사이에 있었던 짧은 간격 동안 그토록 빨리 어린 시절, 그것도 각기 다른 시기에 일어났던 사건들을 회상하지 못했을 것이다. 각 사건을 이야기한 다음 그녀는 전신을 움찔거리며 두려움과 공포에 질린 표정을 지었다. 제일 마지막 사건을 이야기한 뒤에는 입을 크게 벌리고 가쁘게 숨을 내쉬었다. 끔찍한 내용을 서술하는 단어들을 발음할 때는 매우 힘들어했고, 숨을 헐떡거렸다. 말을 끝낸 뒤 그녀는 편안해졌다.

질문에 답하면서 그녀는 다음과 같이 내게 말해 주었다. 어떤 장면을 서술하는 동안 눈앞에 아주 구체적인 형상과 천연색을 갖춘 그 장면이 펼쳐진다는 것이다. 그녀는 이 장면들에 관한 생각이 자주 떠오르는데 지난 며칠 동안에도 그러했다고 했다. 장면들이 떠오를 때면 현실 그대로, 매우 생생하게 보인다고 했다.[13] 이제야 왜 그렇게 자주 그녀가 짐승이나 시체의 장면을 내게 이야기해 주었는지를 이해할 수 있게 되었다. 나의 치료는 이 장면들을 지워 없애는 데 있었다. 그래서 그녀에게 더 이상 그것들이 보이지 않도록 말이다. 암시 효과를 촉진시키기 위해 그녀 눈 주위를 여러 번 쓰다듬어 주었다.

5월 9일 아침. 내가 그녀에게 더 이상 암시를 주지 않았는데도 그녀는 잠을 잘 잤다. 그러나 아침에 복통을 느꼈다. 어제 그녀가 딸들과 너무 오래 정원에 나가 있었는데, 이미 그 정원에서 아프기 시작했다. 그녀는 아이들의 방문을 두 시간 반으로 제한하라는 지시에 동의했다. 며칠 전 그녀는 아이들만 남겨 둔 채 떠나온 데 대해 자신을 책망한 적이 있었다. 오늘 그녀는 좀 흥분한 상태였다. 이마에 주름살을 지으며 말하다 말고 그녀 특유의 혀 차는 소리를 내는 것이었다. 그녀를 마사지해 주는 동안 그녀는 아이들의 가정 교사가 민족별로 표시된 지도를 가지고 왔는데, 그중 어떤 지도에 아메리칸 인디언들이 동물처럼 변장한 그림들이 있어 그것을 보고 크게 충격을 받았다고 했다. 〈생각해 보세요. 만약

---

13 다른 히스테리 환자들도 이런 종류의 기억을 생생하게 눈으로 본다고 보고하는 경우가 많았고 이는 특히 병의 원인이 되는 기억들이 그러하다고 말한다 — 원주.

살아 움직인다면 어찌 되겠어요!)(그녀는 진저리를 쳤다.)

최면 상태에서 나는 이제는 그녀가 동물들을 무서워하지 않는데 왜 그녀가 그런 그림를 보면서 그토록 겁에 질렸는가를 물어보았다. 그녀는 그 그림들이 전에 본 환영(그녀가 열아홉 살 때)을 상기시켜 준다고 말했다. 오빠가 죽었을 때이다. (이 회상에 관한 자세한 설명은 나중으로 미룰 것이다.) 그런 뒤 나는 그녀에게 왜 이야기할 때 항상 말을 더듬느냐, 얼마나 오랫동안 틱 증상(독특한 혓소리)을 보였는지를 물었다. 그녀가 말을 더듬는 것은 그녀 자신이 아플 때 그랬고, 틱 증상은 5년 전, 심하게 앓았던 작은딸의 병상을 지키면서 소리 하나 내지 않고 조용히 하려고 했을 때 처음 생겼다고 했다. 결국 작은딸에게 아무런 일도 일어나지 않았다는 점 등을 지적함으로써 나는 이 기억의 중요성을 약화시키려고 했다. 그러자 그녀는 무엇을 걱정하든지 겁에 질릴 때는 언제나 틱 증상이 나타난다고 말했다. 나는 그녀에게 붉은 인디언의 그림 따위는 두려워하지 말고 그냥 기분 좋게 웃어 넘기고 내게 그 그림을 보여 달라고 타일렀다. 그러자 깨어난 뒤 그녀는 이 말대로 실천했다. 책을 보더니 그 책을 본 적이 있느냐고 내게 물은 뒤 그 기괴한 그림이 있는 페이지를 펼치고는 큰 소리로 웃었다. 그러한 그녀의 모습에는 공포나 긴장의 흔적이라고는 찾아볼 수 없었다. 그때 갑자기 브로이어 박사가 가정의와 함께 그녀를 방문했다. 그녀가 겁에 질려 혀를 차는 틱 증상을 보여 그들은 금방 돌아가 버렸다. 그녀가 설명하기를, 가정의가 올 때면 항상 그녀가 불쾌해지고 마음이 동요되기 때문이라고 했다.

최면 중에 그녀를 쓰다듬어서 소화기의 통증도 제거했다. 그리고는 점심 식사 후에 통증이 다시 찾아올 것이라고 여기겠지만 그렇지 않을 것이라고 말해 주었다.

그날 저녁. 처음으로 그녀는 명랑하고 수다스러워졌으며, 그토록 진지한 여자에게는 기대하지 않은 유머 감각을 보여 주었다. 그리고 무엇보다도 그녀가 좋아졌다는 느낌이 강해서 내 선배 의사의 치료를 조롱했다. 그녀는 오래전부터 브로이어 박사의 치료를 거부하고 싶었는데 적절한 거절 방법을 찾지 못하고 있었다고 했다. 그러다가 브로이어 박사가 그녀를 방문해서 우연히 어떤 말을 하는 바람에 빠져나갈 길이 보인 것이다. 내가 이 사실에 놀라는 듯한 모습을 보이자 그녀는 겁에 질려서는 신중치 못했다고 심하게 자책했다. 그러나 나는 그녀를 안심시켜 줄 수 있었다. 그리고 그녀가 식사 후 배가 아플 것이라고 예측했지만 실은 아무런 통증도 느껴지지 않았다.

최면을 걸고 나는 그녀에게 지속적으로 공포를 주는 체험들을 또 말해 달라고 했다. 그녀는 좀 더 성장한 후에 경험한 일련의 제2체험을 생각해 냈는데 이전의 이야기처럼 재빠르게 말했다. 그리고 이번에도 그 체험과 관련된 모든 장면이 그녀 앞에 생생하게 천연색으로 펼쳐지고 있다고 확인시켜 주었다. 그중 한 장면은 사촌 언니가 정신 병원에 보내지는 것을 목격하게 된 것이었다(그녀가 열다섯 살 때). 도움을 요청하려고 했지만 그럴 수 없었고 그날 저녁까지 말을 할 수 없었다고 했다. 그녀가 깨어 있을 때 정신 병원에 대해 너무 자주 이야기하는 바람에 그것을 중지시키고 그녀가 정신 이상에 대해 관심을 가진 경우들이 또 있느냐고 물어보았다. 그러자 그녀의 어머니가 잠시 정신 병원에 있었노라고 대답했다. 또한 집의 하녀 중 하나가 이전 여주인들 중에 정신 병원에서 오랫동안 입원했던 이가 있었다면서 에미에게 끔찍한 이야기들을 들려주곤 했다. 그곳에서는 환자들이 의자에 묶인 채로 구타당한다는 이야기들이었다. 그녀는 이 이야기를 하면서 겁에 질려 손을 꽉 쥐었다. 그녀의 눈에 이 모든 것이 보였던 것이다. 나는 정신 병원에 대한 그녀의 선입관을 고쳐 주려고 노력했다. 그리고 정신 병원에 관한 이야기를 들어도 자신과 관련 짓지 않아도 된다고 안심시켜 주었다. 그러자 긴장이 풀린 모습을 보였다.

그녀는 계속해서 끔찍한 기억들을 나열했다. 그 첫 번째는 다음과 같은 것들이다. 환자가 열다섯 살 때 뇌졸중을 앓았던 어머니가 바닥에 쓰러져 있는 것을 본 적이 있었다(그녀의 어머니는 이후 4년을 더 사셨다). 열아홉 살 때는 어느 날 그녀가 집에 돌아와 보니 얼굴이 뒤틀린 채로 어머니가 숨져 있었다. 이 기억들을 완화시키는 것은 당연히 어려웠다. 긴 설명을 해준 다음에 나는 이 광경 역시 희미해져서 영향력이 줄어들 것이라고 안심시켜 주었다 — 또 다른 기억으로는 열아홉 살 때 돌을 들어 올렸는데 그 밑에 있던 두꺼비를 발견한 일이다. 그 때문에 그녀는 그 이후 여러 시간 동안 말을 하지 못했다.[14]

이번 최면 동안 나는 그녀가 지난번 최면 때 일어났던 일들을 모두 기억하지만 깨어 있을 때는 그에 대해 아무것도 모르고 있다는 것을 확신했다.

5월 10일 아침. 오늘 처음으로 그녀는 으레 하던 따뜻한 목욕 대신 겨 목욕을 했다. 그녀는 숄에 손을 감싼 채 시무룩하고 움츠러든 얼굴을 하고 있었다. 그녀는 오한과 통증을 호소했다. 왜 그러느냐고 묻자 욕조가 너무 짧아 앉기 불편하고 통증이 느껴졌노라고 했다. 마사지를 하는 동안 그녀는 어제 브로이어 박사를 그렇

---

14 두꺼비가 어떤 특수한 상징임은 분명했지만 안타깝게도 나는 그것에 관해 파고들지 않았다 — 원주.

게 저버린 것이 아직도 꺼림칙하게 느껴진다고 말했다. 나는 선의의 거짓말로 그녀를 위로해 주고, 그녀의 그런 느낌을 처음부터 다 알고 있었노라고 했다. 그리하여 그녀의 동요(혀로 내는 소리, 찡그림)가 그쳤다. 그런 식으로 내가 그녀를 마사지하는 동안 나는 영향력을 행사하기 시작한 것이다. 그녀는 진정이 더 잘 되었고, 머릿속이 맑아져 최면 상태에서 질문하지 않고도 그때 그때 불편한 감정의 원인을 스스로 발견해 낼 수 있었다. 마사지 동안 그녀가 말하는 것은 보기와 달리 목적 없는 것은 아니다. 오히려 마지막 대화 이후 그녀에게 영향을 주었던 회상이나 새로운 인상을 꽤 완벽하게 재생해 내고 있다. 그리고 생각하지도 못한 방식으로, 굳이 요청하지 않더라도, 그녀 스스로 병을 일으킨 회상을 털어놓는 단계에 이르게 되는 경우가 자주 있다. 그것은 마치 그녀가 나의 치료 절차를 채택해서 우리의 대화를 이용하는 것 같았다. 구속받지 않으면서 우연의 도움을 받아, 최면을 보충하는 식으로 말이다.[15] 예를 들어 오늘 그녀는 자신의 가족에 관해 말하기 시작했다. 그리고 다른 이야기들 끝에 사촌 오빠에 관한 이야기를 꺼냈다. 그 사촌 오빠는 머리가 좀 돌았는데, 그의 부모는 그의 이를 한꺼번에 모두 뽑아 버렸다. 그녀가 이 이야기를 할 때 두려움에 질린 모습으로 그녀의 보호용 주문(〈가만히 있어! 아무 말도 하지 마! 내게 손대지 마!〉)을 되풀이했다. 그런 뒤 그녀의 인상이 펴졌으며 쾌활해졌다. 따라서 몽유 상태 동안 경험한 것들이 깨어 있는 상태에서 그녀의 행동을 결정한 것이다. 깨어 있는 상태에서는 그녀 자신이 그러한 경험들에 관해 아무것도 모른다고 믿고 있음에도 불구하고 말이다.

최면 상태에서 나는 무엇 때문에 그녀가 마음 불편해했는지 다

15 이것이 바로 자유 연상법의 첫 번째 등장일 것이다.

시 물어보았다. 그랬더니 같은 답을, 이번에는 거꾸로 된 순서로 얻었다. 즉, (1) 어제의 경솔한 이야기, (2) 욕조에서 그녀가 그토록 불편했기 때문에 통증이 왔다는 이야기의 순서였다. 오늘 나는 〈가만히 있어!〉 등의 주문이 어떤 의미가 있는지를 그녀에게 물어보았다. 두려운 생각을 하고 있을 때는 그러다가 혹시 중지되면 모든 것이 혼란스러워지고 사태가 더 악화될까 봐 두렵다고 설명했다. 〈가만히 있어!〉라는 말은 상태가 좋지 않을 때 나타나는 짐승 형태들이 움직이기 시작하고 누가 자기 앞에서 움직이면 그녀에게 달려들기 시작한다는 사실과 관련이 있었다. 마지막 어구인 〈내게 손대지 마!〉는 다음의 체험에서 비롯된 것이었다. 열아홉 살 때 오빠가 모르핀 과용으로 굉장히 아팠던 적이 있는데 어떻게 해서 그가 그녀를 꽉 붙잡곤 했는지 기억난다고 했다. 다음 기억으로는, 지인이 그녀의 집에서 갑자기 정신이 나가서는 그녀의 팔을 움켜잡은 적이 있었다(세 번째로 비슷한 경우가 있었는데 그녀는 잘 기억나지 않는다고 말했다). 그리고 마지막으로 스물여덟 살 때 그녀의 딸이 매우 아팠는데, 아이가 착란 상태에서 어찌나 힘을 주고 껴안았는지 그녀가 거의 질식할 뻔했다고 한다. 이 네 가지 사건이 시간상으로는 띄엄띄엄 떨어져서 일어났음에도 불구하고 그녀가 그 사건들에 대해 말할 때 단 한 문장으로, 연이어 재빨리 이어 나가는 바람에 마치 4막으로 된 한 사건처럼 느껴졌다. 여기서 덧붙이자면 그녀가 외상에 관해 말할 때는 이런 식으로 여러 가지 설명을 하면서 〈어떻게 해서〉로 시작해서 부분적 외상 하나하나를 〈그리고〉로 따로 떨어뜨려 말했다. 그녀의 보호용 주문이 그러한 체험들이 반복되지 않도록 자신을 방어하기 위해 고안되었다는 것을 알아챈 나는, 암시를 통해 그러한 공포를 제거시켜 주었다. 그랬더니 다시는 그녀에게서 그 주문을 들은 적이 없다.

저녁. 그녀는 매우 명랑해 보였다. 웃으면서 그녀는 정원에서 자기를 향해 짖는 작은 개가 두려웠다고 말해 주었다. 그러나 그녀의 얼굴은 약간 일그러져 있었고, 어떤 내적인 동요가 있었다. 그녀가 내게 오늘 아침 마사지 때 말해 준 뭔가를 내가 좋지 않게 받아들였는지 묻고, 내가 아니라고 답하자 그 내적인 동요가 가라앉았다. 2주일도 채 안 되는 간격을 두고 오늘 그녀의 생리가 또 시작되었다. 최면 암시로 생리 주기를 조정해 주겠노라고 약속했고 최면을 걸어 28일로 생리 주기를 맞추어 놓았다.[16] 최면 상태에서 나는 다시 그녀에게 마지막에 내게 한 말을 기억하는지 물어보았다. 이것은 어제저녁 때 미결로 남겨 두었던 문제를 염두에 둔 것이었다. 그러나 그녀는 〈오늘 아침〉의 최면 때 말한 〈내게 손대지 마!〉에 관한 이야기를 그대로 정확히 시작하는 것이었다. 그래서 그녀를 어제의 주제로 되돌려 놓았다. 나는 그녀에게 말 더듬는 것의 근원에 관해 물었고, 그녀는 〈모르겠습니다〉라고 대답했다.[17] 그래서 오늘 최면을 걸 때까지는 그것을 기억해 보라고 요청했다. 그 요청에 따라 그녀는 내게 답해 주었는데 더 이상 깊게 생각하지는 않았지만 매우 동요되고 경련 때문에 말을 잘하지 못했다.

「어떻게 해서 아이들을 태운 마차를 끄는 말들이 제멋대로 치

---

16 이 암시대로 되었다 — 원주.

17 이 답, 〈모르겠습니다〉가 맞는 답이었을 수도 있다. 그러나 말 더듬에 관한 원인에 관해서 말하기 싫어한다는 점을 나타내는 것일 수 있다. 이후에 다른 환자들을 볼 때 관찰한 것인데, 환자들이 어떤 것을 의식에서 억압할 때 힘을 많이 들일수록 그것을 기억하는 데 어려움이 커지는데, 이는 깨어 있는 상태와 마찬가지로 최면 상태에도 그러하다 — 원주.

달렸는지 그리고 또 어떻게 해서 폭풍우 속에서 아이들과 함께 마차를 타고 숲을 빠져나오려고 할 때 말들 바로 앞의 나무가 벼락을 맞아 말이 겁을 집어먹고 뒷걸음쳤는지……. 그때 저는 생각했습니다. 〈가만히 있어야 해. 만약 소리 지르거나 하면 말들을 더 겁먹을 것이고 마부가 말을 진정시킬 수 없게 될 거야.〉 그 순간부터 말더듬증이 시작되었습니다.」

그녀가 이 이야기를 들려줄 때는 보통 때보다 훨씬 더 흥분해 있었다. 그녀에게 더 캐물어 알아낸 것은 이 두 사건 중 첫 사건 직후 처음 말을 더듬게 되었으나 이내 사라졌다가 나중에 비슷한 상황이던 두 번째 사건 후 도로 나타났다가 이번에는 사라지지 않고 계속되었다는 점이다. 나는 이 광경에 관한 소성 복원(塑性復原)[18]을 제거시킨 뒤 그녀에게 다시 한번 그 광경을 상상해 보라고 지시했다. 이번에는 동요하지 않았다. 그리고 이때부터 그녀는 경련을 겪지 않고 말을 하게 되었다.[19]

그녀가 이야기할 기분인 것 같아 질문을 계속했다. 또 다른 일들 중에 그녀가 겁에 질려 소성 복원의 경향이 있는 기억을 남겼는지 알아보았다. 그녀는 여러 가지 체험을 모아 들려주었다. (1) 그녀의 어머니가 돌아가신 지 1년이 지난 뒤 프랑스 여자 친구를 방문할 때였는데 사전을 가지러 다른 소녀와 함께 옆방으로 들어가자 방금 그녀가 떠나온 옆방의 프랑스 여자와 똑같이 생긴 사람이 침대에 앉아 있는 것을 보았다. 그녀는 온몸이 굳어져 그 자

18 원래 〈가열하면 원형으로 돌아가는 경향〉을 뜻한다. 여기서는 〈마치 그 옛날 사건을 현재 겪고 있는 것처럼 생생하게 펼쳐지는 경향〉 정도의 뜻인 듯하다.
19 이것으로 보아 그녀의 틱 증세와 경련성 말더듬증, 두 가지 증상은 유사한 촉발 원인과 메커니즘을 가지는 것 같다. 최면 치료에 관한 짧은 논문(1892~1893)에서 이미 이 메커니즘에 관해 언급한 바가 있다. 그리고 후에 이 장에서도 논의할 것이다—원주.

리에서 꼼짝도 못하고 얼어붙어 있었다. 나중에 알고 보니 그것은 특수하게 만들어진 인형에 불과했다. 나는 그녀가 본 것이 환각이라고 말해 주고 그녀의 이성에 호소했더니 얼굴 인상을 폈다. (2) 아픈 오빠를 간호하던 때 모르핀을 과용한 오빠가 심한 발작을 일으키며 그녀를 겁에 질리게 만들고 그녀를 꽉 잡기도 했다. 오늘 아침 이 경험을 이미 언급했다는 점을 기억해 내고 실험 삼아, 또 다른 때 〈잡힌〉 적이 있는가 하고 물었다. 이번에는 한참 있다가 〈우리 작은 딸이?〉 하고 그녀가 의심스러워하면서 되묻자 나는 기분 좋게 놀랐다. 그녀는 다른 두 가지 사건을 전혀 기억할 수 없었다. 나의 금지 조처 — 즉 그녀의 기억을 소멸시키기 — 가 효과가 있었던 것이다. 더군다나 (3) 그녀가 오빠를 간호할 때 숙모의 창백한 얼굴이 갑자기 칸막이 위로 나타난 적이 있었다. 그녀는 오빠를 가톨릭으로 개종시키려고 왔던 것이다.

나는 그녀가 항상 품고 있는 기습에 관한 지속적 공포의 근원에 도달했다는 것을 깨달았다. 그래서 비슷한 종류의 또 다른 경험이 없느냐고 물었다. 그녀는 계속 말했다. 집에 머물고 있던 친구가 방으로 몰래 들어오는 것을 좋아하는 바람에 갑자기 정신을 차리고 보면 그가 방에 있었다. 어머니가 돌아가신 뒤 그녀가 매우 아파 건강 휴양지에 갔는데, 어떤 정신병자가 방을 잘못 알고 밤에 여러 번 그녀의 방에 들어온 적이 있다. 그리고 마지막으로 아바치아에서 이리로 오는 도중에 이상한 남자가 그녀의 객실문을 네 번이나 확 잡아 열고는 그때마다 그녀를 응시하며 물끄러미 바라봤다. 그녀는 겁에 질린 나머지 차장을 부르러 사람을 보냈다.

나는 이 모든 기억을 지워 버렸다. 그리고 그녀를 깨운 다음 오늘 밤 잠이 올 것이라며 안심시켰다. 최면 중에 이 암시를 주지 않아서이다. 그녀가 오늘은 아무것도 읽지 않고 행복한 꿈속에서 살고 있다고 말하는 것으로 보아 상태가 전반적으로 개선되었음을 알 수 있었다. 왜냐하면 그동안 내면이 편안하지 않았던 탓에 그녀는 끊임없이 뭔가를 해야만 했기 때문이다.

　5월 11일 아침. 오늘 그녀는 산부인과 전문의 N 박사와 약속이 있었다. 큰딸의 생리 문제로 진찰을 받기로 한 것이다. 에미 부인이 다소 불편한 상태인 듯했는데, 이전보다는 가벼운 신체적 증후로 나타났다. 그녀는 가끔 큰소리로 외쳤다. 〈두려워요. 너무도 두려워서 죽을 것만 같아요.〉 나는 그녀에게 무엇이 두렵냐고 물었다. N 박사를 두려워하는 것인가? 그녀는 모르겠다고 대답했다. 그냥 무서울 뿐이라고 했다. 동료 의사가 오기 전에 그녀에게 최면을 걸었고, 그 상태에서 그녀는 다음과 같이 말했다. 어제 마사지를 받는 동안 자기 생각에 내게 무례한 말을 해서 실례를 범했을까 봐 두렵다는 것이었다. 그녀는 또한 새로운 것이라면 뭐든 두려워하는데, 따라서 새 의사를 만나는 일도 두렵다는 것이었다. 나는 그녀를 진정시켰고, N 박사가 있는 데서 한두 번 움찔하기는 했다. 그 외에는 아주 훌륭하게 처신하면서 혀로 내는 소리나 말더듬증을 전혀 보이지 않았다. 그가 돌아간 다음에 나는 그녀에게 다시금 최면을 걸어 산부인과 의사의 방문으로 인한 흥분의 잔여물일 가능성이 있는 모든 것을 제거했다. 그녀도 자신의 행동에 매우 만족해하면서 치료에 큰 희망을 가졌다. 그리고 이 일을 예로 들면서 새롭다고 해서 겁낼 필요가 없고, 새로운 것에는 좋은 것도 포함되어 있다고 설득했다.[20]

　20　직접 강의하는 식의 이러한 암시는 에미 부인에게 효과가 없었다. 후에 그 실패를 보게 될 것이다 — 원주.

저녁. 그녀는 매우 쾌활했고, 최면 전 나눈 대화 중에 스스로 여러 의심과 망설임을 벗었다. 최면 중에 나는 그녀에게 어떤 사건이 가장 지속적인 영향을 끼쳤고, 가장 빈번하게 기억에 떠오르느냐고 물었다. 남편의 죽음이라고 대답했다. 그녀에게 이 사건의 모든 세세한 부분을 서술하도록 했더니 매우 깊은 감정을 모두 드러냈고, 혀로 내는 소음이나 말더듬증은 보이지 않았다 ― 그녀와 남편은 둘 다 좋아하는 리비에라 해안에 머물렀다. 부부가 다리를 건너고 있을 때 남편이 갑자기 쓰러져 수분간 기절한 채로 누워 있었다. 그러다가 다시 일어나서는 상태가 괜찮아 보였다. 그리고 그 후 얼마 안 되어 그녀가 둘째 아이를 낳고 침대에 누워 있을 때 남편이 그녀의 침대 옆 작은 테이블에서 아침을 먹고 있었다. 그는 신문을 읽다가 갑자기 일어나 그녀를 이상한 눈초리로 바라보는 것이었다. 그리고 앞으로 몇 발자국을 디딘 뒤 쓰러져 죽고 말았다. 그녀는 침대에서 일어났고, 왕진 온 의사들은 남편을 살리려고 애를 썼는데 그 모든 소리가 옆방의 그녀에게도 들렸다. 그 노력도 헛되게 남편은 소생하지 못했다. 〈그리고〉 하면서 그녀는 계속 말을 이었다. 그때 태어난 지 몇 주밖에 안 되는 아기가 심한 병에 걸려 6개월 동안 앓았다. 그동안 그녀도 고열로 병상에 있었다. 그리고 이후에 아이에 대한 불만이 생겼다. 이 이야기를 그녀는 화가 난 표정으로 쏟아부었는데, 귀찮은 짐이 되는 사람에 대해 말하는 식이었다. 그녀의 말로는, 아이는 오랫동안 매우 이상했다. 항상 소리를 질러대고 잠을 자지 않았으며, 완치될 가능성이 거의 없어 보이는 왼발 마비를 앓았다. 또한 네 살 때 환영을 보곤 했다. 그리고 걷는 것, 말하는 것 모두 늦게 했기 때문에 오랫동안 저능아라고 생각했다. 의사들이 뇌염과 척수의 염증, 그리고 그 외 그녀가 모르는 다른 진단명들을 들려주었다. 나는 여기서 그녀의 말을 중단시키고, 지금은 아이가 정상이며 건강이 좋은 상태라는 것을 지적했다. 그리고 아이의 과거 상태에 관한 기억 중 소성 복원의 형태를 지워 버리는 것은 물론, 전체 기억 모두를 다 지워 마치 그 기억들이 그녀의 마음속에 존재하지 않았던 것처럼 했다. 그녀가 이 우울한 장면을 다시는 보지 않도록 한 것이다. 이로써 그녀는 자신을 언제나 괴롭혔던 〈불행 예측〉과 전신의 통증(수일간 통증을 호소하지 않았지만 오늘은 말하면서 호소하고 있었다)에서 자유로워질 것이라고 나는 장담했다.[21] 이 암시 직후에 그녀는 계속 L 왕자에 관해 이야기를 시작해서 나를 놀라게 만들었다. L 왕자는 정신 병원에서 탈출했는데, 당시 소문이 무성했던 인물이다. 그녀는 정신 병원에 관한 새로운 공포거리를 늘어놓았다. 그곳 사람들은 얼음장같이 차가운 물을 머리에 주입하는 치료를 받으며 기구에 앉혀져 조용해질 때까지 뺑뺑이를 돌린다는 식의 이야기였다. 사흘 전 그녀가 처음으로 정신 병원에 대한 공포를 호소했다. 그때 나는, 환자들을 의자에 묶어 놓는다는 첫 이야기를 그녀가 끝내자 이야기를 중단시켰다. 이제 보니 그런 중단으로 얻는 것이 없고, 끝까지 자세히 이야기를 들을 수밖에 없다는 것을 깨달았다. 못하게 했던 이야기를 끝맺게 하고, 뒤처진 것을 만회한 다음에 나는 이 새로운 공포 더미들을 제거했다. 그녀의 이성에 호소했고, 정신 병원들의 운영 방법에 관해 끔찍한 이야기들을 들려준 어리석은 여자

21 이때 에너지가 넘쳐 나는 무리를 했던 것 같다. 18개월 후 비교적 좋은 건강 상태의 에미 부인을 다시 만났을 때 그녀는, 자기 생애에서 가장 중요한 장면들 중 몇 개만 막연하게 기억난다고 호소했다. 그녀는 자신의 기억력이 감퇴된 증거라고 간주하고 있었는데, 나는 이 특정한 기억 상실의 원인을 말하지 않으려고 주의했다. 이 점에서 치료가 보인 굉장한 효과는 또한 내가 그녀에게 이들 기억에 관해서 매우 자세하게(나의 치료 노트에 적어 놓은 것보다 훨씬 더 자세히) 되풀이하게 한 덕분임에 틀림없다 — 원주.

아이 따위보다는 나를 더 믿어야 한다고 말해 주었다. 정신 병원 이야기를 하면서 이따금 말을 더듬는 것을 관찰한 나는 말더듬증이 어디서 비롯되었는지 다시 물었다. 대답이 없었다.

「모르십니까?」

「네.」

「왜 모르십니까?」

「왜 모르냐고요? 〈알 수가 없으니까요!〉」(그녀는 이 말을 매우 공격적으로, 화난 듯이 단언했다.)

이 선언은 내 암시가 성공적이었다는 증거 같았지만 그녀가 최면에서 깨어나고 싶다는 표시이기 때문에 그 말에 따랐다.[22]

5월 12일 아침. 내 기대와는 달리 그녀는 잠을 잘 자지 못했고, 잠깐 동안만 잘 수 있었다. 그녀는 상당히 불안한 상태였는데, 그럼에도 불구하고 보통 때 보이는 신체적 불안 증상은 보이지 않았다. 무슨 문제가 있는지는 말하지 않고, 단지 나쁜 꿈을 꾸었으며 같은 것이 자꾸 보인다고 말할 뿐이었다. 〈만약 그것들이 살아나서 나타난다면 얼마나 끔찍하겠어요〉라고 말하는 것이었다. 마사지를 받는 동안 그녀는 질문에 답하면서 몇 가지를 다루었다. 그런 뒤 그녀는 명랑해져서 남편이 남기고 간 발트해 연안의 집에서 보낸 사교 생활에 관해 말해 주었다. 이웃 마을의 명사들을 접대했다는 식의 이야기였다.

---

22   이 작은 사건을 이해한 것은 이튿날이 되어서였다. 그녀는 깨어 있는 상태에서나 인공 수면 시나 그 어떤 강제에도 반항하는 고집 센 성질을 지니고 있었는데, 그녀가 이야기를 들려주는 도중에 내가 다 끝났다고 생각하고 말을 중단시키고는 끝맺는 암시를 준 것에 대해 화가 난 것이었다. 이 밖에도 그녀가 최면 상태의 의식 속에서 나의 치료를 비판적인 눈으로 감시하고 있었다는 증거들이 많다. 오늘 내가 그녀의 이야기를 중단시킨 데 대해 아마도 그녀는 나를 비난하고 싶었을 것이다.

최면. 그녀는 무서운 꿈을 몇 가지 꾸었다. 의자의 다리와 팔걸이가 모두 뱀으로 변했다. 독수리의 부리를 한 괴물이 그녀의 온몸을 찢어 먹고 다른 맹수들이 그녀에게 달려드는 꿈이었다. 그런 뒤 그녀는 짐승-환각으로 이야기를 옮겨 갔는데, 〈그건 진짜였습니다(꿈이 아니었습니다)〉하고 덧붙여 말했다. 그녀가 털실공을 집으려고 보니 쥐였고, 그 쥐는 달아나 버렸다(훨씬 이전의 일). 그녀가 산책하는 동안 두꺼비가 갑자기 뛰어올라 그녀에게 달려들었다고 했다. 나는 내가 준 일반적 금지 암시가 비효과적인 것을 보고 끔찍한 인상들을 하나씩 제거해 주어야 함을 깨달았다.[23] 그녀에게 또한 왜 복부 통증을 느끼는 것인지, 그 통증이 어디서 비롯된 것인지 물어볼 기회가 있었다(내가 믿기로는 그녀가 겪는 동물 환각Zoopsie 발작은 모두 복부의 통증을 수반한다). 그녀는 마지못해 대답하면서 자기는 모르겠다고 말했다. 나는 그녀에게 내일까지 기억해 보라고 요청했다. 그랬더니 분명히 투덜대는 소리로 이러저러한 것이 어디서 비롯되었는지 계속 물어볼 것이 아니라 그녀가 말하고자 하는 것을 그냥 말하게 내버려 두어 달라고 말했다. 내가 그에 동의하자 그녀는 서론도 없이 말을 계속했다. 〈사람들이 그를 들고 나갈 때도 나는 그가 죽었다는 것을 믿을 수가 없었습니다.〉(그러니까, 그녀는 남편에 대해 또 이야기하고 있는 것이다. 이제야 알겠는데, 그녀의 기분이 나빴던 것은 그녀가 끝맺지 못한 이 이야기의 나머지로 인해 고통받고 있었기 때문인 것이다.) 이 말이 끝난 뒤 그녀는 자기 아이를 3년간 미워했다고 했다. 왜냐하면 아이를 낳고 침대에 누워 있지 않

<hr />

23 유감스럽게도 나는 에미 부인의 짐승 환영의 의미를 캐들어 가지 못했다. 예를 들어 짐승에 대한 그녀의 공포 중에 어떤 것이 상징적인 것이고 어떤 것이 원초적 공포인지 조사했어야 했다. 이러한 짐승 공포는 신경증 환자가 어렸을 적부터 보이는 특징이다 — 원주.

았더라면 남편을 간호해서 건강을 되찾게 할 수 있었으리라고 항상 생각해 왔기 때문이다. 그리하여 남편이 죽은 뒤 그녀는 모욕과 동요 상태 속에서 생활했다. 늘 그 두 사람의 결혼을 못마땅하게 여기고, 그들이 행복하게 사는 것에 화가 나 있던 남편의 친척들은 그녀가 남편을 독살했다는 소문을 퍼뜨렸기 때문에 그녀가 조사를 의뢰했다. 친척들은 수상쩍은 신문 기자의 도움을 받아 그녀로 하여금 온갖 법 절차를 다 겪게 했다. 그 비열한 신문 기자는 염탐꾼들을 동원해 사람들과 그녀를 이간질시켰다. 그는 그 지방의 신문에 그녀를 중상 모략하는 내용의 기사를 싣고서는 그것을 오려 그녀에게 보냈다. 이것이 바로 그녀가 사람들을 만나지 않게 되고, 처음 보는 사람들을 증오하게 된 근원이었다. 내가 몇 마디 말로 진정시켜 주자 그녀는 기분이 나아졌다고 했다.

5월 13일 아침. 그녀는 또다시 잠을 잘 못 잤는데, 복통 때문이었다. 그녀는 저녁을 조금도 먹지 않았다. 또한 그녀는 오른팔의 통증을 호소했다. 그러나 기분은 양호했다. 쾌활해 보였는데, 어제부터 나를 특히 정중하게 대했다. 그녀는 자신에게 중요하게 보이는 모든 다양한 것에 관하여 나의 의견을 물었다. 그리고 터무니없이 동요되었는데, 예를 들어 내가 마사지에 필요한 타월이 안 보여서 찾아야 했을 때 그러했다. 그녀의 헛소리와 얼굴의 틱 증상이 빈번히 일어났다.

최면. 어제저녁 갑자기 그녀가 본 작은 동물들이 그토록 크게 변한 이유가 생각났다. 그런 일은 D-에서 커다란 도마뱀이 무대에 등장하는 공연을 보고 있는 동안 처음으로 일어났다. 이 기억은 어제도 그녀를 괴롭혔다.[24] 헛소리가 다시 나타난 이유는 어제 그녀가 복통을 겪을 때 신음 소리를 내지 않으려고 애를 쓴 탓이었다. 그녀는 헛소리의 진정한 촉발 원인에 관해서는 전혀 알지 못했다. 그러나 복통의 근원을 생각해 내라고 내가 지시했다는 것은 기억하고 있었다. 그렇지만 그녀는 그 근원을 모르겠고 나더러 도와 달라고 했다. 나는 혹시 크게 흥분한 뒤에 억지로 식사한 경우가 있었는지 물어보았다. 그런 적이 있다고 대답했다. 그녀는 남편이 죽은 후로 오랫동안 식욕을 완전히 잃어버려 오직 의무감으로 식사를 했었다. 그런 뒤 나는 그녀의 상복부를 몇 번 문질러 그 통증을 제거했다. 그러자 그녀는 자발적으로 자기에게 가장 크게 영향을 끼친 것들에 대하여 이야기하기 시작했다. 〈왜, 제가 선생님께 말씀드린 적이 있지요. 그 아이를 좋아하지 않았다고요. 그러나 제 행동을 봐서는 그 누구도 그 사실을 짐작도 하지 못했으리라고 덧붙여야겠네요. 필요한 것은 무엇이든 다 해주었어요. 지금 저는 큰애를 편애했던 것 때문에 자책하고 있어요.〉

5월 14일 아침. 그녀는 좋은 상태였고 쾌활했다. 오늘 아침에는 7시 30분까지 잠을 잤다. 단지 손의 요골(橈骨) 부위와 머리, 그리고 얼굴에 경미한 통증이 있다고 했다. 최면 전에 그녀가 한 말은 점점 더 큰 의미를 가지게 되었다. 오늘 그녀는 무서운 것에 대해서는 거의 이야기하지 않고, 오른쪽 다리 통증과 감각 상실을 호소했다. 그녀는 내게 1871년 복부 염증을 크게 앓은 적이 있다고

24 이 커다란 도마뱀에 관한 시각적 기억이 중요해진 것은 극장 공연 도중 그녀가 경험했을 것이 분명한 강력한 감정과 우연히 같은 시간에 일어난 탓일 뿐이다. 이미 고백했던 대로 나는 현 사례를 치료하면서 극히 피상적인 설명을 얻는 것에 만족한 적이 많았다. 이 경우에도 역시 더 이상 파헤쳐 들어가지 않았다. 더군다나 히스테리성 거시증(巨視症)을 상기하기만 하면 될 것 같았다. 에미 부인은 근시와 난시가 심했는데, 그녀의 환각은 그녀의 시지각이 불명료하기 때문에 일어나는 경우가 많은 것 같다─원주.

말해 주었다. 그런데 이 염증에서 회복되기도 전에 병에 걸린 오빠를 간호해야만 했다는 것이다. 바로 그때 복부 통증이 처음으로 나타났다고 했다. 그 때문에 오른쪽 다리에 일시적 마비가 왔다.

최면 동안 나는 그녀에게 지금이라면 사회 생활에 참여할 수 있을 것인지, 아니면 아직도 상당히 두려운지 물었다. 그녀는 아직도 누군가가 자기 뒤에나 바로 옆에 서 있으면 불쾌하다고 말했다. 이와 관련해서 그녀는 누군가가 갑자기 나타났기 때문에 놀라고 불쾌해했던 경우를 몇 가지 더 들려주었다. 예를 들어 한번은 뤼겐의 섬에서 딸들과 함께 산책하고 있을 때 수상쩍은 사람들 두 명이 수풀에서 나와 그들에게 무례한 짓을 했다. 아바치아에서는 어느 날 저녁 그녀가 산책하고 있을 때 갑자기 거지가 바위 뒤에서 나타나 그녀 앞에 무릎을 꿇었다. 그 거지는 그저 악의 없는 미치광이에 불과한 듯했다. 마지막으로 밤에 그녀의 전원 저택에 누군가 침입해 굉장히 놀란 적이 있었다. 그러나 사람들에 대한 이러한 공포의 본질적인 근원이 남편의 죽음 뒤에 그녀가 다른 사람들에게 핍박당했다는 사실에 있다는 것을 쉽게 알 수 있다.[25]

저녁. 의기충천해 보이기는 했지만 나를 보자마자 〈두려워서 죽을 것만 같아요. 아, 선생님께 말도 할 수 없을 지경이에요. 저는 제 자신을 증오해요!〉 하고 외쳤다. 결국 내가 알아낸 사실은, 브로이어 박사가 그녀를 방문했는데, 그가 나타나자 굉장히 소스라치게 놀랐다는 점이다. 브로이어 박사가 그것을 알아차리자 그녀는 〈단지 이번뿐이에요〉라고 안심시켰다. 그녀가 이전의 신경

---

25 내가 이것을 썼을 당시에는 히스테리 환자를 볼 때 무슨 증상이건 심리적 근원을 찾는 경향이 있었다. 지금이라면 성적으로 금욕 생활을 하고 있던 이 여인의 불안해하는 경향을 신경증(즉, 불안 신경증)적이라고 설명했을 것이다 ─ 원주.

과민이 남아 있는 것을 부인할 수밖에 없었을 것이라는 나의 설명에 매우 미안해했다. 최근 며칠간 내가 여러 번 알아차린 기회가 있었는데, 그것은 바로 그녀가 얼마나 자신에게 엄격한가 하는 것이다. 그녀는 조금이라도 자신이 신경을 덜 썼다는 것이 보이면, 예를 들어 마사지에 쓰는 타월이 제자리에 준비되어 있지 않다든지 자신이 잠들었을 때 내가 읽을 신문을 가까운 데 준비해 놓지 않았다든지 하면, 자신을 꾸짖는 것이었다. 고통스러운 회상들의 첫 번째, 가장 표면에 위치한 층을 제거한 뒤 그녀가 가진 도덕적으로 과민한 성격과 자기 비하적인 경향이 드러났다. 깨어 있을 때와 최면에 걸려 있을 때 모두 나는 결국 〈de minimis non curat lex〉라는 오랜 법학 인용어로 요약되는 말을 충분히 들려주었다. 즉 선한 것과 악한 것 사이에는 아무것도 아닌 사소한 것들이 수없이 존재하며, 그것들에 대해서는 그 누구도 자신을 꾸짖을 필요가 없다는 이야기였다. 내 생각에 그녀가 나의 가르침을 받아들인 것 같지는 않다. 그것은 중세의 금욕승이 모든 사소한 생활 사건들을 신의 손길이나 악마의 유혹으로 보고 자신과 전혀 무관하게 세상을 잠시 동안이라도, 아니면 세상의 한 귀퉁이라도 볼 수가 없었던 것이나 마찬가지였다.

5월 15일 아침. 그녀는 8시 30분까지 잤지만 아침이 밝아 오면서 편히 잘 자지는 못했다. 나를 맞이했을 때 약간의 틱 증세, 즉 혓소리와 언어 장애를 보였다. 〈두려워서 죽을 것만 같아요〉라고 또 말하는 것이었다. 이유를 물으니 그녀는 딸들이 머무르고 있는 숙소는 5층이어서 엘리베이터를 타고 올라간다는 이야기를 했다. 어제 그녀는 아이들에게 올라갈 때와 마찬가지로 내려올 때도 엘리베이터를 타야 한다고 우겼는데, 이제는 그 말에 대해 스스로를 꾸짖는다는 것이었다. 왜냐하면 엘리베이터라고 해서 완전히 믿을 만한 것은 아니기 때문이다. 숙소의 주인조차도 그 말을 했다. 그녀는 나에게, Sch. 백작 부인이 로마에서 엘리베이터 사고로 죽었다는 이야기를 들은 적이 있느냐고 물었다. 나는 마침 딸의 숙소를 알고 있는데, 그 엘리베이터는 숙소 주인의 사유재산이다. 그러니 숙소 주인, 다시 말해 숙소를 선전할 때 엘리베이터가 있다는 점을 강조한 이 남자가, 엘리베이터를 사용하지 않게 경고하는 것은 있을 수 없는 일로 느껴졌다. 불안으로 인한 유사 기억 상실의 일종인 것 같았다. 그래서 나는 그녀에게 내 견해를 말해 주었고, 그녀는 어려움 없이 그것을 받아들였다. 그녀는 자신의 공포가 전혀 불가능하다는 것을 깨닫고 웃었다. 바로 이런 이유 때문에 나는 그녀의 불안의 원인이 이것이라는 사실을 믿을 수가 없었다. 그래서 최면 의식 상태에서 그녀에게 물어봐야겠다고 마음먹었다. 며칠간 쉬었던 마사지를 오늘 다시 해주는 동안 그녀는 연결이 잘 안 되는 일화들을 하나씩 들려주었는데, 모두 사실일 수 있었다. 예를 들면 지하실에서 발견된 두꺼비 이야기라든가, 괴상한 방식으로 천치 아이를 돌봐 주는 기이한 어머니, 우울증 때문에 정신 병동에 갇힌 여인 — 이러한 이야기들은 그녀가 동요된 마음 상태에 있을 때 그녀의 머릿속을 지나가는 회상들이다. 이 이야기들을 끝내고 난 뒤 그녀는 매우 쾌활해졌다. 그러고는 독일령 러시아와 북독일에 있는 자신의 저택에서의 생활이나 저명 인사들과의 교류에 관해 서술했다. 이토록 극심하게 신경증을 앓는 환자가 그런 활동을 할 수 있다는 것은 상상하기도 힘들었다.

드디어 최면을 걸어 오늘 아침 왜 그렇게 동요했느냐고 물어보았다. 엘리베이터를 믿지 못해서라는 말 대신 그녀의 생리가 다시 시작되면 마사지를 그때 또 쉬게 될까 봐 두려워서라고 알려 주었다.[26] 그런 뒤 나는 그녀에게 다리 통증에 관한 병력을 말해

26 일어난 사건의 순서는 다음과 같다. 그녀가 아침에 깨어나 불안한 기분이라는 것을 느꼈다. 이것을 설명하기 위해 처음으로 떠오른 불안한 생각에 주목했다. 전날 오후 그녀는 딸들 숙소의 엘리베이터에 관한 이야기를 했다. 여느 때와 마찬가지로 아이들을 과잉 보호하는 그녀는 아이들의 가정 교사에게, 오른쪽의 난소 신경통과 오른쪽 다리의 통증 때문에 잘 걷지 못하는 큰딸이 숙소를 올라갈 때와 마찬가지로 내려갈 때도 엘리베이터를 사용하는지를 물어보았다. 그런 뒤 유사 기억 상실이 작용해서 그녀가 의식하고 있던 불안과 엘리베이터에 관한 생각을 연결시켰다. 의식 속에서는 불안의 진짜 원인을 찾을 수가 없었던 것이다. 그러던 것이 이제 최면 상태에서 질문했더니 그 어떤 망설임도 없이 진짜 원인이 떠오른 것이다. 그 과정은 베르넴과 그를 따른 사람들이 후최면 상태에서 최면 중에 들은 암시를 수행하는 사람들에 관한 연구에서 보는 바와 똑같다. 예를 들어 베르넴은 최면 중에 환자에게 깨어난 뒤 양쪽 엄지손가락들을 입에 집어넣으라고 암시했다. 환자는 암시받은 대로 행동했고 그에 대한 핑계를 댔는데 그것은 전날 그가 간질 발작과 유사한 일이 일어났을 때 혀를 깨물었으며 그 이후로 그의 혀가 아팠다는 것이었다. 또한 암시에 복종하기 위해서 한 소녀는 그녀가 전혀 모르는 법정 공무원을 살해하려고 시도한 적이 있다. 그녀가 붙잡혀서 범행 동기가 무엇이었는지 질문받았을 때 그녀는 그가 나쁜 짓을 해서 복수를 획책했다고 있지도 않은 이야기를 꾸며 댔다. 우리는 우리 자신이 의식하게 된 심리 현상을 의식 속의 다른 자료와 인과론적으로 연결시키고자 하는 욕구가 있는 것 같다. 진정한 원인이 의식 속에 지각되려고 침입하려고 하면 즉시 다른 연결을 시도한다. 그러고는 거짓이라 할지라도 그 인과 관계를 믿는다. 의식 내용의 분열이 이러한 종류의 〈잘못된 연결〉이 일어나도록 조장하는 것이 분명하다.

〈잘못된 연결〉의 예로 든 위의 사례가 여러 면에서 〈전형적〉이라고 할 수 있으므로 이에 관해 좀 더 고찰해 보자. 우선 이 행동은 에미 부인으로서는 전형적인 행동이다. 치료가 더 계속됨에 따라 그녀는 여러 〈잘못된 연결〉을 했다가 최면 중 도달한 설명으로 그 연결들을 제거시키는 경우가 많았다. 그중 한 경우를 자세히 설명해 보고자 한다. 왜냐하면 현재 논하고 있는 심리 현상에 대해 시사하는 바가 크기 때문이다. 나는 에미 부인에게 평소 따스한 물에 목욕하는 것을 그만두고 더욱 상쾌한 느낌이 들도록 찬물로 반신욕을 하라고 추천했다. 그녀는 의학적인 지시 사항을 말없이 따르기는 했지만 항상 불신이 깊었다. 그녀가 의학적인 지시 사항에서 그 어떤 이득을 얻은 적이 거의 없었다고 이미 말한 바 있다. 내가 그녀에게 냉수 목욕을 하라고 권했을 때 권위적으로 지시한 것이 아니었기 때문에 이번에는 그녀는 용기를 내어 다음과 같이 그녀가 망설이는 표시를 했다. 〈냉수욕을 한 다음에는 언제나 하루 종일 우울해집니다. 그렇지만 선생님께서 원하시니 다시 한번 시도해 보지요. 선생님께서 지시한 것을 내가 그대로 하지 않는다고 생각하시면 안 됩니다.〉 나는 충고를 거두어들인 것처럼 행동했지만 다음 최면 때 그녀에게 다음과 같은 암시를 주었다. 즉 그녀 자신이 냉수욕에 관한 아이디어를 제안할 것인데, 그녀가 신중히 생각해 보았는데 시험적으로 해보고 싶다 등등의 말을 나한테 하리라는 것이다. 암시한 일이 그대로 일어났다. 다음 날

달라고 했다. 그녀는 어제처럼(그녀의 오빠를 돌보아 준 이야기
를 하면서) 똑같이 시작했고 여러 가지 비슷한 경우의 기억을 연

그녀는 냉수욕을 해보겠다는 생각을 표현했고 내가 그 전날 그녀에게 사용했던 모든
논리를 그녀 자신이 사용하면서 나를 설득시키려고 노력했다. 나는 별로 열의를 보이
지 않으면서 그에 동의했다. 그러나 그녀가 반신욕을 한 그날 실제로 그녀가 깊은 우
울증에 빠져 있는 것을 보게 되었다. 〈오늘 왜 이렇게 기분이 좋지 않으신 거지요?〉하
고 내가 물었다. 〈이렇게 될 줄 전부터 알고 있었습니다. 냉수욕 때문입니다. 항상 그
런 걸요.〉〈그건 당신 스스로 하고 싶어 했던 것인데요. 이제 냉수욕이 당신에게 맞지
않는다는 것을 알았으니 온수욕을 다시 시작하지요〉하고 내가 말했다. 후에 나는 그
녀에게 최면을 건 뒤, 〈당신을 그토록 우울하게 만든 것이 정말로 냉수욕이었습니까?〉
라고 물었다. 그녀는 〈아, 냉수욕은 아무 상관도 없어요. 오늘 아침 신문에서 산도밍고
에서 혁명이 일어났다는 것을 읽은 것 때문이지요. 그곳에서 어떤 동요가 일어나면 백
인들이 항상 당하게 마련이지요. 산도밍고에는 오빠가 있는데 이미 예전에 우리에게
걱정을 많이 끼쳤지요. 지금도 무슨 일이 그에게 일어날까 봐 겁이 납니다〉하고 대답
했다. 이 문제는 우리들 사이에서 정리가 되었다. 다음 날 아침 그녀는 냉수욕을 했는
데 마치 당연한 듯했고 그 어떤 우울 증세라도 냉수욕을 탓하지 않은 채 수주 동안 냉
수욕을 계속했다.

이 예는 또한, 의사들이 추천한 치료 과정에 대해 대부분의 신경증 환자들이 보이
는 전형적인 행동이라고 말해도 좋을 것이다. 어떤 특정한 날에 증상을 보이는 환자
는 — 그것이 산도밍고에서의 소요 탓이건 다른 이유 탓이건 자기 의사가 가장 최근
에 해준 충고 탓으로 돌리는 경향이 있다. 이러한 종류의 〈잘못된 연결〉을 가져오는
두 필수 조건 중 〈불신〉은 항상 존재하는 것 같다. 그렇지만 나머지 조건인 〈의식의 분
열〉은 부분적으로는 대부분의 신경증 환자가 자신들의 병의 진정한 이유를 모른다는
사실과 또 다른 한편으로는 고의로 그런 것을 알려고 하지 않는다는 사실로 대치될 수
있다. 고의로 알려고 하지 않는 경우는 원인증에 자신이 비난받을 수도 있는 부분들을
떠올리고 싶지 않아서이다.

우리가 서술한 것은 신경증 환자에 관한 것으로, 이러한 심리적 조건들은 히스테
리에서와는 구별된다고 생각할 수 있다. 그러한 심리적 상태가 무지이건 고의적인 빠
뜨리기이건 〈잘못된 연결〉을 일으키는 데 의식 분열보다 더 강하게 작용한다. 왜냐하
면 의식이 분열된 상태에서는 인과 관계에 관한 자료를 의식에서 철수시키기 때문이
다. 그러나 분열이 그렇게 깨끗해지는 경우는 거의 없다. 대개는 잠재 의식적인 관념
복합체의 일부가 환자의 보통 의식으로 침입하게 되며, 장애를 일으키는 것이다. 보통
의식 상태에서 지각되는 것은 내가 위에서 언급한 예의 경우에서 보듯이 그 복합체와
관련된 일반적인 감정 — 불안감일 수도 있고 비통함일 수도 있다 — 이다. 그리고
〈연합하려는 강박적인 생각〉의 일종으로 의식에 존재하는 관념 복합체와 연결지어야
하는 이유도 바로 이 감정 때문이다(〈강박적인 생각〉의 메커니즘과도 비교해 보라. 이
에 관해서는 1894년과 1895년에 쓴 두 개의 논문이 있다).

얼마 전에 나는 다른 분야에서 얻어진 관찰 결과를 본 뒤 이러한 종류의, 〈연합하
려는 강박 행동〉의 강도에 대해 깨닫게 되었다. 여러 주 동안 나는 내가 보통 때 쓰던

이어 이야기해 주었다. 비통함과 짜증스러움이 교대로 나타났다. 다리의 통증과 동시에 겪었던 기억이었고, 한번 그럴 때마다 그

침대를 좀 딱딱한 것으로 바꾸어야 했던 상황에 처했는데 그동안 너무도 꿈을 많이 꾸고 생생해서 제대로 잠을 자지 못할 지경이었다. 깨어나서 15분 동안 나는 간밤에 꾸었던 꿈을 모두 기억해 내서는 글로 적어 놓고 꿈풀이를 시도했다. 마침내 나는 모든 꿈의 두 가지 요인을 찾아내는 데 성공했다. 즉 (1) 그날 낮 잠깐 동안 그냥 짧게 생각했던, 그래서 그냥 손대기만 하고 완전하게 다루지는 않은 것들을 해결하고자 하는 욕구, (2) 동일한 의식 상태에서 존재했을지도 모르는 관념들을 함께 묶고자 하는 강박 행동이 바로 그 요인들이다. 꿈이 논리에 닿지 않고 상호 모순적인 이유는 이 두 번째 요인이 제어되지 않은 채 기세를 떨치는 데 있다.

어떤 기억과 관련된 정서와 그 기억의 주관적 자료가 일차적 의식 상태와 다른 관련을 맺게 되는 것은 흔히 있는 일이다. 이것은 체칠리 M. 부인의 사례에서도 볼 수 있었다. 이 논문에서 언급된 그 어느 환자들보다도 훨씬 잘 알게 된 사례이다. 그녀에게 내가 위에서 쓴 것과 같은 히스테리 현상들의 심리 기제가 존재한다는 증거, 그것도 매우 설득력이 강한 증거를 수도 없이 모을 수 있었다. 그러나 그 개인을 배려해 주기 위해서는 유감스럽게도 자세한 사례를 실을 수가 없다. 그렇지만 여기저기서 이 사례를 언급하게 될 것이다. 체칠리 M. 부인은 최근 들어 매우 특이한 히스테리 상태가 되었다. 이 상태는 분명 그 개인에게만 있는 독특한 것은 아니었지만 그때까지 학계에 알려져 있었는지의 여부는 내가 알지 못한다. 〈오래된 빚을 갚기 위한 히스테리성 정신병〉이라고 부를 수 있을 것이다. 환자는 여러 가지 심리적 외상을 경험했고 만성 히스테리 상태에서 여러 해를 보냈다. 그 증상은 매우 다양했다. 그녀의 이 모든 상태에 대한 원인을 그녀나 다른 모든 사람은 몰랐다. 그녀는 놀랄 만큼 많은 것을 기억하고 있었지만 가장 현저한 공백을 보였다. 그녀의 표현을 빌리자면 삶이 마치 조각조각 난도질당한 것 같다고 했다. 어느 날 오래된 기억 하나가 갑자기 명료하고 생생하게, 그리고 처음 경험할 때의 생생한 감각 그대로 떠올랐다. 그 이후 거의 3년 동안 그녀는 다시 한번 모든 외상을 겪게 되었다. 오래전에 잊어버린 것으로 여겨졌던, 그리고 한번도 회상하지 않았던 외상들을 다시 겪으며 그녀는 급성 증세들과 더불어 전에 한 번이라도 겪었던 증세들의 재발로 고생해야 했다. 그렇게 해서 33년 동안 쌓인 〈오래된 빚〉을 갚은 뒤, 복잡해진 적이 많았지만 이상 상태들을 설명해 줄 만한 병의 근원들을 찾을 수가 있었다. 그녀의 병을 치료해 줄 수 있었던 유일한 방법은 최면을 건 뒤 당시 그녀를 괴롭히는 특정 회상에 관해 이야기하도록 그녀에게 기회를 제공하는 것뿐이었다. 그러면서 얽혀 있는 모든 감정과 그 신체적 표출을 그대로 다 표현하게 하는 것이다. 내가 그녀를 치료하지 못하게 되어 그녀가 그 앞에서 부끄럽게 느끼는 사람에게 털어놓아야 했을 때가 있었다. 그때 그녀는 그 사람에게는 평온하게 이야기를 들려주고는 그 결과 나와의 최면 중에는 그 사람과의 대화 때 하고 싶었던 대로, 모든 눈물을 있는 대로 다 쏟으며 모든 비애를 다 발산하는 것이었다. 최면 중 이러한 종류의 정화가 끝난 뒤 몇 시간 동안 그녀는 꽤 좋아 보였고 현실로 돌아와 있었다. 짧은 휴식 후에 같은 시리즈에 속한 또 다른 회상이 떠오르곤 했다. 그러나 이 회상이 시작되기 수 시간 전에 그 회상에 적합한 정서가 먼저 불러일으켜진다. 그녀는 불안해지거나 짜증

통증이 악화되어 급기야는 두 다리의 감각이 모두 상실된 채 마비가 일어났다. 그녀 팔의 통증도 그랬다. 팔의 통증도 그녀가 아픈 누군가를 간호해 주는 동안 느껴졌다. 그리고 동시에 〈목 경련〉도 일어났다. 이 〈목 경련〉에 대해 내가 알아낸 것은 그전부터 존재했던 우울증이 수반되는 독특한 불안 상태에 뒤따른다는 점이다. 이 〈목 경련〉은 목 뒤에 느껴지는 〈얼음같이 차가운 움켜쥠〉이며, 모든 사지의 강직과 고통스러운 차가움, 말을 하지 못하는 상태와 완전한 쇠약의 시작도 동시에 나타난다. 목 경련은 여섯 시간에서 열두 시간 지속된다. 이 증상 복합체가 한 회상에서 비롯되었다는 것을 보여 주려는 나의 시도는 실패했다. 그녀가 오빠를 간호하는 동안 그녀의 오빠가 착란 상태에서 그녀의 목을 움켜쥔 적이 있는지를 알아내기 위해서 그녀에게 몇 가지 질문을 던졌다. 그러나 그녀는 이를 부인했다. 그녀는 이 발작이 어디서 시작되었는지를 모르겠노라고 말했다.[27]

스럽든지 비참해지는데, 이 정서가 현 순간에 속한 것이 아니라 앞으로 처할 상태에 속한다는 점을 눈치도 채지 못한다. 이 변화기 동안 그녀는 〈잘못된 연결〉을 습관적으로 하고 다음 최면까지 고집스럽게 그 〈잘못된 연결〉에 매달릴 것이다. 예를 들면 그녀는 다음 질문을 하면서 나를 맞은 적이 있었다. 〈나는 가치 없는 인간이 아닐까요? 제가 어제 한 일을 당신에게 말했던 것은 무가치의 표시가 아닐까요?〉 전날에 그녀가 실제로 말해 준 것은 사실 이 자기 비난을 정당화시켜 주지 못했다. 짧은 대화를 나눈 뒤 그녀는 분명히 그 사실을 깨달았다. 그런 뒤 다음에 최면 시간 동안 어떤 사건에 관한 회상을 떠올렸다. 그 사건은 12년 전에 일어났던 것으로서 당시 심한 자기 비난을 유발했다 — 원주.

27 후에 곰곰이 생각해 보니 이 〈목 경련〉이 기질에 인한 것이고, 편두통과 유사한 것일지도 모른다고 할 수밖에 없었다. 실제 임상 장면에서 우리는 기술된 적이 없는 이런 종류의 상태를 수도 없이 보게 된다. 고전적인 편두통 발작과 현저하게 닮았다는 것은 우리가 편두통의 개념을 확장시키고 통증의 위치에는 단지 2차적인 중요성만 부여해야 하지 않을까 생각하게 만든다. 우리가 알고 있듯 여러 신경증 여자 환자들은 히스테리 발작(경련과 착란)을 겪으면서 편두통 발작을 동반하는 경우가 많다. 에미 부인이 〈목 경련〉을 겪을 때마다 착란 발작이 함께 일어나는 것을 나는 매번 목격했다.

그녀 팔과 다리의 통증에 관해서는 나는 우연히 일어난, 별로 흥미롭지 못한, 흔한 저녁. 그녀는 매우 활기에 차 있었고 유머 감각을 발휘했다. 그녀는 엘리베이터 건이 자신이 전에 보고한 것과 틀린다고 말했다. 숙소 주인은 내려가는 용도로는 엘리베이터를 사용하지 않도록 핑계를 대기 위해서 그가 한 일을 말했을 뿐이다. 그녀는 여러 가지 질문을 내게 퍼부었는데, 그 어느 것도 병적인 조짐은 보이지 않았다. 그녀는 얼굴과 엄지손가락, 다리에 극심한 통증을 겪고 있다. 꽤 오랫동안 움직이지 않은 채 앉아 있다든지 어떤 고정된 곳을 주시하면 얼굴이 굳어지고 통증을 느낀다. 무거운 것을 들면 팔에 통증이 찾아온다 ─ 그녀의 다리를 검진해 보았더니, 허벅지의 감각은 꽤 양호했으나 아래쪽 다리와 발에는 심각한 감각 상실이, 골반에서 엉덩이 부분에는 약간 가벼운 감각 상실이 드러났다.

최면 중에 그녀는 아직도 가끔씩 끔찍한 생각들이 떠오른다고

사례에 불과하다는 소견을 가지고 있다. 그녀의 아픈 오빠를 간호하면서 불안한 상태일 때 이런 종류의 통증이 왔다. 그리고 그녀가 피곤한 상태였기 때문에 보통 때보다도 더 심하게 그 통증을 느꼈던 것이다. 이 통증은 원래는 우연히 그런 경험과 결합되어 있었겠지만 후에는 그녀의 기억 속에서 전체 연합 복합체의 신체적 상징으로 되풀이되었다. 나중에 나는 이 과정을 확인시켜 주는 여러 예를 더 들 것이다. 처음에 이 통증이 류머티스성이었을 가능성이 크다. 오용, 남용되고 있는 이 용어를 정의해 보면, 류머티스성 통증은 주로 근육에서 일어나며 압박에 매우 민감하고 단단함이 느껴지는 정도가 달라진다. 상당 기간 휴식하고 사지를 움직이지 않은 후에는(즉 아침에 깨어나면) 가장 심해진다. 고통스럽지만 움직이면 나아지고, 마사지를 하면 사라진다. 이 근육성 통증은 상당히 흔하지만 신경증 환자에게는 굉장히 중요하다. 신경증 환자 자신들이 이 통증을 신경성이라고 간주하고 있으며, 그들의 의사들은 그 생각을 장려한다. 이 의사들은 손가락의 압력으로 근육을 검사하는 습관이 되어 있지 않기 때문이다. 그러한 통증은 셀 수 없이 많은 신경통과 소위 말하는 좌골 신경통 등에 관한 자료를 제공해 준다. 나는 여기서 이 통증과 통풍성(痛風性) 소인과의 관계에 관해서 간단하게 언급하려고 한다. 내 환자의 어머니와 여자 형제들 중 두 명이 매우 심한 통풍(혹은 만성 류머티즘)을 앓았다. 치료를 받는 동안 그녀가 호소한 통증의 일부는, 그녀가 원래 겪었던 통증과 마찬가지로, 지금까지 이야기한 근원에서 비롯된 것이었을 수 있다. 그녀를 치료할 당시에는 근육 상태에 대한 판단을 내릴 만한 경험이 내게 없었기 때문에 확실하게 알 도리는 없다 ─원주.

했다. 예를 들어 자기 아이들에게 무슨 일이 생길 것 같다든지, 아이들이 병에 걸리든지 생명을 잃을 것 같다든지, 신혼 여행 중인 남자 형제가 사고를 당했을지도 모른다든지, 아니면 그의 아내가 죽을지도 모른다든지(그녀의 형제자매들의 결혼생활은 모두 짧았기 때문이다) 등등이다. 나는 그녀에게서 다른 공포를 더 캐낼 수는 없었다. 아무것도 두려워할 필요가 없다고 지시했다. 그녀는 〈선생님께서 그러라고 하셨으니까〉 그만 두려워하겠다고 약속했다. 계속해서 나는 그녀의 통증, 다리 등에 관해 암시를 주었다.

5월 16일 아침. 그녀는 간밤에 충분한 수면을 취했지만 여전히 얼굴과 팔, 다리의 통증을 호소했다. 그런데도 매우 쾌활했다. 그녀에게 최면을 걸었지만 아무런 소득이 없었다. 그녀의 마비된 다리에 유도 전기 요법을 사용했다.

저녁. 내가 들어서자마자 그녀는 나를 놀라게 했다. 〈선생님께서 오셔서 매우 기쁩니다. 너무 무섭거든요〉 하고 말했다. 그러면서 그녀는 말더듬증과 틱 증세를 함께 보이며 공포의 징조를 드러냈다. 우선 나는 그냥 깨어 있는 상태에서 무슨 일이 있었는지를 말해 달라고 했다. 그녀는 손가락을 구부린 채 양손을 앞으로 펴고 공포스러운 광경을 생생히 묘사했다. 〈정원에서 커다란 쥐가 갑자기 제 손을 스치고 눈깜짝할 새 사라져 버렸어요. 그리고 물체들이 앞뒤로 살랑거리며 계속 움직이고요(그늘의 움직임으로 인한 착각). 수많은 쥐가 나무 위에 앉아 있었어요. 서커스에서 말들이 발을 구르는 소리가 들리지 않으세요? 옆방에서 어떤 남자가 신음하고 있네요. 수술 후의 통증을 겪고 있음에 틀림없어요. 제가 혹시 뤼겐에 있는 겁니까? 저것과 같은 스토브가 거기도 있던가요?〉 그녀는 마음속에 하나씩 떠오르는 여러 생각 때문에 혼란스러워하고 있었다. 내가 그녀에게 최근의 현실적인 것들, 예를 들어 딸들이 이곳을 방문했는지 등에 관해 질문했는데, 아무런 대답도 하지 못했다.

나는 최면 상태에서 그녀의 혼란스러운 마음을 해소시키려고 시도했다. 그녀를 무섭게 만든 것이 무엇인지를 물어 보았다. 그녀는 공포의 징조를 모두 동원해 보이면서 쥐에 관한 이야기를 되풀이한 뒤 층계를 내려갈 때 그곳에 끔찍한 동물이 누워 있었는데 금방 사라졌다고 덧붙였다. 나는 그것들이 환각이며 쥐를 두려워하지 말라고 말해 주었다. 쥐는 술 취한 사람들 눈에나 보이는 것이라고 했다(그녀는 술 취한 사람들을 매우 싫어했다). 나는 그녀에게 하토 주교[28]의 이야기를 들려주었다. 그녀도 그 이야기를 알고 있었으나 극심한 공포 속에서 듣고 있었다. 〈어떻게 해서 서커스에 관해 생각하게 된 거죠?〉 계속 물었다. 그녀는, 주위 마구간에서 말들이 발 구르는 소리, 그러다가 고삐에 감겨 위험해지는 것을 분명히 들었다고 했다. 이런 일이 일어나면 요한이 나가서 고삐를 풀어 주곤 했다고 한다. 나는 주위에 마구간이 없으며, 옆방에 신음하는 사람도 없다고 부인했다. 그녀가 그때 어디에 있는 것인지 알고 있었을까? 그녀는 〈지금은〉 알지만 좀 전에는 자신이 뤼겐에 있다는 생각을 했다고 말했다. 어째서 이런 회상을 하게 되었는지 그녀에게 물었다. 그녀가 말하기를, 그들은 정원에서 대화 중이었는데, 도중에 날씨가 덥다는 이야기를 하면서 갑자기 뤼겐의 그늘 없는 테라스가 생각났다는 것이다. 나는, 〈그렇다면 뤼겐에 당신이 머무는 동안 겪은 불행한 기억은 무엇이었습니까?〉 하고 물어보았다. 그러자 그녀는 다음과 같은

28 전설에 따르면 쥐에 잡아 먹혔다고 한다.

불행한 기억들을 상기해 냈다. 거기에 머무는 동안 그녀는 다리와 팔에 아주 끔찍한 고통을 겪었다고 했다. 거기서 소풍을 갔는데, 여러 번 안개에 갇혀 길을 잃은 적이 있었다는 것이다. 그리고 산책하러 나갔을 때 두 번이나 황소가 뒤쫓아 달려왔다는 등의 이야기였다. 나는 〈어째서 오늘 그런 발작을 한 겁니까?〉 하고 물었다. 〈어째서냐고요?〉 그녀가 대답했다. 그녀는 여러 통의 편지를 쓰느라고 세 시간이 걸렸고, 그 때문에 머리가 아팠다고 했다. 따라서 나는 그녀의 착란 발작이 피로 때문이고, 그 내용은 정원의 그늘 없는 장소 등에서 비롯된 연상으로 결정된다고 가정할 수 있었다. 나는 언제나처럼 그녀에게 주지시켜 왔던 것들을 반복하고 그녀를 잠들게 하고 나왔다.

5월 17일 아침. 그녀는 간밤에 잠을 잘 잤다. 오늘 겨 목욕을 하면서 그녀는 소리를 질렀는데, 거가 벌레로 보였기 때문이다. 나는 이 사실을 간호사로부터 보고받았다. 그녀 자신은 그 일에 관하여 이야기하기를 꺼렸다. 그녀는 과하다 싶을 정도로 쾌활했으나 〈어!〉 하고 외치며 말을 중단하면서 공포스러운 표정을 짓곤 했다. 또한 최근 며칠 동안 그녀가 그랬던 것보다 더 말을 더듬었다. 그녀는 간밤에 여러 마리의 거머리 위를 걷고 있는 꿈을 꾸었다고 말해 주었다. 그저께 밤에도 끔찍한 꿈을 꾸었다고 했다. 그녀는 여러 구의 시체를 입관시킬 준비를 해야 했고 관에 넣었는데 관 뚜껑을 덮지 않으려고 했다는 것이다(확실히, 그녀 남편에 대한 회상). 또한 그녀가 살아오는 동안 동물들에 얽힌 경험이 많았다고 덧붙여 말했다. 가장 끔찍한 기억은 옷장에서 잡힌 박쥐에 얽힌 것인데, 그녀는 너무 놀라 옷도 걸치지 않은 채 방을 뛰쳐나왔다는 것이다. 그녀의 공포를 치료해 주기 위해 그녀의 오빠는 박쥐 모양의 브로치를 그녀에게 주었지만 그녀는 한 번도 그것을 사용할 수가 없었다.

최면 중에 그녀는 자신의 벌레 공포증이 어떻게 시작되었는지 설명해 주었다. 어느 날 그녀가 예쁜 바늘꽂이를 선물로 받았다. 그러나 이튿날 아침 그녀가 그것을 사용하려고 했더니 무수한 작은 벌레가 그 바늘꽂이에서 기어나오는 것이었다. 채 마르지 않은 겨가 안에 채워져 있었기 때문이다(환각이 아니냐고? 아마도 사실이었을 것이다). 나는 그녀에게 짐승들 이야기를 더 들려 달라고 요청했다. 한번은 그녀가 남편과 함께 상트페테르부르크에 있는 공원을 걷고 있을 때였다. 연못으로 이르는 길 전체가 두꺼비로 뒤덮여 있어서 발길을 돌려야 했다. 그녀가 누구에게도 손을 내밀 수 없었던 때가 있었는데 그것은 손이 끔찍한 짐승들로 변하는 것을 두려워해서였다. 그런 일이 자주 일어났기 때문이다. 나는 그녀를 짐승 공포증으로부터 자유롭게 해주려고 하나씩 짐승을 섭렵하면서 그녀가 두려워하는 대상인지를 물어 갔다. 어떤 짐승들은 그녀가 아니라고 했고 다른 짐승들은 〈그걸 두려워하면 안 되는데〉라고 대답했다.[29] 나는 그녀가 어제 왜 말을 더듬었는지, 또 왜 경련을 일으켰는지 물어보았다. 그녀는, 매우 두려운 때는 항상 그러하다고 대답했다.[30] ― 그러나 어제 왜 그렇게 두려

29 내가 여기서 따른 절차는 좋은 절차라고 보기 어렵다. 그 어떤 짐승에 대한 검토도 빼먹은 것 없이 충분히 이루어지지 않았기 때문이다 ― 원주.

30 두 개의 초기 외상(딸의 병과 두려움 속에 있었던 말들의 사건)을 더듬고 올라간 다음에 그녀의 말더듬증과 헛소리가 현저하게 나아지긴 했지만 완전히 없어진 것은 아니었다. 환자 자신은 이 불완전한 성공을 다음과 같이 설명했다. 그녀는 두려운 상태에서는 언제나 말을 더듬고 헛소리를 내는 버릇이 붙었는데 그러다 보니 결국 이 증세가 초기 외상뿐만 아니라 초기 외상과 관련되는 기다란 기억 사슬의 줄에도 들러붙게 되었는데, 그 기억 사슬들은 내가 지울 때 빼먹었다는 것이다. 이것은 꽤 자주 일어나는 일들로, 그때마다 이 카타르시스 요법의 치료 결과의 우수성과 완벽성을 제한한다 ― 원주.

웠던 것인가? ─ 그것은 정원에 있을 때 그녀를 압박하는 모든 생각이 떠올랐기 때문이라고 그녀가 말했다. 특히 치료가 종결된 다음에는 그녀 내면에서 어떤 것이 쌓이게 되는 것을 어떻게 방지할 수 있을까가 걱정되었다는 것이다. 나는 그녀가 안심할 수 있는 세 가지 이유를 이미 말한 적이 있는데, 여기서 반복해 말해 주었다. (1) 전체적으로 그녀가 더 건강해졌고, 저항력을 가지게 되었다는 점, (2) 그녀가 친근한 누군가에게 자신의 생각을 털어 놓는 습관이 붙을 것이라는 점, (3) 지금까지 그녀를 내리눌렀던 모든 것을 그때부터는 냉담하게 바라볼 수 있게 될 것이라는 점. 그녀는 계속 걱정되는 바를 말해 주었는데, 그것은 내가 늦은 시각에 방문하는 것에 대해 감사의 표시를 하지 않은 것이었다. 그리고 자신의 병이 최근에 재발하는 바람에 내가 그녀에 대한 인내심을 잃은 것은 아닐까 노심초사하고 있었다. 정원에서 가정의가 한 신사에게 이제 수술을 받을 용기가 생겼느냐고 물었는데, 이것이 그녀를 심란하게 만들고 불안스럽게 했다고 말했다. 옆에 앉아 있던 그녀(에미 부인)는 이것이 이 불쌍한 남자에게 마지막 밤이 될지도 모른다는 생각이 들었다 ─ 이 마지막 정보를 들려 준 뒤 그녀의 우울증은 해소된 듯했다.[31]

저녁. 그녀는 매우 쾌활했으며 만족해하고 있었다. 최면술은 아무 성과도 얻지 못했다. 나는 그녀의 오른쪽 다리의 근육통을 치료하고 그 감각을 회복시키는 데 몰두했다. 최면 상태에서는

31 여기서 내가 처음으로 배우고, 또한 후에 수없이 확인한 사실은, 현재의 히스테리성 착란을 해소하는 경우에 환자는 시간순으로 거꾸로 이야기한다는 점이다. 즉 가장 최근에 일어나고 가장 덜 중요한 인상과 관념의 연상에서 시작해 끝에 가서야 일차적 인상에 다다르게 되는데, 이 일차적 인상이야말로 인과론적으로 가장 중요한 경우가 대부분이다 ─ 원주.

이런 일을 쉽게 할 수 있어서 다리의 감각을 회복했으나 그녀가 깨어나면 다시 감각을 부분적으로 잃는 것이었다. 내가 떠나기 전에 그녀는, 목 경련이 폭풍우가 몰아치기 전에 시작되곤 했는데 벌써 오랫동안 목 경련을 겪은 적이 없다고 놀라워했다.

5월 18일. 간밤에 그녀는 숙면을 취했다. 지난 수년간 그렇게 잘 자본 적이 없을 정도였다. 그러나 목욕 후에 목 뒤가 차가워지고 얼굴과 손 그리고 발이 굳고 통증을 느낀다고 했다. 그녀의 얼굴은 긴장되고 손은 꽉 쥐고 있었다. 최면을 걸었는데, 목 경련의 근저에 있는 아무런 심리적 내용을 얻어 낼 수가 없었다. 그녀가 깬 뒤 마사지로 목 경련을 완화시켜 주었다.[32]

지금까지 치료 초기 3주간의 기록에서 발췌하여 적었다. 이것

32 그러므로 전날 밤 그녀가 목 경련을 겪은 지 오래되었다면서 놀란 것은 마치 사전 경고와 같은 것으로, 닥쳐오고 있던 상태가 이미 그 당시에 준비되고 있었고 무의식적으로 지각되었다는 것을 뜻한다. 이러한 흥미로운 사전 경고는 이미 언급했던 체칠리 M. 부인의 사례에서도 자주 볼 수 있었다. 예를 들어 그녀는 건강이 최고 상태일 때 내게 이렇게 말했다. 〈밤에 마녀들을 두려워한 지 오래되었어요.〉 아니면 〈이렇게 오래 내 눈이 안 아프다니 얼마나 기쁜지 몰라요.〉 이런 말을 들으면서 나는 그날 밤 그녀가 마녀를 무서워하면서 소란을 피워 간호사들이 과외로 일을 해야 할 것이라든지 그녀 눈의 통증이 다시 시작되리라는 것을 확신했다. 두 가지 경우에서 모두, 무의식의 수준에서는 이미 완전하게 형성되어 존재하는 것이 모호하게 그 모습을 드러내기 시작한 것이다. 이 관념은, 갑작스러운 생각의 모습으로 떠올라서는 전혀 의심하지 못하는 〈공식적인〉 의식(샤르코의 명명을 사용하면)에 따라 만족감으로 가공된다. 그렇지만 이 만족감은 어김없이 곧 합당치 못한 것으로 판명되게 마련이다. 체칠리 M. 부인은 매우 지적인 여성이었으므로 히스테리 증상을 이해하는 데 큰 도움을 얻었다. 그녀는 이러한 종류의 사건들로 인해 사악한 일을 예측하거나 과장된 미신이 생겼을지도 모른다고 지적했다. 한편으로 우리는 행복을 뽐내지 말아야 하며 또 한편으로는 최악의 경우에 관해서도 말하지 말아야 한다. 그러지 않으면 바로 그 최악의 일이 생기게 마련이다. 불행이 가까운 장래에 일어날 즈음이 되어서야 우리가 우리의 행복을 자랑한다는 것은 사실이다. 그리고 우리는 자랑의 형태로 불행을 예감하게 된다. 그 이유는, 우리가 회상하고 있는 것의 내용 주제는 그 내용 주제에 속한 감정이 느껴지기 전에 떠오르기 때문이다. 다시 말해 아직은 괜찮은 감정이 얽힌 대비되는 관념이 의식 속에 존재하기 때문이다 ─ 원주.

으로 환자의 상태, 나의 치료 방법의 특징, 그리고 치료의 성과에 관해 분명히 이해하는 데 충분한 자료가 되었기를 바란다. 이제 이 사례사에 계속해서 부연 설명을 하고자 한다.

가장 최근에 서술한 착란이 에미 폰 N. 부인의 상태 중 마지막으로 심각한 상태였다. 증상이나 그 근저를 캐는 데 내가 주도권을 잡았던 것이 아니고 나는 환자의 내면에 무엇인가가 떠오르기를 기다리거나, 불안을 야기하는 어떤 생각을 환자가 내게 말해 줄 때까지 기다리고 있었을 뿐이기에 오래지 않아 최면을 걸어도 자료를 얻지 못하게 되었다. 그래서 나는 그녀의 마음속에 계속 남아서 그녀가 집에 돌아가더라도 비슷한 상태로 재발되지 않도록 생활 지침을 주기 위해 주로 최면을 이용했다. 그 당시 나는 베르넴이 쓴 암시에 관한 책[33]에 완전히 지배받고 있었다. 그래서 그런 계도적 조처의 결과 당시에는 오늘날 내가 그에 대해 바라는 것보다 더 많은 성과를 거두기를 바라고 있었다. 환자의 상태는 너무도 빨리 호전되어 얼마 안 가, 그녀의 남편이 죽은 뒤 그토록 상태가 좋아진 적이 없었다고 단언하기까지 했다. 모두 7주간 지속된 치료가 끝나자 나는 그녀를 발트해 연안의 자택으로 돌아가도록 허용했다.

약 7개월 후 그녀로부터 연락받은 것은 내가 아니라 브로이어 박사였다. 그녀의 건강은 여러 달 동안 좋은 상태를 유지했지만 새로운 심리적 쇼크를 맞아 다시 와해되었다고 했다. 그녀의 가족이 처음으로 빈에 머무는 동안 이미 그녀의 큰딸이 어머니 뒤를 따라 목 경련을 보이기 시작했고, 미약한 히스테리 상태에 있었다. 그러나 특히 자궁 후굴증(後屈症) 때문에 걸어 다닐 때 통

33　프로이트 자신이 이 책(『치료를 위한 암시와 적용-De la suggestion et de ses applications à la thérapeutique』, 1886)을 번역했고, 1888~1889년에 출판되었다.

증을 앓고 있었다. 나의 권고로 그녀는 가장 뛰어난 부인과 의사 중 한 명인 N 박사에게 치료를 받으러 갔다. N 박사는 마사지로 그녀의 자궁을 제대로 자리 잡게 했고, 덕분에 그녀는 수개월간 아무 문제 없이 지내고 있던 터였다. 그러나 그녀의 문제는 그들이 집에 있을 때 재발했고, 그녀의 어머니는 인근의 대학 도시에서 한 부인과 의사를 불러들였다. 그는 그 부인의 딸에게 국소 치료와 전신 치료를 처방했는데, 그만 심한 신경 질환을 유발하고 말았다(그녀는 당시 열일곱 살이었다). 이것이 바로 1년 후 인격 변화로 표면에 모습을 드러내게 될 병리적 성향을 이미 시사하고 있었던 것인지도 몰랐다. 여전히 복종과 불신이 뒤섞인 기분으로 큰딸을 의사들에게 맡겼던 그녀의 어머니는 이번 치료가 불행한 결과를 낳자 심하게 자책했다. 내가 미처 살피지 못했던 일련의 생각 때문에 그녀는 N 박사와 내가 자기 딸의 신경 질환에 책임이 있다는 결론을 내렸는데, 그것은 우리가 그녀의 심각한 상태를 가볍게 여긴 탓이라는 것이다. 의지의 작용 그대로 그녀는 내 치료의 효과를 모두 제거해 버리고 즉시 원래 자신을 옭아맸던 상태로 돌아갔다. 그녀가 조언을 들으려고 부른 이웃의 저명한 의사와 서신을 주고받던 브로이어 박사는 그녀를 설득해 의혹의 혐의를 받고 있는 두 사람의 억울함을 납득시키는 데 성공했다. 그러나 해결 뒤에도 당시 나에 대한 반감은 히스테리적 잔여물로 남아 있었다. 또한 그녀는 다시 내 치료를 받을 수 없다고 선언했다. 앞서 언급한 권위 있는 의사의 조언에 따라 그녀는 북독일의 요양원에 도움을 청했다. 브로이어 박사의 바람대로 나는 담당의에게 그녀의 사례에서 효과를 본 변형 최면 치료에 관하여 설명해 주었다.

의사를 바꾼 것은 완전한 실패였다. 처음부터 그녀는 담당 의사와 서로 오해가 있었던 것 같다. 그녀를 위해 그 어떤 치료를 처방하건 그녀는 견뎌 내느라 지쳐 버렸다. 그녀의 상태는 내리막길을 걸었다. 잠을 자지 못했고 식욕도 잃었으며 요양원에 그녀의 한 여자 친구가 방문해서 그녀를 비밀리에 납치 비슷하게 끌어낸 뒤 간호를 해준 다음에야 조금 회복될 수가 있었다. 이후에 그녀가 나와 만난 지 정확히 1년이 지난 뒤 잠시 동안 그녀는 다시 빈으로 돌아와 내 손에 자신을 다시 한번 맡겼다.

내가 편지를 받고 상상한 것보다는 그녀는 훨씬 나은 상태였다. 그녀는 여기저기 돌아다닐 수 있었고 불안에서 벗어나 있었다. 그러니 전년도에 내가 이룩한 바가 아직도 꽤 유지되고 있다고 말할 수 있다. 그녀의 주된 호소는 잦은 혼란 상태였다. 그녀는 이러한 상태를 〈머릿속의 폭풍〉이라고 불렀다. 이외에도 그녀는 불면증에 시달렸고, 한 번에 몇 시간 동안 눈물을 흘리는 일이 잦았다. 그녀는 하루 중 특정 시간(5시)에 슬픔을 느꼈다. 겨울 동안 요양소에 있는 딸을 면회할 수 있었던 시각이다. 그녀는 꽤 말을 더듬고 헛소리를 냈으며, 마치 분노에 차 있는 듯 손을 모아 계속 비비댔다. 그리고 내가 짐승들을 많이 보았냐고 물었더니, 〈아, 가만히 있어요!〉 하고 대답할 뿐이었다.

처음에 최면을 시도했더니 주먹을 쥐고 이렇게 외쳤다. 〈안티피린 주사는 맞지 않겠습니다. 차라리 통증을 겪고 말겠어요! 저는 R 박사를 좋아하지 않아요. 그 사람은 내게 반감을 품고 있습니다.〉 내가 지각한 바로는, 그녀가 요양소에서 최면에 걸렸던 기억에 빠져 있는 것 같아, 현 상황으로 되돌려 놓았더니 금방 가라앉았다.

맨 처음 치료를 재개했을 때 나는 교훈적인 경험을 하게 되었다. 말더듬증이 재발한 지 얼마나 오래되었는지 물었더니 그녀는 주저하면서 (최면 상태에서) 겨울 동안 D-에서 쇼크를 받은 이후라고 대답했다. 그녀가 머물던 호텔에서 한 웨이터가 그녀의 욕실에서 숨어 있었다. 어두운 나머지 그녀는 그를 외투라고 여기고 손을 뻗어 잡으려고 했다. 그러자 그 남자가 갑자기 〈튀어나왔다〉라고 했다. 나는 그녀에게서 이 기억-상(像)을 제거해 주었다. 그러자 그녀의 말더듬증은 최면 중이나 깨어 있을 때나 눈에 띌 정도가 아니게 되었다. 어떤 것이 계기가 되었는지는 기억나지 않지만 나의 암시 성과를 시험해 보려고 결심했다. 그래서 그날 밤 돌아올 때 나는 전혀 아무렇지도 않은 듯 아무도 그 방에 몰래 들어오지 못하도록 (당신이 잠든 동안) 내가 돌아갈 때 어떻게 문을 잠글 수 있는지 그녀에게 물어보았다. 놀랍게도 그녀는 격렬하게 놀라면서 이빨을 갈고 손을 비비기 시작했다. 그녀는 D-에서 이런 종류의 심한 쇼크를 받은 적이 있다고 이야기했다. 그러나 그 이야기의 내용을 이야기하려고 들지는 않았다. 내가 관찰한 바로는 그녀의 마음속에 있는 이야기가 아침 최면 때 그녀가 내게 해준 것, 내가 지워 버렸다고 생각한 바로 그 이야기와 동일한 것이었다. 다음 최면 때 그녀는 내게 그 이야기를 더 자세히, 그리고 진실되게 말해 주었다. 흥분 상태에서 그녀가 복도를 왔다 갔다 하고 있을 때 그녀의 하녀 침실이 열려 있는 것을 발견했다. 그녀는 들어가서 앉으려고 했다. 그녀의 하녀가 도중에 막아섰지만 그녀는 개의치 않고 걸어 들어갔다. 그러고는 벽에 기대어 선 어두운 대상물을 보았는데 나중에 보니 한 남자였다. 그녀가 이 작은 사건에 대해 진실되지 못한 서술을 했던 이유는 확실히 그 속의 에로틱한 요소 탓인 것이 분명했다. 이로써 나는 최면 중에 불완전하게 이야기하는 것은 아무런 치료 효과가 없다는 사실을 배웠다. 나는, 아무런 개선도 가져오지 못하는 이야기는 무조건 불완전한 이야기로 간주하는 데 익숙해졌다. 또한 점차적으로 환자의 얼굴만 보고도 환자가 고백한 것 중에 중요한 부분을 숨기고 있지는 않은지 읽을 수 있게 되었다.

이번에 내가 에미 부인과 함께해야 했던 작업은 그녀의 딸이 치료받는 동안, 또 그녀가 요양원에 머무는 동안 받았던 불쾌한 인상을 최면 중에 다루는 것이었다. 그녀는 최면에 걸린 자신에게 두꺼비의 철자를, 〈k-r-ö-t-e〉라고 읽도록 강요했던 의사를 향한 억압된 분노로 가득 차 있었다. 그리고 그녀에게 그 철자를 말하는 일을 결코 시키지 않을 것이라는 약속을 내게 받아냈다. 이와 관련해 나는 그녀에게 암시를 걸면서 감히 농담을 걸었다. 이것이 내가 그녀에게 범한 유일한 최면술의 남용이었다 — 악의는 없었지만 잘못한 것만은 인정한다. 나는 그녀에게 〈-tal(계곡)〉에 있는 그 요양원에서 그녀가 머물렀다는 기억은 너무도 가물가물해서 그 이름조차 떠오르지 못할 것이고, 그곳을 언급하고자 할 때 〈-berg(언덕)〉인지, 〈-tal〉인지, 아니면 〈-wald(숲)〉인지 무엇인지 주저주저하리라고 암시를 걸었다. 당연히 암시대로 되었고 그 결과 그녀의 언어 장애 중 유일하게 남아 있는 증상은 요양원 이름을 확실히 대지 못하는 것뿐이었다. 나중에 브로이어 박사의 지적에 따라 이 강박적 유사 기억 상실을 풀어 주었다.

이 경험의 잔재와 싸우는 것보다도 그녀가 〈머릿속의 폭풍〉이라 이름 붙인 것과 싸우는 데 더 많은 시간이 걸렸다. 처음으로 내가 이 상태에 빠져 있는 그녀를 보았을 때, 그녀는 표정을 일그러뜨린 채 소파에 누워 있었고 그녀의 몸 전체를 잠시도 가만히 두지 못했다. 그녀는 이마에 손을 대고 누른 채 그리워서 어찌할 바를 모르겠다는 음성으로 〈에미〉라는 이름을 외쳐 불렀다. 이 이름은 그녀 자신의 이름이기도 했지만 큰딸의 이름이기도 했다. 최면 중에 그녀는 내게 이 상태가 딸이 치료받고 있을 때 그녀에게 엄습했던 절망감의 발작이 되풀이되는 것이며, 치료의 나쁜 결과를 교정할 방법을 발견하고자 수 시간을 생각했음에도 좋은 방도가 떠오르지 않을 때 일어나는 발작이라고 알려 주었다. 그럴 때 그녀는 생각이 혼란스러워진다고 느끼게 되고, 그럴 때면 그녀의 머리가 다시 명료해지는 데 도움이 될까 싶어 딸의 이름을 외쳐 부르곤 했다. 맏딸이 아픈 기간에 그것이 에미 부인에게 새로운 짐으로 부과됨으로써 그녀 자신의 신경 상태가 또다시 점점 나빠지고 있음을 느꼈다. 따라서 그녀는 머릿속의 모든 것이 얼마나 혼란스럽건 간에 맏딸과 관계되는 것은 혼란에서 벗어나 동떨어져 있어야 한다고 단단히 마음먹었던 것이다.

수주 동안의 작업 끝에 우리는 이 기억들도 제거할 수 있었다. 에미 부인은 완전히 건강해졌지만 좀 더 지켜보기로 했다. 그녀의 입원 기간이 끝날 무렵 생긴 일에 대해 이제부터 자세히 기록하고자 한다. 왜냐하면 바로 그 일이, 이 환자의 특성과 증세가 시작된 방식에 관해 강한 시사점을 던져 주기 때문이다.

나는 어느 점심 시간에 그녀를 방문했는데, 종이에 싼 무언가를 정원에 집어 던지는 행동을 하던 그녀를 놀라게 했다. 정원에서 하인의 아이들이 그것을 잡았다. 그녀는 내 질문에 그것이 (말린) 푸딩이고, 그 일이 매일 계속되었음을 인정했다. 이 대답을 듣고 나는 다른 요리에서 남긴 것을 살펴보았다. 아니나 다를까 접시들의 반 이상이 남겨진 채였다. 그녀에게 왜 그렇게 적게 먹느냐고 물었더니 많이 먹는 것이 습관화되지 않았고, 더 많이 먹는다면 안 좋을 것이라고 대답했다. 덧붙여 말하기를 돌아가신 아버지도 그녀와 같은 체격이었는데 그 또한 소식가였다는 것이었다. 무엇을 마시느냐고 물었더니 그녀는 오직 우유나 커피, 혹은 코코아 같은 진한 음료만 마실 수 있다고 답했다. 혹시라도 물이 나 탄산수를 마시면 소화가 안 된다는 것이었다. 이는 모두 신경 증적 증세이다. 그녀의 소변을 채취해 보니 매우 농도가 짙고 요산염 과잉 상태였다.

그래서 나는 그녀에게 좀 더 많이 음료를 마실 것과 음식의 양을 늘리는 것이 좋겠다고 했다. 그녀가 사실 아주 눈에 띄게 말라 보이지는 않지만 그럼에도 불구하고 뭘 좀 먹는 것이 바람직하겠다는 생각이 들었다. 그다음 방문 때 나는 알칼리성 음료를 마시라고 처방하고 평소의 푸딩을 버리지 못하게 했다. 그랬더니 그녀는 상당히 동요했다. 〈선생님께서 요청하시니 그렇게 하겠습니다. 그러나 미리 말해 두지만 결과는 그리 좋지 않을 겁니다. 왜냐하면 제게는 맞지 않기 때문입니다. 아버지께도 그러하셨는걸요〉 하고 말하는 것이었다. 최면 중에 그녀에게 왜 많이 먹지 못하고 물도 잘 안 마시는지 물어보았더니 좀 부루퉁하게 〈몰라요〉라고 답했을 뿐이다. 이튿날 간호사는 환자가 음식을 모두 먹었으며, 알칼리성 음료를 한 컵 마셨다고 보고했다. 그러나 에미 부인은 매우 우울해하며 그리고 아주 탐탁지 않은 기분으로 누워 있었다. 〈무슨 일이 일어날지 제가 말씀드렸지요. 우리가 그토록 오랫동안 싸워 얻은 성과를 모두 희생한 겁니다. 저는 소화를 망쳤어요. 평소보다 더 먹거나 물을 마시면 으레 그렇듯이요. 5일이나 7일간 완전히 굶은 다음에야 무얼 소화시킬 수 있게 될 거예요〉 하고 말하는 것이었다. 나는 그녀에게 굶을 필요가 없으며, 그런 식으로 소화를 망친다는 것은 있을 수 없는 일이라고 장담했다. 그녀의 통증은 단지 먹는 것이나 마시는 것에 대해 불안해하기 때문에 생긴 것이라고 말해 주었다. 나의 이런 설명이 그녀에게 전혀 아무런 인상도 심어 주지 못한 것이 분명했다. 왜냐하면 그 이후에 곧, 그녀를 잠재우려고 했는데, 처음으로 최면 유도에 실패했기 때문이다. 그때 그녀가 나를 향해 분노한 표정을 보고서야 나는 그녀가 이제 대놓고 반항하고 상황이 심상치 않음을 깨달았다. 나는 그녀에게 최면을 거는 것을 포기하고 스물네 시간을 줄 테니 잘 생각해 보고 소화기 통증이 공포에서 비롯되는 것임에 불과하다는 소견을 받아들이라고 했다. 스물네 시간이 지나고 나서 나는 그녀가 아직도 탄산수 한 컵을 마시거나 음식을 웬만큼 먹으면 일주일간 소화가 안 된다고 생각하는지 물어보겠다고 했다. 그때도 그렇다면 그녀에게 떠나라고 할 것이라고 했다. 이 작은 사건은 평소 매우 친밀했던 우리 관계와는 날카로운 대립을 이루었다.

스물네 시간 후에 보니 그녀는 유순해지고 순종적으로 변해 있었다. 소화기 통증의 근원에 관해 어떻게 생각하느냐고 물었더니 얼버무리는 것을 못 하는 그녀가 다음과 같이 대답했다. 〈소화기 통증은 제 불안에서 온다고 생각합니다. 그렇지만 선생님께서 그렇게 말씀하셨기 때문에 그렇게 생각할 뿐입니다.〉 이번에는 그녀를 최면 상태로 유도한 뒤 다시 한번 물었다. 〈왜 더 많이 먹지 못하는 겁니까?〉

이에 대해 그녀는 다음과 같이 또다시 회상의 창고로부터 사건들을 끌어내며 연대순으로 일련의 이유를 댐으로써 쉽게 대답했다. 〈지금 생각하기에, 어렸을 때 제가 버릇없이 저녁 식사 중에 고기를 먹으려 들지 않은 적이 자주 있었어요. 어머니는 이런 일에 매우 엄격해, 먹지 않으면 벌을 줄 거라고 으름장을 놓아서 두 시간 후 제가 남긴 고기를 먹어야만 했지요. 원래 담겨졌던 접시에 그대로 남은 고기를요. 두 시간 후니까 고기가 꽤 차가워지고 지방이 너무 딱딱하게 굳어 있었어요(그녀는 혐오감을 드러냈다). ……제 눈앞에 있는 포크가 지금도 보입니다……. 끝이 한 가닥 조금 구부러져 있어요. 식사를 하려고 앉을 때는 언제나 차가운 고기와 그 고기에 붙은 지방 덩어리가 담긴 그 접시들이 눈앞에 보여요. 그리고 몇 년이 흐른 뒤 장교였던 오빠와 같이 생활한 적이 있습니다. 오빠는 꽤 끔찍한 병을 앓고 있었지요. 저는 그 병이 전염성이 있다는 것을 알고 있었기 때문에 잘못해서 오빠의 칼이나 포크를 집어 들지 않을까 굉장히 노심초사했어요(그녀는 몸서리를 쳤다). 그럼에도 불구하고 오빠와 함께 식사를 했어요. 오빠가 그런 병을 앓는다는 사실을 사람들이 알아차리지 못하게 말이지요. 그리고 그 후 얼마 안 가, 다른 오빠가 폐병을 심하게 앓아 그 오빠를 간호하게 되었어요. 우리는 오빠의 침대 옆에 앉아 있었어요. 테이블 위에는 뚜껑도 없는 침 뱉는 그릇이 항상 놓여 있었지요(그녀는 또다시 몸서리를 쳤다). 오빠는 접시들 너머로 그 그릇에 침을 뱉는 버릇이 있었어요. 그럴 때마다 저는 토할 것 같아 견딜 수 없었지만 오빠가 상처받을까 봐 내색하지 못했어요. 그리고 그 침 그릇은 제가 식사할 때도 그 식탁에 그대로 올려진 채로 있었죠. 물론 저는 토할 것 같았지요.〉 당연히 나는 이모든 구토감을 일소시켜 준 뒤 왜 물을 마실 수 없는지를 물어보았다. 그녀는 다음과 같이 대답했다. 열일곱 살 때 가족과 함께 뮌헨에서 몇 달을 보낸 적이 있었다고 한다. 그때 거의 가족 모두가 물이 나빠서 위 카타르에 걸렸다. 다른 식구들은 의사의 치료를 받고 카타르 증세가 곧 나았지만 그녀의 증세는 쉽게 없어지지 않았다. 그때 탄산수를 마셔 보라고 권해서 마셨는데도 차도가 없었다. 의사가 탄산수를 처방했을 때 그녀는 즉시, 〈아무 소용이 없을걸〉 하고 생각했었다고 한다. 그때부터 보통 물이건 탄산수건 마실 수가 없게 되는 경우가 많아졌다.

최면 상태에서 이러한 일들을 파악해 내는 작업을 통한 치료 효과는 즉각적이고 지속적이었다. 그녀는 바로 다음 날 아무런 어려움 없이 식사하고 음료를 마셨다. 두 달 후에 그녀는 편지에 다음과 같이 썼다. 〈저는 아주 잘 먹고, 덕분에 몸무게가 많이 늘었습니다. 저는 이미 마흔 병의 물을 마셨습니다. 계속 이래야 한다고 생각하십니까?〉

　이듬해 봄 나는 D- 부근에 있는 그녀의 저택에서 에미 부인을 다시 보게 되었다. 이때는 그녀의 맏딸, 즉 그녀가 〈머릿속의 폭풍〉이 진행되는 동안 이름을 불렀던 딸이 비정상적인 발달 단계에 있었다. 이 딸은 자신의 재능이 빈약했음에도 터무니없는 야망을 보였고, 어머니에게 순종하지 않고 심지어는 난폭해졌다. 그 어머니는 나를 아직도 신뢰한 덕분에 딸의 상태에 대한 소견을 들으려고 내게 왕진을 요청했다. 나는 딸에게 일어난 심리적 변화가 준, 별로 좋지 못하다는 인상과 그녀의 모든 이복 형제자매들(에미 부인의 남편의 전처 자식들)이 편집증으로 죽었다는 사실을 고려해서 예후를 내렸다. 에미 부인의 가족도 보면, 비록 가까운 친척 중에는 만성 정신병을 앓는 사람이 없어도 신경증적 유전 인자가 있다. 나는 에미 부인에게 서슴없이 그녀의 요청대로 내 의견을 전달했고, 그녀는 침착하게 잘 이해하면서 그것을 받아들였다. 그녀는 단단해졌고, 매우 건강해 보였다. 마지막 치료 후 9개월 동안 그녀는 비교적 건강하게 지냈다. 단지 경미한 목경련과 가벼운 병을 앓았을 뿐이다. 그녀의 집에서 며칠 지내는 동안 나는 처음으로 그녀의 임무와 일, 그리고 지적인 관심 분야에 대한 모든 것을 깨닫게 되었다. 또한 가정의를 만났는데, 그는 에미 부인에 대해 불만이 그리 많지 않았다. 미루어 보건대 에미 부인이 의사들과 어느 정도 잘 지내게 되었음에 틀림이 없었다.

　여러 면에서 부인이 건강해지고 일도 잘할 수 있게 되었지만,

개선을 위한 나의 충고에도 불구하고 그녀의 근본적인 성질에는 거의 변화가 없었다. 〈대수롭지 않은 것들〉이라는 범주가 존재한다는 것을 받아들이지 못한 듯했다. 자신을 괴롭히는 그녀의 경향은 치료받을 때와 거의 그대로였다. 이 좋은 기간에도 그녀의 히스테리 성향은 사라지지 않았다. 예를 들어 그녀는 거리에 상관없이 기차로는 여행할 수 없다고 호소했다. 지난 수개월 동안 그래 왔다는 것이다. 이 어려움을 서둘러서 경감시키고자 시도했더니 그녀는 최근에 D-와 그 인근으로 여행하면서 남은 수많은 사소하고 불쾌한 인상에 관해서만 이야기해 주었을 뿐이다. 그러나 그녀는 최면 상태에서 이야기하는 것을 주저하는 듯했고, 그때 나는 그녀가 다시 한번 나의 영향력을 받지 않으려는 것이 아닌가 하는 의구심이 들기 시작했다. 그리고 그녀가 기차를 타지 못하는 은밀한 이유는 빈으로 다시 여행을 하지 않기 위한 것이 아닌가 하는 생각이 들었다.

이 며칠 동안 그녀는 기억에 공백이 있다고 호소했는데, 〈특히 가장 중요한 사건들〉에 관한 기억이 떠오르지 않는다고 했다. 미루어 보건대 내가 2년 전에 작업했던 것이 충분히 효과적이었고, 지속적으로 작용하고 있다는 결론을 내렸다. ─ 어느 날 나는 부인과 함께 집에서 바다 입구까지 이르는 길을 걷고 있었을 때다. 나는 과감하게 그 통로에 두꺼비들이 출몰하지 않는지 물어보았다. 그에 대해 그녀는 비난의 눈초리로 나를 흘긋 보기는 했지만 공포의 징후는 보이지 않았다. 그러나 잠시 후 〈그렇지만 여기 두꺼비들은《진짜》들이지요〉 하는 말로 부연했다. 기차를 타지 못하는 증세를 치료하기 위해서 최면을 걸었는데, 그녀는 자신의 대답에 만족하지 못한 것처럼 보였다. 앞으로는 전처럼 최면 때 순종적이지 못하리라는 우려를 표명하는 것이었다. 나는 그 반대라는 것을 설득하기로 했다. 그래서 종이에 몇 개 단어를 써서 그녀에게 건네면서 말했다. 〈오늘 점심 식사 때 당신은 내게 적포도주 한 잔을 따라 줄 것입니다. 그제 그러셨던 것처럼 말입니다. 내가 잔을 들어 입술 가까이로 가져가면 당신은,《아, 제게도 한 잔 따라 주십시오》라고 말할 겁니다. 그리고 내가 술병 쪽으로 손을 뻗으면 당신은《아닙니다. 됐습니다. 마시지 않기로 했습니다》라고 말씀하실 겁니다. 그런 뒤 당신은 가방 속에 손을 넣고 이 종이를 꺼내서 거기 쓰인 이 말들을 읽게 될 겁니다.〉 이것은 아침의 일이었다. 몇 시간 후 이 작은 사건이 내가 사전에 계획한 그대로 일어났다. 그렇지만 당연하게도 당시 있었던 많은 사람 중 아무도 눈치채지 못했다. 그녀가 나에게 포도주를 청할 때는 마음속으로 갈등을 일으키고 있다는 것이 눈에 보였다. 왜냐하면 그녀는 전혀 포도주를 마시지 않았기 때문이다. 그리고 술을 거절한 다음 눈에 띄게 안심하는 듯한 모습이었다. 그런 뒤 가방에 손을 집어넣어 그녀가 방금 말한 것이 적혀 있는 종이 쪽지를 꺼냈다. 그녀는 머리를 흔들고는 놀라워하면서 나를 쳐다보았다.

1890년 5월에 그녀를 방문한 이후 에미 부인에 관한 소식은 점점 줄어 갔다. 전해 들은 바에 따르면 딸의 좋지 않은 상태가 에미 부인에게 온갖 고통과 불안함을 안겨 주면서 그녀의 건강 또한 나빠졌다는 것이었다. 마지막으로 1893년 여름 나는 그녀로부터 짧은 통지를 받았다. 그녀의 병이 다시 악화되었는데 빈으로 올 수 없으니 다른 의사에게 최면술 치료를 받을 수 있도록 허락해 달라는 것이었다. 처음에 나는 왜 나의 허락이 필요했는지 이해하지 못했으나 1890년 그녀의 요청으로 그녀가 다른 사람에게 최면 상태로 유도되지 않도록 그녀를 보호하는 암시를 건 것을 생각해 냈다. 무슨 -berg(-tal, -wald)에서 일어났던 것처럼 그녀의 비위에 맞지 않은 의사가 그녀를 통제하게 되어 그녀가 고통받게 되는 위험을 막기 위해서 취한 조처였다. 그리하여 나는 나의 독점적 우선권을 포기한다고 써서 보냈다.

논의

우선 관련 용어에 관해서 우리가 완전하게 동의하지 않으면 어떤 특정 사례가 히스테리로 간주되어야 하는지, 아니면 다른 신경증(여기서 내가 말하는 신경증이란 순수한 신경 쇠약 유형이 아니다)으로 간주되어야 하는지를 결정하기 쉽지 않다. 또한 자주 일어나는 복합 신경증 분야에는 그 경계를 확립시켜 줄 방침이나 복합 신경증의 성격을 규정하는 데 필요한 중요한 특성들이 아직 명확하지 않다. 따라서 만약 우리가 아직까지 익숙한, 좁은 의미의 히스테리 진단법을 따른다면 다른 전형적인 사례와 유사점이 많은 에미 부인의 사례 역시 히스테리 사례라는 점에서 거의 이론의 여지가 없다. 그녀의 질환이 히스테리적인 성질을 띤다는 것, 혹은 적어도 그 환자가 히스테리적인 특성을 보인다는 것이 틀림없다고 인정하게 만드는 것은, 가벼운 착란과 환각(그녀의 다른 정신 활동에는 이상이 없다), 인위적 몽유 상태일 때 보이는 성격과 기억의 변화, 아픈 다리의 감각 상실, 회상 시 드러나는 자료 중 어떤 것들, 난소 신경통 등이다. 혹시라도 문제가 제기된다면 그것은 사례의 특정 성질 탓인데, 이 성질은 또한 보편적 타당성을 지닌 해석으로 설명된다. 우리가 이 책의 첫 부분에 쓴 「예비적 보고서」에서 설명했듯이, 우리는 히스테리 증세를 외상으로 신경계에 작용한 흥분의 효과와 잔여물로 간주한다. 이러한 종류의 잔여물은 원래의 흥분이 여러 반응이나 사고 활동으로 발산된다면 나중에 남겨지지 않는다. 이 시점에서 양이라는 개념 (비록 측정 가능한 것은 아니지만)을 소개해야겠다. 우리는 증세가 형성되는 과정을 다음과 같이 본다. 신경계에 가해진 흥분의 총합이 그 양만큼 외부적 활동에 쓰이지 않는다면 그 쓰이지 못한 양만큼 만성 증세로 전환되는 것이다. 이제 우리가 히스테리를 볼 때는 외상의 〈흥분량〉 중에 꽤 많은 양이 순수하게 신체적인 증상으로 전환되었음을 자주 보게 된다. 이것이야말로 히스테리가 심리적 장애로 인식되는 데 그토록 오랫동안 가장 장애물이 되었던 특징이다.

우리가 〈전환Konversion〉이라는 용어를 사용해서 〈히스테리의 특징인 심리적 흥분을 만성 신체 증세로 바꾸는 것〉을 짧게 표현할 수가 있다고 할 것 같으면 현 사례인 에미 부인이 아주 약간만 전환을 보였다고 말할지 모른다. 에미 부인의 경우, 원래 심리적이었던 흥분이 대부분 그대로 심리적 범위에 남았고, 이 때문에 히스테리적이지 않은 다른 신경증과의 유사점을 쉽게 찾을 수 있다. 물론 히스테리 증상에는 전체 자극 잉여물이 모두 전환의 과정을 거쳐서 히스테리의 신체 증상이 완전히 정상적인 의식 상태로 보이는 상태로까지 침범하는 경우가 있다. 그러나 불완전한 전환이 더 자주 일어나며 외상에 얽힌 정서의 적어도 어떤 부분은 의식 속에서 환자가 느끼는 감정이라는 요소로 지속적으로 존재한다.

현 히스테리 사례는 전환이 아주 약간만 이루어진 경우인데, 그 심리적 증세는 기분의 변화(불안, 침체적인 우울)와 공포 그리고 의지 억압(의지를 누름)으로 나눌 수 있다. 심리적 장애 중 마지막 두 가지는 프랑스 정신의학파에서는 신경증적 퇴화의 징후로 간주되고 있지만 우리의 사례에서는 외상적 경험으로 생긴 것으로 여겨진다. 이 공포증과 의지 억압은 다음에 자세히 보듯이 대부분 외상적 근원을 가지고 있었다.

사실 이 사례에서 보는 어떤 공포증 — 예를 들어 짐승에 대한 공포(뱀과 두꺼비, 또한 메피스토펠레스가 자신이 그 주인님이라고 뻐기던 해로운 작은 동물들 모두)[34]나 폭풍우 등에 대한 공포는 인간의 원초적인 공포증에 해당된다. 특히 신경증 환자들에게서 이러한 공포증이 자주 나타난다. 그러나 이들의 공포증은 또한 외상적 사건 때문에 한층 더 강화되었던 것이다. 즉 두꺼비에 대한 공포는 아주 어렸을 때 남자 형제들 중 하나가 죽은 두꺼비를 그녀에게 던져서 첫 번째 히스테리성 경련 발작을 일으켰던 바로 그 사건에 대한 경험을 통해서 강화되었다. 또한 마찬가지로 폭풍우에 대한 공포는 헛소리를 유발한 그 쇼크로 인해 생긴 것이고, 안개에 대한 공포는 뤼겐섬에서 산책할 때 일어난 일로 생긴 것이다. 그럼에도 불구하고 이 원초적 (혹은 본능적이라고 말할 수도 있는) 공포는(심리적 징후라고 간주되는) 주체적인 역할을 담당한다.

다른, 좀 더 구체적인 공포증 또한 특정 사건들로 설명할 수 있다. 예기치 않은 갑작스러운 충격을 그녀가 두려워하는 것은, 그녀의 남편이 가장 건강한 상태로 보이던 때 눈앞에서 심장발작으로 죽는 것을 봄으로써 끔찍한 인상을 남긴 결과였다. 처음 보는 사람들을 두려워하는 것, 일반적으로 사람들을 두려워하는 것은 그녀 남편의 가족이 그녀를 핍박하던 시기에서 비롯된 것으로 밝혀졌다. 그녀는 낯선 사람을 볼 때마다 남편 가족의 스파이가 아닌가 하고 여겼고, 기사나 사람들의 입을 통해서 퍼진 그녀에 관

---

34 시궁쥐와 생쥐의 주인님, / 파리와 빈대, 개구리와 이의 주인님 — 괴테의 『파우스트』, 1장 3막.

한 소문들을 처음 보는 사람들도 알 것이라고 생각했다. 정신 요양소나 그곳 사람들에 대한 두려움은 가족에게 일어난 일련의 불행한 사건과 어리석은 하녀가 그녀의 귀에 쏟아 부은 이야기들로부터 비롯되었다. 이것은 차치하고라도 이 공포증은 건강한 사람들이 광기에 관해 느끼는, 원초적이고 본능적인 공포로, 또한 모든 신경증 환자와 마찬가지로 느끼게 된, 그녀 자신도 미쳐 가고 있다는 공포로 지탱된다. 누군가 그녀의 뒤에 서 있는 것이 아닐까 하는, 구체적인 공포는 그녀가 젊었을 때부터 경험해 온 수없이 많은 끔찍한 사건에서 비롯한다. 성적인 의미 때문에 그녀가 특히 괴로워했던 호텔 사건 이후 낯선 사람이 그녀의 방에 숨어 들어오리라는 공포가 극대화되었다. 마지막으로 산 채로 땅에 묻혀 버리는 것에 대한 두려움은 다른 신경증 환자들에게서도 많이 보이는 공포인데, 남편 시신이 밖으로 끌려 나갔을 때 그가 그때까지 죽지 않았다는 믿음으로 충분히 설명된다. 이 믿음은 그녀에게 매우 강한 인상을 심어 준 탓에 자기가 사랑했던 남자와의 삶이 갑자기 끝났다는 사실을 받아들일 수가 없었던 것이다. 그러나 내 의견으로는 이 모든 심리적 요인들이 하필이면 왜 이러한 특정 공포증들을 〈선택적으로〉 일으켰는지를 설명해 줄 수는 있어도 이 공포증들이 왜 〈지속되었는지〉는 설명해 주지 못한다고 생각한다. 이 지속되는 공포를 설명하기 위해서는 〈신경증적〉 요인을 제시할 필요가 있다고 생각한다. 즉 이 환자가 수년 동안 성적인 금욕 상태에서 살아왔다는 사실이 바로 그 신경증적 요인이다. 오랫동안의 금욕은 불안 성향을 일으키는 가장 흔한 원인이다.[35]

35 불안 신경증에 관한 프로이트의 논문을 보라. 이전의 문장에서 그는 〈신경증적〉이라는 용어를 사용하고 있는데, 이 용어는 나중에 프로이트가 〈실제적 신경증〉이

에미 부인의 의지 억압(행동 불능)은 공포증과 비교해서 보더라도 더 일반적인 능력 저하로 인한 심리적 징후로 간주하기 어렵다. 본 사례의 최면 분석에 따르면 오히려 그녀의 의지 억압에 (그 바탕은 한 가지인) 이중의 심리 기제가 작용했다는 것이 분명했다. 우선 의지 억압은 단지 공포증의 결과에 불과할 수도 있다. 그런 일은 공포증이 외부 사건에 대한 예기가 아니라 개인의 활동에 얽혀 있을 때 생긴다. 예를 들어 현 사례에서 외출하거나 사람들과 어울리는 것에 대한 두려움은 에미 부인의 활동과 관련되어 있고, 누군가 방에 잠입하리라는 공포는 외부적 사건과 관련 있다. 여기서 의지 억압은 행동 수행에 동반되는 불안으로 야기된다. 이러한 종류의 의지 억압을 관련 불안과 동떨어진 증상으로 취급하는 것은 부당하리라. 물론 의지 억압을 일으키지 않는 공포증도 존재할 수 있다는 점(공포증이 너무 심하지 않다는 조건하에서)은 인정해야겠지만 말이다. 두 번째 종류의 의지 억압은 다른 연상, 특히 모순되는 연상들과 연결되지 않는, 정서가 강하게 얽힌 채 해결되지 않는 연상의 존재에 기인한다. 에미 부인의 거식증은 이러한 의지 억압의 가장 뚜렷한 예라고 할 수 있다. 그녀는 조금밖에 먹지 않았는데 그것은 그녀가 그 맛을 좋아하지 않아서였다. 그리고 그녀가 그 맛을 즐기지 못한 까닭은 먹는다는 활동이 오래전에 혐오스러운 기억과 연결되어 있고, 이 기억의 감정 총합이 조금도 줄어들지 않았기 때문이다. 혐오와 즐거움을 동시에 느끼면서 먹기는 불가능하다. 이 식사 때의 혐오는 오래전에 형성되었는데도 그녀가 반응으로 그것을 제거하기보다는 계속 그것을 억누를 수밖에 없었기 때문에 오랫동안 계속된

라고 이름 붙인, 순전히 신체적 병인만을 가진 신경증을 지칭하기 위해서 본 논문을 쓰던 시기에 가끔 사용했다.

것이다. 그녀가 어렸을 때 벌을 받는다는 위협 아래 먹기 싫은 차가운 음식을 억지로 먹을 수밖에 없었다. 그리고 나중에는 오빠와 함께 식사를 하면서 오빠에 대한 배려에서 그녀가 느꼈던 감정을 겉으로 드러낼 수가 없었다.

이 시점에서 나는 히스테리성 마비를 심리학적으로 설명해 보려고 시도한 짧은 논문 한 편[36]을 언급하는 것이 좋을 듯하다는 생각이 든다. 이 논문에서 나는 히스테리성 마비의 원인은 신체 부위 중 사지면 사지에 연결된 관념 집단에 새로이 연합하는 것이 불가능해지는 것에서 비롯된다는 가설을 세웠다. 그리고 이러한 연상 불능은, 마비된 사지에 관한 관념이 외상에 대한 회상 — 즉 제거되지 않은 감정으로 꽉찬 회상 — 과 얽혀 있을 때 일어난다. 내가 일상생활의 예들을 통해 다음을 보여 준 바 있다. 즉 어떤 관념의 정서가 해소되지 않은 경우 그 관념에 이런 식으로 집중*Besetzung*[37]하게 되는데, 이때 어느 정도의 연상 불능, 그리고 어느 정도 새 집중 대상들과의 부조화가 항상 일어나게 마련이라는 것이다.

나는 지금까지 최면 상태에서의 분석을 통해 운동 마비에 관한 이 이론을 증명하는 데 성공하지 못했다. 그렇지만 에미 부인의 거식증을 예증으로 들어 이 메커니즘이 어떤 의지 억압에서 작용하고 있다는 것, 그리고 의지 억압이 단지 고도로 특수화된(혹은, 프랑스어 표현을 빌리자면 〈체계화된〉) 심리적 마비의 일종에 불과하다는 것을 입증할 수 있다.

---

36 프로이트, 「신체적 마비와 히스테리성 마비의 비교 연구에 대한 고찰Quelques considérations pour une étude comparative des paralysies motrices organiques et hystériques」, 1893.
37 여기서 〈집중〉이라는 말은 프로이트의 심리 이론에서 가장 기본적인 개념의 하나를 지칭하는 특별한 용어로, 프로이트가 이때 처음 사용한 것 같다.

에미 부인의 심리적 상태는 본질적으로 다음 두 가지 특징으로 요약된다. (1) 그녀의 외상적 경험에 얽힌 고통스러운 정서가 해소되지 않은 채 남아 있었다. 예를 들면 (남편의 죽음에 대한) 그녀의 우울과 고통, (남편 친척들의 학대에 대한) 분개, (강요된 식사에 대한) 혐오감, (여러 끔찍한 경험에 관한) 공포 등의 정서가 바로 그것이다. (2) 어떤 때는 자발적으로, 또 어떤 때는 당시의 자극(예를 들어 산도밍고의 혁명에 관한 소식)에 대해 반응해서 그녀의 기억이 생생한 활동을 전개한다. 이때 외상적 경험이 그에 얽힌 정서와 함께 그녀의 현재 의식 상태로 조금씩 조금씩 떠올랐다. 내가 적용한 치료법은, 이러한 기억 활동이 진행되는 과정을 그대로 좇아, 매일매일 그날 표면으로 떠오른 것들을 해소하고 제거하려는 노력이었다. 그녀의 병적인 기억 창고에서 더 이상 떠오를 만한 것이 없어질 때까지 말이다.

내 생각에 이 두 가지 심리적 특성은 히스테리성 발작에서 흔히 존재하는 것으로, 여러 중요한 것을 생각해 보게 한다. 이에 관해서는 나중에 신체 증상의 메커니즘을 논한 다음에 논의할 것이다.

히스테리 환자들의 모든 신체적 증상에 하나의 동일한 근원이 있을 리 없다. 오히려 신체 증상이 별로 많지 않은 이 환자의 사례에서도 보듯이, 히스테리의 신체 증상은 여러 방식으로 나타날 수 있다. 우선 나는 신체적 증상 중에 통증을 이야기해 보고자 한다. 내가 보기에 에미 부인의 통증은 원래 근육이나 힘줄, 혹은 근막의 미약한 변화(일종의 류머티즘)로 인한 것이 틀림없었다. 이 미약한 변화는 정상인보다도 신경증 환자에게 더욱 고통을 준다. 그러나 통증의 또 다른 부분은 아마도 통증에 대한 〈기억〉이었음이 틀림없다. 즉 에미 부인의 생애에서 커다란 부분을 차지한 병간호와 동요의 시기들에 관한 기억의 상징들[38]이 바로 이 통증이라는 것이다. 이 통증 또한 원래 기질적 원인으로 시작되었다가 나중에는 신경증의 목적에 맞게 변화된 것일 수도 있다. 에미 부인의 통증에 관한 나의 주장은 주로 관찰에 근거한 것인데, 이에 관해서는 나중에 다른 곳에서 보고할 것이다.[39] 에미 부인에게서는 나의 주장에 관한 정보를 거의 얻을 수 없었다.

에미 부인에게 현저하게 나타난 운동 현상 중에 어떤 것은 단지 정서의 표현일 뿐이므로 쉽게 이해할 수 있다. 따라서 그녀가 손을 앞으로 뻗쳐 손가락을 구부린 채 손가락 사이를 펼쳐 보이는 동작은 공포를 표현한 것이었고 그때의 얼굴 표정 역시 마찬가지였다. 물론 이것은 그녀와 같은 교육을 받은 같은 인종의 여성들에게는 어울리지 않는 감정 표현법으로, 너무 생생하고 억제되지 않은 방법이기는 하다. 사실 그녀가 히스테리 상태에 있지 않을 때는 매우 엄격해서, 무엇을 표현하는 움직임을 보일 때는 딱딱하다 싶을 지경이었다. 그녀의 말에 따르면, 다른 운동 증상들은 통증과 밀접한 관계가 있었다. 고통 때문에 소리 지르는 것을 참기 위해 쉴 새 없이 손가락을 가지고 놀던지, 손을 모아 서로 비볐다는 것이다. 이 이유를 들으면서 우리는 다윈의 원리 중 하나가 생각난다. 다윈은 정서의 표현에 관해 설명하면서 〈흥분 과잉의 원칙〉이라는 것을 이야기했는데, 예를 들면 개가 꼬리를 흔드는 것을 설명해 준다는 것이다. 우리는 고통스러운 자극을 받으면 소리 지르는 것을 대신해 다른 운동 지배가 일어나는 것을 흔히 보게 된다. 치과에서 자신의 머리와 입을 움직이지 않을 것이며, 손으로 방해하지 않겠다고 결심한 사람은 아마도 발을 구

38 이 용어는 본 논문에서 여러 번 반복적으로 사용되고 있지만 이후의 프로이트의 글에는 거의 나타나지 않는다.
39 류머티스성 통증과 히스테리의 관계에 관해서는 나중에 엘리자베트 양의 사례에서 논의되었다.

르게 될 것이다.

에미 부인이 보이는 틱과 유사한 움직임, 즉 혀 차는 소리나 말더듬증, 혼란스러운 상태에서 〈에미〉라는 이름을 소리쳐 부르는 것, 〈가만히 있어! 아무 말도 하지 마! 내게 손대지 마!〉 하는 주문들에는 좀 더 복잡한 전환 방식이 작용했다. 이러한 운동 증상들 중에 말더듬증과 혓소리는, 최면에서의 암시로 어느 사례를 치료한 것에 관한 짧은 논문에서 내가 기술한 메커니즘인 〈정반대 관념들의 효과 발휘하기〉로 설명할 수 있다. 현 사례를 통해 이 과정을 살펴본다면 다음과 같다. 우리의 히스테리 환자는 겨우 잠든 병든 아이 옆에서 오랫동안 지켜보느라고, 또 근심 때문에 지쳐 있었는데 자신에게 이렇게 말했다. 〈자, 너는 꼼짝 않고 가만히 있어야 해. 안 그러면 아이가 깰 거야.〉 결국 이 의도가 아마도 다음과 같은 형태의 정반대 관념을 불러일으킬 것이다. 그토록 오랫동안 그녀가 바라던 대로 아이가 잠이 들었는데 아무래도 그녀가 소리를 내게 되고 그래서 그 아이가 깨어나리라는 두려움의 형태이다. 이와 비슷한 정반대 관념이 우리들에게서도 눈에 띄는 경우가 있는데, 그것은 우리가 어떤 중요한 의지를 실현시킬 수 있을지 확실하지 않을 때이다.

신경증 환자들의 자기-느낌을 보면 우울 혹은 불안한 예감이라는 경향이 거의 예외 없이 존재하기 때문에 정상인보다도 더 많이 이러한 정반대 관념을 형성하든지 더 쉽게 지각한다. 그리고 정상인보다도 더 그 정반대 관념에 중요성을 부여한다. 에미 부인의 경우 지쳐 있었기 때문에 보통 때 같으면 거부되었을 정반대 관념이라도 더욱 강하게 변한다. 그리하여 이 관념이 효과를 발휘해 환자가 두려워하던 소리를 실제로 내게 함으로써 환자는 두려움에 싸인다. 전체 과정을 다 설명하기 위해 그녀가 지쳐 있었다는 점이 단지 그중 일부 과정이었다고 가정할 수 있다. 지쳐 있었다는 사실은 자네P. Janet와 그 제자들의 용어를 빌리면, 단지 그녀의 〈일차적〉 자아에만 영향을 미쳤고, 이로 인해 정반대 관념이 약화되지는 않는다.

또한 의지에 반한 소리를 자신이 내는 것을 보고 그녀가 놀랐기 때문에 그 순간이 외상적인 순간이 되고, 그 소리 자체가 전체 사건에 관한 신체적 기억 증상으로 굳어져 버렸다고 가정할 수도 있다. 짤깍거리는 소리에 가까운, 혀를 차는 틱 증상이 간격을 두고 발작적으로 연달아 발생되는 특성을 볼 때 나는 이 특성이 틱 증상의 근원이 되는 과정의 흔적을 드러내 보이고 있다고 믿는다. 그녀의 의도와 정반대 관념(반대 의지) 간에 갈등이 일어나 이 때문에 틱 증상이 불연속적으로 일어나는 것이고 말하는 것과 관련된 근육 기관을 신경 지배하는 일상적인 통로가 아닌 다른 통로에 그 정반대 관념을 가두어 놓은 듯싶다.

환자가 발작적으로 언어 억제 현상, 즉 독특한 말더듬증을 보이는 것도 본질적으로 유사한 (흥분) 원인의 잔여물이었다. 그러나 여기서 최종적 신경 지배의 〈결과〉인 〈부르짖음〉이 아니라 신경 지배 과정, 그 자체인 〈말하는 기관의 경련적 억제 시도〉가 그녀의 기억에서 사건의 상징이 된 것이다.

그러므로 이 두 가지 증상, 혓소리와 말더듬증은 그 근원이 밀접하게 관련되어 있었고 계속적으로 함께 표출되었으며, 비슷한 경우 몇 번 되풀이된 이후에는 만성 증상이 되었던 것이다. 그후 이 증상들은 더욱 확장되었다. 이 증상들은 격렬한 공포의 순간에 발생되었기 때문에 그 이후로 쭉 그 어떤 공포에도 결합되었다(본 장의 다섯 번째 사례에서 서술된 단일 증상 히스테리의 메커니즘에 따름). 그래서 설사 그 공포가 정반대 관념을 작용시키

지 못하더라도 이 증상들이 나타나는 것이다

두 가지의 증상은 결국 너무도 많은 외상과 결합되어 기억속에서 재생될 이유들이 많이 있게 됨에 따라, 별로 특별한 원인이 없는데도 끊임없이 환자의 말을 중단시키게 된다. 이것이 바로 특별한 의미가 없는 틱 증상의 형태이다. 그러나 최면 상태의 분석을 통해서 이 눈에 보이는 틱 증상 이면에 얼마나 많은 의미가 가려져 있는지를 볼 수 있었다. 그리고 현 사례의 경우 브로이어 박사의 절차가 한 번의 시도로 두 증상을 완전히 제거시키지 못했다고 한다면 그것은 정화(카타르시스)가 단지 세 개의 주요 외상에만 미쳤고 연상을 통해 2차적으로 생긴 외상에까지는 확대되지 않았기 때문이다.[40] 히스테리 발작을 지배하는 원리대로 그녀

40 여기서 내가 증상들을 너무 세세하게 강조하느라 불필요한 징후 해석의 미로에서 길을 잃은 듯한 인상을 줄지 모른다. 그러나 나는 히스테리 증상이 확정되면 그 증상의 미묘한 양상에까지 확장 적용된다는 점과 그 증상들에 많은 의미를 부여할 수가 있다는 점을 알게 되었다. 이 진술이 타당하다는 것을 증명하는 예를 들어 보겠다. 몇 달 전 나는 유전적 소인이 매우 불리한 가정에 태어난 열여덟 살짜리 소녀를 치료했다. 그녀는 복합 신경증을 보였는데 히스테리가 많은 부분을 차지하고 있었다. 그녀로부터 내가 처음으로 들은 말은 두 종류의 고통스러운 발작을 겪고 있다는 호소였다. 하나는 얼굴의 아랫부분이, 즉 볼에서 입까지에 이르는 부분이 잡아당겨지는 듯하고 찌르는 듯한 느낌이 든다는 것이었다. 나머지 하나는 양발의 발가락들이 발작적으로 뻗치면서 계속 이리저리 꼼지락거리게 된다는 것이다. 처음에는 나도 이러한 세세한 것에 주의를 기울일 마음이 없었다. 이전의, 좀 더 초기의 히스테리 연구가라면 이 현상이 히스테리 발작 동안 대뇌 피질 중추가 자극받고 있다는 증거로 간주하고 말 것이다. 이러한 지각 이상의 중추가 어디에 있는지는 우리가 잘 모르는 사실이지만 지각 이상이 부분 간질을 일으키고, 샤르코가 말한 바 감각성 간질이 된다. 중심구 바로 옆에 있는 좌우 대칭의 피질부가 이러한 발가락 움직임에 관여되었을 수 있다. 그러나 알고 보니 그렇지 않았다. 내가 이 소녀에 관해 더 잘 알게 되었을 때 〈발작 동안 어떤 생각이 떠오르는지요?〉 하고 직접적인 질문을 던졌다. 그녀에게 부끄러워하지 말라고 이르고 이 두 현상을 설명해 주는 무언가를 틀림없이 말해 줄 수 있으리라고 말해 주었다. 환자는 부끄러워서 얼굴을 붉혔지만 결국 그녀를 설득해, 최면을 사용하지 않고도 다음의 설명을 받아 냈다. 이 설명이 진실되다는 것은, 당시 그 자리에 있었던 그녀의 친구가 확인해 주었다. 그녀가 초경을 치른 이후 수년간 청소년기 두통을 앓고 있었는데 두통이 오면 그 어떤 직무도 맡을 수 없었고 교육에도 지장을 주었다. 두통이 끝나 이 장애에서 벗어날 즈음이면 이 야망이 크고 다소 단순한 면이 있는 아이는

의 혼란 발작 시에 〈에미〉라고 외치면서 딸의 간병 동안 그녀가 자주 빠졌던 무력감의 상태가 기억날 것이다. 이 〈에미〉라는 외침은 복잡한 일련의 생각으로 인해 혼란 발작의 내용과 닮게 되고 혼란 발작에서 자신을 보호하려는 주문의 성질을 띤다. 이 외침은, 아마도 그 의미를 더욱 확장시켜 적용하는 과정을 거쳐 틱 현상으로 악화되었다. 이 악화 현상은 이미 〈내게 손대지 마〉 등의

자매나 동년배 친구들을 따라잡기 위해 혼자 열심히 노력했다. 이때 그녀는 너무 지나치게 노력한 결과, 자신의 능력을 과대평가한 후에 오는 절망감의 폭발로 끝나는 것이 보통이었다. 물론 그녀는 또한 자신의 신체를 다른 소녀들과 비교했고 자신의 신체적 결함을 발견하고 불행해했다. 그녀의 이빨이 현저하게 튀어나와 그녀가 속상해하기 시작했다. 그래서 그녀는 이 결점을 고치려고 15분간씩 윗입술을 튀어나온 이빨 위로 끌어내리는 연습을 했다. 이러한 유치한 노력은 실패로 돌아갔고 또다시 소녀는 절망감에 빠졌다. 그 이후로부터 볼에서 아래로 끌어당겨지고 찔리는 느낌이 그녀의 두 가지 발작 중 하나로 정착된 것이다. 다른 한 가지 발작 — 발가락을 뻗쳐 꼼지락거리는 것 — 의 근원도 쉽게 찾아냈다. 내가 들은 바로는 처음으로 이 발작이 일어난 것은 이슐(북오스트리아) 근처의 샤프베르크로 소풍을 갔다 온 뒤였다. 그래서 그녀의 친척들은 너무 무리해서 그런 것으로 간주했다. 그러나 소녀 자신은 다르게 이야기해 주었다. 그녀의 자매들이 서로 발 사이즈가 크다고(부인할 수 없는 사실) 놀리곤 했던 것 같다. 환자는 오래전부터 이 결함에 대해 불행해했기 때문에 자신의 발을 가능한 한 작은 신발에 쑤셔 넣으려고 애를 썼다. 그러나 관찰력이 예리한 그녀의 아버지는 이를 허락하지 않고 편안하게 맞는 신발만을 신도록 감시했다. 그녀는 이 명령에 큰 불만을 품었다. 항상 이에 대해 생각했고, 그러다가 신발 속에서 발가락을 꼼지락거리는 습관이 붙었다. 이것은 구두가 너무 큰 것은 아닌지, 얼마나 더 사이즈가 작아야 좋을지 알아보기 위해 사람들이 하는 몸짓이다. 샤프베르크에서의 소풍 때(그녀는 전혀 무리했다고 느끼지 않았다) 다시 한번 그녀의 주의가 신발이라는 주제에 끌릴 기회가 있었는데, 이는 그녀가 짧은 치마를 입고 있었기 때문이다. 걸어가다가 자매 중의 하나가 그녀에게 말했다. 〈너 오늘 특히 더 큰 신발을 신었구나.〉 환자는 발가락을 꼼지락거려 본 뒤 같은 생각이 들었다. 그 이후로 그녀는 불행히도 발이 큰 것에 대해 심적 동요를 보였고 이에서 벗어날 수 없었다. 이렇게 해서 산책에서 돌아온 뒤 그녀의 첫 발작이 시작되었던 것이다. 그녀의 발가락은 구부러지고 경련을 일으켰고 제멋대로 움직이기 시작한 것이다. 이것은 모든 불쾌한 회상에 대한 총체적인 상징이었다. 여기서 이 현상은 발작적 증상이지 만성 증상이 아님을 나는 서술해 두고 싶다. 또한 부연해 둘 것은, 이 이야기를 끝마친 후 첫 번째 발작은 없어졌지만 두 번째 발작은 여전히 계속되었다는 것이다. 따라서 이외에도 이야기하지 않은 어떤 것이 또 있는 것이 틀림없다.

P.S. 나중에 나는 다음과 같은 사실을 알게 되었다. 즉, 좀 모자란 이 소녀가 몸매를 가꾸기 위해 그토록 무리한 노력을 했던 이유는, 젊은 사촌 오빠의 마음에 들고자 했기 때문이다(수년 후 그녀의 신경증은 조발성 치매로 발전했다) — 원주.

복잡한 보호용 주문의 경우에서도 일어난 바 있다. 최면 치료는 이 두 증상이 모두 더 이상 발전되지 않도록 막아 주었다. 그러나 〈에미〉라고 외치는 증상은 그때 막 시작되었을 뿐이다. 아직도 그 모태 속에 있으면서 착란 발작 시에만 모습을 보이고 있을 때, 내가 그 존재를 포착했던 것이다.

우리가 보아 온 바와 같이 이 운동 증상들은 여러 방식으로 발생되었다. 즉 정반대 관념을 작용시키고(혀 차는 소리에서 보는 바와 같이), 심리적 흥분을 운동 활동으로 단순히 전환시키거나(말더듬증에서처럼), 히스테리 발작 시의 수의적인 행동 등의 방법을 통해 발생했다. 그러나 어떤 식으로 이 운동 증상들이 발생되었건 모두 한 가지 공통점이 있다. 그것은 바로 외상과 ─ 근본적이건 만성적이건 ─ 연결되어 있다는 점, 그리고 이 운동 증상들이 기억 활동 시에 외상의 상징으로 나타난다는 점이다.

에미 부인의 신체 증상 중 다른 것들은 전혀 히스테리성이 아니었다. 예를 들면 목 경련의 경우 내가 보기에는 편두통의 변형이었고, 따라서 기질적인 장애였지 신경증으로 분류될 만한 것은 아니었다. 그러나 히스테리 증상들이 어김없이 이 기질적인 신체 증상들에 부착되었다. 예를 들어 에미 부인의 목 경련은 히스테리 발작을 위해 채용되긴 했지만 그녀가 히스테리 발작의 전형적인 증상들을 마음대로 지배할 수 있었던 것은 아니다.

나는 여기서 에미 부인의 심리적 상태를 서술하면서 내가 관찰할 수 있었던 의식의 병적인 변화를 고찰해 보고자 한다. 그녀의 목 경련과 마찬가지로 현재의 고통스러운 사건들(〈정원에서의 마지막 착란〉 참조)이나 그 어떤 것이건 외상들을 강력하게 불러들이는 것이면 착란의 상태를 유발한다. 그런 착란 상태에서는 ─ 그리고 관찰 결과 이 결론 외에는 이끌어 낼 수 없는데 ─ 의식에 한계가 있으며 꿈에서 그러하듯 연상에 대한 강박 충동이 있다. 그리고 환각과 착각이 고도로 조장되고 저능아적인 혹은 얼토당 토않은 추론들은 하게 된다. 이 상태는 〈환각 소외〉의 상태에 필 적될 만한 것으로, 대표적인 발작이라고 할 수 있다. 이는 급성 정 신병(발작과 같은 상태임)으로, 〈환각 혼란〉의 상태로 분류될 것 이다. 그녀의 착란 상태와 전형적인 히스테리 발작 간의 유사점 은 이외에도 착란의 기저를 보면 오래전에 정착된 외상적인 기억 의 일부가 발견된다는 사실에서도 볼 수 있다. 정상 상태에서 착 란으로의 변이는 지각하지 못하는 사이에 진행되는 경우가 많다. 에미 부인은 한순간에는 감정적으로 크게 중요하지 않은 문제에 관해 꽤 이성적으로 말하다가도 고통스러운 관념으로 화젯거리 가 바뀌면 몸짓이 과장되고 으레 그녀의 주문이 나온다. 그제야 나는 그녀가 착란 상태에 있다는 것을 알아차리게 된다. 치료 초 기에는 착란이 온종일 지속되었다. 그래서 어떤 특정한 증상이 단지 발작의 한 증상으로 그녀의 당시 심리 상태의 일부를 형성 하고 있는 것인지(몸짓 따위), 아니면 그 증상이 순전한 만성 증 상이 되어 버린 것인지(혓소리와 더듬기) 확실히 결정하기가 어 려웠다. 착란 상태에서 일어난 것과 정상 상태에서 일어난 것을 구별하려면, 시간이 지나야만 가능한 경우가 많았다. 왜냐하면 그녀의 기억에서는 두 상태가 분리되어 있었기 때문이다. 착란 상태에 속한 것이 조금이라도 정상 상태의 대화로 비어져 나오는 경우 그런 것에 대해 들으면 그녀는 매우 놀라워하곤 했다. 나와 첫 대면했을 때야말로 두 상태가 서로 얽혀 있으면서 전혀 각자 에게 주의를 기울이지 않았던, 가장 놀랄 만한 순간이었다. 이 심 리적인 차이를 오가던 중 그녀의 정상 의식(현재와 접해 있던)에 영향을 미쳤던 순간이 단 한 번 일어났다. 그 순간은 바로 내가 질문했을 때 그녀가 착란에서 비롯된 대답인, 자신이 〈전세기의 여자〉라는 말을 했을 때이다.

에미 부인의 사례에서 이러한 착란 상태의 분석이 완전히 이루어진 것은 아니었다. 그 주된 이유는 그녀의 상태가 꽤 빨리 호전되어서 착란이 정상 상태와 첨예하게 구별되었고, 목 경련의 시기에만 착란이 한정되어 일어났기 때문이다. 한편 제3의 상태인 인위적 몽유 상태 동안의 환자의 행동에 관한 정보도 꽤 많이 모았다. 정상 상태에서는 착란과 몽유 동안의 심리적 경험에 대해 하나도 모르고 있었던 반면, 몽유 상태에서는 세 가지 상태 모두의 기억에 접근할 수 있었다.

몽유 때는 컨디션이 최고 좋은 정상 상태 때보다도 내게 전혀 거리낌이 없었다는 사실, 즉 다른 때는 나를 낯선 사람 취급했지만 몽유 상태에서 자기 가족에 관한 정보 따위를 알려 주었다는 사실을 도외시한다면, 게다가 또 몽유 상태 동안 높은 피암시성을 보였다는 사실을 무시한다면 그녀가 몽유 상태일 때는 완전히 정상이었다고 말할 수 있다. 그렇지만 몽유 상태 동안 초정상 *Übernormalen*적인 흔적을 보인 것은 아니어서, 정상적 의식 상태와 익숙하게 연결 지을 수 있는 각종 정신적인 실수들도 보였다.

다음의 예를 보면 몽유 상태에서 그녀의 기억 활동을 이해할 수 있을 것이다. 어느 날 대화 중 그녀는 요양소의 현관에 장식용으로 놓인 화분의 식물이 아름답다고 흡족해했다. 〈그런데 식물의 이름이 뭐죠, 선생님? 아세요? 저 식물의 독일어와 라틴어 이름을 전에는 알았는데 이제 둘 다 잊어버렸네요.〉 그녀는 식물에 관한 해박한 지식을 가지고 있었던 반면, 나는 내가 받은 식물학 교육이 부실함을 인정해야 했다. 몇 분 후 최면 상태에서 그녀에게 복도에 있는 식물 이름을 아느냐고 물었다. 조금도 주저하지 않고 그녀는 〈독일명은 《터키 백합 *Türkenlilie*》인데, 라틴명은 잊어버렸네요〉 하고 말했다. 또 어떤 때는 그녀가 컨디션이 좋은 상태였는데, 로마의 지하 무덤을 방문한 이야기를 들려줄 때였다. 그러나 두 가지의 전문 용어가 생각나지 않았다. 물론 나도 그녀를 도와줄 수가 없었다. 곧 최면을 걸고 그녀에게 마음속에 떠오르는 단어가 있는지 물어보았다. 하지만 최면 상태였음에도 그 용어를 알지 못했다. 그래서 나는 그녀에게 말했다. 〈이제 더 이상 그것에 대해 신경 쓰지 마세요. 그렇지만 당신이 정원에 있는 동안 내일 오후 5시에서 6시까지 갑자기 그 용어들이 떠오를 겁니다.〉 다음 날 저녁 우리가 지하 묘지와 무관한 어떤 것에 관해 이야기하고 있었는데, 갑자기 그녀가 외쳤다. 《교회 지하 묘소》요, 선생님. 그리고 《유골 안치소.》〉〈아! 그 단어들이 어제 당신에게 생각나지 않았던 것들이군요. 언제 떠올랐습니까?〉〈오늘 오후 정원에서요. 내 방에 올라오기 직전에.〉 그녀가 이런 식으로 내게 자신이 시간도 정확하게 나의 지시를 따랐다는 것을 알리고 싶어 함을 알 수 있었다.

그러므로 우리는, 몽유 상태라고 해도 자신이 알고 있는 모든 것에 다 접근할 수는 없었다는 것을 알 수 있다. 몽유 상태에서도 실제적 의식과 잠재적 의식이 있었던 것이다. 그녀가 몽유 상태일 때 이런저런 현상이 어디서 비롯되었느냐고 물어보면, 이맛살을 찌푸리며 잠시 뒤에 변명 조로 〈모르겠어요〉 하고 대답하곤 했다. 그럴 때면 나는 늘 다음과 같이 말했다. 〈잠시 생각해 보십시오. 곧 머릿속에 떠오를 겁니다.〉 그러면 그녀는 잠시 숙고한 뒤 원하는 정보를 내게 줄 수 있었다. 그러나 아무것도 떠오르지 않은 적도 가끔 있었고, 그럴 때면 다음 날까지 생각해 내도록 과제를 주었다. 그리고 이 방법이 실패한 적은 한 번도 없었다.

일상생활 중에 에미 부인은 불성실함을 보인 적이 없고, 최면 상태에서도 내게 거짓말한 적이 없었다. 그러나 가끔 불완전한 대답을 하고 이야기의 일부를 말해 주지 않아 대답을 완성시키도록 내가 두 번째로 부탁해야 할 때가 있었다. 그녀가 그렇게 입을 닫을 때는 에로틱한 요소가 있을 때와 마찬가지로 몽유 상태에서 이야기의 주제에 혐오감을 느꼈을 때이다. 이러한 제한적인 그녀의 특성에도 불구하고 몽유 상태 동안 그녀의 정신 활동이 준 인상은 전반적으로 말해 정신력이 방해받지 않고 전개되고 있다는 것과 기억 창고를 완전하게 지배하고 있다는 것이었다.

몽유 상태에서 그녀가 암시에 쉽게 걸린다는 것은 부정할 수 없는 사실이지만 그렇다고 해서 그녀가 병적이라고 할 만큼 무저항적이었던 것은 아니다. 전반적으로 말해 부인이 몽유 상태일 때 내가 준 인상은, 내가 같은 기법으로 내 말을 완전히 믿고 따라주는 매우 명석한 사람의 심리 기제를 탐색한다고 할 때, 그 이상은 아니었다고 할 수 있다. 에미 부인은, 그나마 정상이라고 할 수 있는 상태에서는 호의적인 정신 태도로 날 만난 적이 없었다. 예를 들면 짐승 공포에서, 내가 그녀에게 그럴듯한 이유를 대지 못했다든지, 증상의 근원이 되는 심리적 내력을 파헤치지 않고 권위적인 암시를 사용해서 영향을 주려고 할 때면 나는 어김없이 그녀의 얼굴에 긴장과 불만족의 표정이 어리는 것을 보았다. 그리고 최면이 끝나고 아직도 그 짐승이 두려운지 물어보면 그녀는 다음과 같이 대답하는 것이었다. 〈아니오. 뭐, 선생님께서 그렇게 말씀하시니까요.〉

이와 같은 말은, 나에 대한 순종에 근거한 것에 불과하기 때문에 결코 성과를 거둘 수가 없었다. 내가 그녀에게 내린 일반적인 훈령도 마찬가지로 성공을 거두지 못했다. 차라리 그녀에게 건강해지라는 단순한 암시를 반복하는 것이 더 나을 뻔했다.

암시에 맞서 자신의 증상을 고집하고, 심리 분석이나 자기자각을 통해서만 증상을 버리던 이 사람은, 놀랍게도 전혀 무관한 암시에 관한 한 ─ 그녀의 병과 관계가 없는 것이라면 ─ 매우 순종적이었다. 병력을 전개해 나가면서 그녀의 후최면 현상의 하나로 순종하게 된 예를 이미 내가 들었다. 이 행동이 모순적인 것 같지는 않다. 강한 관념이 자신을 주장하게 마련이다. 〈고정 관념〉의 메커니즘을 파헤쳐 본다면 너무도 많은 경험이 강하게 작용해서 이 고정 관념들이 생겼고, 또 유지되었기 때문에 단지 제한된 힘만 있을 뿐인 암시가 가져다주는 상반되는 관념에 저항을 잘하는 것은 당연하다. 단순히 암시만으로 강렬한 심리적 사건에 근거한, 기초가 든든한 산물을 없애는 것이 가능하다면 그 뇌는 정말로 병에 걸린 뇌일 것이다.[41] 에미 부인의 의지 억압을 연구하고 있

41 최면 중에 이 흥미로운 대비 ─ 즉 증상과 무관한 모든 것에는 너무도 순종적이었으나 증상의 뿌리가 너무 깊고 분석이 불가능했기에 증상이 완고하게 지속되던 대비 현상 ─ 를 보인 다른 환자가 인상에 남는다. 나는 활발하고 재주가 많은 어느 소녀를 진찰한 적이 있는데 그녀는 1년 반 전부터 심한 보행 장애로 고통을 겪고 있다. 5개월 이상 치료했지만 나는 그녀를 도울 수가 없었다. 그녀의 양쪽 발에는 통각이 상실되었고 부분 통증이, 손에는 빠른 떨림이 나타났다. 앞으로 몸을 구부정하게 하고 발을 질질 끌면서 발을 조금씩 떼면서 걸었다. 느린 걸음으로 걸었는데 소녀를 다친 환자처럼 비틀비틀거리면서 자주 쓰러지곤 했다. 그러나 그녀의 성격은 매우 쾌활했다. 그 당시 빈의 권위 있는 전문가는 이 증후군으로 인해 잘못된 소견을 갖게 된 탓에 그녀의 사례를 다발성 경화증이라고 진단 내렸다. 다른 전문가는 히스테리라고 생각했다. ─ 이 진단은 나중에 병 초기의 복잡한 양상(통증, 기절 발작, 흑내장)으로 확인되었다. ─ 그리고 내가 그녀를 치료하게 되었다. 나는 최면 상태에서 양발을 잘 조절하도록 암시를 이용하여 그녀의 걷는 모습을 고치려고 했다. 그러나 그녀는 몽유 상태로 이끌기에는 훌륭한 대상이었음에도 불구하고 그 효과는 전혀 나타나지 않았다. 어느 날 또 그녀는 한쪽 팔을 아버지의 팔에 의지하고, 다른 쪽 팔은 그 끝이 이미 심하게 닳아 있는 우산으로 몸을 지탱하면서 비틀거리며 방에 들어왔다. 나는 그 모습을 보자 인내심을 잃고 최면 상태의 그녀에게 소리 질렀다. 〈이 상태가 너무 오래가는군요. 내일 아침 당신 우산이 당신 손안에서 반드시 부러질 겁니다. 그러면 당신은 우산 없이 걸어야만 합니다. 그리고 그때부터 우산이 더 이상 필요하지 않게 될 겁니다.〉 내가 어쩌다가 우산에게 암시를 주는 바보 같은 짓을 저질렀는지 도대체 상상이 안 간

을 때 처음으로 나는 베르넴이 주장한 〈암시가 전부이다〉라는 진술의 타당성과 그의 똑똑한 친구 델뵈프의 추론인 〈최면과 같은 것은 없다〉에 관해 큰 의문을 품게 되었다. 그리고 오늘날에도 내가 이해할 수 없는 것은, 어떻게 해서 단지 손가락을 들어 단 한 번 〈주무십시오〉 하고 말하면 그녀의 기억 속에 모든 심리적 경험을 불러올 수 있는 독특한 심리적 상태를 만들 수 있는가 하는 것이다. 암시를 통해 그 상태를 〈불러냈을〉지는 모른다. 그러나 내가 그 상태로 〈만든〉 것은 아니다. 왜냐하면 물론 다른 환자들에서도 볼 수 있는 보편적인 현상이긴 하지만 그 특성은 내가 생각했던 것이 아니기 때문이다.

지금까지의 병력을 보면 최면 동안 치료 작업이 어떻게 수행되었는지가 분명해질 것이다. 최면 치료에서 으레 그러하듯 나는 보증의 말과 금지를 통해서, 그리고 모든 종류의 상반되는 관념을

다. 후에 나는 창피한 생각이 들었다. 그러나 같은 의사이고 최면을 걸 때도 옆에 있던 그녀의 아버지 앞에서 이 영리한 환자가 나의 체면을 구해 줄 행동을 하리라고는 생각지도 못했다. 다음 날 그녀의 아버지가 말했다. 〈어제 그녀가 무슨 행동을 했는지 아십니까? 우리는 링스트라세 거리(빈의 주요 도로)를 산책하고 있는데 갑자기 딸이 이상하게 즐거워하더군요. 도로의 한가운데서 「우리는 자유로운 삶을 산다」(실러의 연극에 나오는 도둑들의 합창으로, 사람들이 자주 부름)를 부르기 시작합니다. 노래에 맞추어 우산으로 포장도로를 두드리면서 박자를 맞추더니 결국에는 우산을 눌러서 꺾어 버리더군요.〉 물론 그녀도 자신이 그렇게 기지에 넘친 방법으로 어리석게 생각되는 암시를, 효과가 있는 암시로 훌륭하게 바꿔 버린 것을 전혀 알아채지 못했다. 최면 상태에서의 안심의 말이나 명령, 혹은 치료를 통해 그녀의 증상이 좋아지지 않자 나는 정신분석을 이용하여 발병 직전 그녀 마음에 어떤 작용을 미친 사건이 있었는지를 물어보았다. 그러자 그녀는 (최면 상태였지만 전혀 흥분의 기색도 나타내지 않은 채) 얼마 전에, 오랫동안 정혼한 사이라고 생각했던 친척 청년이 죽었다고 말했다. 그러나 이 고백이 끝나도 병의 상태는 그대로였다. 따라서 나는 그다음 최면 상태에서 이렇게 말했다. 〈사촌이 죽은 것은 당신의 병과 전혀 관계가 없는 것이 분명합니다. 당신이 말하지 않은 뭔가가 따로 있군요.〉 그러자 그녀는 단 한 가지 어떤 중요한 어구를 엉겁결에 말했는데, 그러나 그것도 하는 둥 마는 둥 입을 다물어 버렸다. 그러자 그녀 뒤에 앉아 있던 늙은 아버지가 격렬하게 흐느껴 울기 시작했다. 물론 나는 그 이상 환자를 추궁하지도 않았고 또 그녀의 얼굴을 두 번 다시 볼 기회도 없어졌다 — 원주.

내놓음으로써 환자의 병적 관념과 싸웠다. 그러나 나 자신은 이에 만족하지 않았다. 나는 각 증상의 기원을 파헤쳐서 병적 관념을 일으켰던 전제 조건들과 전투를 치를 수가 있었다. 그런 분석 과정에서 환자가 매우 격렬한 동요에 관해 언급하는 일이 비일비재했다. 그러한 동요들은 관련된 감정들을 표출해야 했던 사건들에 대한 동요였다. 어느 정도의 치료 효과가 초기 상태로 거슬러가 증상을 없애 준 암시 덕분인지, 또 어느 정도가 소산*Abreagieren*에 의한 감정 해소 탓인지 모르겠다. 왜냐하면 두 가지 치료 요인을 함께 사용했기 때문이다. 따라서 본 사례는 카타르시스 요법의 치료 효과에 대한 순수한 증거로 내세울 수가 없다. 또한 내가 심리 분석을 수행할 수 있었던 그러한 증상들만이 정말로 영속적으로 제거되었다고 부연해야겠다.

전반적으로 상당히 치료 효과는 있었지만 지속적이지는 못했다. 새로 외상의 영향을 받을 때마다 비슷한 양상으로 아프게 되는 성향은 제거되지 않았다. 이러한 히스테리 사례를 확실하게 치료하고자 하는 사람이라면 내가 시도했던 것보다 더 세밀하게 복잡한 현상 덩어리를 파고들어야 했을 것이다. 에미 부인은 두말할 것도 없이 심한 신경증적 유전 소질을 지닌 사람이었다. 이러한 성향 없이는 히스테리에 걸릴 수가 없는 것 같다. 그렇지만 또한 성향만으로는 히스테리가 될 수 없다. 히스테리 성향을 불러일으킬 이유가 있어야 하며, 내 의견으로는 이 이유들이 적절해야 한다. 그래서 병인은 구체적인 특성을 지닌다. 에미 부인의 경우 여러 외상적 경험과 관련된 감정이 보존되었고 그녀의 활발한 기억 활동이 이 외상들을 오늘은 이 외상, 내일은 저 외상 하는 식으로 하나하나 마음의 표면으로 떠올린다는 사실을 나는 이미 언급한 바 있다. 이제 왜 그녀가 이 감정들을 보존시켰는지 그 이유를 설명하고자 한다. 그 이유는 그녀의 유전적 소인과 연관되어 있는 것이 사실이다. 한편 그녀의 느낌이 매우 강렬했다. 또 그녀는 격렬한 성질을 지녔고 매우 정열적이 될 수 있었다. 또 다른 한편 그녀는 남편의 사망 이후 완전한 정신적 고립 속에서 살아왔다. 남편의 친척들이 가한 핍박 때문에 친구들을 의심하게 되었고 자신의 활동에 너무 많은 영향을 끼치는 사람들을 매우 경계했다. 그녀가 해야 할 일은 범위가 너무 넓었고 그녀는 남의 도움 없이 자신의 임무가 부과한 정신적인 일을 전부 수행했다. 친구도 없이, 가족에게서도 거의 고립된 채 지냈다. 양심과 자학 경향 탓으로, 또 여자로서의 당연한 무력감 탓으로 불렸다. 짧게 말하자면 이 사례에서 다른 것은 차치하고서라도 〈다량의 흥분을 보전〉하는 기제를 무시할 수는 없다. 결국 일부는 그녀의 생활 상황, 또 일부는 그녀의 자연적 성향 탓이다. 예를 들어 그녀가 자신에 대해 말하는 것을 너무도 싫어했기 때문에 놀랍게도 1891년 그녀의 집을 매일 방문하던 사람들도 그녀가 아프다든지 내가 그녀의 의사라는 사실을 몰랐다.

이제 현 히스테리 사례의 병인론을 다 설명했는가? 그렇다고는 생각하지 않는다. 왜냐하면 두 번에 걸쳐 그녀를 치료했는데 그러한 사례를 충분히 설명하기 위해 답해야 하는 질문을 떠올리지 않았기 때문이다. 지금 나는 최근 몇 년간 병을 유발한 몇 가지 요인이 더 있었음이 분명하다는 생각을 가지고 있다. 왜냐하면 병인으로 작용할 만한 상태에 벌써 오래전부터 있었기 때문이다. 또한 환자가 내게 말해 준 온갖 사적인 정보 중에 성적인 요소가 완전히 빠져 있다는 사실이 놀라웠다. 성적인 요소가 결국에는 다른 요소들보다도 외상이 될 소지가 큰데도 말이다. 성적 영역의 흥분 자극이 아무런 흔적도 남기지 않았을 리 없다. 내가 들을 수 있었던 것은 그녀의 생활사에 관한 삭제 정정판이었음에 틀림 없다. 환자는 매우 예의 바르게 행동했고, 어느 모로 보나 자연스 러운 교양이 배어 있었고 그러면서도 얌전 빼거나 하는 흔적은 없었다. 그러나 최면 시 그녀가 내게 해준 이야기 중에 주저하면 서 호텔에서 하녀와 관련된 사건을 말한 것에 대해 떠올려 보니 그토록 정열적이고 강렬한 감정을 느낄 수 있으면서도 자신의 성 적 욕구와 제대로 싸워 보지도 못한 채 굴복해 버리지 않았나 하 는 생각이 든다. 또 모든 본능 중에 가장 강력한 성적 본능을 억누 르려는 기도 때문에 그녀가 심각한 정신적 소진 상태에 자주 빠 졌던 것은 아닐까 하는 의구심이 든다. 언젠가 그녀가 한 말에 따 르면 재혼하지 않은 이유가 많은 재산 때문에 구혼자들을 믿을 수가 없었고, 재혼으로 인해 아이들의 장래를 망치게 되면 자책 하게 될 것 같아서라는 것이다.

에미 부인의 사례사를 마치기 전에 한 가지만 더 언급해야겠 다. 브로이어 박사와 나는 그녀를 꽤 오랫동안 잘 알게 되었다. 그 래서 초기부터의 의료계 사람의 저술이나 의견을 거슬러 올라가 서 히스테리의 영혼을 지닌 사람들을 기술해 놓은 것과 그녀의 성격을 비교하면서 우리는 미소를 짓곤 했다. 체칠리 M. 부인을 관찰하면서 우리는 가장 심한 히스테리 유형이 가장 풍부하고 독 창적인 재능과 결부되어 있다는 것을 알게 되었다. — 이 결론은 역사나 문학에서 빼어난 여성들의 전기를 보면 의심의 여지 없이 분명해진다. 마찬가지로 에미 부인도 역시 히스테리 환자가 훌륭 한 인격, 그리고 잘 영위되는 삶의 방식을 보일 수 있다는 예를 제 공해 준다. 우리가 알기로 이 여성은 훌륭했다. 자신의 임무에 대 한 도덕적인 진지함, 지적 능력, 활력, 이 모든 것은 남성보다 못 할 것이 없었고, 높은 교육 정도와 진실성은 우리 모두에게 큰 인상을 심어 주었다. 자신의 보호하에 있는 모든 사람의 안녕에 대한 배려, 겸손, 세련된 매너 역시 귀부인으로서의 자질을 드러내 보이는 것들이다. 그러한 여성이 〈변질되었다〉라고 표현한다면 그것은 오히려 그 단어의 의미를 왜곡하는 것이 되리라. 우리는 〈소질〉과 〈변질〉이라는 개념을 잘 구분할 필요가 있다. 그렇지 않으면 인류가 그 위대한 업적의 대부분을 〈변질자〉들의 노력에 힘입고 있다고 인정할 수밖에 없는 함정에 빠지게 될 것이다.

또한 내가 여기서 고백할 것은, 에미 부인의 병력에서 자네가 히스테리의 근원으로 간주했던 〈심리적 비효율성〉을 흔적도 찾아볼 수가 없다는 점이다. 자네에 따르면 히스테리성 소질이란 비정상적으로 제한된 의식 영역이며, 이 제한성 때문에 모든 관념을 무시하게 되고 급기야는 자아의 해체를 가져오고 제2의 성격이 조직된다는 것이다. 이 말이 맞다면 히스테리와 관련된 심리군(群)이 제거된 후에 남겨진 자아는 정상 자아보다 효율성이 떨어질 수밖에 없다. 자네에 따르면 히스테리 환자의 자아는 심리적 증후에 의해 시달려서 단일 관념증에 걸릴 운명에 빠져 있으며, 일상생활에서 수의적 활동을 하지 못한다. 그러나 내 생각에 자네가 틀린 것 같다. 히스테리로 인한 의식 변화의 사후 효과를 과대평가해서 히스테리의 일차적 결정 조건의 위치로까지 올린 잘못을 범한 것이다. 이 문제는 나중에 더 생각해 볼 것이다. 그러나 확실히 짚고 넘어갈 것은, 에미 부인이 그러한 비효율성을 전혀 보이지 않았다는 점이다. 상태가 아주 좋지 않았던 때라도 그녀는 대규모의 공장 경영에서 자신의 역할을 감당하고, 자녀 교육에 계속 신경을 썼으며, 지식 세계의 걸출한 사람들과 지속적으로 서신 교류를 할 수 있었던 것이다. 한마디로 그녀는 병을 숨긴 채 자기 책임을 잘 완수할 수 있었다. 그래서 나는 이 모든 일이 상당히 〈과중한〉 효율성을 필요로 한다고, 그러니 장기적으로는 지속될 수 없었을 것이고 결국 소진, 즉 〈심리적 불모〉 상태에 빠질 수밖에 없었으리라고 믿는다.[42] 내가 처음 그녀를 보았을 때는 이미 이러한 효율성 장애가 느껴지기 시작한 때였을 것이다. 그러나 어쨌건 간에 소진 증상이 나타나기 이전인, 여러 해 전부터 심한 히스테리는 존속해 왔던 것이다.

42 (1924년 추가된 각주) 오늘날 이 사례사를 읽는 정신분석가는 동정의 미소를 금치 못하리라는 것을 알고 있다. 그러나 다음과 같은 것을 명심해야 한다. 즉 본 사례는 내가 처음으로 카타르시스 요법을 상당한 정도로 적용한 첫 번째 사례라는 점이다. 이러한 이유로 나는 보고서를 원래 형태대로 남길 것이다. 오늘날 이것을 비판하는 것은 매우 쉬운 일이지만 그렇게 하지 않을 것이다. 그리고 수많은 빈틈을 메우려는 시도도 하지 않을 것이다. 단지 두 가지만 덧붙이려고 한다. 하나는 이 병의 촉발 병인에 관해 내가 후에 알아낸 것이고, 다른 하나는 경과에 관해 내가 들은 것이다.
이미 언급했듯이 나는 에미 부인의 손님으로 시골 저택에 며칠간 머물렀다. 어느 식사에선가 싹싹하게 행동하려고 애쓰는 것이 분명한 낯선 손님이 있었다. 그 남자가 떠난 뒤 에미 부인은 그가 마음에 드는지를 내게 물어본 뒤 지나가는 말투로 덧붙였다. 〈한번 상상해 보세요. 그 남자가 저와 결혼하고 싶어 한답니다!〉 이 말을 그녀가 그때까지 했던 다른 말들(내가 전에는 그다지 주의를 기울이지 않았던 말들)과 관련지어 보면 다음과 같은 결론을 얻게 된다. 즉 당시 그녀는 재혼하고 싶어 했지만 실현하지 못한 것은 아버지의 재산을 물려받을 두 딸의 존재가 걸림돌이 된다고 생각했기 때문이다.
수년 후 과학 학회에서 나는 에미 부인이 사는 구역에서 온 저명한 의사를 만났다. 그에게 에미 부인을 아는지, 그녀의 상태에 관해 이것저것 물어보았다. 그가 말했다. 〈예, 그녀를 압니다. 그녀에게 최면 요법을 실행했었지요.〉 그녀는 나와 했던 최면 요법을 똑같이 그 의사에게서도 받은 것이다. 그리고 다른 많은 의사와도 했다. 그녀의 상태는 매우 악화되어 있었다. 그녀가 눈에 띄는 회복을 보임으로써 최면 치료가 효과를 보는 듯하더니 어쩌다 갑자기 그와 싸우고 결별하고 나서 또다시 병이 악화되었다는 것이다. 이것이 바로 〈반복 강박〉의 예이다.
25년 정도 흐른 후 또다시 에미 부인에 관한 소식을 들었다. 그녀의 큰딸 — 내가 전에 그토록 불리한 예후를 내렸던 딸 — 이 내가 전에 어머니를 치료했다는 사실을 알고 에미 부인의 정신 상태에 관한 보고를 듣고 싶다고 연락해 왔다. 큰딸은 어머니를 잔인하고 인정머리 없는 폭군으로 묘사하면서 법적인 조처를 취하려고 했다. 에미 부인이 두 딸과 의절하고는 딸들이 경제적으로 어려움을 겪고 있음에도 원조를 거절한 것 같았다. 편지를 보낸 이 딸은 박사 학위를 취득하고 결혼한 상태였다 — 원주.

루시 R. 양

(프로이트)

1892년 말 한 동료 의사가 자신이 치료하던 젊은 여성을 나에게 의뢰했다. 만성적으로 재발하는 화농성 비염을 앓고 있는 환자였다. 그녀의 병이 고질적으로 지속된 이유는 사골(篩骨)[1]에 생긴 염증 탓이라는 것이 곧 밝혀졌다. 최근 들어 그녀가 새로운 증상을 호소했는데 해박한 지식을 지닌 그 의사조차 그 증상을 일으킬 만한 국부적인 질환을 찾지 못했다. 환자는 완전히 후각을 잃어버렸고, 한두 가지 거의 자기만 맡을 수 있는 냄새에 시달리고 있었다. 그녀는 이 냄새들을 맡는 것이 고통스러웠다. 게다가 그녀는 의기소침하고 피곤해했으며 머리가 무겁고, 식욕이 없을뿐더러 능률 또한 떨어진다고 호소했다.

이 젊은 여성은 빈 외곽에 있는 공장 경영주의 집에서 입주 가정 교사로 일하면서 진찰 시간에 가끔 나를 방문했다. 그녀는 영국인으로 창백하고 섬세한 피부를 지녔다. 코 질환을 제외하고는 건강이 좋은 상태였다. 그녀가 처음에 이야기한 것들은 의뢰한 의사가 내게 말해 준 대로였다. 그녀는 우울 증세와 피로를 겪고 있었고 주관적인 냄새 때문에 괴로워하고 있었다. 히스테리 증세에 관해서 말하자면, 그녀는 꽤 분명한 일반 통각 상실을 보였는

---

1 두개골의 일부. 콧구멍의 위와 코 중간 상부를 구성하는 벌집 모양의 뼈.

데, 촉각은 그대로여서 만지면 감각을 느꼈다. (손을 사용해) 시각에 관한 대략적인 검사를 해보았더니 시계(視界)가 좁아지지는 않았음을 알 수 있었다. 코의 안쪽은 전혀 통증을 느끼지 못했고, 반사도 보이지 않았다. 그곳을 만져서 누르는 것에는 민감했지만 지각 기관으로서 그 자극에 적절한 지각은 없었다.[2] 이는 다른 자극들(예: 암모니아나 초산)에도 마찬가지였다. 당시 화농성 비염은 회복기에 있었다.

질환을 이해하고자 하는 첫 번째 시도로 주관적 냄새를 해석해야 했다. 왜냐하면 이것이 만성 히스테리 증상처럼 반복되는 환각이었기 때문이다. 그녀의 우울증은 아마도 외상에 들러붙은 감정인 듯했다. 그녀만이 맡는 냄새가 지금은 주관적이지만 과거에 어떤 체험을 할 당시에는 객관적이었을 테고, 그러한 체험을 찾아내는 것이 가능하리라고 여겨졌다. 이 체험은 회상 속에서 계속적으로 냄새로 상징화되는 외상임에 틀림없으리라. 반복적인 후각 환각과 그와 수반되는 우울증을 모두 히스테리 〈발작〉과 동등한 것으로 취급하는 것이 더 타당하리라. 반복되는 환각의 특성상 그 환각이 만성 증상의 일부로 작용한다고 보기에는 부적합했다. 그러나 이 문제는 현 사례처럼 원형적인 발달만을 보이는 경우에서는 중요한 문제가 아니다. 그러나 주관적인 냄새가 어떤 특정한 실제 대상에서 유래하고 있다는 것을 뒷받침해 줄 구체적인 근거를 찾아내는 것은 절대로 필요하다.

이러한 기대는 재빨리 충족되었다. 내가 그녀에게 항상 시달리는 냄새가 무엇이냐고 물었을 때 그녀는 이렇게 대답했다. 〈불에 탄 푸딩 냄새.〉 그 말을 듣고 내가 상정해야 했던 것은, 외상으로

2 어떤 자극이 있다는 것은 지각하더라도 구체적으로 어떤 자극인지는 몰랐다는 말이다.

작용했던 체험을 겪는 동안 푸딩이 타는 냄새가 실제로 났었다는 것이다. 물론 외상의 회상적 상징으로 후각이 선택된 것은 매우 드문 일이다. 그러나 왜 이런 선택이 이루어졌는지를 밝히는 것은 어렵지 않았다. 환자는 화농성 비염을 앓고 있었고 따라서 그녀의 주의는 코, 그리고 코의 감각에 특히 집중되어 있었다. 내가 이 환자가 처한 상황에 관하여 알고 있던 바는 그녀가 돌보던 두 아이에게 엄마가 없었다는 사실뿐이다. 아이들의 엄마는 급성 질환으로 수년 전 세상을 떴던 것이다.

그리하여 나는 탄 푸딩 냄새를 분석의 출발점으로 설정하기로 했다. 이제 이 분석 과정을 서술할 것인데, 우선 분석이 운이 좋은 상황에서 이루어졌다는 이야기를 하고 싶다. 실은 단번에 끝날 수도 있었는데 여러 번에 걸쳐서 그녀와의 만남이 계속되었다. 환자는 내 진료 시간에만 방문할 수 있었는데, 그때는 아주 짧은 시간만을 그녀에게 할애할 수 있었다. 게다가 이런 종류의 단 하나의 이야기를 일주일 이상의 간격을 두고 나누어서 이야기하기도 했는데, 직업상 공장에서 내 집으로 긴 외출을 하는 것이 여의치 않았기 때문이다. 따라서 우리는 대화를 많이 나누지 못한 상태에서 도중에 중단하고 다음 시간에 다시 그 중단한 부분부터 이야기의 실마리를 풀어 나가곤 했다.

나는 루시 R. 양에게 최면을 시도했지만 그녀는 몽유 상태에 빠지지 않았다. 따라서 나는 몽유 상태를 포기하고 그녀의 정상 상태와 거의 차이가 나지 않는 상태에서 모든 분석을 시행했다.

이 시점에서 나의 기법 절차를 더욱 자세히 논하고자 한다. 1889년 낸시 클리닉을 방문했을 때 나는 최면술의 원로인 리에보 박사Dr. Liébeault가 다음과 같이 말하는 것을 들었다. 〈모든 환자를 몽유 상태로 빠뜨릴 수 있는 방법만 찾아낸다면 그것은 가장 강력한 최면 치료법이 될 겁니다.〉베르넴의 클리닉에서는 마치 그런 방법이 정말로 존재해서 베르넴에게 그 방법을 배울 수 있는 것처럼 되어 있다. 그러나 내가 그 방법을 내 환자에게 사용해 보면서 곧 나는 내 힘에 한계가 있을 수 있음을 깨달았다. 그리고 처음에 세 번을 시도해도 몽유 상태로 이끌어지지 않았을 경우에는 더 이상 어찌할 방도가 없었다. 사례 중에 몽유 상태로 빠지는 비율은 내 경험에 비추어 본다면 베르넴이 보고한 것보다 훨씬 낮았다.

그리하여 나는 대부분의 사례에서 맞아떨어질지도 모를 카타르시스 요법을 포기하든지, 몽유 상태에 빠뜨리지 않은 채 최면 효과가 적건 아예 없건 간에 위험 부담을 안은 채로 그 방법을 고수하든지 양자택일할 수밖에 없었다. 몽유 상태가 아닌 상태를 통해 ─ 최면 정도를 평가하는 척도들에 따르면 ─ 어느 정도의 최면에 이를 수 있는지는 그리 중요하지 않은 것 같았다. 왜냐하면 알다시피 그 어떤 사례에서건 피암시성이 취하는 여러 가지 형태는 다른 형태들과 상관이 없으며, 최면을 통해 강경증(强硬症),[3] 자동 운동 등을 야기해 봤자 나의 목적, 즉 잃어버린 기억을 좀 더 쉽게 깨우는 데에는 도움도 안 되고 방해도 되지 않기 때문이다. 게다가 나는 최면 정도를 측정하는 테스트 사용을 중지했는데, 그 이유는 많은 경우 테스트가 환자의 저항을 불러일으키고 더욱 중요한 심리적 작업을 수행하는 데 내가 필요로 하는 나에 대한 신뢰감을 뒤흔들었기 때문이다. 더 나아가 나는 〈당신은 잠이 들 것입니다…… 잠 드십시오〉 따위의 명령이나 보장하는 언질을 주는 것, 최면 정도가 가벼울 때 흔히 있는 일인데, 환자가 내게 항의하면서 〈그렇지만 선생님. 저는 잠이 안 들었는걸요〉하

3 정신 분열증, 최면 상태 따위에 수반되는 근육 경직, 자세 고정 따위의 현상.

는 소리를 듣는 것, 그러면 내가 그 말을 되받아 다음과 같이 아주 미묘한 구분을 해주어야 하는 것, 〈나는 보통의 잠을 이야기하는 게 아니에요. 최면을 말하는 겁니다. 보다시피 당신은 최면에 걸린 겁니다. 눈을 뜰 수가 없어요〉라던가 〈어쨌든 잠을 잘 필요는 없어요〉 등등의 말에 곧 지치기 시작했다. 심리 치료를 실시하는 다른 많은 사람은 나보다 테크닉이 더 뛰어날 터이므로 그러한 어려움에서 쉽게 벗어날 수 있으리라 믿는다. 그들은 나의 절차와는 다른 절차들을 사용하여 난관을 극복할 것이다. 그러나 어떤 특정한 말을 사용함으로써 그토록 자주 곤혹스러운 상황에 빠진다면 그런 말과 곤혹스러운 상황 모두를 피하는 것이 현명할 듯싶다. 따라서 나의 첫 번째 시도가 분명하게 신체적 변화를 보이는 몽유 상태나 최면 상태로 유도하는 데 실패했을 때 나는 아예 최면을 포기하고 그냥 〈집중〉만 하라고 요청했다. 그래서 환자에게 이 〈집중〉 상태에 도달하기 위하여 누운 채 눈을 감으라고 했다. 이러한 방식으로 나는 거의 힘 들이지 않고 이 환자가 도달할 수 있었던 가장 깊은 최면 상태까지 이끌 수 있었다.

그렇지만 몽유 상태에 빠지지 않았기 때문에 결국 카타르시스 요법도 사용할 수가 없었다. 왜냐하면 몽유 상태가 카타르시스 요법의 선행 조건이기 때문이다. 확실히 카타르시스 요법은 환자의 의식을 변화시켜 기억을 불러낼 수 있게 하고 환자의 평소 의식 상태에서는 존재하지 않는 것 같은 연결을 알아챌 수 있게끔 하는 방법이기 때문이다. 만약 몽유 상태에서 기억이 확장되지 않는다면, 환자는 그전에는 몰랐던 결정 원인들을 의사에게 제시하지 못할 것이다. 두말할 것도 없이 우리가 제1장 「예비적 보고서」에서 말했듯이 환자들이 평소의 심리 상태에 머물러 있을 때는 환자의 기억에 〈존재하지 않던〉 기억들, 아니면 매우 개략적인 형태로만 존재하던 기억들이 바로 환자의 병을 유발한 기억들이다.

이 새로운 곤혹스러움에서 벗어나기 위해 나는 다음과 같은 것들을 생각해 보았다. 몽유 상태 동안 기억난 사건들은 보통 때 깨어 있는 상태에서 외관상으로만 잊어버리고 있던 것이고, 다른 의식 상태로 유도하기 위해 부드럽게 명령하고 손으로 압박해도 그 기억들이 재생된다는 증거를 베르넴이 제시한 적이 있었다. 예를 들어 베르넴은 몽유 상태에 있는 한 여성에게 자신이 더 이상 존재하지 않는다는 음성 환각*die negative Halluzination*을 부여한 뒤 여러 가지 방법, 심지어는 공격적인 방법까지 사용해 그녀의 주의를 끌려고 노력했다. 하지만 성공하지 못했다. 환자가 깨어나자 베르넴은, 방금 그가 없다고 그녀가 생각했을 때 그가 어떤 행동을 했는지 말해 보라고 했다. 그녀는 놀라서 아무것도 모른다고 대답했다. 베르넴은 이 대답을 받아들이지 않고 모든 것을 기억할 수 있을 거라고 말하고 그녀의 이마에 손을 갖다 댔다. 그랬더니 아니나 다를까! 몽유 상태 동안 그녀가 지각하지 못했던 것으로 보였고 깨어나서도 기억 못 하는 듯했던 그 모든 것을 서술할 수가 있었다.

이 놀랍고 교육적인 실험은 나의 본보기 역할을 했다. 나는 환자들이 병의 원인이 될 만큼 중요한 모든 것을 이미 알고 있으며 그것들에 관해 이야기하도록 이끄는 것이 관건이라는 전제에서 출발하기로 했다. 따라서 나는 환자에게 〈언제부터 이 증상이 나타났습니까?〉라든가, 〈병이 근원은 무엇입니까?〉라는 질문을 한 뒤 환자가 모르겠다고 대답하면 나의 손을 환자의 이마에 올려놓은 뒤 이렇게 말했다. 〈내가 손으로 압력을 가하면 바로 생각이 날 것입니다. 손을 떼는 순간 눈앞에 뭔가가 보이든지 머릿속에 뭐가 떠오를 것입니다. 그걸 포착하세요. 그게 바로 우리들이 찾

고 있는 겁니다. 자, 뭔가가 보이거나 떠올랐습니까?〉

처음 이 방법을 시도했을 때(루시 R. 양[4]이 아닌 다른 환자였다) 내가 필요로 했던 결과를 얻게 되자 놀라지 않을 수 없었다. 그 이후로 곤경에 빠졌을 때 이 방법을 쓰면 거의 항상 그 상태에서 벗어날 수 있었노라고 자신 있게 말할 수 있다. 이 방법은 분석이 취해야 할 방향을 가리키고 있었고, 몽유 상태의 도움 없이도 모든 분석을 끝까지 수행할 수 있게끔 했다. 그러다 나는 점점 자신감이 생겨, 환자가 〈아무것도 안 보여요〉라든지 〈아무것도 떠오르지 않아요〉라고 대답하면 그럴 리 없다고 일축할 수 있게 되었다. 그리고 바라던 것을 환자 자신이 의식하게 되었지만 그게 자신이 원하던 바라는 것을 믿지 않아 거부해 버린 것이 분명하다고 말해 주었다. 나는 환자들에게 원하는 대로 자주 그 같은 절차를 반복할 의향이 있으며, 그때마다 같은 것을 보게 될 것이라고 말했다. 내 말이 어김없이 옳았다. 환자는 그때까지 중요한 능력을 풀어 주는 법을 알지 못했던 것이다. 환자들은 떠오른 기억이나 심상을 거부했는데, 그것들이 도움이 되지 않거나 무관한 방해물로 생각했기 때문이다. 내게 그것들을 이야기하면 항상 원하던 것이기 마련이었다. 때로는 서너 번의 압박을 가한 다음에

---

4 프로이트가 처음으로 〈압박 테크닉〉을 사용한 환자는, 그의 진술이 모호한 데가 있기는 하지만 이 장의 마지막 사례인 엘리자베트인 듯하다. 위의 본문 외에 이 방법에 관한 더 자세한 설명은 엘리자베트의 사례에서 찾을 수 있다. 이 설명들을 보면 약간의 불일치가 있다. 현 본문에서는 환자에게 〈내가 압박을 푸는 순간 무엇인가가 보이든지 떠오를 겁니다〉라고 되어 있는데, 엘리자베트의 사례에서는 〈내가 압박하는 순간〉이라고도 했다가, 〈압박이 지속되는 동안 계속〉 무엇인가 보이든지 떠오를 것이라고 하고 있다. 프로이트가 정확히 언제 이 압박 테크닉을 포기했는지는 알려져 있지 않다. 1904년 이전에 포기한 것은 틀림없는데, 1904년에 뢰벤펠트L. Löwenfeld가 출간한 강박증에 관한 책에 기고하면서 그 어떤 식으로도 환자의 몸에 접하는 것을 삼간다고 분명히 밝힌 것을 보면 그 이전에 압박법을 포기했을 것이다. 프로이트가 최면의 의식을 사용한 것은 플리스W. Fließ에게 보낸 사적인 편지나 발간된 문장들에서 추정할 수 있듯이 약 1887년에서 1896년까지였다.

야 겨우 정보를 끄집어 내게 된 적도 있는데 환자는 다음과 같이 말하곤 했다. 〈실은 처음에 그걸 알아챘습니다, 그렇지만 말하고 싶지 않았을 뿐입니다〉, 혹은 〈그게 아니기를 바랐습니다〉.

원래 제한된 의식이었던 것을 확장시키는 일은 힘이 들었다. — 몽유 상태 동안 탐색하는 것보다도 훨씬 힘든 일이었다. 그렇지만 덕분에 내가 몽유 상태에서 독립할 수 있었고 기억의 〈망각〉을 결정하는 동기들에 대한 통찰력을 얻을 수 있었다. 나는 이 망각이 종종 의도적으로 원해서 일어나며 〈외부적〉으로만 그렇게 보이는 데 성공할 뿐이라는 것을 단언할 수 있다.

더욱 놀라운 것은 같은 기법을 사용하여 언뜻 보기에는 오래전에 잊었을 법한 숫자나 날짜도 기억해 낼 수 있고 예상 외로 이 기억이 정확하게 맞는 것을 보는 것이다.

숫자나 날짜를 찾을 때 우리가 선택할 수 있는 폭이 제한되어 있다는 사실은 실어증의 학설로 잘 알려진 명제, 즉 〈기억 과제 중에서 어떤 것을 인식하는 것은 그것을 생각해 내는 것보다 더 쉽다〉는 것에 따르면 우리에게 도움이 된다. 즉 한 환자가 어느 사건이 몇 년, 몇 월, 몇 일에 일어났는지를 생각해 내지 못하는 경우 가능성이 있는 연도와 열두 달의 이름, 그리고 서른한 개의 날수를 들려주면서 그중 맞는 숫자나 달을 들으면 환자의 눈이 저절로 떠지거나 어떤 날짜가 맞다는 느낌이 들 것이라고 자신 있게 말하면 되는 것이다. 그러면 대부분의 경우 환자는 실제로 특정한 날짜를 지목할 것이다. 자주 경험하는 일인데(체칠리 M. 부인의 사례에서 보듯이) 당시의 기록을 보면 환자가 지목한 날짜가 정확하다는 것을 입증할 수 있다. 또한 어떤 경우에는 그 날짜와 관련되어 기억한 사실들의 정황을 미루어 볼 때 지목할 날짜가 정확하다고 추측될 수도 있다. 예를 들어 환자가 〈날짜 나열법〉으로 지목한 날짜를 보고서 〈아, 그날은 아버지의 생일인데 요!〉하고 말하더니, 〈그래! 맞아. 아버지의 생일이었기 때문에 우리가 이야기하던 바로 그 사건이 일어날 거라고 생각하고 있었어요〉라고 덧붙이는 식이다.

여기서는 이 주제에 관해 단지 지나가는 정도로만 다룰 수 밖에 없다. 이 모든 경험을 통해 내가 얻은 결론은 다음과 같다. 즉 병을 일으키는 데 중요한 역할을 한 경험들, 그리고 그 경험에 따른 주변 상황들은 설사 환자가 잊어버렸거나 생각해 낼 수 없다고 하더라도 환자의 기억 속에 정확하게 보존되어 있다는 것이다.[5]

5 앞에서 서술한 기법, 즉 몽유가 아닌 상태에서 의식을 확장시킨 상태에서 심층을 탐색한 한 예로 병의 마지막 단계에서 며칠 동안 분석하게 된 경우를 서술해 보겠다. 서른여덟 살 된 여자는 불안 신경증(광장 공포증, 죽음에 대한 공포 발작 등)을 앓고 있었다. 같은 증세를 보인 다른 환자들이 흔히 그렇듯이 이 문제가 결혼 생활 중에 생겼다는 것을 인정하려고 들지 않았고 어렸을 적의 탓으로 돌리고 싶어 했다. 그래서 그녀가 내게 말하기를 처음으로 기절할 듯한 느낌과 현기증 발작을 경험한 것이 열일곱 살 때였고, 그녀가 태어난 작은 마을의 거리에서였다고 했다. 이 현기증 발작은 그후로도 시도 때도 없이 나타나다가 몇 년 전 현재의 장애로 대치되었다고 했다. 내가 생각하기로는, 첫 번째의 현기증 발작에서는 전경이었던 불안이 배경 속으로 차츰 희미하게 사라져 버렸는데, 이것이 히스테리성이었다. 그래서 그에 대한 분석을 시작하기로 결정했다. 처음에 그녀는 단지 이 첫 발작이 큰 거리에서 쇼핑을 하고 있는 동안에 일어났다고만 알고 있었다. 〈무엇을 살 예정이었습니까?〉〈이것저것이요. 제가 초대받았던 무도회용으로요.〉〈그 무도회가 언제 개최될 예정이었습니까?〉〈이틀 후였던 것 같아요.〉〈그 며칠 전에 당신을 뒤흔들어 놓은 뭔가가 일어났던 것이 틀림없습니다. 당신에게 큰 인상을 남긴 그 무엇인가가 말입니다.〉〈아무것도 생각나지 않아요. 21년 전의 일이잖아요.〉〈상관없습니다. 어찌되었든 다 생각이 날 겁니다. 제가 머리를 압박할 텐데 그러다 압박을 풀면 무엇인가를 생각해 내든지 보든지 할 겁니다. 그러면 그게 무엇인지 말해 주셔야 합니다.〉내가 그 절차를 시행했지만 그녀는 조용히 있었다. 〈자, 아무것도 떠오르지 않던가요?〉〈뭔가 떠오르긴 했지만, 이것과는 관련이 있을 리가 없어요.〉〈아무튼 말씀해 보시죠〉〈친구 한 명이 생각났어요. 여자 친구인데 지금은 죽었지요. 제가 열여덟 살이었을 때, 그러니까 1년 후에 죽었어요.〉〈한번 생각해 봅시다. 이야기를 계속해 보지요. 그 친구가 어땠는데요?〉〈그녀의 죽음은 제게 충격이 컸습니다. 그녀를 자주 만났었거든요. 몇 주 전에 다른 여자아이가 하나 죽었는데 그것 때문에 동네가 크게 떠들썩했습니다. 그러니까 그 당시 열일곱 살이었음에 틀림없네요.〉〈그것 보십시오. 제가 손으로 압박할 때 당신 머릿속에 떠오르는 장면들은 믿을 만한 것입니다. 자, 이번에는 거리에서 어지럼증을 느꼈을 때 무엇을 생각하

지금까지 장황하게 주제에서 벗어난 논의를 했지만 그것은 어쩔 수 없었다. 이제 드디어 루시 R. 양의 사례로 돌아가 보자. 이

고 있었는지 기억하실 수 있겠습니까?〉〈아무것도 생각하고 있지 않았어요. 어지럼증만 느꼈을 뿐입니다.〉〈그럴 리가 없어요. 아무런 떠오르는 것 없이는 결코 그러한 상태가 일어나지 않습니다. 다시 한번 압박하면 그 생각이 다시 떠오를 겁니다……. 자, 무엇이 떠올랐지요?〉〈세 번째라는 생각이요.〉〈무슨 뜻이지요?〉〈현기증 발작이 일어났을 때 그런 생각을 했음에 틀림이 없어요.《이제 나는 죽어 가고 있다. 그 소녀들과 마찬가지로.》〉〈그렇다면 그것이 바로 떠오른 심상이군요. 발작을 겪으면서 친구를 떠올린 겁니다. 그런 걸 보니 그 친구의 죽음이 당신에게 강한 인상을 주었군요.〉〈맞습니다. 정말 그랬지요. 이제는 기억이 나는데 그녀가 죽었다는 소식을 들었을 때 그녀는 죽었는데 나는 무도회에 가려고 하다니 정말 못할 짓이라고 생각되었습니다. 그렇지만 그 무도회에 가는 것을 굉장히 고대하고 있었고 그 준비를 하느라 분주했습니다. 친구의 죽음에 관해 생각하고 싶지 않았어요.〉(여기서 우리는 의도적인 의식으로부터의 억압을 관찰할 수 있다. 그 결과 친구에 관한 기억이 병을 유발하게 된 것이다.)

이제 발작은 어느 정도 설명이 되었다. 그러나 나는 아직도 그 특정한 때에 기억을 불러일으킨 촉발 요인을 찾을 필요가 있었다. 나는 그에 대해 추측했는데 운 좋게도 그 추측이 정확히 맞았다.〈그때 혼자 걷고 있었던 그 거리를 확실히 기억하십니까?〉〈그럼요. 오래된 집들이 있는 큰길이었습니다. 그 집들이 지금도 눈에 선하게 보여요.〉〈그럼, 그 친구가 살던 곳은 어디였지요?〉〈같은 거리에 위치한 집에서요. 그 집을 지나쳐서 두어 채의 집을 지났을 때 발작이 시작되었습니다.〉〈그렇다면 그 집을 지나쳤을 때 죽은 친구 생각이 났고 당신이 생각하고 싶지 않았던 그 대비에 다시 한번 휩쓸린 거군요.〉

그때까지도 만족스럽지 않았다. 내가 생각하기로는 무엇인가 다른 것이 떠올라서 작용하고 있었든지, 혹은 그때까지만 해도 정상이었던 한 소녀의 히스테리 성향을 강화시킨 것 같았다. 그녀의 생리가 혹시 문제되지 않았을까 해서 그녀에게 물어보았다.〈그 달에 언제 생리를 했는지 아십니까?〉이 질문은 유쾌한 것이 못 되었다.〈제가 그것까지 기억해 내리라고 생각하세요? 제가 지금 말씀드릴 수 있는 것은 당시 생리가 드문드문 있었고 매우 불규칙했다는 겁니다. 제가 열일곱 살 때는 단지 한 번밖에 없었습니다.〉〈예, 좋습니다. 그렇다면 그게 언제였는지 숫자를 하나씩 나열해 가면서 찾아봅시다.〉내가 수를 세어 가던 중 그녀는 어떤 특정 달 하나를 확실하게 지정했다. 그러나 날짜가 정해져 있는 공휴일(서양에는〈11월 마지막 주 금요일〉하는 식으로 날짜가 정해져 있지 않은 공휴일이 많다. 그러나 예를 들어 크리스마스는 12월 25일로 날짜가 고정되어 있다)의 바로 전날과 그 전날을 두고 망설였다.〈무도회 날과 혹시 일치하지 않습니까?〉그녀가 겁먹은 목소리로 대답했다.〈무도회는 공휴일에 있었습니다. 이것도 지금 생각났는데, 그 해의 유일했던 생리가 무도회 바로 전에 시작되었으니 얼마나 강하게 인상이 남았겠습니까? 제게는 첫 번째 무도회였는걸요.〉

이제는 사건들 간에 상호 연관성을 재구성하는 데 아무런 어려움이 없다. 그리고 이 히스테리 발작의 메커니즘을 들여다볼 수 있게 되었다. 이 결과를 얻기 위해 굉장히 힘쓴 것은 사실이다. 사건을 경험한 지 21년이 흐른 뒤 깨어 있는 상태에서 이 의심 많은 환자가 잊어버렸던 경험을 자세히 이끌어 내기 위해서 필요했던 것들은 우선 내 테크

미 내가 말했듯이 그 당시 내가 그녀에게 최면을 시도했어도 몽유 상태로 이끌 수가 없었다. 그녀는 그냥 조용히 누운 채로 다소 약한 정도의 영향을 받을 수 있는 상태에 있었다. 처음부터 끝까지 눈을 감고, 다소 몸이 굳어진 채 손발을 움직이지 않았다. 나는 그녀에게 탄 푸딩의 냄새를 처음으로 맡은 상황을 기억할 수 있는지를 물었다.

「그럼요. 언제인지 정확하게 알아요. 약 두 달 전인데 제 생일 이틀 전이었습니다. 저는 공부방에서 두 아이(작은 여자아이들)와 함께 요리를 하면서 놀고 있었습니다. 그때 막 우체부가 놓고 간 편지를 보게 되었습니다. 우편 소인과 글씨체를 보고 글래스고에 계신 어머니에게서 온 것임을 알고 그 편지를 뜯어 읽었습니다. 그런데 아이들이 달려들어 제 손에서 편지를 낚아채더니 고함을 질렀습니다. 〈안 돼요, 지금 읽으면 안 된다니까요. 그거 선생님 생일에 맞추어 온 건데요. 우리가 생일 때까지 보관해 둘게요.〉 아이들과 그 게임을 하고 있는데, 갑자기 강한 냄새를 맡았습니다. 아이들은 요리 중이던 푸딩에 관해 까맣게 잊어버리고 있었던 거지요. 푸딩이 타고 있었어요. 그 이후로 그 냄새가 저를 쫓아 다닙니다. 항상 제 주위에서 그 냄새가 나고, 제가 동요되면 더 심해집니다.」

「그 장면이 눈앞에 생생하게 보입니까?」

「실제처럼요. 제가 경험한 그대로.」

「그게 그렇게 마음을 뒤흔들 만한 이유가 무엇입니까?」

「다정다감한 아이들이 저를 감동시켰습니다.」

「그 애들이 항상 그렇지 않은가요?」

닉에 대한 완전한 자신감을 가지고 있었다는 것과 환자가 떠올린 몇 개의 심상이었다. 그렇지만 일단 이 모든 절차를 다 거친 다음에는 전체가 모두 잘 들어맞았다 — 원주.

「예. 그렇지만 마침 어머니로부터 편지를 받은 바로 그때.」

「제가 이해하지 못하는 바는 아이들의 다정다감함과 어머니의 편지 사이에 대비가 있는 것처럼 말씀하시는데, 왜 그런 대비가 있어야 하는가입니다.」

「전 어머니에게 돌아가려고 했습니다. 그런데 사랑스러운 아이들을 두고 떠나야 한다고 생각하니 슬펐습니다.」

「어머니에게 무슨 문제가 생겼습니까? 외로우셔서 당신을 부르신 겁니까? 아니면 당시 편찮으셨다거나 아니면 그녀에게서 어떤 소식을 기다리고 있었든지?」

「아니오. 어머니는 매우 강인하지는 않지만 그렇다고 해서 딱히 편찮으신 것도 아닙니다. 그리고 어머니 곁에는 말상대를 해 주는 사람이 있답니다.」

「그렇다면 왜 그 아이들을 남겨 둔 채 떠나야 했나요?」

「저는 그 집에서 더 이상 견딜 수가 없었습니다. 가정부, 요리사 그리고 프랑스 교사가 모두 제가 본분을 지키지 않는다고 생각하는 것 같았습니다. 자기네들끼리 똘똘 뭉쳐서 저를 모함하고 아이들의 할아버지에게 저에 관해 온갖 험담을 늘어놓았습니다. 제가 그에 대해 아이들의 아버지와 할아버지께 말씀드려 보았지만 기대만큼의 지지를 받지 못했습니다. 그래서 사장님(아이들의 아버지)께 사직서를 썼습니다. 그분은 매우 호의적으로 답해 주셨습니다. 최종 결정에 앞서 두어 주 동안 잘 생각해 보는 편이 낫겠다고 말씀하셨습니다. 그리하여 저는 당시 불확실한 상태에 있었고, 떠나야겠다고 마음먹었지만 계속 머무르고 있었던 겁니다.」

「아이들이 당신을 좋아했던 점 외에도 그 아이들에 대해 특별히 애착을 느낄 만한 것이 있습니까?」

「네. 애들의 어머니는 제 어머니와 먼 친척 관계였습니다. 그리고 그녀가 임종할 때 제 힘껏 아이들을 보살펴 주겠다고 약속했습니다. 아이들을 떠나지 않고 어머니 역할을 대신하겠다고 했습니다. 사직서를 냄으로써 제 약속을 깨뜨린 셈이지요.」

이제 이 환자의 주관적인 냄새 감각에 대한 분석이 끝난 듯싶다. 이 주관적인 감각은 사실은 사소한 상황, 즉 상반되는 감정이 서로 충돌하는 체험과 밀접히 연관된 감각으로 원래는 객관적이었다는 것이 밝혀졌다. 그 상반되는 감정이란 아이들을 떠나는 것에 대한 후회와 그럼에도 불구하고 그런 결정을 내린 하찮은 일들이었다. 그녀의 어머니 편지는 이 결정을 내린 이유를 다시 상기시켰는데, 그 이유는 그곳을 떠난 뒤 어머니와 함께 살려고 했기 때문이다. 감정 간의 갈등은 계속 심화되어 편지가 도착한 순간 외상으로 발전했고, 이 외상과 연관되는 냄새가 그 상징으로 지속되었던 것이다. 그 장면에 부수적인 여러 감각 지각 중 왜 하필이면 그녀가 냄새를 상징으로 삼았는지를 설명할 필요가 있다. 그런데 그녀의 만성 콧병이 한몫을 했으리라는 이야기는 이미 했다. 그녀에게 직접 물어보았더니 그 당시에 마침 그녀가 매우 심한 감기를 앓고 있어서 거의 아무 냄새도 맡을 수 없었다고 했다. 그럼에도 그녀의 마음이 동요했을 때 탄 푸딩 냄새를 맡았고, 결국 이 냄새는 신체의 병으로 인한 후각 상실을 가져왔던 셈이다.

그러나 나는 그때까지 얻은 설명에 아직 만족하지 않았다. 모두 다 그럴듯하게 들렸지만 내가 놓친 부분이 있었다. 왜 이 마음의 동요와 감정의 갈등이 히스테리를 유발했는지 적절한 이유를 알아야 했다. 왜 모든 것이 정상적인 심리적 생활 수준에 있지 않았던 것일까? 다른 말로 하면, 전환이 일어난 것이 어떻게 정당화될 수 있을까? 왜 그녀는 장면 자체를 떠올리지 않고 회상의 상징으로 특정 감각만을 선택해 떠올렸는가? 만약 우리가 전환의 메커니즘이 습관화된 병력이 오랜 히스테리 환자를 다루고 있다면 그러한 질문은 단순히 호기심 과잉에서 비롯된 것이고 쓸데없는 질문일지 모른다. 그러나 이 외상이 생긴 이후에야, 어찌 되었든 이 문제에 관한 작은 이야기 후에야 그녀의 히스테리가 시작되었던 셈이다.

비슷한 사례들을 분석한 결과 나는 다음과 같은 사실을 이미 알고 있었다. 즉 처음으로 히스테리가 발생하려면 하나의 필수적인 조건이 만족되어야 하는데, 그것은 심상이 〈고의적으로 의식으로부터 억압되어〉 연상을 통한 변화에서 제외되어야 한다는 것이다. 나의 견해로는 이 고의적 억압은 부분적이든 전체적이든 전환의 원인이 되며 흥분량의 총합이다. 흥분의 총합이 심리적인 연상으로부터 단절되면 그 흥분은 신체의 신경 지배에 이르는 잘못된 통로를 찾아 쉽게 따라 올라간다. 억압 자체의 원인은 단지 불쾌감일 수밖에 없는데 억압된 단일 심상과 자아를 구성하는 주된 심상 덩어리는 양립이 불가능하여 조화를 이룰 수가 없는 데서 비롯된다. 그러나 억압된 심상은 후에 병을 일으키는 병인이 됨으로써 복수하게 된다.

루시 R. 양이 하필이면 문제의 바로 그 순간 히스테리성 전환을 일으킨 것으로 짐작해 보건대 여러 결정 요인 중 그녀가 고의적으로 모호하게 내버려 두고 잊으려고 노력했음에 틀림이 없었다. 그녀가 아이들을 좋아하고 있었다는 점과 다른 사람들에 관한 문제에 민감하다는 것을 둘 다 고려한다면 단지 하나의 결론밖에 내려질 수가 없었다. 나는 대담하게 그녀에게 이렇게 해석해 주었다.

「당신이 아이들에 대해 그런 감정을 가진 이유로 이것이 전부라고 생각지 않습니다. 제 생각에 당신은 고용주, 즉 사장을 정말로 사랑하고 있는 것 같습니다. 어쩌면 당신이 그것을 의식하지 못하는지는 모르지만 말입니다. 실제로 그들 어머니의 자리를 얻고자 하는 비밀스러운 바람을 가지고 있는 것 같습니다. 그렇다면 우리는 수년 동안 한 집에서 하인들과 평화롭게 살았는데 이제 와서 당신이 그들에 대해 민감하게 느낀다는 사실을 떠올려 봅시다. 하인들이 당신의 바람을 눈치채고 당신을 경멸할까 봐 겁이 났던 겁니다.」

그녀가 언제나처럼 간결하게 답했다.

「예. 그 말이 맞다고 생각합니다.」

「그런데 당신이 고용주를 사랑한 것을 알았으면서도 왜 그 사실을 제게 말해 주지 않았습니까?」

「모르겠습니다. 아니면 어쩌면 알고 싶지 않았을지도 모릅니다. 제 머릿속에서 그것을 쫓아내고 다시는 생각하고 싶지 않았습니다. 또 그렇게 하는 데 성공했다고 믿습니다.」[6]

「왜 당신은 이 연정을 인정하려고 들지 않았습니까? 남자를 사랑하는 것이 부끄러웠던 겁니까?」

「오, 아닙니다. 저는 그런 내숭을 떨지는 않습니다. 어쨌건 감정이란 그 누구도 어쩔 수 없는 것이니까요. 단지 그 사람이 나의

---

6 어떤 것을 알고 있으면서도 동시에 모르고 있는 이상한 상태에 관한 서술로 이 사례보다 더 좋은 예는 없다. 틀림없이 그러한 상태에 자신이 빠져 보지 않고는 그 상태를 이해하지 못할 것이다. 나 자신은 이런 종류의 특이한 경험을 한 적이 있는데, 아직도 눈에 선하다. 당시 내 마음속에서 어떤 일이 벌어지고 있었는지를 회상하려고 해도 거의 잡히는 것이 없다. 당시 내가 어떤 것을 보았는데, 내 기대에 전혀 맞지 않은 것이었다. 하여간 내가 본 것이 내가 의도한 계획을 방해하지 못하게 할 수 있었다. 그렇지만 그것이 실제로는 방해했음에 틀림없다. 나는 이 사실 속에 있는 모순을 의식하지 못하고 있었다. 또한 나의 반감도 깨닫지 못하고 있었는데 그 반감 때문에 내가 본 것이 아무런 심리적 영향을 미치지 못했음이 분명했다. 즉 어머니들이 자신의 딸에 대해, 남편들이 부인에 대해 그리고 지배자들이 총애하는 부하들에 대해 갖는 태도에서나 볼 수 있는 눈먼 장님의 상태에 내가 빠졌던 것이다 ― 원주.

고용주였고 저는 그분을 위해 일을 하는 입장이고 그 집에서 살고 있다는 것 때문에 고통스러웠습니다. 다른 사람들에 대해서는 제가 독립적인 처지이지만 그 사람에 대해서는 그렇지 못한 것으로 느꼈습니다. 그리고 생각해 보니 저는 가난한 아가씨에 불과하고 그 사람은 훌륭한 가문 출신에다 부자입니다. 사람들이 알게 된다면 저를 비웃을 겁니다.」

이제 그녀는 애정이 싹트게 된 배경에 관해 기탄없이 말해 주게 되었다. 그 집에서 처음 일하게 된 수년간 그녀는 매우 행복하게 지냈다. 자신의 의무를 다했으며 이룰 수 없는 소망 따위는 품지 않았었다. 그녀의 고용주는 진지한 사람으로 바쁘게 일하고 있었는데, 그녀에 대한 행동이 항상 서먹서먹하고 일정 거리를 두고 있었다. 그러던 어느 날 그가 아이들의 양육 방침에 관해 그녀에게 의논해 왔다. 그는 보통 때보다도 흉금을 터놓고 이야기하고 자상했다. 그리고 아이들 양육에서 그녀의 존재가 얼마나 의지가 되는지 모른다는 말을 해주었는데, 이때 그는 그녀를 의미 깊게 쳐다보고 있었다……. 그녀의 사랑은 바로 그 순간에 시작되었고, 그녀는 이를 계기로 감히 소망을 갖고 살게 되었다. 그러나 이후에 더 이상의 진전이 없자, 또한 그녀가 다시 한번 둘만의 대화를 고대했음에도 그런 일이 생기지 않자 이윽고 그녀는 모든 것을 마음속에서 지워 버리기로 결심했다. 그녀는 다음과 같이 전적으로 내 의견에 동의했다. 즉 그녀와의 대화 중에 고용주가 그녀를 바라보던 눈길은 아마도 죽은 아내를 생각하는 데서 비롯된 것이리라는 점이다. 또한 그에 대한 그녀의 감정을 되돌려 받을 가망이 없다는 것을 분명히 인식했다.

나는 이 대화의 결과 그녀의 상태에 근본적인 변화가 일어나기를 기대했다. 그러나 당분간은 그러한 결과가 일어나지 않았다.

그녀는 계속 의기소침했고 우울해했다. 당시 내가 처방했던 수(水) 치료법 덕분으로 아침에 약간 상쾌하게 느꼈을 뿐이다. 탄 푸딩 냄새는 그때까지도 완전히 사라지지 않았다. 단지 그 빈도가 줄어들고 약해졌을 뿐이다. 그녀의 말로는 마음이 매우 동요할 때만 그 냄새를 맡았다. 이 회상의 상징이 계속되는 것으로 미루어 보건대 주요 장면에 더해 다른 많은 부차적 외상들을 또한 상징하고 있는 것이 아닐까 하는 의구심이 들었다. 따라서 탄 푸딩의 장면과 관련될 만한 다른 것들을 찾기 시작했다. 집안 내의 알력, 할아버지의 행동 등 여러 주제를 탐색해 나가면서 탄 냄새는 점차 소멸되었다. 이 시기에 치료가 한동안 중단되었는데, 그 이유는 그녀의 콧병이 새로 시작되었기 때문이다. 그리고 이때 사골의 염증을 발견하게 되었다.

그녀가 다시 찾아왔을 때 다음과 같은 일을 보고했다. 크리스마스 때 두 사람의 고용인 남자, 그리고 심지어는 하인들까지도 그녀에게 선물을 주었다. 마치 모두가 그녀와 화해하고 최근 몇 개월 동안 갈등을 빚었던 기억들을 잊게 하기 위해 안간힘을 쓰는 것 같았다. 그러나 이러한 호의의 표시들은 그녀에게 아무런 인상을 남기지 못했다.

탄 푸딩 냄새에 관해 그녀에게 다시 한번 물어보았더니 그 냄새가 완전히 사라지기는 했지만 이번에는 그와 비슷한 다른 냄새, 즉 잎담배 같은 냄새가 자기를 괴롭힌다고 했다. 그녀가 생각하기로는 그 냄새도 처음부터 있었으나 푸딩 냄새에 가려져 있었던 것 같다고 했다. 이제 그 냄새가 나타난 것이다.

나는 치료 결과에 대해 크게 만족하지 못했다. 왜냐하면 치료 결과는 대증 요법[7]만을 사용할 때 나타나게 마련인 문제가 정확

7   증상은 없어지지만 근본적인 치료는 못 되는 요법.

히 그대로 드러난 것이기 때문이다. 즉 치료 결과 한 증상이 제거되었는지는 모르지만 다른 증상으로 대치된 것에 불과하다는 말이다. 그럼에도 나는 즉시 분석을 통해 이 새로운 회상 상징을 제거하는 작업에 착수했다.

그러나 이번에는 그녀도 이 주관적인 냄새가 어디서 비롯되었는지, 즉 어떤 상황에서 그 냄새가 객관적인 냄새였는지를 알지 못했다.

〈그 집에서는 사람들이 매일 담배를 피웁니다〉라고 그녀가 말했다. 〈그러니 제가 맡는 냄새가 정말로 어떤 특별한 상황과 관련 있는지의 여부를 정말로 모르겠습니다.〉 그래도 나는 포기하지 않고 손으로 압박할 테니 기억해 내보라고 지시했다. 이미 앞에서 서술했듯이 그녀의 기억은 구체적이고 생생했으며, 〈시각적〉인 유형이다. 아니나 다를까 그녀의 눈앞에 어떤 그림이 점차로 떠올랐다. 단편적으로 떠오른 그 그림은 집의 식당 광경이었다. 그곳에서 그녀는 아이들과 함께 집주인들이 점심 식사를 하기 위해 공장에서 돌아오기를 기다리고 있었다.

「지금 우리 모두는 식탁에 둘러앉아 있습니다. 두 주인과 프랑스 가정 교사, 가정부, 아이들 그리고 저입니다. 다른 날과 다를 바 없습니다.」

「계속 그 광경을 들여다보세요. 점점 변하면서 자세하게 보일 겁니다.」

「예. 손님이 한 분 계시네요. 회계사입니다. 나이가 지긋하신 분인데, 아이들을 손주들처럼 아주 귀여워하세요. 그런데 그분은 점심때 자주 오시는 분이라 그리 특별한 일은 아닙니다.」

「인내심을 가지고 계속 그 광경을 지켜보세요. 무슨 일인가가 반드시 생길 겁니다.」

「아무 일도 일어나지 않는데요. 식탁에서 우리 모두 일어나고 아이들은 안녕히 가시라고 인사한 다음 함께 위층으로 올라가기 위해 층계로 갑니다.」

「그런 다음에는요?」

「아, 정말로 보통 때와는 다른 상황이네요. 지금 그 광경이 보입니다. 아이들이 작별 인사를 할 때 회계사가 입맞춤을 하려고 하자 주인이 발끈하며 그에게 소리를 지릅니다. 〈아이들에게 입맞추지 마세요.〉 마치 제 심장을 칼로 찌르는 듯했습니다. 남자분들이 담배를 피우고 있었는데, 그 냄새가 제 기억 속에 박혀 버렸어요.」

결국 이것이 좀 더 깊은 마음속에 숨어 있던 제2의 장면이었고, 첫 번째 장면과 마찬가지로 외상으로 작용해 회상의 상징으로 남게 된 것이다. 그렇지만 무엇 때문에 그 장면이 그토록 영향을 끼친 것일까? 나는 다음과 같은 질문을 던졌다.

「두 장면 중 어떤 것이 먼저 일어났습니까? 방금 말씀해 주신 장면입니까, 아니면 탄 푸딩에 관한 장면입니까?」

「방금 제가 말씀드린 장면이 먼저 일어났습니다. 거의 두 달 전쯤요.」

「아이들의 아버지가 나이 든 회계사가 아이들에게 입맞춤을 하지 못하도록 제지했을 때 왜 심장이 찔린 듯한 느낌이 드신 겁니까? 당신에게 화를 낸 게 아니었는데 말입니다.」

「자신의 소중한 친구이고, 더군다나 그날 손님으로 오셨던 그분에게 그렇게 소리를 지른 것은 옳지 않은 행동이었습니다. 조용히 말할 수도 있었는데요.」

「그러니까 당신이 상처 입은 이유가 단지 그의 화법이 심했기 때문입니까? 그게 아니라면 어쩌면 이렇게 생각했는지도 모르지요. 〈오랜 친구이자 손님인 사람한테도 사소한 일로 화를 내는데,

만약 내가 그의 아내였다면 얼마나 더 심하게 했을 것인가!〉」

「아니요. 그게 아닙니다.」

「그렇지만 어쨌든 그가 화낸 것과 관련이 있었던 것 아닙니까? 그렇잖아요?」

「예, 아이들에게 입맞춤하는 것에 관해서요. 주인은 그걸 질색했습니다.」

여기서 내가 손으로 압박을 가하자 제3의, 더 오래전의 장면이 떠올랐다. 이 기억은 작용을 발휘하던 외상으로서 회계사에 관한 장면이 외상으로 작용하게끔 한다. 회계사와 관련된 사건이 일어나기 수개월 전의 일이다. 주인의 지인인 한 여성이 방문하고 돌아갈 때 두 아이에게 입맞추어 주었다. 당시 그 자리에 있던 아이들의 아버지는 자제하고 그 여성에게 아무런 말도 하지 않았다. 그러나 그는 그녀가 떠난 뒤 가정 교사를 향해 분노를 폭발했다. 그 자리에 있던 가정 교사는 재수가 없었던 것이다. 그 누구라도 아이들에게 입을 맞추는 일이 생긴다면 그것은 가정 교사 책임이며, 그것을 허용한다면 직무 태만의 죄가 되는 것이라고 말했다. 이러한 일이 다시 한번 생긴다면 아이들을 다른 사람의 손에 맡기겠노라고 했다. 이런 일이 생겼을 때는 그가 그녀를 사랑하고 있다고 생각하고 있던 때였고, 이전의 다정한 대화를 다시 할 것을 기대하고 있던 터였다. 이 장면은 그녀의 희망을 무너뜨려 버렸던 것이다. 그녀는 스스로에게 타일렀다. 〈그가 이런 식으로 나에게 된통 해대고 별것 아닌 일로 그런 협박을 가할 수 있다면, 더군다나 조금도 내 책임이 아닌 일로 그럴 수 있다면, 내가 뭔가 잘못 생각했음에 틀림없다. 그가 내게 따뜻한 감정을 가졌을 리 없다. 만약 그런 감정이 있었다면 나를 좀 더 배려해 주었을 것이다.〉 회계사가 아이들에게 입 맞추려 하고, 아이들의 아버지가 화를 냈을 때 그녀에게는 이 고통스러운 장면이 떠올랐음이 분명하다.

이 마지막 분석이 끝난 이틀 후에 루시 R. 양이 다시 한번 나를 찾아왔다. 그녀가 행복해 보였기 때문에 무슨 일이 있느냐고 묻지 않을 수 없었다. 그녀는 마치 변신한 것 같았다. 미소를 지으며 고개를 꼿꼿이 세우고 있었다. 잠시 나는 내가 전에 상황을 잘못 판단했고, 아이들의 가정 교사가 주인의 약혼자가 되었나 하고 생각했다. 그러나 그녀는 내 생각을 일소시켜 버렸다.

「아무 일도 없었어요. 선생님께서 절 모르셔서 그런 겁니다. 선생님은 제가 아픈 상태에서 우울해하던 것만 보셨어요. 평소에 저는 언제나 명랑합니다. 어제 아침 제가 일어났을 때 내 마음속의 무거운 짐이 사라졌더군요. 그 후로는 이렇게 기분 좋은 상태입니다.」

「그 집에서의 전망은 어떻습니까?」

「그 문제에 대해서는 분명히 알아요. 전혀 가망이 없다는 것을 저는 알고, 그 때문에 제 자신을 불행하게는 만들지 않으려고 합니다.」

「지금은 하인들과 잘 지내고 계십니까?」

「대부분의 경우 제가 너무 예민했던 탓인 것 같아요.」

「아직도 주인을 사랑하고 계십니까?」

「예. 분명히 그래요. 하지만 단지 그뿐입니다. 나 자신의 생각과 감정들을 저 혼자 간직할 겁니다.」

그런 뒤 나는 그녀의 코를 진찰했고, 통각에 대한 과민성과 반사 홍분성이 거의 완전히 회복되어 있었다. 그녀는 또한 냄새들을 구별할 수 있게 되었는데, 약간 불확실했고 냄새가 강할 때만 가능했다. 콧병이 그녀의 후각 손상에 얼마나 영향을 주었는지는 미해결로 남겨 둘 수밖에 없었다.

치료는 모두 9주 동안 지속되었다. 넉 달 후 여름 휴양지에서 우연히 그 환자를 만났다. 그녀는 쾌활했고 건강이 회복된 상태가 유지되고 있다고 내게 말해 주었다.

논의

내가 여기서 서술한 사례의 중요성을 과소평가할 의도는 없다. 그러나 이 환자는 아주 경미한 히스테리를 앓고 있었고, 단지 몇 개의 증상만 보인 것은 사실이다. 그럼에도 이러한 가벼운 히스테리 같은 질환, 신경증이라고 간주하면 비생산적일 것 같은 이러한 질환조차도 그토록 많은 심적 결정 요인들이 관여된다는 점은 시사하는 바가 크다. 현 사례들을 좀 더 자세히 들여다보면 하나의 특정 히스테리의 모델 유형으로 취급하고 싶어진다. 즉 건강한 유전 인자를 가진 사람조차도 어떤 적절한 경험을 한 결과 걸릴 수도 있는 히스테리 질환의 유형 말이다. 물론 그렇다고 해서 〈그 어떤〉 기존의 소질과도 무관한 히스테리라는 말은 아니라는 점을 이해해야 한다. 아마 그러한 히스테리는 존재하지 않을 것이다. 그러나 우리는 실제로 환자가 히스테리에 걸릴 때까지는 그러한 소질을 인식하지 못한다. 그 이유는 병에 걸리기 전까지는 그러한 소질이 존재한다는 증거가 없었기 때문이다. 일반적으로 알려진 대로의 신경증적 소질은 이와는 상당히 다르다. 환자의 유전적 소질의 양이나 개인의 심적 이상의 정도에 비례해 이미 발병 전에 두드러지게 보인다. 내가 모은 정보로만 본다면 루시 양의 경우 유전이나 심적 이상, 그 어느 요인도 흔적이 보이지 않는다. 그러므로 그녀의 히스테리는 후천적으로 걸린 것이며,

아마도 매우 광범위한 경향 — 즉 히스테리에 걸릴 경향을 지녔다는 것만 전제되면 된다. 이러한 경향이 어떠한 특성을 지니는지 지금까지 우리가 아는 바는 거의 없다. 그렇지만 이러한 후천성 히스테리의 사례에서 중요한 것은 외상의 특성과 그에 대한 환자의 반응이다. 히스테리에 걸리기 위한 필수 조건으로 자아와 자아에 제시된 관념 간에 부조화가 생겨야 한다. 다른 논문[8]에서는 이 부조화에서 탈출하기 위해 자아가 채택하는 방법들 각각에 따라 나타나는 신경증 증상이 어떻게 달라지는지를 보여 줄 수 있게 되기를 바란다. 히스테리에서의 방어 방법 — 우리가 본 대로, 이를 위해서는 특정한 경향성을 소유하고 있어야 한다 — 은 흥분 자극이 신체적 신경 지배로 전환하는 데 있다. 이러한 전환 덕택에 부조화를 야기했던 관념이 자아의 의식에서 쫓겨난다. 그 대신 의식은 이제 전환을 통해 생긴 신체적 회상(현 사례의 경우 환자의 주관적인 후각)을 갖게 되고 그 신체적 회상과 관련된 감정에 — 정도의 차이는 있겠지만 — 시달리게 된다. 이렇게 만들어진 상황은 이제 더 이상 변화하지 않는다. 왜냐하면 억압과 전환의 덕택으로, 감정을 없애는 데 필요한 부조화가 더 이상 존재하지 않기 때문이다. 그러므로 히스테리를 일으키는 메커니즘은, 한편으로는 도덕적 비겁성에서 비롯된 활동이라고, 또 다른 한편으로는 자아가 휘두르는 방어 조처라고 말할 수 있다. 히스테리를 일으켜서 증가하는 흥분 자극에 대해 방어하는 것이 상황에 따라서는 가장 손쉬운 일이 될 수 있다는 점을 우리가 인정해야 할 때가 자주 있다. 물론 도덕적인 용기가 더 있었더라면 그 사람에게 큰 도움이 되었을 것이라는 결론을 내리게 되는 경우가 훨

8 프로이트는 「방어 신경 정신증」(1896)이라는 논문에서 히스테리에서 사용되는 메커니즘과 편집증에서의 메커니즘을 자세히 구분해서 논했다.

씬 자주 있다는 점은 말할 필요도 없다.

　그렇다면 실제로 외상이 되는 순간은 바로, 부조화가 자아를 직접 압박한 순간이며, 자아가 부조화스러운 관념을 거부하기로 결심하는 순간이다. 그 관념은 이러한 식의 거부로는 제거할 수가 없고 단지 무의식으로 억압될 뿐이다. 이 과정이 처음으로 일어나게 될 때는 자아와 단절된 심리군이 결정체처럼 되면서 그 결정체에 핵심과 중심체가 생긴다. 이 심리군의 주위에는 부조화스러운 관념을 받아들이는 모든 것이 계속해서 모이게 된다. 따라서 후천성 히스테리의 사례의 경우 의식의 분열은 고의적이고 의도적인 분열이다. 적어도 자유 의지의 활동에 따라 〈처음에 도입되는〉 경우가 많다. 왜냐하면 실제로 나중에 결과를 보면 그 환자가 의도한 바와는 다른 것이기 때문이다. 그 환자가 원했던 바는 마치 관념이 나타난 적도 없었던 것처럼 관념을 없애는 것이지 심리적으로 관념을 고립시키는 것은 아니기 때문이다. 그렇지만 그가 할 수 있는 것은 후자뿐, 즉 관념을 고립시키는 것뿐이었다.

　현 사례의 병력에서 외상적 순간은 어떤 여자가 고용주의 아이들에게 입맞춤한 것에 대해 그 고용주가 이 환자에게 화를 낸 순간이었다. 그러나 당시는 그 장면이 눈에 띄는 어떤 효과를 발휘한 것이 아니었다. (그녀의 과민성과 의기소침이 그로부터 시작된 것인지도 모른다.) 그녀의 히스테리 증상들은 나중에, 〈부차적〉이라고 서술될 수 있는 순간에 시작되었다. 그러한 부차적 순간의 특성은, 내가 믿기로는, 두 개로 나누어졌던 심리군들이 일시적으로 이때 만난다는 것이다. 마치 몽유 상태에서 일어나는 의식의 확장 상태에서 그러하듯이. 루시 R. 양의 사례에서 부차적 순간들 중 첫 번째 순간에 전환이 일어났는데, 그 순간은 바로 회계사가 아이들에게 입맞춤하려던 순간인 것이다. 여기서 외상적 기억이 부분적으로 작용하고 있었다. 즉 그녀는 고용주에 대한 헌신과 연관되는 모든 것을 제거해서 자유로이 행동한 것은 아니었다. (다른 사례들의 병력을 보면 이런 상이한 순간들이 동시에 일어난다. 즉 전환이 외상 후 즉각적으로 나타난다.)

두 번째의 부차적 순간은 첫 번째 순간의 메커니즘을 그대로 되풀이했다. 강한 인상이 일시적으로 환자의 의식을 재결합시켰고, 첫 번째 상황에서 열린 통로를 따라 다시금 전환이 이루어졌다. 두 번째 증상이 첫 번째 증상을 덮고 발전했다는 점, 즉 두 번째 증상이 사라질 때까지 첫 번째 증상이 분명히 보이지 않았다는 점은 흥미롭다. 일어난 순서를 거꾸로 따라갔다는 점도 주목해야 할 부분인데, 분석은 이 거꾸로 된 과정을 따라야 한다. 나는 여러 사례를 다루면서 같은 경험을 했다. 즉 이후 나타난 증상이 이전의 증상을 가리고, 전체 상황의 열쇠는 분석이 최종적으로 도달하는 맨 마지막 증상에만 있었다.

현 사례에서 치료 과정은 분열되어 있던 심리군을 다시 자아 의식과 합치도록 종용하는 데 있었다. 특기할 만한 사항은 작업량과 비례해서 치료 효과가 나타나지 않았다는 점이다. 마지막 분량의 작업이 끝난 뒤에야 회복이 갑작스레 일어났던 것이다.

네 번째 사례

카타리나
(프로이트)

189-년 여름 휴가 동안 의학, 특히 신경증에 관한 것을 잊으려고 작정한 나는 호에타우에른[1]에 갔다. 의도한 대로 모든 것을 잊어버리고 잘 지내던 중 일이 생겼다. 그날 나는 큰길을 벗어나 조금 멀리 떨어져 있긴 하지만 시설이 잘된 산장과 빼어난 경관으로 유명한 산에 올랐다. 힘겹게 꼭대기에 오른 뒤라 나는 느긋하고 상쾌한 기분을 만끽하면서 멀리 보이는 멋진 광경에 흠뻑 빠졌다. 너무나도 정신없이 빠져 있었던 탓에 처음에 누군가가, 〈의사 선생님이십니까?〉 하고 말을 걸었을 때 내게 하는 소리인지도 몰랐다. 그러나 그 말은 음식을 날라 준 소녀가 내게 한 것이었다. 열여덟 살쯤 되어 보이는 다소 침울한 모습의 소녀였다. 산장의 주인 여자는 그녀를 〈카타리나〉라고 불렀다. 그녀의 옷이나 거동으로 미루어 볼 때 하녀는 아닌 것 같았다. 주인 여자의 딸이나 친척임에 틀림없다고 여겨졌다. 정신이 든 내가 말했다.

「예. 맞습니다. 어떻게 아셨지요?」

「방명록에 쓰시는 걸 봤습니다. 저, 잠시 시간 좀 내주실 수 있는지요? 실은 제 신경이 약해서요. L-의 의사가 한 차례 처방을 해줬는데……. 아직도 차도가 없네요.」

---

1 동 알프스의 가장 높은 산맥.

그리하여 나는 또다시 신경증을 상대하고 있었다. 신경증 말고는 이렇게 체격이 좋고 튼튼해 보이는 소녀가 불행해 보일 이유가 없을 것이다. 고도 6천 피트에서도 이런 식으로 신경증이 기승을 부리는 것에 신기해하면서 나는 그녀의 상태에 관해 자세히 물었다. 이제부터 그녀와 나 사이에 오갔던 대화를 기억나는 대로 옮기려고 한다. 이 환자의 사투리도 바꾸지 않은 채로 말이다.[2]

「자, 증세를 말씀해 보시지요.」

「숨이 차요. 항상 그런 건 아니고요. 어떤 때는 너무 숨이 차서 숨 막혀 죽는 게 아닌가 싶어져요.」

언뜻 듣기에는 신경증적 증상 같지 않았으나, 곧 그녀가 불안 발작 증세 중의 하나를 묘사하고 있는지도 모른다는 생각이 들었다. 즉 불안에서 비롯되는 복합적인 증상들 중에서 숨이 찬 것을 골라서 그 하나만을 지나치게 강조하고 있는 것은 아닌가?

「여기 좀 앉아 보세요. 그 〈숨이 차는 것〉에 대해 좀 더 말씀해 보세요.」

「갑자기 시작돼요. 처음엔 무엇인가가 제 눈을 누르는 것같이 느껴지고요. 머리가 굉장히 무거워져서 윙 하고 울리는 소리가 들려요. 끔찍해요. 너무 어지러워서 거의 쓰러질 지경이에요. 그런 다음에는 무언가에 가슴이 눌려 뭉개지는 것 같고 숨을 쉴 수가 없게 됩니다.」

「목에는 아무것도 안 느껴지시고요?」

「누가 목을 쥐어짜서 숨이 막힐 것 같아집니다.」

「머리에 그 밖에도 다른 증세가 있습니까?」

「네. 망치로 얻어맞는 것 같고 — 그래서 머리가 터져 버릴 것 같다니까요.」

2 독일 사투리를 우리 사투리로 번역하지는 않았다.

168

「증세가 진행되는 동안 겁이 나지 않습니까?」

「그런 일을 겪을 때마다 항상 이제 죽는구나 하는 생각이 듭니다. 평소에는 씩씩하게 혼자 아무 데나 잘 가거든요. 지하실이고 산이고 간에. 그런데 그 일이 닥치는 날에는 아무 데도 갈 엄두가 나지 않아요. 그럴 때는 누군가가 뒤에 있다가 갑자기 절 덮치지 않을까 겁이 나는 겁니다.」

역시, 불안 발작이었다. 히스테리성 〈전구(前驅) 증상〉[3]에 따라 시작되는, 더 정확하게 말해 불안을 내용으로 하는 히스테리성 발작이라고나 할까? 다른 내용은 들어가 있지 않을까?

「발작이 일어날 때 뭘 생각하십니까? 늘 같은 것을 생각하시나요? 뭐가 떠오릅니까?」

「네. 매번 무서운 얼굴이 보여요. 너무나도 끔찍해 겁에 질리고 맙니다.」

어쩌면 이 말이 문제의 핵심에 도달할 수 있는 길을 펼쳐 보이고 있는지도 모른다.

「그 얼굴, 아는 얼굴입니까? 전에 보신 적이 있는 얼굴이에요?」

「아니오.」

「발작이 어디서 비롯된 건지 아시겠습니까?」

「아니오.」

「발작이 맨 처음 시작된 때가 언제지요?」

「2년 전입니다. 숙모님과 그 전에 다른 산에서 살고 있을 때지요(숙모님은 그곳에서 산장을 운영했고, 18개월 전에 이곳으로 이사왔습니다). 아직도 발작이 계속되네요.」

그때 내가 분석을 했어야 했을까? 그만한 고도에서 감히 최면을 걸 수 있는 용기가 없기도 했지만 단지 간단한 대화만으로도

---

3 간질 발작이나 히스테리성 발작이 일어나기 전의 〈전조〉가 되는 증상.

성공할 수 있을 것 같았다. 추측이 맞기를 바라며 대화를 시도했다. 소녀들에게 불안은, 처녀의 마음이 처음으로 성의 세계에 맞닥뜨렸을 때 그 공포가 덮친 결과임을 수없이 보아 왔다.[4]

그래서 내가 말했다.

「아가씨 자신이 잘 모르겠다면, 아가씨가 어떻게 그런 발작을 겪게 되었는지 내 생각을 말씀드리지요. 그 당시 2년 전, 아가씨는 아가씨 자신을 굉장히 난처하게 만든 어떤 것을 보거나 들었음에 틀림없습니다. 차마 못 볼 것을 말이죠.」

「맞아요! 네. 그랬어요.」

그녀가 말했다.

「숙부님이 여자와 함께 있는 것을 목격했을 때였어요. 그 여자는 제 사촌 언니 프란치스카였습니다.」

「그 여자와 어떻게 되었다는 겁니까? 이야기해 주시겠습니까?」

「의사 선생님인데 어떤 이야기를 해도 괜찮겠지요, 뭐. 저, 그때 — 제 숙부님이, 그러니까 여기서 보신 제 숙모님의 남편이셨는데, 코겔[5]에 산장을 가지고 있었습니다. 지금은 숙모님과 이혼하셨습니다. 제 잘못 때문이에요. 숙부가 프란치스카와 바람을 피운다는 사실이 저를 통해 알려졌거든요.」

「어떻게 그 사실을 알게 되신 거지요?」

---

4 내가 이 인과 관계를 처음으로 알아챈 사례를 들고자 한다. 합병증이 있는 복잡한 신경증을 앓는 한 젊은 부인을 치료하고 있었다. 다른 사례들과 마찬가지로 자신의 병이 결혼 생활에서 비롯된다는 것을 인정하려고 들지 않았다. 그 이유는, 처녀 적에도 불안 발작을 겪었다는 것이다. 나는 내 의견을 굽히지 않았다. 그녀와 내가 친해진 어느 날 갑자기 그녀가 말했다. 〈제가 처녀 적에 불안 발작이 어떻게 시작되었는지를 이제 말씀드릴게요. 그때 저는 부모님 방 바로 옆 방에서 잤습니다. 방문이 열려 있었고 테이블에는 불이 밝혀져 있곤 했어요. 덕분에 저는 한 번도 아니고 여러 번 아버지가 침대에 어머니와 같이 들어 가는 것을 보았고 저를 매우 흥분시키는 소리도 들었답니다. 그때가 바로 제 발작이 시작된 때입니다.〉— 원주.
5 그전에 경영하던 산장이 있던 산의 이름.

「말씀드릴게요. 2년 전 어느 날 남자 몇 분이서 등산을 한 뒤 와서는 식사를 하겠다고 했습니다. 제 숙모님은 그때 집에 안 계셨고 항상 요리를 담당하는 프란치스카도 어디 갔는지 보이질 않았습니다. 게다가 제 숙부님도 어디 계신지 안 보였습니다. 저희는 여기저기 찾기 시작했는데, 제 사촌 남동생인 꼬마 알로이스가 그러는 거예요. 〈아, 프란치스카는 아빠 방에 있을 거야!〉 우리는 모두 웃었지요. 그 어떤 나쁜 일도 생각할 수가 없었던 거예요. 그러다가 숙부님 방으로 갔는데 문이 잠겨 있었어요. 수상쩍었습니다. 그때 알로이스가 〈복도에 창문이 하나 있으니까 방 안을 볼 수 있을 거야〉 하고 말했죠. 우리는 복도 안으로 들어갔습니다. 그렇지만 알로이스는 무서워서 창으로 못 들어간다고 말했어요. 그래서 제가 말했지요. 〈너 참 우스운 애구나. 내가 들어갈게. 난 하나도 무섭지 않으니까.〉 그때는 제 마음에 걸리는 것이 하나도 없었답니다. 방 안을 들여다보았습니다. 방은 좀 어두웠지만 숙부님과 프란치스카가 보였습니다. 숙부님이 프란치스카 위에 있었습니다.」

「그러고는요?」

「그 즉시 창에서 떨어져 벽에 기댔습니다. 숨을 쉴 수가 없었어요. 그 이후로 일어나는 발작 그대로였습니다. 아무것도 느껴지지 않았고 눈을 꼭 감은 채 눈을 뜰 수가 없었습니다. 머릿속이 쾅쾅거렸고 윙 하니 울리더군요.」

「그날 바로 숙모님께 알리셨습니까?」

「아, 아니에요. 아무 말도 안했습니다.」

「그렇다면 숙부님과 프란치스카가 함께 있는 것을 목격했을 때 왜 그렇게 겁을 집어먹으신 건가요? 무엇을 목격한 건지 알겠던가요? 무슨 일이 벌어지고 있는지 아셨던 겁니까?」

「아, 아니요. 그 당시에는 뭐가 뭔지 전혀 몰랐습니다. 겨우 열여섯 살이었는걸요. 제가 도대체 무얼 그리 두려워한 건지 모르겠어요.」

「카타리나 양, 그 당시 당신이 처음으로 발작을 겪을 때, 마음속에서 무슨 일이 일어나고 있었는지, 무슨 생각을 하고 있었는지 기억할 수만 있다면, 도움이 될 겁니다.」

「예. 그럴 수만 있다면요. 그렇지만 저는 그때 너무도 겁에 질려 몽땅 다 잊어버린걸요.」(우리의 「예비적 보고서」에 나오는 용어를 빌린다면 이것은 다음과 같은 의미로 해석된다. 〈감정 자체가 일종의 최면 상태를 만들어 내며, 그런 뒤 이 최면 상태의 산물은 자아 의식과의 연상 관계로부터 단절된다.〉)

「자, 아가씨. 한번 생각해 보세요. 호흡이 곤란할 때 항상 보이는 그 얼굴이 혹시 그때 보았던 프란치스카의 머리는 아닐까요?」

「아, 아니에요. 그녀가 그렇게 끔찍하게 보일 리가요. 게다가 그건 남자의 머리인걸요.」

「그렇다면 혹시 숙부님의 머리는 아닐까요?」

「숙부님의 얼굴이 그렇게 똑똑히 보이지는 않았습니다. 방 안이 꽤 어두웠거든요. 게다가 왜 숙부님이 그때 그렇게 무서운 얼굴 표정을 짓고 있어야 했을까요?」

「그렇네요.」(갑자기 막다른 길에 이른 것 같았다. 그녀에게서 이야기를 끝까지 다 들어 보면 뭔가 나올지도 모른다.)

「그런 뒤 무슨 일이 벌어졌습니까?」

「저, 숙부님과 프란치스카가 무슨 소리를 들었는지 곧 밖으로 나오더군요. 저는 줄곧 굉장히 마음이 불편했습니다. 그 사건이 뇌리를 떠나지 않았습니다. 이틀 뒤에는 일요일이었는데 할 일이 많아 저는 하루 종일 바쁘게 일했습니다. 그리고 월요일 아침 또

다시 어지러웠고 메스꺼움을 느꼈습니다. 침대로 가서 사흘 동안 줄곧 아파 누워 있었습니다.」

우리(브로이어와 나)는 종종 히스테리의 증상을 두 가지 언어로 쓰인 비문 몇 개가 발견된 뒤에 이해할 수 있게 된 상형문자와 비교했었다. 그 알파벳에서 〈메스껍다〉라는 말은 〈혐오〉를 뜻한다. 그래서 나는 말했다.

「사흘 뒤 메스꺼워졌다고 말씀하셨는데 제 생각에 당신이 그 방 안을 보았을 때 혐오감을 느꼈다는 것을 의미하는 듯합니다.」

「네. 그때 혐오스러웠음에 틀림없어요.」

그녀가 심사숙고하듯 말했다.

「그렇지만 무엇 때문에 혐오스러웠을까요?」

「알몸을 보신 것은 아닐까요? 숙부님과 프란치스카가 어떤 모습으로 있었나요?」

「너무 어두워서 잘 보이지 않았어요. 둘 다 옷을 입고 있었다는 것 외엔. 아, 도대체 왜 제가 혐오감을 느꼈을까요?」

나도 도무지 영문을 몰랐지만 내가 그 사례를 이해하는 데 필요한 정보를 그녀가 정확히 생각해 낼 수 있으리라고 믿고 그녀에게 계속 이야기해 보라고 지시했다.

그리하여 카타리나는 숙모에게 이야기를 하게 된 경위를 다 말해 주었다. 숙모는 카타리나가 뭔가 달라진 것을 알아채고 무슨 비밀을 숨기고 있다고 여겼다. 카타리나가 숙모에게 털어놓은 뒤 숙모와 숙부는 몇 번 싸웠고, 그러던 중 아이들은 안 듣는 것이 더 나았을 이야기들을 듣게 되었다. 급기야 숙모가 자신의 아이와 조카를 데리고 지금의 산장을 인수했다. 프란치스카는 숙부와 남겨졌는데 임신한 상태였다. 이 말을 끝낸 뒤, 카타리나는 놀랍게도 그 이야기를 중단하고 다른 두 가지 종류의 이야기들을 들려

주었다. 외상적 사건이 일어나기 2~3년 전으로 거슬러 올라간 오래된 사건들이었다. 첫 번째 종류의 이야기들은 그녀가 겨우 열네 살 때 숙부가 카타리나를 추근거린 일들에 관한 것이었다. 겨울에 숙부를 따라 계곡으로 놀러 가 그날 밤 여관에서 밤을 지낸 이야기를 해주었다. 숙부는 술집에서 술을 마시며 카드 놀이를 하고 있었다. 카타리나는 졸려 2층에 같이 묵기로 한 방의 침대에 일찌감치 몸을 뉘었다. 숙부가 올라왔을 때 그녀는 어렴풋이 잠이 깨었으나 이내 잠이 들었다. 그러다가 갑자기 그녀의 침대에 〈그의 몸이 올라온 것을 느끼고〉 잠이 깨었다. 그녀는 벌떡 일어나 저항했다. 〈뭐 하시는 거예요, 숙부님? 왜 제 침대에 오셨어요?〉 그는 카타리나를 달랬다. 〈가만 있어 봐. 이 순진한 소녀야. 조용히 해. 이게 얼마나 좋은지 네가 몰라서 그러는 거야.〉 〈저는 그 좋은 것 따위 싫어요. 편안하게 잠 좀 자게 내버려 두지 않고.〉 그녀는 여차 하면 바깥 복도로 도망칠 생각에 방문 옆에 서 있었다. 결국 숙부는 포기하고 그냥 잤다. 그런 뒤 그녀도 자기 침대로 가서 아침이 될 때까지 잤다. 그녀가 자신을 보호했다는 것을 보고하는 모양새로 미루어 볼 때 그녀는 숙부의 행동이 성적인 부분이었다는 것을 깨닫지 못하고 있는 듯했다. 그래서 숙부가 그때 시도하려던 것이 무슨 일이었는지 알겠느냐고 물었더니 다음과 같이 대답했다.

「그때는 몰랐지요.」

훨씬 뒤에야 모든 것이 분명해졌노라고 말했다. 자는 도중에 방해하는 것이 싫었고 〈별로 좋지 않아서〉 저항했을 뿐이라는 것이었다.

모든 것을 다 알아야 할 필요가 있기 때문에 이제부터 상세히 이야기하겠다. ── 그녀는 계속해서 그 사건이 생긴 뒤 얼마 후에 경험한 다른 일들을 말해 주었다. 어느 여관에서 만취한 숙부에 대항해 그녀가 또다시 자신을 방어했어야만 했다는 식의 이야기들이었다. 나는 그녀에게, 이후에 생긴 호흡 곤란과 비슷한 증상 같은 것을 그때 느끼지 않았는지 물어보았다. 그러나 그녀는 단호하게 말했다. 그때는 늘 눈과 가슴에 압박은 느꼈지만 먼저 말한 그 첫 번째 사건을 발견했을 때 느낀 증상과 비교해 보면 아무것도 아니었다고 했다.

이러한 일련의 사건에 대해 말하고 나더니, 곧이어 두 번째 종류의 사건들에 관해 이야기하기 시작했다. 이번 회상은 그녀가 숙부와 프란치스카 사이에 뭔가 있다는 것을 알아차리게 된 계기에 대한 이야기였다. 언젠가 식구 모두 건초 창고에서 밤을 보낸 적이 있었는데, 모두들 그냥 옷 입은 채로 아무 데나 누워 잠을 잤다. 카타리나가 무슨 소리를 듣고 눈을 떠 보니 자신과 프란치스카의 중간에 끼여 잠을 자고 있던 숙부가 프란치스카가 누워 있는 쪽으로 다가가고 있었다. 또 어느 날은 N 여관에 묵었을 때의 일인데 카타리나와 숙부가 한 방에서, 그리고 프란치스카는 연결되어 있는 옆방에서 잠을 잤다. 카타리나가 한밤중에 갑자기 눈을 떴는데, 키가 큰 하얀 그림자가 옆방으로 통하는 문의 손잡이를 잡아 내리려고 하는 것이 보였다. 〈아니, 숙부님, 숙부님이세요? 문에서 뭘 하고 계시는 거예요?〉 〈가만히 있어. 그냥 뭘 좀 찾던 중이야.〉 〈밖으로 나가려면 저쪽 문으로 나가셔야 하는데요.〉 〈내가 잘못 알았구나〉 등의 말을 주고받았다고 한다.

당시 카타리나가 의구심을 가졌나 물어보았다.

「아니오. 그때는 아무 생각도 못 했어요. 뭔가 이상하다는 느낌이 들었지만 다른 생각은 하지 못했어요.」

그때도 두려운 기분이 들었냐고 물었더니 그런 것 같은데 그다지 확신은 없노라고 했다.

이 두 종류의 사건에 대한 이야기를 마치자 그녀는 입을 다물어 버렸다. 마치 다른 사람으로 변한 것 같았다. 침울하고 불행해 보였던 얼굴에는 생기가 돌고 두 눈에서 광채가 났다. 표정도 밝아지고 활기 있어 보였다. 그녀와 대화를 나누는 동안 나는 이 사례를 이해하게 되었다. 즉 그녀가 마지막에 한 이야기는 언뜻 보기에는 아무런 의도가 없는 듯 보였지만 이것이야말로 그녀가 두 사람을 발견하게 되었을 뿐인 그녀의 태도를 충분히 설명하고 있다. 당시 그녀는, 기억에는 남아 있지만 이해를 하지 못하던 이 두 체험에 대한 결론을 끌어내지 못하고 있던 상태였다. 그런데 마침 성행위를 하는 남녀를 목격함으로써 그녀는 새로이 경험한 인상과 앞의 두 가지 기억을 비로소 연결시키게 된 것이다. 그럼으로써 그 의미를 이해하기 시작했고 동시에 방어가 나타나기 시작했다. 그러고 나서 짧은 〈잠복기〉가 있었고, 결국 〈전환〉 증상, 즉 도덕적·육체적 혐오의 대치로서 구토가 일어나게 된 것이다. 이렇게 해서 수수께끼는 해결되었다. 숙부가 프란치스카와 함께 있는 광경이 혐오스러웠던 것이라가보다는 그 광경이 그녀의 마음을 휘저으며 떠올린 기억이 혐오스러웠던 것이다. 모든 것을 다 고려해 볼 때, 그것은 그녀가 〈숙부의 몸을 느낀〉 그날 밤의 기억임에 틀림없었다.

그래서 그녀가 고백을 다 끝냈을 때 이야기해 주었다.

「산장의 방 안을 들여다보았을 때 당신이 본 것이 무엇이라고 생각했는지 알겠습니다. 〈지금 삼촌이 프란치스카와 하고 있는 짓거리는 그날 밤, 또 그 이후에도 여러 번 내게 하려던 짓거리야〉라고 생각하신 거지요. 그게 바로 당신이 혐오감을 가졌던 것이었지요. 그날 밤 깨어나 그의 몸을 느꼈을 때, 바로 그때의 느낌을 기억해 냈기 때문이지요.」

「그럴지도 몰라요. 그것이 바로 제가 혐오감을 가진 대상이었고, 바로 제가 생각한 것이었는지 모르지요.」

「하나만 더 여쭈어 보겠습니다. 이제 당신은 성인이고, 여러 가지 일들을 이미 아시는데…….」

「예, 이제 다 컸지요.」

「하나만요. 그날 밤 숙부님의 신체 중 어느 부분을 느끼신 거지요?」

그녀는 아무런 확실한 대답을 주지 않았다. 그녀는 창피해하면서 미소를 지었는데, 마치 더 이상 할 말이 없다는 확고한 지점에 다다랐다고 말하는 것 같았다. 내가 상상하기로는 그 몸의 느낌은 후에 그녀가 해석할 수 있게 되었으리라는 것이다. 그녀의 얼굴 표정은 내 추측이 맞았다는 것을 말해 주는 듯했다.

그러나 더 이상 캐묻지 못했다. 아무튼 나는 그녀에게 감사하는 마음이었다. 내가 도시에서 보는 얌전 빼는 여인들은 자연스러운 것이라면 무조건 부끄럽다고 여기는 반면, 그녀는 말을 건네기가 훨씬 쉬웠기 때문이다.

그렇게 이 사례는 깨끗이 해결되었다. 그러나 잠깐만! 발작 동안 계속 나타나서 두려움에 휩싸이게 만드는 머리의 환영은 어떻게 된 것인가? 어디서 비롯된 것인가? 그에 대해서 그녀에게 물어보았다. 그러자 대화를 나누는 동안 그녀의 이해할 수 있겠다는 듯이 즉시 대답하는 것이었다.

「예. 이제는 알겠어요. 그 머리는 제 숙부님의 머리예요. 이제는 그걸 알겠어요. 그렇지만 〈그때의〉 머리는 아니에요. 나중에, 분쟁이 시작되었을 때, 숙부님이 무분별하게도 제게 분노를 느끼셨던 모양이에요. 모든 것이 다 제 잘못이라고 계속 그러시는 거예요. 제가 입을 놀리지만 않았어도 이혼까지 가지 않았으리라는 것이죠. 가만두지 않겠노라고 늘상 저를 겁박했어요. 멀리서라도 숙부님 눈에 제가 띄면 저를 보는 숙부 얼굴이 분노로 일그러지고 손을 쳐들고 저에게 덤벼드시곤 했어요. 그럴 때마다 종종 도망쳤는데, 불시에 기습당하지 않을까 항상 겁에 질려 있었어요. 요즘 가끔 보이는 그 얼굴은 숙부가 분노했을 때의 얼굴이에요.」

이 정보를 듣자 그녀의 초기 히스테리 증세인 구토가 사라졌다는 데 생각이 미쳤다. 그리고 불안 발작은 남았지만 새로운 내용이 더해진 것이다. 따라서 이 사례의 경우 히스테리가 꽤 〈소산〉된 것이다. 왜냐하면 그녀는 목격한 바를 곧 숙모에게 알렸기 때문이다.

「숙모에게 다른 사건들에 관해서도 알렸습니까? 숙부가 집적대던 이야기들 말입니다.」

「예. 한꺼번에 모두 이야기한 것은 아니지만 나중에 이미 이혼 말이 나온 뒤에요. 숙모님이 그러시더군요. 〈일단은 비밀로 하자. 만약 법정에서 말썽을 부리면 그때 말하지.〉」

이제 확실히 이해되는 것이 있는데, 바로 이때 — 점점 더 동요가 심해지고 다툼 때문에 숙모님이 카타리나의 상태에 신경 쓸 겨를이 없었던 때 — 그냥 쌓이기만 한 채로 남아 있던 〈축적〉과 〈유지〉의 기간 때문에 회상의 상징인 얼굴 환영이 유물처럼 남겨진 것임에 틀림없었다.

나와의 대화가, 그토록 어린 나이에 성적 감수성이 손상받은 이 소녀에게 도움이 되었기를 바란다. 그 이후로는 그녀를 본 적이 없다.

논의

만약 누가 이 사례를 읽고, 이 히스테리 사례가 심리 분석을 받은 것이 아니라 추측을 통해서 해결된 경우라고 주장한다면, 그에 대해 아무런 반론을 펼 재간이 없다. 그녀의 이야기를 토대로 내가 추측한 것들이 맞는 듯하다고 그 환자가 인정한 것은 사실이다. 그러나 그녀는, 내가 추측한 바를 실제로 경험했다고 말할 만한 입장은 아니었다. 그녀가 실제로 경험한 것을 불러내는 데에는 최면술이 필요했으리라고 생각된다. 나의 추측이 옳았다고, 사실이었다고 가정하고 이제 이 사례를 세 번째 사례 때 언급한 〈후천성〉 히스테리의 도식에 맞추어 보려고 한다.

두 가지 종류의 성적인 경험들은 〈외상적〉 순간에 해당하고, 숙부와 프란치스카를 목격한 것은 〈부차적〉 순간에 해당된다고 생각하니 타당해 보인다. 세 번째 사례와의 유사점으로 말할 것 같으면 전자의 성적인 체험들에서 어떤 의식적인 요소가 자아의 사고 활동에서 제외되어 그냥 원래 모습대로 기억의 창고에 남겨졌다는 점과, 후자의 장면 목격에서는 그 장면과 관련된 새로운 인상이 전자의 단절된 성적 체험들과 자아를 강제로 연상으로 연결시켰다는 점이다. 반면에 간과할 수 없는 차이점들도 있다. 고립화[6]의 원인이 세 번째 사례에서처럼 자아 쪽의 의지에 따른 행위가 아니라 자아 쪽의 무지에 있다는 점이다. 즉 그녀의 자아는 성적 경험들을 겪을 당시, 그에 대처할 능력을 아직 갖추지 못했던 것이다. 이렇게 볼 때 카타리나의 사례는 전형적이다. 성적 외상에 근거한 모든 히스테리 분석에서 우리는 성적인 시기가 시작

6 성적 체험들의 의식적인 요소가 자아의 활동에서 제외되어 그냥 원래 모습대로 기억의 창고에 남겨진 현상.

되기 전의 기간에서 비롯된 〈인상〉을 보게 된다. 이 인상들은 당시 아이에게는 아무런 영향을 주지 않지만 후에 그 아가씨나 부인이 성생활에 관해 알게 될 때 회상을 통해 외상적인 힘을 갖게 된다.[7] 심리적 구조물들이 분리, 고립되는 것은 청소년의 발달 단계에서 정상이다. 또한 그 구조물들이 후에 자아 속에 받아들여지는 과정에서 심리적 문제를 자주 일으키는 것을 쉽게 보게 된다. 또한 이 시점에서 나는, 의식으로부터의 분리가 무지로 인한 경우와 의식이 거부함으로써 생긴 경우가 정말로 다른 것인지, 그리고 아무리 청소년이라도 남들이나 자신들이 생각하는 것 이상으로 많은 성 지식을 가지고 있는 것은 아닌지 의구심을 안고 있다.

이 사례에서 볼 수 있는 심리 기제 중에서 또 다른 특징은, 우리가 〈보조적〉이라고 했던 장면의 목격이 실은 〈외상적〉이라고 할 만하다는 것이다. 장면의 목격이, 그 자체의 내용만으로도 영향을 끼쳤다는 말이다. 장면의 목격은 〈보조적〉 순간과 〈외상적〉 순간의 특성을 조합해서 가지고 있다. 그러나 이 우연 때문에 다른 사례에서 분리에 해당되는 개념상의 분리를 도외시할 이유는 없는 것 같다. 카타리나의 사례에서 또 하나 특이한 점은 히스테리 현상의 산물인 전환이 외상이 일어난 즉시 일어나지 않고 잠복기를 거친 뒤에야 일어났다는 점인데, 이는 우리가 오래전부터 익히 보아 온 현상이다. 샤르코는 이 잠복기를 〈심리적 해결 작업의 시기〉로 묘사하고 싶어 했다.

카타리나가 발작 동안 경험한 불안은 히스테리성 불안이었다. 다시 말해서 성적 외상들 각각에 연관되어 나타났던 불안의 재생

7 이로부터 수년이 지난 뒤에야 프로이트는 어린 시절에 이미 존재하는 성충동이 신경증을 야기하는 데 일익을 담당한다고 생각하게 되었다.

이었다. 상당히 많은 사례에서 흔히 볼 수 있는 사실 ── 즉 성 경
험이 없는 사람의 경우에는 성에 관계된 일이 아닐까 단순히 의
심이 가기만 해도 불안감을 불러일으킨다는 것 ── 에 관해서는
여기서 언급하지 않겠다.[8]

---

8 (1924년에 추가된 각주) 여러 해가 지난 지금 신중함의 베일을 벗기고 카타
리나가 실은 산장 여주인의 조카가 아니라 딸이었다는 사실을 밝히고자 한다. 그 소녀
는 자신의 친아버지가 성적인 행동을 시도한 결과 병이 난 것이다. 이 사례 보고에서
와 같은 왜곡은 사례를 보고할 때 절대 피해야 한다. 사례를 이해하려는 입장에서 이
러한 종류의 왜곡은 무대가 어느 산에서 다른 산으로 바뀌는 등의 무심함의 문제와는
별개의 문제이다 ── 원주.

다섯 번째 사례

엘리자베트 폰 R. 양

(프로이트)

1892년 가을, 친한 동료 의사가 한 젊은 여인의 진찰을 부탁해
왔다. 그녀는 2년 이상 양쪽 다리에 통증을 느꼈고, 걷는 것이 곤
란할 정도라고 했다. 그녀에 대해 소개하면서 덧붙이기를 자신은
이 사례가 히스테리의 일종이라고 생각은 하지만 일반적으로 흔
히 볼 수 있는 히스테리 징후들은 전혀 찾을 수 없다고 했다. 그
의사가 그녀의 집안에 대해 조금 알고 있는 바로는, 지난 몇 년 동
안 집안에 여러 불행한 일이 많았고, 그에 비해 좋은 일은 별로 없
었다는 것이다. 처음에 환자의 아버지가 돌아가셨고, 다음에는
어머니가 양쪽 두 눈에 위험한 수술을 받아야만 했고, 그 이후 곧
바로 언니가 출산 후에 지병인 심장병 때문에 쓰러졌다. 그 모든
어려움과 가족의 간병을 모두 이 환자 혼자서 감당해야만 했다.

　이 스물네 살의 처녀를 처음 면담하고 나서도 나는 그녀에 대
해 동료 의사가 이해한 것 정도밖에는 이해할 수 없었다. 그녀는
지적이고 정신적으로도 정상으로 보였다. 그녀는 다른 사람과의
교제와 즐거움을 방해하고 있는 이 병을 쾌활한 기분으로, 즉 히
스테리 특유의 〈무관심한 미인의 얼굴〉[1]로 견디고 있다는 생각이

　1　*La belle indifférence* — 샤르코가 사용한 어구. 증상에 대하여 고통스럽고 불
안해하기보다는 오히려 만족스러운 무관심을 보이는 현상.

들었다. 그녀는 지팡이의 도움도 없이 상체를 앞으로 구부리고 걸었다. 걷는 모습은 그동안 알려진 어떠한 병적인 보행 형태와도 일치하지 않았고, 더욱이 눈에 띌 만큼 심한 상태도 결코 아니었다. 분명한 것은 단지 걸을 때 심하게 아프다는 것과 걸을 때나서 있을 때나 쉽게 피로가 오고 자주 쉬어야 한다는 점뿐이었다.

그러나 쉬고 나면 통증이 조금 줄어들 뿐, 결코 완전히 없어지지는 않았다. 그 통증은 좀 애매한 성질의 것이었다. 굳이 말한다면 고통스러운 피로감이라고 할 수 있었다. 경계는 확실하지 않지만 오른쪽 대퇴부 앞면의 상당히 넓은 부분이 통증의 중심부라고 그녀가 지적했다. 그 부분이 가장 빈번하고 극심하게 통증이 느껴진다고 했다. 그 부분의 피부나 근육도 특히 누르거나 꼬집으면 예민하게 반응했는데, 바늘로 자극을 주면 오히려 무신경했다. 그러나 이런 종류의 과민한 통각 반응은 그 부분 말고도 양쪽 다리 전체의 피부와 근육에서 볼 수 있었다. 피부보다는 근육에서 통증에 대해 훨씬 민감한 것 같았고, 대퇴부 부분은 확실하게 근육과 피부 모두 통각에 가장 민감한 부분이었다. 양다리의 운동 능력은 감퇴되지 않았으며, 반사도 중간 정도의 강도로 나타났다. 그 외의 특별한 증상은 나타나지 않았다. 그렇기 때문에 아무리 보아도 심각한 신체적 병이라고 할 만한 근거가 없었다. 이 병은 지난 2년 동안에 걸쳐 점차 악화되어 왔는데, 병의 정도에는 상당한 변화가 있었다.

나는 이 병에 대해 쉽게 진단을 내릴 수가 없었다. 그러나 결국 동료 의사가 히스테리의 일종이라고 진단한 것에 동의하게 되었는데, 여기에는 두 가지 이유가 있었다. 첫 번째로 환자가 매우 지적인 사람인데도 통증의 성질에 대해서는 매우 모호하게 표현한다는 점이 인상적이었다. 신경증적인 상태가 아니라 순수하게 기질적 통증으로 괴로워하는 환자라면 통증의 성질을 분명하고 침착하게 설명할 것이다. 예를 들면 욱신거리는 아픔이라든가, 통증이 어느 정도의 간격을 두고 나타난다든가, 어느 부위에서 다른 부위로 확대되었다던가, 혹은 자신의 생각으로는 이런저런 이유 때문에 일어났다는 등으로 진술할 수 있을 것이다.

그런데 신경 쇠약 환자[2]가 자신의 통증을 설명할 때는, 마치 자기의 능력을 훨씬 뛰어넘는 어려운 두뇌 작업을 하는 듯한 인상을 주곤 한다. 마치 고통스러운 감정의 영향을 받고 있는 듯이 일그러지고 긴장된 표정을 보이며, 푸념 섞인 말투로 마땅한 표현을 찾지 못해 곤혹스러워한다. 의사가 통증을 서술하는 형용사를 제시해 준다고 해도 그 어떤 것도 일체 받아들이지 않는다. 비록 나중에 이 표현법이 의심할 여지 없는 적절한 표현이었다고 밝혀지더라도 말이다. 그는 자신의 감각을 말로 표현하기에는 언어가 너무 빈약하며 그 감각 자체가 독특하고 이전에는 알려지지 않은 것이라고 생각한다. 따라서 어떤 말로도 충분히 묘사할 수 없다고 생각하는 것이다. 그렇기 때문에 그는 지치지도 않고 계속해서 새로운 세부 설명을 덧붙여 간다. 만약 이야기를 멈추어야 할 때는 늘 자신이 의사를 충분히 이해시키지 못했다고 확신한다. 이 모든 현상은 환자가 자신의 통증에만 전적으로 주의가 쏠려 있기 때문에 비롯된다.

그러나 R. 양의 태도는 이와는 정반대였다. 그녀는 자신의 통증에 상당한 중요성을 부여하고는 있지만 그럼에도 불구하고 그녀의 관심은 뭔가 다른 것을 향해 있으며, 통증은 단순히 그에 따른 부수적인 현상에 지나지 않았다. 결국 그녀의 관심은 아마 통증과 관련이 있는 사고나 감정에 향해 있을 것이라는 결론에 도달했다.

2   불안 신경증이나 건강 염려증 환자.

그러나 그 통증을 히스테리 증상이라고 이해하는 데 결정적으로 중요한 두 번째 요소가 있다. 기질적인 병을 앓는 환자 혹은 신경 쇠약 환자가 통증에 민감한 부위를 자극해 보면, 환자는 불쾌한 표정이나 아픈 표정을 짓는다. 심지어는 움찔하며 몸을 뒤로 빼고 진찰받기를 거부하기도 한다.

그런데 R. 양의 경우, 과민한 통각 반응을 보이는 양쪽 다리의 피부나 근육을 꼬집거나 압박하면 그녀의 얼굴은 고통스러워하기보다는 오히려 기쁨에 가까운 독특한 표정을 지었다. 그녀는 소리를 지르며 ─ 이것은 관능적인 간지러움을 느꼈을 때 내는 소리와 비슷하다고밖에는 달리 생각할 수가 없었다 ─ 얼굴엔 홍조를 띠고 머리와 몸을 뒤로 젖힌 채 두 눈을 감고 있었다. 이 모든 동작이 지나치게 과장되어 보일 정도는 아니었지만 확실히 주목을 끌 만한 것이었다. 이런 현상을 볼 때 그녀의 병은 히스테리이며, 자극이 히스테리를 일으키는 부분에 가해졌다는 견해가 가장 타당해 보였다.

그녀의 얼굴에 나타난 표정은 근육이나 피부를 꼬집었을 때 나타나는 아픔과 부합되지 않는다. 추측하건대 그 표정은 오히려 어떤 사고(思考) 내용과 관련이 있는 것으로 보였다. 그 사고는 통증의 이면에 감춰져 있다가 관련 있는 신체 부위가 자극받으면 그녀의 마음속에 떠오르는 것 같았다. 예전에 나는 의심할 여지 없이 히스테리라고 여겨지는 사례들에서, 과민한 통각 부위를 자극할 때 이와 비슷한 의미를 지닌 표정을 여러 번 관찰한 적이 있었다. 그녀의 다른 몸짓에서도 히스테리 발작임을 암시하는 자잘한 단서들을 얻을 수 있었다.

우선 그녀의 히스테리를 일으키는 부분이 일반적인 히스테리 발작의 빈번한 발생 부위가 아닌 것에 대해 달리 설명할 길이 없었다. 통각 반응이 주로 근육에서 나타난다는 사실도 생각해 볼 거리였다. 근육 전체나 일부분의 압박에 대한 예민성을 일으키는 질환 중에서 가장 흔한 것은 근육 류머티스성 침윤(浸潤), 즉 일반적인 만성 류머티즘이다. 이 병이 신경 질환으로 오인되기 쉽다는 것은 서술한 바 있다. 일반적인 만성 류머티즘일 가능성은 환자가 과민하게 통각을 느끼고 있는 근육이 항상 동일하다는 점과 모순되지 않았다. 근육 물질 속에 여러 개의 단단한 근섬유가 있고, 이 근섬유들이 특히 민감한 듯했다. 따라서 아마도 앞에서 언급한 종류의 기질적 변화가 근육에서 발생하여 이것이 아마 신경증과 결합하면서 그 중요성이 과장되어 나타난 것으로 보였다.

이 사례가 혼합 질환의 하나라는 전제 아래 치료를 시작했다. 근육의 통증이 민감하게 느껴지는 부위에 체계적인 마사지와 유도 전기 요법을 계속 받도록 권했는데, 그로 인해 생기는 통증에는 크게 걱정하지 말라고 했다. 동시에 나도 지속적으로 환자와 만날 기회가 필요했기 때문에 고압 전류를 이용한 다리 치료를 맡기로 했다. 〈억지로 걸어야만 합니까?〉라는 그녀의 질문에 단호하게 〈그렇다〉라고 대답했다.

이런 방법으로 우리는 아주 조금 효과를 보았다. 구체적으로 말해 그녀는 고압 전류 장치로 인해 생기는 고통스러운 충격을 오히려 무척 좋아하는 모습이었다. 더구나 충격이 강하면 강할수록 환자 자신의 통각을 배경으로 밀어내는 것처럼 보였다. 그러는 동안 동료 의사는 심리 요법을 시도하기 위한 기본적인 준비를 하고 있었다. 나는 심리 요법으로 끌어들이기 위한 수단으로 고압 전류 치료를 4주간 계속한 뒤, 심리 요법을 제안했고, 환자에게 그 치료 방법과 효과에 관해 어느 정도 설명을 들려주자 곧 그것을 이해했으며, 거의 저항을 보이지 않았다.

그러나 이렇게 시작된 치료 과정은 지금까지 내가 한 가장 힘들었던 치료 중의 하나라는 것을 알게 되었다. 게다가 치료 과정에 관해 보고하는 것 자체도 지금까지 치료 과정에서 극복했던 여러 어려움보다 더하면 더했지 덜하지 않을 정도로 무척 힘든 일이었다. 또한 그녀의 질환 중에 일어난 사건과 실제 증상 간에는 틀림없이 여러 가지 체험을 통해 야기되고 결정되었을 어떤 관련성이 있을 것이라고 생각했지만, 그럼에도 나는 오랫동안 그 관련성을 파악할 수가 없었다.

이런 종류의 카타르시스 요법을 처음 시도하려고 할 때 누구에게나 맨 먼저 떠오르는 의문은, 환자가 과연 자신의 병이 어디에서 유래했는지 혹은 촉발 원인이 무엇인지를 알고 있는가 하는 것이다. 만약 알고 있다면 환자가 자신의 질환과 관련된 얘기들을 재현하도록 하는 데 특별한 기법이 필요하지는 않다. 다만 치료자가 환자에게 신경을 쓴다는 것을 보여 주고, 환자를 이해한다는 것을 느끼게 하며, 회복의 희망을 갖게 한다면 환자는 반드시 자신의 비밀을 털어놓게 될 것이다. 나는 처음부터 엘리자베트 양이 자기 병의 원인을 의식하고 있으며, 단지 그녀의 의식 속에 있는 것은 하나의 비밀일 뿐이지 이물질은 아니라고 생각했다. 그녀를 보면 어느 시인의 말이 떠오른다.

그녀의 가면이 숨겨진 감정을 드러낸다.[3]

그래서 처음에는 최면 요법을 쓸 필요를 느끼지 못했다. 그러나 차츰 그녀의 고백이 진행되면서, 단지 그녀의 회상만으로 도

---

3 *Das Mäskchen da weissagt verborgnen Sinn* — 괴테의 『파우스트』 제1부 제6장. 후에 내가 이에 대해 오해했다는 것을 알게 되었다 — 원주.

저히 관련성을 끌어내기가 어려울 때는 최면술의 도움을 빌리게 되었다. 따라서 이 사례는 내가 다룬 히스테리 사례에 대한 최초의 완전한 분석이었는데, 나는 후에 분석을 정식 치료법으로까지 발전시켜 의도적으로 사용하기에 이르렀다. 그 치료법이란, 병의 원인이 되는 심리적 소재를 표면층부터 순차적으로 한 꺼풀 한 꺼풀 제거해 내는 방법인데, 우리는 이것을 매몰된 고대 도시를 발굴해 가는 기술에 비유한다.

우선 환자가 알고 있는 것을 말하게 한 후, 생각의 흐름 중에서 생각과 생각 간의 관련성이 모호한 부분이나 인과의 연쇄에서 연결 고리 하나가 탈락되었다고 여겨지는 부분이 없는가를 주의를 기울여 면밀하게 살펴보았다. 그다음에 더 깊은 층의 기억을 회상하도록 하는데, 이때 최면술이나 그와 유사한 기술을 이용하여 그녀의 더 깊은 기억 속에 있는 것을 파악하고자 했다. 물론 이 작업은 이러한 모든 과정을 통해 문제시되는 사건들의 완전하고 적절한 결정 요인들을 찾아낼 수 있으리라는 기대하에서 이루어졌다. 심층 탐구에 사용되는 수단에 대해서는 이제 곧 설명할 것이다.

자신의 병에 대해 엘리자베트 양이 말했던 이야기는 여러 고통스러운 체험으로 이루어진 긴 이야기였다. 최면 상태는 아니었지만 나는 그녀에게 눈을 감고 누워서 이야기하도록 했다. 때로는 그녀가 눈을 뜨고, 뒤척이기도 하며 혹은 상반신을 일으키기도 하는 행위들을 구태여 막지는 않았다. 이야기 도중 어느 부분이 보통 때보다도 그녀의 마음을 더 강하게 움직이면 그녀는 스스로 다소간 최면과 유사한 상태에 빠지는 듯했다. 이럴 때면 그녀는 몸도 움직이지 않고 누운 채 눈을 꼭 감고 있었다.

우선 그녀의 기억 중 가장 표면층을 이루고 있는 것부터 기록하도록 하겠다. 그녀는 세 자매 중 막내딸로 태어나 부모를 잘 따랐고, 어린 시절에는 헝가리의 집에서 지냈다. 어머니는 눈 질환과 신경 상태 때문에 자주 병을 앓았다. 어머니의 이러한 잦은 병치레로 그녀는 자연히 쾌활하고 세상 물정에 밝은 아버지를 특별히 더 따르고 좋아하게 되었다. 아버지는 늘 입버릇처럼 엘리자베트가 아들을 대신할 것이고, 무엇이든지 의견을 허심탄회하게 주고받을 수 있는 친구라고 말했다. 아버지와의 이러한 관계로 그녀는 많은 지적(知的) 자극을 받았다.

그러나 이와 같은 지적 자극으로 인해 딸의 정신적인 구조가 세상 모든 부모가 딸에게서 바라는 일반적인 이상형으로부터 벗어나 있다는 것을 아버지도 느끼지 않을 수 없었다. 아버지는 농담처럼 엘리자베트를 〈건방지고〉, 〈자만심이 너무 강한〉 사람이라 표현했다. 또한 그녀가 자신의 판단에 너무 자신감 있고, 결과를 생각하지 않고 사람들에게 진실을 말하는 경향이 있다고 경고했다. 그러면서 종종 〈그러다가 시집가기도 힘들겠다〉라고 말했다. 그녀 자신도 여자라는 사실에 대해 불만이 컸다.

그녀는 야심 찬 계획을 크게 품고 있었다. 그녀는 공부를 하고 싶었고, 그렇지 않으면 음악 교육을 받고 싶어 했다. 자신의 성향이나 판단의 자유를 희생해야 한다는 생각 때문에 결혼 생활에 대해서는 거부감이 있었다. 실상 그녀는 아버지를 자랑스워했으며, 그녀 가족의 명성과 사회적인 지위에 자부심을 갖고 있었다. 그래서 가족의 이러한 귀중한 것과 관련된 부분이라면 모든 것을 소중하게 빈틈없이 지키고 있었다. 그러나 전혀 이기적이지 않았기 때문에 어머니나 언니를 먼저 생각했고, 어떤 일이 일어났을 때 부모는 그녀 성격의 거슬리는 부분도 너그럽게 봐주었다.

딸들이 나이가 들자 가족은 수도로 이사하게 되었다. 거기에서 엘리자베트는 잠깐 동안이나마 가정의 울타리 안에서 상당히 풍

요롭고 즐거운 생활을 누렸다. 그러나 그런 순간은 잠시였다. 가정의 행복을 파괴한 대사건이 발생한 것이다. 하루는 아버지가 폐수종(肺水腫) 발작을 일으켜 의식을 잃은 채 집에 실려 왔다. 그동안 아버지는 만성 심장병이 있다는 사실을 가족에게 숨겨 왔다. 아니면 스스로 그 병을 대수롭지 않게 여기고 있었을지도 모른다.

그 이후 아버지는 18개월 동안 간호를 받았고, 엘리자베트가 원해서 아버지의 병상을 주로 지켰다. 그녀는 아버지 방에서 잠을 잤고, 아버지가 밤에 그녀를 찾으면 깰 준비가 되어 있었다. 낮에 간호하는 동안 억지로 밝은 표정을 지어 보이려고 애썼다. 반면 아버지는 자신의 상태가 희망이 없다는 것을 불평도 하지 않은 채 포기하고 있었다. 그녀의 발병은 틀림없이 아버지를 간호하던 이 시기와 관련된 것 같다. 왜냐하면 그녀는 아버지가 돌아가시기 6개월 전 언젠가 오른쪽 다리에 현재와 같은 통증을 느끼고 하루 반 정도 누워 있었다는 것을 기억해 냈기 때문이다. 그러나 그녀의 말에 따르면 통증은 곧 사라졌고, 걱정도 하지 않았으며 염두에 두지도 않았다고 한다. 실제로 몸의 상태가 안 좋다는 것을 느끼고 통증 때문에 걸을 수 없게 된 것은 아버지가 죽은 지 2년이 지나서였다.

여자만 네 명인 가족의 생활 속에 아버지의 죽음이 남기고 간 공백과 사회적인 고립, 흥미와 즐거움을 약속했던 여러 관계의 갑작스러운 중단, 그리고 이제 눈에 띄게 점점 악화되고 있는 어머니의 병세, 이 모든 것으로 인해 환자의 감정 상태에는 짙은 그림자가 드리워졌다. 그러나 이때 그녀는 잃어버린 행복을 대신할 수 있는 그 무엇을 가족이 곧 찾을 수 있으리라는 강한 염원을 품게 되었으며, 이러한 소망으로 그녀는 애정과 배려를 전부 살아 계신 어머니에게 집중적으로 쏟았다.

상(喪) 기간이 끝나고 나서 큰언니가 결혼했다. 상대는 유능하고 정력적인 남자였으며, 상당한 지위는 물론 총명하기까지 해서 전도유망해 보이는 그런 사람이었다. 그러나 막상 가까이 접해보니 그는 병적일 정도로 예민하고 변덕스러웠으며, 이기적인 데다 고집도 강했다. 또한 그는 가족 친지들 중에서 유례없이 감히 연로한 장모를 존중하지 않았다. 이러한 형부의 태도는 엘리자베트가 지닌 인내심의 한계를 넘어서는 것이었다.

그녀는 형부와 싸우는 일이 자신의 임무라고 느끼며, 형부가 빌미를 제공할 때마다 그에게 대들었다. 반면 어머니와 언니들은 쉽게 격해져 폭발하곤 하는 형부의 성질을 가슴에 담지 않았다. 예전과 같은 가정의 행복을 되찾고자 마음먹고 있던 엘리자베트는 이러한 장애물이 끼어 들어와 자신의 소망을 방해한다는 사실에 실망을 느꼈다. 그리고 결혼한 언니가 여성의 유순함으로 남편이나 동생 그 어느 쪽도 편들지 않으려고 애쓰는 태도를 용서할 수가 없었다. 당시 이와 연결되는 수많은 장면이 엘리자베트의 기억 속에 그대로 남아 있었는데, 일부는 그녀가 말로 표현하지 않았던 큰형부에 대한 불만이 얽혀 있었다.

그중에서도 가장 용서할 수 없었던 일은, 형부가 승진을 위해 자신의 가족만을 데리고 오스트리아에서 멀리 떨어진 마을로 이사를 감으로써 어머니를 더욱 고독하게 만들었다는 점이다. 이때 엘리자베트는 어쩔 수 없이 자기 몸 하나 의지할 곳이 없다는 처지와 잃었던 행복을 대신할 그 어떤 것을 어머니에게 찾아 줄 만한 능력이 자신에게는 없다는 사실, 그리고 아버지가 돌아가셨을 때 결심했던 계획을 실행할 수 없음을 처절하게 느끼고 있었다.

둘째 언니의 결혼은 이 가족에게 좀 더 밝은 미래를 가져다줄 수 있을 것만 같았다. 둘째 형부는 그다지 지적이지는 않지만, 다른 사람들에게 세심한 배려를 하도록 교육받은 교양 있는 여성들의 호감을 사는 남성이었다. 그의 행동거지는 엘리자베트에게 결혼 제도에 대한 거부감이나 그에 수반되는 희생에 대한 생각을 누그러뜨려 주었다. 게다가 둘째 언니 부부는 이웃에 살며 어머니 곁을 멀리 떠나지도 않았다. 둘째 언니가 낳은 아이는 엘리자베트의 귀여움을 독차지했다.

그러나 불행하게도 조카가 태어난 해에 다른 사건으로 인해 또 다시 어두운 그림자가 드리워졌다. 어머니가 안질환 때문에 치료를 받느라고 여러 주 동안 어두운 방에서 지내야 했다. 그동안 엘리자베트는 늘 어머니 곁에 붙어 있었다. 그러나 그 치료가 끝나자 이번에는 수술이 불가피하다는 얘기를 들었다. 마침 수술을 앞두고 마음이 산란한 상태 속에서 큰 형부의 이사 준비까지 겹쳤다. 마침내 어머니가 수술을 받았다. 노련한 의사가 집도한 수술이었다. 그리고 나서 세 가구가 어느 피서지에서 함께 휴가를 보냈다. 지난 몇 개월간 불안으로 인해 초췌해 있던 엘리자베트도 아버지의 죽음 이후 가족이 겪어 왔던 우울과 두려움에서 처음으로 해방되어 완전히 회복될 수 있는 여유로운 시간을 보낼 수 있었다.

그런데 바로 이 피서지에서 엘리자베트의 통증과 보행 곤란이 시작되었다. 그녀는 이전에도 잠시 잠깐 지속된 통증을 어느 정도 의식하고 있었다. 그러나 그토록 격렬한 통증이 느껴진 것은 그때가 처음이었다. 그 통증은 작은 온천의 목욕 시설에서 온욕을 하고 난 직후 시작되었다. 바로 며칠 전에 오랜 산책을 한 적이 있었다 ── 사실은 정식 행군을 반나절이나 한 셈이었다. 통증이 시작된 그 당시에는 이 산책 때문에 생긴 것이라는 생각이 들어 엘리자베트는 〈과로〉로 인해 〈추위가 몸속으로 스며든 탓〉이라고 가볍게 해석했다.

그날 이후 이제 가족 중에서 온전하지 못한 사람은 바로 엘리 자베트였다. 그녀의 의사가 남은 여름을 가슈타인Gastein[4]에 있는 어느 수(水) 치료법 과정에 참여하며 보내도록 권유했기에 그녀 는 어머니와 함께 그곳에 갔다. 그러나 이번에는 새로운 걱정거 리가 생겼다. 둘째 언니가 두 번째 아기를 임신하게 된 것인데, 언 니의 건강 상태가 매우 좋지 않아 엘리자베트도 가슈타인으로의 여행을 할지 말지 결정하기 어려웠다. 결국 가슈타인에 온 지 2주 일도 채 안 되어 어머니와 그녀는 연락을 받고 되돌아가야만 했 다. 병상에 있던 둘째 언니의 상태가 악화되었다는 소식이었다.

가슈타인에서 돌아오는 여행은 괴로웠다. 그 과정에서 엘리자 베트는 통증뿐만 아니라 무서운 예감에 시달렸다. 역에 도착하자 마자 어떤 안 좋은 예감이 머리를 스치고 지나갔다. 그리고 두 사 람이 병실로 들어섰을 때 이미 언니는 이 세상 사람이 아니었다.

엘리자베트는 너무나 사랑했던 언니를 잃은 슬픔과 함께, 그 죽음을 계기로 갖게 된 여러 생각과, 또 그 죽음이 몰고 온 여러 가 지 변화로 인해 몹시 고통스러웠다. 언니는 임신 때문에 심장병 이 악화되어 쓰러졌던 것이다. 이때 아버지의 가계(家系)로부터 심장병이 유전되고 있다는 생각이 문득 떠올랐다. 그러고는 죽은 언니가 어렸을 때 가벼운 심장병과 함께 무도병(舞蹈病, Chorea)[5] 을 앓았다는 사실도 생각났다.

엘리자베트의 가족은 언니의 결혼을 허락했던 데 대해 자기 자 신들과 의사를 원망했다. 게다가 아내를 먼저 보내는 불행을 겪 은 형부에게조차 가차 없는 비난을 퍼부었는데, 두 번이나 연속

4 오스트리아령으로 알프스에 있다.
5 신경 장애의 일종.

임신을 시켜 아내의 건강을 위협한 사람이라고 생각해서였다. 엘리자베트에게는 비로소 처음으로 행복한 결혼에 대한 감정으로 가득 차 있을 때, 그 행복마저도 이러한 비참한 결말을 맞고 말았다는 슬픈 인상이 이후에도 계속 그녀의 사고를 지배했다. 그 외에도 그녀는 어머니를 위해 그렇게도 바라 마지않던 모든 것이 다시금 붕괴되는 것을 목도해야만 했다. 아내를 잃은 형부는 슬픔에 잠긴 채 처가로부터 소원해져 갔다. 형부의 집안 식구들은 이것을, 짧았지만 행복했던 그의 결혼 생활 동안 가족으로부터 소원했던 그를 다시 자기네들 쪽으로 되돌리기에 좋은 기회라고 생각한 것 같았다. 어쨌든 이전처럼 단결해서 한 가족처럼 산다는 것은 쉽지 않은 일이었다. 아직 미혼인 처제가 있다는 것만 봐도, 형부가 엘리자베트의 어머니와 함께 사는 것은 현실적으로 맞지 않은 일이었다. 그 또한 죽은 아내가 유일하게 남긴 아이를 두 여자의 손에 맡기는 것을 허락하지 않았기에 처음으로 냉정하다는 비난을 받았다. 결국에는 — 이것은 적지 않은 고통을 주는 사건이었다 — 두 형부 사이에 싸움이 일어났다는 좋지 않은 소문이 엘리자베트에게 들려왔다. 그 싸움의 원인에 대해서는 그저 추측밖에 할 수 없었지만, 둘째 형부가 재산상의 문제로 몇 가지 요구를 한 것 같았다. 큰 형부는 그것을 부당한 요구라는 이유로 거절했고, 오히려 어머니의 현재의 괴로움을 생각한다면 그것은 공갈 협박이라고까지 말해 버렸던 것이다.

바로 이것이 사랑을 갈망하면서도 자존심 센 엘리자베트 양의 불행스러운 이야기이다. 그녀는 운명과 타협하지 않고, 자기 가족이 이전에 차지했던 영광을 다시 회복하고자 했던 작은 소망이 좌절된 것에 격분했다. 그녀가 사랑했던 사람들은 죽거나 멀리 떠나고, 혹은 소원해지면서 그녀 곁에서 사라졌다. 게다가 미지의 남성과의 사랑에 의지하려는 마음조차 없이 그녀는 18개월 동안 거의 모든 교제를 끊고 은둔하면서 어머니를 돌보았고, 자신의 통증을 간병하는 일에 전념하며 생활해 오고 있었다.

더욱 큰 불행은 접어 두고 그저 한 여자의 심정이 되어 본다면 엘리자베트 양에 대해 진정 인간적으로 동정하지 않을 수가 없다. 그러나 이 고통스러운 이야기에 대해 순수하게 의학적인 관심으로만 본다면 이 이야기와 통증을 동반하는 보행 곤란의 관계에 대하여 어떤 말을 할 수 있을까? 이러한 심리적 외상에 관해 우리가 알게 됨으로써 병에 관한 규명과 치료에 도움이 되었는가?

의사의 입장에서 볼 때 이 환자의 고백은 처음에는 상당히 실망스러운 것이었다. 그녀의 이야기는 흔히 볼 수 있는 격한 정서적 격변으로 이루어져 있었으며, 왜 하필이면 본인이 히스테리에 걸려야만 했는지, 어떻게 하여 그 히스테리가 통증을 수반하는 보행 곤란의 형태로 발현되었는지의 해답은 어디에도 없었다. 히스테리의 원인도 증상을 일으키는 구체적인 결정 요인에 관해서도 시사점을 던져 주는 바가 없었다. 단지 그녀가 정신적으로 고통을 주는 인상과 마침 같은 때에 환자가 느끼게 된 육체적 고통 사이에 하나의 연상 관계를 형성했으리라는 것과, 이제는 그녀의 기억 속에서 육체적 감각을 정신적 감각의 상징으로 사용하고 있음을 추측할 수 있을 것이다.

그러나 이와 같은 식의 대체가 어떤 동기로 이루어졌으며, 또 그것이 어떤 순간에 이루어졌는가 등은 설명되지 않은 채 여전히 남아 있다. 이러한 질문은 사실 의사들이 습관적으로 제기하는 그런 의문은 아니다. 보통 우리는 〈이 환자는 체질적으로 히스테리 환자이고, 어떠한 종류의 강한 자극을 통한 압력을 받게 되면 히스테리 증상이 쉽게 발생할 수 있는 사람이다〉 정도로 만족하는 것이 일반적이다.

그녀의 고백은 그녀의 병에 관한 이해 쪽에도 도움이 되지 않았지만, 치료에는 한결 더 도움이 되지 않는 듯해 보였다. 최근 몇 년간 그녀가 겪은 고통에 관한 이야기를 — 더군다나 그녀의 가족 구성원 모두가 잘 아는 — 그저 적당한 동정만으로 그 이야기를 받아들일 타인에게 엘리자베트가 이야기를 들려주었다고 해서 그것이 엘리자베트 양에게 어떤 좋은 영향을 주었는가를 알아내는 일은 쉬운 일이 아니었다. 이런 종류의 고백을 통한 치료 효과도 아직 전혀 나타나지 않고 있었다. 이것이 제1기 치료 기간으로, 엘리자베트는 제1기 치료 기간 내내 의사에게 아직도 상태가 좋지 않노라고, 전과 다름없이 통증도 심하다고 반복해서 말했다.

이렇게 말할 때 짓궂게도 그녀는 나의 실패에 만족스러운 표정을 지으면서 나를 바라보았다. 그럴 때면 나는, 그녀의 아버지가 사랑하는 딸에 대한 평가, 즉 〈이 아이는 자주《건방지고》《심술궂을》때가 있다〉라고 한 것이 생각나지 않을 수 없었다. 그러나 나는 그녀가 말한 것이 옳다고 인정하지 않을 수가 없었다.

만약 내가 이 단계에서 환자에 대한 심리 요법을 그만두었다면, 아마 엘리자베트의 사례는 히스테리 이론에 전혀 시사점을 제공하지 못했을 것이다. 그러나 나는 분석을 계속했다. 왜냐하면 그녀의 의식에서 더욱더 깊은 층을 탐구한다면, 반드시 히스테리 증상의 원인 및 구체적인 결정 인자들을 알아낼 수 있을 것이라고 굳게 믿었기 때문이다. 따라서 나는, 환자의 의식을 확대시킨 상태에서 환자에게 직접 질문하기로 결정했다. 그래서 양쪽 다리에 나타난 최초의 통증이 어떤 심적 인상에 결부되어 있는지를 직접 질문하기로 했다.

이러한 목적을 염두에 두고 나는 환자에게 깊은 최면 상태에 빠뜨려야겠다고 제안했다. 그러나 불행하게도 최면을 몇 번이나 시도해 보았지만, 그녀가 상세히 자기 이야기를 할 때의 의식 상태밖에는 다른 어느 의식 상태로도 빠뜨릴 수 없다는 사실을 안타깝지만 나도 인정할 수밖에 없었다. 단지 이번에는 그녀가 〈선생님께서 보시다시피 제가 잠에 빠지게 되지 않네요. 최면술에 걸리지가 않아요〉라고 우쭐대며 반항하지 않았다는 것만으로도 진심으로 기뻤다.

이렇게 궁지에 몰리자, 좋은 생각이 하나 떠올랐다. 즉 머리에 압력을 가하는 도구를 이용해 볼 생각이 났다. 이 기법을 사용하게 된 배경은 이미 루시 R. 양에 관한 관찰을 기록하면서 자세하게 서술한 바 있다. 나는 이 방법을 시도하기 위해 우선 환자에게 압박을 가하는 순간에 눈앞에 떠오르는 것이나 스쳐 지나가는 기억이 있다면 그대로 나에게 이야기해 줄 것을 요구했다.

그녀는 오랫동안 입을 열지 않았지만 내가 집요하게 계속 이 방법을 시도하자 마침내 어느 날 저녁의 일이 생각났다고 했다. 그날 저녁 파티가 끝나고 나서 한 젊은 남자가 그녀를 집으로 데려다 주었다. 도중에 둘이 나눈 대화와 헤어지고 나서 다시 아버지의 간병을 위해 집으로 돌아올 때의 기분 등도 생각난다고 했다.

비로소 이 청년에 관한 것을 처음으로 이야기하게 됨으로써 새로운 돌파구가 열렸고, 나는 그 안에 숨겨져 있던 것을 조금씩 꺼낼 수 있게 되었다. 그 이야기는 그녀의 비밀에 속하는 것이었다. 왜냐하면 그녀는 그 남자와도 친구인, 그녀의 친구 한 사람 외에는 어느 누구에게도 이 남자와의 관계나 그에 대한 기대 등을 털어놓은 적이 없었기 때문이다. 그 청년은 예전 그녀 가족이 살던 집 근처에 살았는데, 그 집안과는 오랫동안 친하게 지내 오고 있었다. 이 청년은 고아였기 때문에 그녀의 아버지를 매우 따랐고,

장래의 진로 계획을 결정할 때도 그녀 아버지의 충고를 들었다.

그 청년은 그녀의 아버지는 물론이고, 가족인 어머니나 딸들에게도 존경심을 가지고 있었다. 그들이 함께한 독서나 대화 그리고 계속해서 다른 사람들을 통해 그녀에게 전해진 그의 생각 등 무수히 많은 회상을 통해 그녀는 그가 자신을 사랑하며 이해하고 있다는 확신을 점차 갖게 되었으며, 이 사람이라면 결혼함으로써 짊어지게 될 그 두려운 희생을 자신에게 부담 지우지 않으리라는 확신이 점점 마음속에 커지고 있다는 사실을 알게 되었다.

그런데 안타까운 점은 그가 그녀와 나이 차이가 별로 안 나 아직은 젊었기 때문에 당시로서는 독립이 까마득한 형편이었다. 그래서 엘리자베트는 청년이 독립할 수 있을 때까지 기다리기로 굳게 마음먹고 있었다.

아버지의 병세가 깊어져 간병하느라고 그녀가 바빠지자 두 사람이 만나는 횟수도 점점 줄어 갔다. 그녀가 처음에 생각해 낸 그날 밤은 마침 그에 대한 감정이 정점에 달했을 때이다. 그렇다고는 해도 그들 사이에 모종의 어떤 양해가 있었던 것은 아니다. 그 당시 그녀는 가족과 아버지의 종용으로 아버지 간호에서 잠시 벗어나 파티에 참석하기로 한 터였다. 그곳에 가면 그 청년을 만날 수 있으리라는 기대감도 있었다. 그녀는 서둘러 파티를 마치고 집으로 돌아가려고 생각했는데, 모두가 그녀를 억지로 붙잡은 데다가 그가 집까지 바래다 주겠다고 약속했기 때문에 거기에 따르기로 했다. 그와 함께 돌아오던 그날 밤만큼 그를 향해서 따뜻한 느낌이 든 적이 없었다.

그러나 이렇게 행복감에 젖어 밤늦게 집에 돌아와 보니 아버지의 병이 더욱 악화되었다는 것을 알게 되었다. 그래서 그녀는 이렇게도 오랜 시간 아버지의 상태를 모르고 자신만 즐거움에 흠뻑 빠져 있었다는 생각에 심하게 자책했다. 그날 밤 이후로 그녀는 병든 아버지 곁을 한시도 떠난 적이 없었다. 그리고 그녀는 이 사건 이후 그 청년 또한 좀처럼 만나지 않았다. 아버지가 돌아가시고 나서는 그 청년도 그녀의 슬픔을 생각해서인지 그다지 접근하지 않는 듯했다. 더욱이 그의 인생 행로가 바뀌면서 다른 방향의 삶을 살아가게 되었다. 이제 그녀는 더 이상 그 남자의 관심 대상도 아니며, 다른 사람이 그 대상이 되었으며, 그 청년은 잃어버린 존재라는 생각을 점차 받아들일 수밖에 없었다. 그러나 이 첫사랑의 좌절로 인해 지금도 새삼 그를 생각할 때마다 그녀의 가슴이 아팠다.

이제 그 청년과의 관계와, 앞에서 서술한 청년을 향한 따뜻한 느낌이 절정에 달한 장면을 떠올려 보면 최초의 히스테리성 통증을 일으킨 원인을 찾을 수 있을 것 같았다. 그때 그녀가 스스로 허락해서 느낀 행복감과 집으로 돌아와서 맞이한 아버지의 악화된 병 상태와의 극명한 대조는 갈등, 즉 상반된 상황을 빚었다. 이 갈등의 결과 에로틱한 관념이 연상으로부터 억압되었고, 그 관념에 붙어 있던 감정은 바로 그 당시에, 혹은 바로 직전에 존재했던 신체적 고통을 악화시키거나 또는 재현시키도록 작용했다. 즉 이것은 방어를 목적으로 하는 〈전환〉이라는 메커니즘의 한 예인데, 다른 절에서 자세하게 서술할 것이다.

지금 이 시점에서 몇 가지 언급해 두어야 할 것이 있다. 그중 특히 강조해야 할 것은 엘리자베트의 기억을 근거로 그녀가 집으로 돌아온 순간에 전환증(轉換症)이 일어났다는 것을 입증하려고 했으나 성공하지 못했다는 사실이다. 그래서 나는 그녀가 아버지를 간호하던 시기에 체험한 유사한 경험을 찾아 탐색했고, 그리하여 찾고 있던 장면을 여럿 끌어낼 수 있었다. 그 장면 중에서 아버지가 부르는 소리를 듣고 침대에서 맨발로 차가운 방바닥에 뛰어내리는 장면이 빈번히 반복되었다는 점에서 특히 두드러졌다.

나는 이러한 요인들에 중요한 의미를 부여하려고 노력했다. 그 이유는, 그녀가 양쪽 다리의 통증 외에도 참을 수 없는 한기를 호소했기 때문이다. 그러나 여기에서도 분명하게 전환이 처음으로 일어났다고 단정할 수 있는 장면은 포착할 수가 없었다. 그런 이유로 현 시점에서 나의 설명에는 뭔가 빈틈이 있다는 생각을 계속하고 있었는데, 그러다가 마침내 양쪽 다리의 히스테리성 통증이 실은 아버지를 간호하던 시기에는 나타나지 않았다는 사실이 기억났다. 그녀는 단지 단 한 번의 통증 발작만을 기억했을 뿐인데, 그것도 하루 이틀 정도밖에는 지속되지 않았으며, 당시에는 그녀도 거기에 특별한 주의를 기울이지 않았다. 그래서 나는 이 최초의 통증이 일어나게 된 동기를 조사하기로 했다.

나는 그것에 대한 그녀의 기억을 분명하게 되살리는 데 성공했다. 그때 그녀의 집에 친척 한 분이 찾아왔는데, 그녀는 침대에 누워 있었기 때문에 그 사람을 접대할 수가 없었다. 2년 후에 그 손님이 다시 한번 찾아왔었는데, 불행하게도 그녀는 그때도 또 병상에 누워 있었다. 그러나 이 최초의 통증을 일으킨 심리적 요인에 대한 조사를 몇 번이나 반복해서 시도해 보았지만 잘되지 않았다. 그녀의 최초 통증은 실제로는 심리적 요인이 전혀 없었으며, 단지 가벼운 류머티스성 질환이라고 단정해도 무방하다고 생각했다.

어쨌든 그 신체적 질환은 그 청년과 함께 집으로 돌아오던 상황보다도 더 이전에 시작된 것이고, 나중에 생긴 히스테리성 통증이 이것을 원형으로 모방하고 있다고 상정하게 되었다. 어쨌든 이 통증이 신체적으로 발생했음에도 불구하고, 자연의 순리대로 어느 일정한 기간 많은 주의를 끌지 못할 정도의 약한 강도로 지속되었을 가능성이 있다. 그 당시에는 통증을 전혀 느끼지 못했든지, 느꼈더라도 나중에 기억이 났다는 악조건 속에서도 심리적 흥분이 신체적 통증으로 전환되는 시점을 찾는 것을 분석의 초점으로 두었기 때문에 밝혀지지 못한 것들이 있을 수밖에 없었고, 바로 이 문제가 더 많은 고찰과 또 다른 실증을 토대로 나중에 해결될 수 있기를 바라는 문제이다.6

최초의 전환을 야기시킨 원인을 발견해 나가면서 제2의 치료기가 시작되었는데, 이때 많은 성과를 거두었다. 얼마 지나지 않아 그녀는 지금까지 왜 통증이 늘 오른쪽 대퇴부의 일정한 부분에만 국한되어 시작되고, 또한 그곳에서 극심한 아픔을 느꼈는가를 알게 되었다고 말해 나를 놀라게 했다. 즉 그녀는 매일 아침 심하게 부어 있는 아버지의 다리에 감겨 있던 붕대를 갈아 줄 때마다 늘 자신의 오른쪽 대퇴부 위에 아버지의 다리를 올려 놓고 했는데, 통증이 느껴지는 부위가 바로 그곳이었다는 것이다. 아마도 셀 수도 없을 정도로 그렇게 많이 붕대를 갈아 주었음에도 지금까지 그러한 관련성에 생각이 미치지 못한 것이 이상한 일이라고 그녀는 말했다.

이러한 방법으로 그녀는 비전형적인 히스테리 발생 부위가 생기게 된 배경에 관하여 우리들이 바라고 있는 설명을 해주었던 것이다. 게다가 이 아픈 다리는 분석 과정 중 주고받는 〈대화 속에 끼어들기〉 시작했다. 나는 다음과 같은 놀라운 사실을 깨달았다. 즉 분석을 시작할 때 이 환자는 대개 아픔을 느끼지 않았다.

6 나는 주로 대퇴부에 나타나는 이 통증이 〈신경 쇠약성〉 성질을 띠고 있다는 것을 완전하게 확증할 수는 없었지만, 그렇다고 해서 그 가능성을 완전히 배제할 수도 없다고 본다 ― 원주.

그런데 내가 질문을 하거나 머리를 압박하여 기억을 환기시키면 바로 통증이 나타났다. 그 통증이 매우 날카로웠기 때문에 환자는 몸을 움찔하면서 아픈 부위에 손을 댔다.

그렇게 해서 나타난 통증은, 환자가 기억해 낸 것의 영향을 받고 있는 동안에 지속되었으며, 본질적이고 결정적인 부분을 말하려는 바로 그 순간에 통증은 절정에 달하는 것이었다. 그리고 그 이야기의 마지막 단어와 함께 통증도 사라졌다. 그래서 나는 이 통증을, 나를 인도해 주는 나침반으로 이용하게 되었다. 그녀의 이야기가 끝났는데도 통증이 사라지지 않는 경우에는 그녀가 모든 것을 다 이야기하지 않은 증거로 간주했으며, 따라서 통증이 해소될 때까지 계속 말해 주기를 요구했다. 이렇게 함으로써 드디어 나는 새로운 회상을 일깨웠다.

이처럼 억압된 감정을 〈소산〉시키는 동안에 환자의 상태가 신체적으로나 심리적으로 눈에 띄게 좋아졌기 때문에 나는 반쯤 농담으로, 〈내가 매번 이렇게 일정량씩 통증을 일으키는 동기를 제거하고 있고, 그러다 보면 언젠가는 전부 없애 버리게 될 테고, 그때 당신은 낫게 될 겁니다〉라고 말하곤 했다.

마침내 그녀는 대부분의 시간을 통증 없이 지낼 수 있을 정도가 되었다. 그녀는, 많이 걸어 다니고 이전과 같은 은둔 생활로부터 벗어나라는 나의 설득을 따랐다. 분석이 진행되는 동안 때때로 그녀의 상태가 자발적으로 변화했는데 그럴 때마다 그냥 그에 맞추어 줄 때도 있었지만, 때로 그녀의 질병에 대한 이야기의 어떤 부분이 철저하게 조사되지 못했다고 여겨질 때면 그 상황에 대한 나 자신의 판단을 따르기도 했다.

이러한 치료 과정 동안 나는 몇 가지 흥미로운 관찰을 하게 되었는데, 이때 관찰한 바는 나중에 다른 환자를 치료하는 과정에서도 또다시 확인할 수 있었다. 우선 첫 번째 관찰을 논하겠다. 위에서 자발적인 변화라고 해도 그 당시의 어떤 사건과의 연상을 통해 불러일으켜지지 않고 그야말로 저절로 일어나는 경우는 사실상 없다는 것이다. 어떤 때는 아는 사람의 모임에서 어느 병에 관한 이야기를 듣게 되었는데 아버지의 병이 선명하게 생각났고, 또 어떤 때는 죽은 언니의 아이가 방문했을 때 그 아이가 자기 엄마를 닮아 있는 것을 보고 그녀는 애도하는 슬픔으로 가슴이 미어지는 것을 느꼈다. 또 그 외에도 멀리 사는 언니가 보낸 편지에서 무관심한 형부의 영향을 분명하게 볼 수 있었으며, 그것이 통증을 불러일으켜서 그때까지 나에게 이야기하지 않은 가정 내에서의 사건을 스스로 말하게끔 했다.

그녀는 통증을 일으킨 원인으로 동일한 촉발 원인을 두 번 이상 반복해서 이야기한 적이 결코 없기 때문에 이러한 방법을 이용하여 그녀 내부에 숨어 있는 모든 촉발 원인을 끌어내야겠다는 나의 판단이 정당한 것으로 보였다. 그래서 아직 표면으로 떠오르지 않은 새로운 기억들을 불러낼 만한 적당한 상황이 생각나면 나는 그녀가 그 상황들에 놓이게끔 했다. 예를 들면 언니의 묘에도 가게 했고, 혹은 이전에 만났던 그 친구를 다시 한번 만나 볼 수 있는 파티에도 참가하도록 했다.

두 번째로 얻은 통찰은 〈단일 증상〉 히스테리로 묘사될 수 있는 것의 발생 형태에 대한 것이다. 최면 상태에서, 아버지를 간병하던 일이나 젊은 시절 그 친구와의 관계, 그리고 그 밖의 병의 원인을 제공했던 전반부에 속하는 사건들에 관해 대화를 나눌 때 그녀는 오른쪽 다리에 통증을 느꼈다. 반면 내가 죽은 언니에 대한 기억이나 두 형부에 대한 기억과 같이 고통스러운 이야기의 후반부에 해당하는 인상을 상기시키자마자 이번에는 왼쪽 다리에 통증이 발생했다. 이처럼 통각 부위와 심리적 요인 간에 어떤 일정한 관련성이 존재한다는 사실에 주의를 기울이면서 좀 더 조사를 계속하다 보니, 이러한 분화가 한 걸음 더 나아가, 통증을 유발하는 어떤 심리적 요인이 발생하면 그것이 양쪽 다리의 어느 새로운 통각 부위와 결합되어 왔다는 소견을 갖게 되었다. 원래 통증이 발생했던 부위는 오른쪽 대퇴부이고 이것은 아버지의 간병과 관계가 있다. 그 이후 이 부위는 새로운 심적 외상이 발생할 때마다 인접 영역으로 점점 확산되어 갔다. 따라서 엄밀히 말하면, 현재 우리가 다루고 있는 것은 정신 내부에서 다양한 기억 복합체와 결부되는 〈단일한〉 신체적 증상이 아니라, 여러 개의 유사한 증상이다. 즉 여러 개의 유사 증상이 피상적으로만 하나로 합쳐져서 하나의 증상인 듯 보이는 것이다. 그러나 환자의 주의가 이러한 관계로부터 멀어져 있다는 것을 알았기 때문에 그 하나하나의 심리적 결정 요인에 대응하는 각 통증 부위 간의 경계를 세밀하게 조사하는 일은 단념했다.

그러나 나는 보행 곤란이라는 증상 복합체 전체가 어떤 식으로 이러한 통증 부위를 기초로 형성되었는가 하는 점에 관심을 기울였으며, 그것과 관련하여 그녀에게 각종 질문을 해보았다. 즉 걸을 때 느끼는 통증, 서 있을 때 느끼는 통증, 누울 때 느끼는 통증은 각각 어떻게 해서 일어났는가를 물어보았다. 이에 대해서 어떤 때는 그녀가 자발적으로, 또 어떤 때는 내가 손으로 압박함으로써 대답했다. 이로부터 두 가지 사실이 밝혀졌다. 하나는 그녀가 고통스러운 인상과 연결되어 있는 모든 사건을 나에게 이야기할 때 구분을 짓는다는 것이다. 그 사건을 경험할 때 자신이 앉아 있었다든가 혹은 서 있었다든가 하는 자신의 자세에 따라 구분하여 표현하는 것이었다. 예를 들면 아버지가 심장 발작을 일으켜

집으로 실려 왔을 때, 마침 그녀는 문 앞에 서 있었는데 너무 놀란 나머지 발이 땅에 붙어 버린 듯 아무 미동도 없이 서 있었다고 한다. 이처럼 최초로 서 있는 동안 놀라움을 경험했던 사건 이후 역시 서 있는 채로 경험했던 몇 가지 사건에 관해 계속 이야기하고 난 후 마지막으로 언니가 죽었을 때 두려웠던 장면이 떠오르자, 이때도 그녀는 침대 곁에서 마법에 걸린 사람처럼 그냥 서 있었다고 말했다. 연쇄적으로 떠오르는 이러한 기억 전체는 통증과 서 있는 것 사이에 연결성이 있다는 것을 보여 준다. 그리고 실제로 연상에 대한 증거로서도 받아들여질 수 있을 것이다. 그러나 우리가 잊지 말아야 할 사항은 모든 이러한 사건에 존재하는 또 하나의 요인, 즉 그녀의 주의를 정확하게 그녀가 서 있는 것(혹은 걷는 것, 앉아 있는 것 등)으로 향하게 하고, 결과적으로 전환을 일으키게 한 다른 요인이 존재한다는 것을 증명해야 한다는 것이다. 그녀의 주의가 이 방향으로 향하고 있다는 것에 대해서는 보행이나 직립 혹은 눕는다는 것이 그녀가 통증을 느끼는 신체 부위, 즉 양쪽 다리의 기능이나 상태와 결부되어 있다는 사실을 가지고만 설명될 뿐이지 그 밖에 달리 설명할 방도가 없다. 따라서 이 환자의 사례에서 정위(定位) 불능-보행 곤란*Astasia-Abasie*과 최초로 발생한 전환과의 관련성을 쉽게 이해할 수 있었다.

이런 식으로 사건들을 분류하여 정리해 본 결과, 걷는 것을 고통스럽게 만든 원인이 될 수도 있는 사건이 많이 있었지만, 그중에서도 특히 어느 한 사건이 도드라지게 눈에 띄었다. 그것은 앞서 말한 대로 여러 다른 사람과 함께 지낸 휴양지에서 그녀가 산책했을 때의 일이다. 그녀의 말에 따르면 그 당시 너무 많이, 그리고 너무 오랫동안 걸었다는 것이다. 처음 이 산책에 대해 이야기할 때 산책과 관련된 좀 더 자세한 것은 머뭇거리며 잘 말하려고 하지 않았기 때문에 수수께끼로 남아 있었다. 산책할 당시에는 드물게 기분이 아주 평온한 상태였고, 친한 사람들과 즐겁게 한 무리가 되었다. 날씨도 그렇게 덥지 않고 좋았다.

그녀의 어머니는 숙소에 남아 있었고, 큰언니는 이미 떠난 뒤였다. 작은언니는 몸 상태가 별로 좋지 않았지만, 엘리자베트의 기분을 망치지 않으려고 했다. 그래서 작은 형부가 처음에는 언니와 함께 남아 있겠다고 말했지만, 결국 엘리자베트를 위해 함께 산책하게 되었다. 이 상황은 최초의 통증 발생과 많은 관계가 있는 것으로 여겨졌다. 왜냐하면 그녀가 기억하기에 산책에서 돌아오자 매우 피곤했고, 격렬한 통증을 느꼈기 때문이다. 그러나 산책 전에 이미 그와 같이 심한 통증을 느끼고 있었는지는 확실하지 않다고 말했다. 나는 〈만약 당신이 그 이전에 뚜렷한 통증을 느꼈었다면 이런 긴 거리를 걷겠다고 결심하지는 않았을 겁니다〉라고 지적했다. 산책할 때 일어난 어떤 일 때문에 아픔이 시작되었다고 생각하느냐고 물어보았다. 그녀는 다소 모호한 대답을 했다. 〈형부의 행동 하나하나를 계속 보면서, 비록 몸이 좋지는 않지만 언니가 행복한 결혼 생활을 하고 있다는 생각이 들었고…… 거기에 비하면 나 자신은 너무도 외롭고…… 그렇게 대조적인 처지를 생각하면서 마음이 괴로웠어요.〉

통증과 앉아 있는 것이 연결된 데에는, 시기적으로 앞의 사건 바로 뒤에 일어난 다른 장면이 큰 역할을 하고 있었다. 산책을 하고 나서 며칠이 지난 뒤의 일이었다. 작은언니 부부는 그곳을 떠났고, 그녀는 왠지 모르게 침착성을 잃은 채 알 수 없는 그리움에 사로잡혀 있었다. 그날 아침에는 일찍 일어나 작은 언덕에 올라가 그들이 함께 자주 산책을 갔던 근사한 전경이 모두 내려다보이는 장소로 갔다. 거기서 돌 벤치에 앉아 생각에 잠겼다. 이 생각들은 또다시 자신의 외로움과 가족의 운명에 관한 것들이었다. 그리고 그녀는 이 얘기를 하면서 그때 자신도 언니처럼 정말 행복해지고 싶다는 강렬한 소망을 갖게 되었노라고 솔직하게 털어놓았다. 그녀가 이날 아침의 상념에서 돌아왔을 때 격렬한 통증을 느꼈다. 그날 밤 목욕을 하고 나서부터 결정적으로 통증이 심해졌으며, 그 이후로 그 통증이 계속되고 있다는 것이었다.

한 걸음 더 나아가 다음과 같은 점을 분명하게 알게 되었다. 즉 처음에는 보행이나 서 있을 때 생긴 통증은 누우면 진정되었다. 처음에는 통증이 눕는 것과 결부되지 않았었다. 그런데 통증이 이제는 눕는다는 것과 결부되기 시작했는데, 이는 언니가 아프다는 통보를 받고 저녁 무렵에 가슈타인을 떠났을 때부터이다. 그날 밤은 차 안에서 한숨도 못 자고 누운 채 언니에 대한 걱정과 격렬한 통증으로 계속 고통스러웠다. 그때부터 오히려 오랫동안 누워 있는 쪽이 걷거나 서 있는 쪽보다도 훨씬 고통스럽게 느껴졌다.

우선 이런 식으로 통증을 느끼는 부위가 인접 지대로 점차 확대되었다. 병의 원인으로 작용하는 새로운 주제는 양쪽 다리 어딘가의 새로운 구역과 결합되었던 것이다. 다음으로 그녀에게 강렬한 인상을 준 사건 하나하나가 양쪽 다리의 여러 기능과 지속적으로 누적되어 결합되었고, 이러한 기능은 통증과 결부되어 나중에까지 그 흔적으로 남게 된 것이다. 그러나 정위(定位) 불능과 보행 곤란 상태가 발생한 데는 또 하나의 기제가 함께 작용하고 있는 것이 분명하다.

환자가 일련의 사건을 얘기하고 끝을 맺으면서, 이 모든 사건들이 무엇보다도 자신이 〈홀로 서 있다는 사실〉을 고통스럽게 만들었다고 호소했다. 또한 그녀가 가족의 새로운 생활을 재건하기 위해 덧없는 시도를 하곤 했던 여러 사건에 대해 얘기하면서 그

때마다 자신에게 고통을 주는 것은 무력감, 즉 〈더 이상 한 발자국도 나아갈 수 없다〉라는 느낌이었다고 지겹도록 반복해 말했다. 나는 보행 곤란이 발생하도록 영향을 미친 요소 중에 이러한 그녀의 상념이 중요한 역할을 했다는 생각이 강하게 들었다. 즉 그녀는 다름 아닌 바로 〈고통스러운 사고(思考)에 대한 상징적 표현〉을 찾고 있었으며, 자신의 병을 악화시키는 데에서 그 표현을 발견한 것이라고 생각할 수밖에 없었다. 이와 같은 상징화를 통해 히스테리의 신체 증상이 발생할 수 있다는 것은, 이미 앞 장의 「예비적 보고서」에서도 주장한 바 있다. 이러한 상징화를 증명하는 몇 가지의 예를, 이 사례에 대한 논의 부분에서 소개하고자 한다.

엘리자베트 폰 R. 양의 경우, 상징화라는 심리 기제가 가장 우선적으로 작용한 것은 아니며, 또한 그것이 보행 곤란을 일으키게 된 것도 아니다. 오히려 이미 존재하던 보행 곤란이 앞에서 설명한 식으로 강화를 받으면서 상징화되어 나타난 것으로 볼 수 있다. 그렇기 때문에 내가 그녀의 보행 곤란을 처음으로 진찰했을 때는 심적 연상을 기초로 하는 기능 마비일 뿐 아니라 상징화를 토대로 하는 기능 마비로도 생각할 수 있는 발전 단계에 있었던 것이다.

이 환자에 대한 설명을 계속하기 전에, 제2치료기 때 보였던 그녀의 태도에 관하여 몇 가지 덧붙여 두고 싶은 것이 있다. 이 기간에는 주로 환자의 머리를 손으로 압박하여 심상이나 생각을 상기시키는 방법을 가지고 심층 분석을 했다. 그렇기 때문에 이 방법은 환자의 충분한 협력과 자발적인 관심 없이는 아무 쓸모없는 방법임은 말할 것도 없다. 가끔씩 그녀의 행동은 내 기대치 이상이었으며, 이 치료 기간 동안에 그녀는 어느 주제에 결부되어 있는 각각의 장면을 매우 정확하게, 그리고 연대순으로 정연하게 표현하고 있어서 상당한 놀라움을 주었다. 마치 한 페이지 한 페이지가 눈앞에 펼쳐지는 긴 두루마리 그림을 보고 있는 듯한 느낌이었다.

그러나 그렇지 못할 때도 있었는데, 그것은 내가 예상할 수 없는 어떤 장애가 아직 존재하고 있기 때문인 것이라고 생각했다. 이때에는 손으로 압박해도 무엇 하나 생각나지 않는다고 했다. 내가 압박법을 반복해서 시도한 후 그녀에게 잠시 기다려 보도록 지시했으나 그녀는 태연하게 아무것도 떠오르지 않는다는 것이었다. 치료 초기에는 이러한 그녀의 고집스러운 태도에 부딪힐 때마다 곧 치료를 중지하기로 결정했다. 즉 오늘은 적당한 날이 아니니까 다음에 다시 해보자고 했던 것이다.

그러나 다음 두 가지 사실을 깨닫고 난 후 이러한 생각을 바꾸기로 했다. 우선 압박 요법이 효과를 나타내지 않을 때는 엘리자베트의 기분이 즐거운 상태에 있고, 통증을 느끼지 않을 때였다. 그녀의 기분이 나쁜 날에는 절대로 그러한 일이 일어나지 않았다. 또 하나는 그녀가 〈아무것도 떠오르지 않습니다〉라고 말할 때는 이미 그 전에 오랜 시간을 끌면서 무엇인가에 몰두하고 있는 듯한 긴장된 표정을 짓곤 했다. 그것은 분명 그녀 내부에 어떤 심리적 작용이 일어나고 있다는 사실을 단적으로 보여 주고 있는 것이었다.

그래서 나는 과감히 다음과 같은 가정을 세웠다. 방법이 실패한 것은 결코 아니다. 그녀는 내가 손으로 머리를 압박할 때면 언제나 무엇인가가 마음에 떠오르거나 또는 어떤 상(像)이 눈앞에 나타나는데, 그것을 나에게 말하고 싶지 않거나 일단 상기된 것을 다시 억누르려고 시도하는 것이다. 이와 같이 그녀가 침묵하게 된 동기로는 다음 두 가지를 생각할 수 있다. 즉 엘리자베트가 자기 마음에 떠오른 어떤 상을 스스로 판단하여 제기된 질문에 대한 답으로는 별로 의미가 없다고 생각한다거나 혹은 그것을 보고한다는 것 자체가 본인으로서는 너무나도 불쾌하기 때문에 주저하는 마음이 생긴 것이다.

그래서 나는 나 자신의 압박 요법에 대해 신뢰감과 확신을 갖고 있는 것처럼 단호하게 행동했다. 그녀가 〈아무것도 떠오르지 않습니다〉라고 말해도 나는 그에 동의하지 않았다. 나는 그녀에게 확실하게 말했다. 〈분명히 무엇인가가 떠올랐는데, 그것을 미처 알아차리지 못했을지도 모르니까 한 번 더 압박을 하겠습니다. 아니면 혹시 지금 당신에게 떠오른 것이 별로 의미가 없다고 생각하는 것은 아닙니까? 만약 그렇다면 그런 것은 당신이 걱정할 일이 아닙니다. 당신은 철저하게 객관적인 태도를 취하고 마음에 떠오른 것을 그대로 말해야만 합니다. 그것이 의미가 있는 것일 수도 아닐 수도 있지만 그것은 내가 판단할 일입니다. 지금 당신은 무엇인가 머릿속에 떠오른 것을 나에게 숨기고 있습니다. 무엇이든 내게 숨기고 있는 한은 당신의 통증은 사라지지 않습니다.〉

이런 식으로 설득한 덕분에 그 이후로는 정말로 압박 요법이 효과를 거두지 못하는 경우가 없어졌다. 그래서 나는 내가 상황을 제대로 파악한 것이라고 생각할 수밖에 없었다. 그리고 이런 분석을 통해 나의 압박 요법에 대해 말 그대로 무조건 신뢰하게 되었다. 때로는 세 번이나 압박을 반복한 뒤에야 겨우 그녀가 머리에 떠오른 것을 보고하는 경우도 있었는데, 그때는 이렇게 덧붙였다. 〈그것이라면 처음부터 바로 말씀드릴 수 있었는데……〉, 〈그렇죠. 그럼 왜 바로 말하지 않았습니까?〉, 〈별로 중요한 것이 아니라고 생각했기 때문이에요〉 혹은 〈무시해도 되는 그런 정도의 것으로 생각했는데, 몇 번이나 그것이 떠오르더군요〉라고 말했다.

나는 이 힘든 치료를 계속하면서 기억이 떠오를 때 환자가 보이는 저항에 더욱 깊은 의미를 두게 되었으며, 특히 어떤 경우에 눈에 띄게 저항을 보이는지를 신중하게 정리하기 시작했다.[7]

이제 제3치료기로 접어들기 시작했다. 환자는 점점 좋아졌다. 그리고 심적으로 누적된 짐이 가벼워져 효과적인 결과를 얻을 수 있게 되었다. 그러나 통증은 아직 없어지지 않았으며, 지금도 자주 아팠다. 더구나 통증의 강렬함도 이전 그대로였다. 이처럼 치료 효과가 불완전하다는 것은 곧 분석이 불충분했다는 점을 의미한다. 통증이 어떤 순간에, 또 어떤 기제로 인해 발생한 것인가에 대해 여전히 정확하게 알지 못하는 상태였다. 제2치료기 때 매우 다양한 장면이 재현되었음에도 불구하고, 떠오른 장면을 말로 표현한다는 자체에 그녀가 보인 저항을 관찰하면서 나는 특별한 의구심을 갖게 되었다. 그러나 그것을 앞으로의 치료에 기초 자료로 받아들일 결심은 아직 서지 않았다. 그런데 뜻밖에도 우연하게 일어난 상황이 그것을 일시에 해결해 주었다. 언젠가 환자에 대한 심리 분석을 하고 있을 때였다. 옆방에서 남자의 발소리가 들리더니 무엇인가를 묻고 있는 듯한 경쾌한 목소리가 들렸다. 그러자 R 양이 갑자기 몸을 일으키고는, 〈오늘은 이것으로 끝내 주시겠습니까? 지금 형부가 오셔서 저를 찾고 있거든요〉라고 말했다. 그녀는 그 순간까지 전혀 통증을 느끼지 않았는데, 이 소리를 듣자 격렬한 통증으로 표정이 일그러지고 걸음걸이가 뒤틀리기 시작했다. 나는 의심이 깊어지면서 결정적으로 중요한 설명을 끌어낼 결심을 했다.

그래서 나는 최초의 통증이 나타났던 당시의 상황과 함께 병의

7 이것이 임상적으로 매우 중요한 현상인 〈저항〉에 대한 첫 번째 언급이다. 다음에 이에 대해 좀 더 자세하게 설명할 것이다.

원인에 관하여 질문했다. 그녀의 생각은 가슈타인 여행 이전에 갔던 휴양지로 향했고, 전에도 언급했지만 아직 완전하게는 다루지 못한 몇 가지 장면이 다시 나타났다. 그녀는 당시 자신의 기분 상태, 어머니의 시력이 저하되는 것에 대한 불안, 어머니의 눈 수술 동안 간병하면서 생긴 피로, 그리고 인생에서 향유할 수 있는 것과 성취할 수 있는 모든 것을 더 이상 이룰 수 없다는 최후의 절망과 고독 등에 대해 회상했다. 그때까지 그녀는 남자의 도움을 필요로 하지 않을 만큼 강인함을 보여 왔다. 그러나 이제 그녀의 마음을 지배하고 있는 것은 여성으로서의 나약함에 대한 인식이었고 사랑에 대한 동경이었는데, 이는 그녀의 말에 따르면 얼어붙어 있던 마음이 녹아내리기 시작한 것이었다. 작은언니의 행복한 결혼은 당시 이러한 마음이던 그녀에게 더없이 강렬한 인상을 주었다. 형부가 언니를 눈물겹도록 보살필 때, 두 사람이 눈의 움직임만으로도 서로를 깊이 이해하고 있음을 느낄 때, 그리고 두 사람이 일심동체인 것처럼 보일 때 그러한 인상을 받았던 것이다. 그렇게 빨리 두 번째 아이를 갖게 된 것은 분명 유감스러운 일이다. 그 두 번째 임신 때문에 병이 생겼다는 것을 언니는 알고 있었으나 그 원인이 형부이기 때문에 언니는 얼마나 기쁜 마음으로 그 병을 견뎠던가! 처음 형부는 엘리자베트의 통증과 밀접한 관계가 있는 산책을 함께하지 않으려고 했다. 그는 병상에 있는 아내 곁에 남아 있는 것이 좋겠다고 생각했기 때문이다. 그러나 언니가 엘리자베트를 기쁘게 해주려고 눈짓을 하여 가도록 종용했던 것이다.

엘리자베트는 산책하는 동안 형부와 함께 걸었다. 두 사람은 여러 가지를 마음 터놓고 서로 이야기를 나누었다. 그녀는 형부가 말하는 것 모두에 동의하고 있는 자신을 발견했다. 그리고 자신도 이 형부와 같은 남편이 있었으면 좋겠다는 생각이 간절하게 일어나고 있음을 느꼈다. 그 후 며칠이 지난 아침의 일이었다. 언니 부부가 떠난 후에 그녀는 그들이 마음에 들어했던 산책 장소인 언덕에 올라갔다. 그녀는 그곳에 있는 돌에 앉아 다시 언니 인생에 찾아온 행복을 꿈꾸었고, 형부처럼 자신의 마음을 사로잡을 수 있는 남성을 생각했다. 그러고 난 후 그녀가 일어설 때 통증이 느껴졌다. 이때의 통증은 곧 사라졌지만, 그날 오후에 온천욕을 하고 나서 다시 통증이 나타나기 시작했으며, 그 이후로는 통증이 사라지지 않았다. 나는 그녀가 목욕을 하면서 어떤 생각을 하고 있었는지를 조사해 보고자 했다. 그러나 그 온천 여관은 언니 부부가 묵었던 곳이기에 멀리 떨어져 있는 가족에 대한 생각만 하고 있었다는 사실을 알게 되었을 뿐이다.

나는 이 모든 것이 무엇을 의미하는가를 이미 오래전부터 알고 있었다. 그러나 환자는 고통스러우면서도 감미로운 회상에 빠져, 자신의 설명이 어떤 방향으로 나아가고 있는지를 깨닫고 있지 못하는 것 같아 기억을 떠올리는 작업을 계속해 나갔다. 가슈타인에 관한 것이었다. 편지를 받았을 때의 근심스러운 예감과, 결국에는 언니의 상태가 좋지 않다는 통보, 가슈타인을 겨우 출발할 수 있었던 저녁 무렵까지의 오랜 기다림, 고민과 불안 속에서 잠 못 이루던 야간 여행 — 이 모두가 격렬한 통증을 유발하는 계기가 되었다. 나는 그녀에게 여행을 하는 동안 곧바로 현실이 될 슬픈 가능성에 대하여 생각했었는지 물어보았다. 애써 그 생각을 피하고 싶었는데, 자기 생각에 어머니는 처음부터 최악의 사태를 각오하고 있었던 것 같다고 그녀는 대답했다. 회상은, 빈 도착, 그곳에서 만난 친척들로부터 받은 인상, 빈에서부터 언니가 사는 근처 피서지로 가는 짧은 여행, 저녁 무렵에 그곳에 도착해서 정원을 지나 작은 가옥의 입구까지 빠른 걸음으로 걸었던 길 등으로 이어졌다. 집 안의 고요함, 무겁고 답답한 어둠, 형부가 그들을 맞이할 수 없었던 일들이 떠올랐다. 그러고 나서 두 사람은 침대 앞에 서서 죽은 언니를 바라보았다. 사랑하는 언니가 작별 인사도 없이, 또 최후의 나날들을 그들의 간호도 받지 못한 채 죽었다는 사실에 대한 두려움 — 이 두려움을 인식하는 순간에 엘리자베트의 뇌리에는 또 다른 생각이 섬광처럼 떠올랐다. 이제 이 생각은 거부할 수조차 없을 정도로 한 번 더 그녀를 엄습해 왔는데, 그것은 마치 어두운 밤을 통과하는 선명한 번개와도 같았다. 이제 형부는 원래대로 자유로운 몸이 되었고, 자기는 형부의 아내가 될 수 있다는 생각이 불현듯 떠오른 것이다.

이제 모든 것이 분명해졌다. 이로써 지금까지 이 사례를 분석해 온 노고가 충분히 보상받게 되었다. 양립할 수 없는 생각을 〈쫓아낸다〉는 개념과 히스테리 증상은 심적 흥분이 신체적인 것으로 전환된 것이며, 〈방어〉하고자 하는 의지가 작용하여 분리된 심리군을 형성하는 데에서 발생한다는 생각 등 그 한순간에 구체적인 형상으로 내 눈앞에 떠올랐다. 이제 모든 것이 분명하게 밝혀졌다.

이 처녀는 형부에게 깊은 애정을 품고 있었는데, 그것을 의식 안으로 받아들이기에는 그녀의 도덕성 전체가 저항하고 있었다. 그녀는 형부를 사랑하고 있다는 사실을 인정하는 고통 대신에 신체적인 통증을 만들어 냄으로써 그로부터 벗어나는 데 성공했던 것이다. 형부를 사랑한다는 인식이 그녀의 마음에 떠오르려는 순간(예를 들어 형부와의 산책 도중이나 돌에 앉아 몽상에 잠겨 있는 아침, 혹은 목욕 중, 죽은 언니의 침대 머리맡 등)에 신체적으로 전환시켜 바로 통증이 발생했던 것이다. 내가 그녀를 치료하기 시작했을 때는 형부와의 애정과 관계 있는 생각들은 이미 그녀의 의식에서 격리되어 있었다. 그렇지 않다면 그녀는 이러한 치료를 결코 찬성하지 않았을 것이라고 생각한다. 그녀가 외상적 작용을 하는 장면을 재현할 때 반복적으로 나타냈던 저항은, 사실상 견딜 수 없는 모순된 관념을 연상으로부터 강제로 밀어내는 에너지에 해당되는 것이었다.

그러나 곧 의사에게는 어려운 시기가 찾아왔다. 억압된 관념을 다시 받아들이게 됨으로써, 이 가련한 여인에게 더욱 심한 재기 불능의 결과가 야기된 것이다. 내가 그녀의 심적 상황을 감정이 배제된 건조한 말로 집약하여 〈당신은 전부터 형부를 사랑했던 겁니다〉라고 말했을 때 그녀는 버럭 소리를 질렀다. 그 순간 그녀는 격렬한 통증을 호소했고, 그러한 설명을 거부하기 위해 최후의 절망적인 노력을 기울였다. 〈그건 사실이 아니에요. 당신이 나에게 주입하는 거예요. 그런 일은 있을 수가 없다고요. 나는 그렇게 나쁜 짓을 할 수가 없어요. 나 자신이 도저히 용납할 수 없는 일이라고요〉라고. 그 당시 내가 그녀 자신이 말한 여러 사실을 토대로, 그 이외에는 달리 어떠한 해석도 가능하지 않음을 증명하는 것은 어려운 일이 아니었다. 그러나 내가 두 가지 이유, 즉 누구나 자신의 모든 감정에 대하여 책임을 지는 것은 불가능하다는 사실과 이러한 상황으로 인해 병에 걸린다는 점은 바로 그녀의 도덕성을 보여 주는 확실한 증거라는 것 등을 들어 그녀를 위로했음에도 이러한 위로의 말이 그녀에게 어떠한 영향을 미치기까지는 오랜 시간이 걸렸다.

이제 환자의 고통을 덜어 주기 위해 하나의 통로보다는 다양한 통로를 통해 치료를 진행해 나가야만 했다. 우선 억압된 감정을 풀어내는 작업을 통해 훨씬 이전부터 쌓여 있는 정서적 흥분을 제거할 수 있는 기회를 주고자 했다. 그래서 나는 그녀가 형부를 처음 만났을 때부터 생긴 최초의 인상, 즉 무의식 속에 품고 있던 애정의 시작 단계를 조사해 나갔다. 그 부분에서는 나중에 완전히 무르익은 열정이 되어 기억 속에서 그토록 중요한 의미를 만들어 내게 된 약간의 징조*Vorzeichen*와 직관*Ahnung*이 발견되었다.

형부가 처음 그녀의 집을 방문했을 때, 엘리자베트를 자신의 결혼 상대자로 착각하여 그녀보다 나이가 많고 다소 눈에 띄지 않는 언니보다 먼저 그녀에게 인사를 했다. 또 어느 날 밤에는 두 사람이 매우 즐겁게 이야기를 나누며 서로 마음이 잘 맞는 듯이 보였기 때문에 신부 당사자인 언니가 반은 진심으로 〈처음부터 두 사람이 만났더라면 정말 잘 어울렸겠어요〉라고 말해 두 사람의 대화가 중단된 적이 있었다. 또 언젠가는 아직 형부와 언니의 약혼에 관해 아무도 모르고 있던 어느 모임에서 이 청년이 화제가 된 적이 있었다. 그때 한 부인이 그의 외모에서의 결함을 지적하며, 그것이 어렸을 때 뼈에 병이 있었기 때문에 생긴 것이라고 말했다. 그때 당시 약혼자인 언니는 잠자코 듣고 있었는데, 오히려 엘리자베트가 갑자기 일어나서는 자신도 이유를 모를 만큼 정색하며, 그의 외모에는 결함이 없으며 균형이 잡혀 있다면서 대들 듯이 변호했던 것이다. 이 같은 기억들을 되살림으로써 형부에 대한 애정이 오래전부터, 아마도 처음 그를 만났을 때부터 그녀의 마음속에 잠재되어 있었으며, 그녀 자신이 자연스럽게 받아들일 수 있도록 처제로서 형부에 대한 순수한 친근감이라는 가면을 쓰고 오랫동안 숨겨 왔다는 것이 명백해졌다.

이와 같이 억압된 감정을 풀어내는 과정은 그녀에게 확실히 좋은 효과를 가져다주었다. 그러나 나는 계속해서 그녀에게 현재의 상황을 깨닫게 해줌으로써 차츰 병에서 회복되게끔 했다. 나는 이러한 목적을 가지고 그녀의 어머니와도 면담했다. 부인과 이야기하면서, 최근에 겪은 여러 가지 불행한 일로 힘이 빠져 있었지만 이해심이 많고 세심한 부인이라는 것을 알 수 있었다. 또한 언젠가 큰 형부가 홀아비가 된 동서를 냉정하고 공갈을 일삼는 사람이라고 비난하여 이로 인해 엘리자베트가 무척 괴로워하고 더욱 위축된 적이 있었는데, 부인을 통해 자세히 알아본 결과 작은 형부는 결코 그런 인격적인 모욕을 당할 필요가 없었다는 것을 알게 되었다. 그 사건은 순전히 오해였으며, 금전에 대한 두 형부의 가치 평가가 분명하게 다른 데서 비롯된 것이었다. 금전을 장사의 도구로 보는 사업가의 사고 방식은 관리의 금전에 대한 가치 평가와 완전히 다를 수 있는 것이다. 그 고통스러운 사건도 실상은 이와 다를 바 없는 것이었다. 나는 엘리자베트의 어머니에게 앞으로는 엘리자베트가 알아야 할 필요가 있는 모든 설명을 다해 줄 것과 그녀가 지고 있는 마음의 짐을 어머니에게 모두 부담 없이 얘기할 수 있도록 기회를 주라고 부탁했다.

나는 또한 이제는 의식 수준에 있는 이 여인의 소망을 실현하기 위해서는 어떤 가능성이 있는지를 알기 위해 고심했다. 그러나 그런 전망은 그리 밝지 못했다. 그녀의 어머니는 형부에 대한 엘리자베트의 감정을 예전부터 눈치채고 있었지만 설마 언니가 살아 있을 때부터 이미 싹트고 있었을 줄은 전혀 짐작도 못 했다고 말했다. 그리고 누구든 그 두 사람이 함께 있는 것을 보고 있으면 — 사실 이제는 아주 드문 일이 되었지만 — 엘리자베트가 형부의 마음에 들려고 애쓴다는 것을 분명히 알 수 있었다고 말했다. 그러나 어머니인 그녀도, 가족의 후견인들도 두 사람의 결혼을 찬성하지 않았다고 한다. 형부는 건강이 그리 좋지 않았는데, 그나마 사랑하는 부인을 잃고 나서는 그마저도 타격을 입고 있었다. 또한 그의 마음이 재혼을 할 수 있을 만큼 회복되었는지도 전혀 확실하지 않았다. 형부 쪽에서도 자신의 생각이 정해지지 않았는데 소문이 먼저 나게 되는 것을 피하려고 해서인지 소극적인 태도를 취하고 있었다. 이처럼 양쪽 다 머뭇거리고 있었기 때문에 엘리자베트가 바라는 일은 이루어지지 않았던 것이다.

나는 어머니로부터 들은 것 모두를 딸에게 있는 그대로 말해 주었다. 두 형부 사이의 금전 문제를 설명해 줌으로써 그녀를 안심시켜 주었다. 그리고 다른 한편으로는 장래가 불확실한 것을 지금 어떻게 할 수 있는 것이 아니므로 침착하게 기다리라고 그녀를 격려했다. 여름이 다가오고 있었기 때문에 치료를 여기서 일단락을 지어야만 했다.

그녀의 증상은 차츰 좋아졌고, 브로이어 박사와 내가 통증의 원인을 찾은 이후로 우리들은 더 이상 그녀의 통증을 화제로 삼지 않았다. 비록 나로서는 그녀의 억눌려 있던 감정이 완전하게 억압에서 풀렸다고 느껴지지는 않았지만, 그런대로 분석이 마무리되는 것 같았다. 나는 그녀가 치료가 된 것으로 간주했으며, 이후로는 자신의 어려움을 스스로 처리해 나갈 수 있고 이제 해결의 길이 열렸다고 말해 주었다. 그녀도 이 말을 부인하지 않았다. 그러고 나서 그녀와 어머니는 큰언니 가족과 함께 피서 여행을 떠났다.

엘리자베트 폰 R. 양의 사례의 이후 경과에 대한 기록을 간단히 덧붙이겠다. 우리가 헤어지고 나서 몇 주일 후에 나는 그녀의 어머니에게서 절망적인 편지 한 통을 받았다. 그 편지의 내용은 이런 것이었다.

제가 먼저 엘리자베트와 마음의 문제에 대해 서로 이야기해 보려고 했는데 엘리자베트가 굉장히 화를 내며 반발했고, 그때부터 또다시 격렬한 통증이 시작되었습니다. 엘리자베트는 선생님이 자신의 비밀을 발설한 것에 대해 몹시 화를 냈습니다. 이제는 더 이상 손을 쓸 수 없는 상태가 되었고, 그래서 치료도 완전히 실패로 돌아간 것 같습니다. 이제, 도대체 어떻게 하면 좋을까요? 엘리자베트는 더 이상 선생님과 아무것도 이야기하려고 들지 않을 겁니다.

나는 답장을 하지 않았다. 엘리자베트가 나와 헤어진 후에 어머니의 개입을 거부하고 다시 고독에 빠지게 되리라는 것을 당연히 예상했기 때문이다. 그러나 나는 머지않아 모든 일이 잘될 것이며, 내가 한 노력이 결코 수포로 돌아가지 않으리라는 확신이 있었다. 두 달 후에 그들은 다시 빈으로 돌아왔다. 그리고 이 환자를 나에게 소개해 준 동료 의사로부터 전해 들은 바로는, 엘리자베트가 상당히 잘 지내고 있으며 아무 문제도 없는 사람처럼 행동하는데, 가끔은 아직도 미미하게 통증을 느낄 때가 있다고 했다.

그때 이후로 엘리자베트로부터 이와 유사한 내용의 편지를 몇 번인가 받았다. 그때마다 언젠가 나를 만나러 찾아오겠다는 약속을 하곤 했다. 그러나 그녀가 실제로 찾아온 적은 없었다. 이것은 정신분석을 통한 치료 과정에서 만들어지는 인간 관계의 특징이다. 나의 동료가 보증한 대로 그녀는 치유된 것이라고 볼 수 있었다. 그녀의 가족과 형부와의 관계는 특별한 변화 없이 그대로 유지되고 있었다.

1884년 봄, 내가 초청받은 어느 무도회에 그녀가 참석할 것이라는 소식을 들었다. 나는 그 파티에서 내 환자였던 그녀가 빠른 템포로 춤을 추며 내 앞을 지나가는 것을 보았다. 이후 그녀는 어느 외국인과 연애 끝에 결혼했다고 한다.

논의

나는 과거에 심리 치료자로서만 활동한 것은 아니었다. 나도 다른 신경 병리학자들과 마찬가지로 국부 진단이나 전기적 예후(豫後) 진단법에 대한 교육 훈련을 받았다. 그리고 내가 쓰는 사례들이 마치 단편 소설처럼 읽힌다거나, 누군가 말했듯이 이른바 과학으로서의 진지함이 결여된 것처럼 보인다는 얘기를 들으면 나 자신도 무척 생소하게 느껴진다. 이런 얘기는 결국 나 자신의 취향 때문이라기보다는 주제가 지닌 특성 때문이라고 생각하며 스스로를 위로할 수밖에 없다.

사실 국부 진단이나 전기적 반응과 같은 치료는 히스테리를 연구하는 데 큰 도움이 되지 않는다. 반면 상상력이 풍부한 작가들이 하듯이 세부적인 심리 과정을 자세히 기술하고 여기에 약간의 심리학적 공식을 적용시켜 보면 히스테리의 발생 과정에 대해 어느 정도 통찰을 얻을 수 있다. 이런 종류의 사례들은 자칫 잘못하면 정신병 환자의 사례와 동일하게 판단되기 쉽다. 그러나 사실은 한 가지 점에서 그보다는 낫다. 즉 환자의 고통스러운 이야기와 증상 간에 밀접한 관계가 있다는 것이다. 다른 어떠한 정신병 환자에게서도 이러한 밀접한 관련성은 아직까지 찾아볼 수가 없었다.

나는 엘리자베트 양의 사례를 기술하면서 그녀의 병이 회복되는 과정에 대해 내가 할 수 있는 모든 설명을 다해 보려고 노력했다. 이제 다시 한번 이 사례에서 중요한 부분을 정리해 보는 것이 의미 있을 것 같다. 나는 이 환자의 경우를 기술하면서 히스테리 환자에게서 자주 나타나는, 결코 퇴보한 결과로 볼 수 없는 여러 가지 성격 특징에 대해 기술했다. 즉 그녀의 타고난 재능과 포부, 도덕성, 그녀의 가족 내에서 우선적으로 충족되기를 바랐던 강렬한 사랑의 욕구, 전형적인 여성상에서는 찾아보기 어려운 독립심(이것이 고집 세고 싸움하기 좋아하고 속마음을 잘 드러내지 않는 모습으로 나타났음) 등에 대해 기술했다.

나의 동료가 얘기한 바로는 이 환자의 양쪽 가계(家系)에서는 특별히 거론할 만한 유전적인 문제는 보이지 않았다. 그녀의 어머니가 오랫동안 신경증적인 우울증으로 고생했지만, 이 점에 대해서는 자세히 조사되지 않았다. 그러나 어머니의 형제자매나 아버지 쪽의 가계 중 어느 누구도 신경증적인 문제를 지니지 않은 건강한 사람들이라고 보아도 괜찮았다. 또한 가까운 친척 중에도 심각한 신경증이나 정신병에 걸린 사람이 없었다.

환자가 사랑하는 아버지 곁에서 오랫동안 병 간호를 했음에도 소용이 없자 비통한 감정에 사로잡히게 된 것이다.

아픈 사람을 간호하던 역할이 히스테리 환자의 과거사에서 매우 중요한 위치를 차지하는데, 이러한 사실을 뒷받침할 만한 충분한 근거가 있다. 아픈 사람을 돌보는 일을 하는 동안 여러 요인이 작용할 수 있다는 것은 분명하다. 즉 충분히 잠을 자지 못하고 자기 몸을 제대로 돌보지 못하기 때문에 신체적 건강을 해칠 뿐 아니라 끊임없이 걱정으로 시달리기 때문에 생장 기능이 영향을 받는다. 그러나 내가 가장 중요하게 보는 요인은 이런 것이다. 즉 환자를 간호하는 사람은 그 간호에 필요한 여러 가지 일에 온 마음을 쏟기 때문에, 이 일이 수주간 혹은 수개월간 끝없이 계속되면서 자기 자신의 감정 표현을 전부 억제하는 데 익숙해지며, 다른 한편으로는 자기 자신의 인상(印象)을 정당화시킬 기력도 없기 때문에 주의를 곧 그 인상으로부터 딴 데로 돌리게 되는 것이다. 그래서 환자를 간호하는 사람은 자기 감정에 작용을 미칠 수 있는 전반적인 인상을 분명하고 충분하게 지각하지 못하며, 억눌려 있는 감정을 발산하여 약화시키지도 못한 채 자신의 마음속에 쌓아 두게 된다. 즉 그는 〈보유 히스테리Retentionshysterie〉가 될 소재를 만들고 있는 것이다. 간호하던 병자가 낫게 되면 물론 이 모든 인상은 그 의미가 사라지게 된다. 그러나 만약 그 병자가 사망하게 되면, 그때부터 죽은 이를 애도하는 시기가 시작되어 오로지 고인에 얽힌 것만이 가치 있는 것으로 여겨지고, 아직도 해결되지 못한 채 남아 있던 인상이 차례대로 나타나기 시작하고, 짧은 허탈 상태가 지난 후에 환자를 간호하는 동안 씨를 뿌린 셈인 히스테리가 갑자기 발생하게 되는 것이다.

우리는 병자를 간호하는 동안 축적되는 외상과 똑같은 요소를 나중에 가서야 우연히 발견하게 되는 경우가 있는데, 그런 경우 얼핏 질병으로 보이지는 않지만 히스테리 기제를 지니고 있다는 것을 알게 된다. 예를 들어 가벼운 신경 쇠약 상태의 매우 재능이 뛰어난 여성이 있었다. 그녀는 단 한 번도 병원 신세를 진 적이 없었고 하루하루 해야 할 일을 다 못한 적도 없었다. 그러나 그녀의 전반적인 성격은 히스테리 환자의 특성을 지니고 있었다. 그녀는 지금껏 서너 명의 사랑하는 사람을 임종의 마지막 순간까지 간호한 경험이 있다. 그때마다 그녀는 완전히 탈진했지만 그와 같이 비극적인 일을 겪은 후에도 그녀 자신이 병으로 쓰러진 적은 없었다. 그러나 간병했던 병자가 죽고 나서 세월이 어느 정도 지나고 나면, 그녀 내부에서는 병과 임종에 얽힌 여러 장면이 다시 한 번 눈앞에서 생생하게 재현되는 재생 작용이 일어나는 것이다. 그녀는 매일 각각의 인상을 새롭게 재경험하면서, 그로 인해 울고 또 스스로를 위로하곤 했다. 하루 중 시간이 남을 때면 그녀는 그렇게 그 시간을 보내는 것이었다. 그녀가 받은 인상을 다루는 이러한 과정은 그녀의 일상적인 일과처럼 되어 있었는데 이렇게 시간을 보낸다고 해서 해야 할 일을 다 못하는 경우는 없었다. 전체적인 사건이 오래된 것부터 순서대로 그녀의 눈앞을 스쳐 지나가는 듯했다. 그러나 어느 하루의 회상 작업이 정확하게 과거의 어느 날에 해당되는 것인지는 알 수 없었다. 그것은 그날 그날 가사일 외에 그녀에게 주어진 여가 시간이 얼마인지에 달려 있을 것이라고 나는 추측하고 있다.[8]

간병하고 있던 사람의 죽음 이후 짧은 공백 기간이 지나고 나면, 찾아오는 〈흐느낌의 분출〉 외에도 이 부인은 매년 다양한 격변의 시기에 정기적으로 회상 의식을 행하고 있었다. 이때는 생생한 시각적인 재생뿐 아니라 감정의 표출도 과거의 정확한 날짜에 맞춰 일어나는 것이다. 즉 언젠가 울어서 눈이 부어 있는 그녀를 우연히 만나, 〈오늘은 무슨 일이 있었습니까?〉라고 다정하게 물었다. 그러나 그녀는 반쯤 화가 나서 대답하지 않았다. 〈아니오, 오늘 전문의가 다시 여기에 오셨어요. 이미 가망이 없다는 것을 이해하라고 하셨어요. 그때 나는 울고 있을 여유조차 없었어요〉라고 말했다. 그것은 3년 전에 죽은 남편이 마지막으로 병을 앓고 있었던 것을 말하는 것이다. 해마다 이 회상 의식을 반복하면서 언제나 동일한 장면을 보고 있는 것인지, 아니면 나 자신의 이론에서 가정하듯이 그때마다 매번 다른 장면이 억압된 감정을 발산하는 과정 때문에 나타나고 있는 것인지, 그것을 알 수 있다면 나로서는 매우 흥미 있는 일이었을 것이다. 그러나 이 점에 관해서 확실한 것을 알 수는 없었다. 지적이면서도 강인한 성품의 이 부인은, 자신이 그런 추억들로 인해 강력한 영향을 받고 있다는 점

---

8 이러한 〈회상 활동〉과 관련하여 프로이트는 훨씬 뒤에 쓴 논문 「슬픔과 우울증」(프로이트 전집 11, 열린책들)에서 기록하고 있는 〈애도 작업〉을 예시하는 것 같다.

을 수치스럽게 생각하고 있었다.[9]

다시 한번 강조하지만 이 부인은 결코 병에 걸린 것이 아니다. 억압된 감정을 풀어내는 작업이 지연되는 것은, 매우 비슷하기는 하지만 결코 히스테리의 과정은 아니다. 병자를 간호하는 경험이 경우에 따라 히스테리를 야기시키기도 하고 그렇지 않기도 하는 이유가 무엇인가 하는 의문이 생길 수도 있다. 그것이 개인적인 소인에 기인할 리는 없다. 왜냐하면 그러한 소인이라면 지금 내

9 이전에 이와 같이 억압된 감정을 발산하는 과정이 지체되는 경우에 ─ 병 간호의 경험에서 유래된 것은 아니지만 ─ 수수께끼 같은 신경증의 주제를 만들 수 있다는 사실을 알고 놀란 적이 있었다. 열아홉의 아름다운 소녀 마틸드 H. 양의 경우가 바로 여기에 해당한다. 내가 그녀를 처음 보았을 때, 그녀는 양쪽 다리에 부분 마비 증상이 있었다. 그러나 그 이후 몇 개월이 지나서 그녀의 성격이 완전히 변해 버렸기 때문에 내가 그녀의 치료를 맡게 되었다. 그녀는 염세적일 만큼 우울했고 어머니에게 화를 자주 내서 손을 쓸 수가 없을 지경이었다. 환자의 전반적인 상태를 관찰해 보니 일반적인 우울증이라고 할 수는 없었다. 그녀는 깊은 몽유 상태로 아주 쉽게 빠졌다. 나는 그녀의 이러한 특이한 점을 이용하여 몽유 상태에서 그녀에게 여러 지시나 암시를 주었다. 그녀는 깊은 수면 상태에서 그러한 지시나 암시를 듣고 눈물을 많이 흘렸는데, 그외 다른 상태의 변화는 보이지 않았다. 그런데 어느 날 최면 상태에서 말을 상당히 많이 했다. 자신의 우울은 몇 개월 전의 파혼 때문이라는 것이다. 이 약혼자를 깊이 알게 되면서 어머니와 그녀는 약혼자에게서 마음에 들지 않는 점을 점점 더 많이 발견하게 되었다. 그러나 다른 한편으로는 결혼을 하면 분명히 경제적 이득을 많이 볼 수 있었기 때문에 파혼을 쉽게 결정할 수가 없었다. 그래서 어머니와 그녀, 두 사람 모두 오랫동안 결심을 할 수가 없어서 그녀 자신도 특별한 감정 없이 모든 것을 되는대로 두었는데, 결국 마지막에 어머니가 그녀를 대신하여 결혼을 딱 잘라 거절해 버렸던 것이다. 얼마 지난 후 그녀는 꿈에서 깨어난 듯한 기분이 되어 이미 내려진 결정을 계속 마음에 두고 끙끙 앓으며, 그 일이 스스로에게 잘한 것인지 아닌지 혼자서 골똘히 생각하기 시작했다. 그녀는 이러한 심리 상태가 지금까지도 계속되고 있다고 했다. 즉 그녀는 아직까지도 파혼 결정이 내려진 후 그 결정에 대해 의문을 던지며 고민하던 당시의 심리 상태로 살아가고 있으며, 매일매일 그 당시에나 적절했을 감정과 생각에 사로잡혀 방황하고 있는 것이었다. 그래서 어머니에게 화를 내는 것도 다름 아니라 바로 당시 상황에서 기인하는 것이었다. 그리고 그녀의 사고 활동에서 본다면 현재의 생활은 마치 꿈속의 일인 것처럼, 단지 현실의 허깨비로만 여겨지는 것이다. 그 이후 그녀는 두 번 다시 말을 하지 않았다. 깊은 몽유 상태에서 내가 이야기를 걸면, 그녀는 그때마다 목매어 눈물만 흘릴 뿐 결코 대답을 하지 않았다. 그런데 어느 날 아마 약혼 기념일쯤에 해당하는 날 같았는데 그녀에게서 우울한 모습이 일체 나타나지 않게 되었다. 나는 이것을 최면 요법의 덕분이라고 생각했다 ─ 원주.

가 소개했던 그 부인에게는 아주 많았기 때문이다.

여기서 다시 엘리자베트 양에 관한 이야기로 돌아가자. 엘리자베트의 경우 히스테리 증상이 처음 발생한 것은 아버지를 간호하는 동안이었으며, 그 증상은 오른쪽 대퇴부의 일정 부위에 통증으로 나타났다. 이 증상의 기제는 분석을 토대로 충분히 설명할 수 있다. 그것은 병을 앓고 있는 아버지를 돌봐야 한다는 의무감을 둘러싸고 있는 생각들과 그 당시 그녀가 느끼고 있었던 에로틱한 욕망의 내용이 갈등을 일으켰던 순간에 일어났다. 그녀는 심하게 자책하면서 자신의 의무를 다할 것을 결심했는데, 그러면서 히스테리성 통증이 만들어진 것이다.

히스테리의 전환 이론에 따르면, 그 과정을 다음과 같이 기술할 수 있다. 그녀는 관념을 억압하여 의식에 떠오르지 않도록 하고, 거기에서 생긴 감정의 양을 신체적인 통증으로 변화시킨 것이다. 그녀에게 나타난 이 최초의 갈등이 단 한 번뿐이었는지, 아니면 여러 차례 계속되었는지는 분명하지 않았다. 아마도 몇 번 반복되었을 가능성이 더 많다. 이와 똑같은 갈등이 — 그사이 그녀에게 도덕적인 중요성이 더 높아지고 분석을 통해 좀 더 명확해진 이유도 있지만 — 몇 년이 지난 후에는 훨씬 심해져서 통증이 더 악화되고 그 범위도 더 넓어졌다. 다시 에로틱한 관념군이 그녀의 총체적인 도덕적 관념과 갈등을 일으키게 되었다. 애정이 형부에게 기울어져 있었기 때문에 다른 사람이 아닌 이 남자에게 마음이 끌린다는 생각은 언니가 살아 있을 때나 죽은 후나 마찬가지로 그녀에게 용납될 수 없는 것이었다. 분석을 통해 이러한 갈등에 대한 상세한 정보를 얻을 수 있었고, 바로 이 갈등이 이 병의 진행 과정에서 중심을 이룬다는 것이 밝혀졌다. 형부에 대한 감정은 이미 오래전부터 싹텄을지 모르지만 그것이 발전된 계기는 병 간호를 하는 동안 육체적으로 쇠약해지고 몇 년간 계속된 낙심으로 인해 정신적으로도 지쳐 있었기 때문이다. 차가웠던 그녀의 본성이 녹기 시작했고, 자신이 한 남자의 사랑을 원하고 있다는 사실을 스스로 받아들이게 되었다. 휴양지에서 함께 지낸 몇 주 동안에 그녀의 통증뿐 아니라 이 에로틱한 애정도 최고조에 이르렀다.

이 시기에 환자가 특수한 심리 상태에 놓여 있었다는 것은 분석을 통해 입증되었다. 그러나 에로틱한 감정과 통증이 그 당시의 심리 상태와 어떻게 결합되었는지는 전환 이론에 따라 이해할 수 있는 것으로 보인다. 내 생각으로는, 그 당시 형부에 대한 그녀의 감정이 매우 강렬했음에도 자기 자신조차도 분명하게 의식하지 못했던 것으로 보인다. 아주 드물게 의식되는 경우가 있었지만 그것도 매우 순간적이었다. 만약 그렇지 않았다면 이 환자는 애정과 도덕적 관념 사이에 생기는 모순을 의식하지 않으면 안 되었을 것이고, 분석을 통해 알게 된 그녀의 괴로운 마음과 유사한 그런 정신적 고통을 경험할 수밖에 없었을 것으로 보인다. 그러나 그녀는 이런 종류의 괴로움을 회상해 내지 않았으며 그와 같은 내용을 회상하는 것을 피했다. 결국 그녀는 감정 자체를 자신도 분명하게 의식하지 못했던 것이다. 분석하는 동안도 그랬지만 그 당시에도 형부에 대한 애정은 다른 관념적인 세계와는 어떠한 관계도 없는 이물질과 같이 그녀의 의식 속에 존재하고 있었다. 그녀는 이 애정에 대해서 알고 있으면서도 또한 동시에 전혀 모르기도 하는 특수한 상황에 놓여 있었는데, 이를테면 심리군이 서로 분리된 상태였던 것이다. 우리가 〈그녀가 이 애정을 분명하게 의식하고 있지 않다〉라고 말하는 것은 이러한 의미를 담고 있다. 즉 그 애정을 의식하는 정도가 질적으로 혹은 양적으로 적다는 것을 의미하기보다는, 형부에 대한 애정과 관련된 관념이 그녀의 마음속에 있는 다른 관념 내용과 자유로운 연상을 통한 사고 교류에서 분리되어 있다는 것을 의미한다.

그런데 이토록 정서적으로 뚜렷하게 강조된 관념군이 어떻게 그 상태로 고립된 채 지속될 수 있을까? 우선 일반적으로 연상 속에서 한 관념으로 인해 활성화되는 부분은 그 관념에 얽힌 감정의 양에 비례하여 증가한다.

이미 확실하게 입증된 다음 두 가지 사실을 고려한다면 이 질문에 답을 할 수 있을 것이다. (1) 분리된 심리군이 형성됨과 동시에 히스테리성 통증이 발생했다는 점, (2) 환자는 분리된 심리군과 그녀의 의식 속에 있는 다른 내용과의 연관을 찾아 내려는 시도에 격렬한 저항을 나타냈다는 점. 그럼에도 결국 이러한 관련성이 발견되면, 그녀는 커다란 심리적 고통도 느꼈다. 히스테리에 대한 우리의 견해로는 이 두 가지 사실을 그녀의 의식이 분리되어 있다는 것과 관련짓는다. 즉 그 해석에 따르면 이 중 두 번째는 의식을 분리하고자 하는 〈동기〉와 관련된 것이며, 첫 번째는 의식이 분리되는 〈기제〉와 관련된 것이다. 동기라고 하는 것은 방어하고자 하는 동기를 말하는데, 환자의 전체 자아 중 일부가 이 관념군과 타협하기를 거부하는 현상이다. 또한 기제는 전환, 바로 그것이다. 즉 그녀가 회피하는 정신적 고통 대신에 육체적 통증이 나타나는 것이다. 이런 식의 변화를 통해서 환자는 견디기 힘든 정신적 고통에서 벗어나는 이득을 얻고 있다. 그렇지만 사실은 이러한 이득이 의식이 분리되는 심리적 장애와 정위 불능-보행 곤란을 일으킨 통증과 같은 신체적 질병 등의 희생을 치르며 얻어지고 있는 것이다.

솔직히 말해 나로서는 이러한 전환이 어떻게 일어나는가에 대해 아무런 단서도 제시할 수가 없다. 그러나 의도적이고 자발적인 행위를 할 때와 같은 방식으로 전환이 일어나는 것이 아님은 분명하다. 그것은 심리적인 것을 신체적으로 전환하기 쉬운 경향성이 있는 성격 조직을 지닌 — 혹은 일시적으로 전환을 일으키기 쉽게 변형된 — 사람이 내적으로 방어하고자 하는 동기가 압력으로 작용할 때 일어나는 과정이다.

그런데 이 이론은 좀 더 깊이 검토할 필요가 있다. 우리는 여기서 신체적 통증으로 변화되는 것은 과연 무엇인가 하는 질문을 할 수 있다. 이에 대해 조심스럽게 답을 한다면 이렇다. 즉 그것은 정신적 고통이 될 수 있으며, 그렇게 될 수밖에 없던 그 어떤 것이다. 더 나아가 이 관념의 메커니즘을 일종의 대수학적 방법으로 표현한다면, 어느 일정한 감정의 양이 무의식 상태로 남아 있는 애정이라는 관념 복합체에서 비롯되는데, 바로 이 감정의 양이 전환되는 것이라고 말할 수 있다. 이 설명을 통해 직접적으로 얻을 수 있는 결론은, 〈무의식적인 사랑〉이 이러한 전환을 통해 현저하게 강도가 줄어들어 단지 희미한 관념에 불과하게 된다는 것이다. 결국 이와 같이 강도가 약해지는 것을 통해서만 비로소 무의식적인 감정이 분리된 심리군으로 존재할 수 있게 된다. 그러나 이처럼 미묘한 문제를 명확하게 묘사하기에는 지금 이 사례가 그리 적당하지 않은 것 같다. 아마도 그 이유는 이 사례에서는 전환이 단지 부분적으로만 일어나고 있기 때문일 것이다. 물론 다른 사례에서는 완전한 전환이 일어날 수 있으며, 그럴 경우 받아들일 수 없는 관념은 실제로 〈억압되어〉 버리는데, 강도가 매우 미약한 관념만이 그렇게 억압되는 것이 가능하다. 막상 받아들일 수 없는 관념과의 연상 결합이 이루어진 뒤에 환자 당사자들의 얘기를 들어 보면, 히스테리 증상이 나타난 이후부터는 그런 받아들일 수 없는 관념과 연관된 생각이 떠오르지 않았다고 한다.

앞에서 나는 이 환자가, 비록 잠깐 동안이긴 했지만, 어느 순간엔가 형부에 대한 사랑을 의식 수준에서도 인정한 적이 있었다고 주장했다. 그런 예로 죽은 언니의 머리맡에 서 있었을 때 〈이제 형부는 자유롭다. 내가 형부의 신부가 될 수도 있다〉라는 생각이 그녀의 뇌리를 스쳤던 순간을 독자들은 기억하고 있을 것이다. 이제 이런 한 사건이 신경증에 대한 우리의 견해에서 어떤 의의를 지니고 있는지 살펴 봐야 할 것 같다. 내 생각으로는 〈방어 히스테리Abwehrhysterie〉라는 개념 자체가 이러한 사건이 적어도 한 번은 나타나야 한다는 가정을 포함한다고 본다. 분명한 것은, 받아들일 수 없는 관념이 언제 갑자기 생겨나게 될지를 의식이 먼저 알 수는 없다는 것이다. 이 받아들일 수 없는 관념은 나중에는 그 관념에 속해 있는 부속물들과 함께 축출되어 분리된 심리군을 형성하게 되었지만, 원래는 사고의 주된 흐름과 교류하며 존재했던 것임이 틀림없다. 만약 처음부터 그 관념이 사고의 주된 흐름과 교류가 없었다면, 그런 관념을 축출할 수밖에 없게 된 갈등이 일어나지 않았을 것이다. 따라서 이러한 사건이야말로 바로 〈외상적〉이라고 부를 수 있는 것이다. 그리고 전환이 일어나 그 결과로서 의식의 분리나 히스테리 증상이 발생하게 된 것도 바로 그 사건이 발생한 순간이다. 엘리자베트 양의 사례에서 보았던 여러 사건(산책 장면, 아침에 언덕에서 생각에 잠겼던 장면, 온천욕을 할 때, 죽은 언니의 머리맡 등)이 모두 그러한 순간이라고 할 수 있다. 심지어는 치료 과정에서도 같은 종류의 새로운 사건들이 발생했을 가능성이 있다. 이와 같이 외상적 사건이 〈여러 번〉 일어날 수 있게 되는 이유는, 처음에 어떤 경험으로 인해 받아들일 수 없는 관념이 생기고, 그래서 그와 연관된 심리군이 분리된 다음에 다시 그 경험과 유사한 새로운 경험을 접하게 되면 그것이 이미 분리된 심리군에 새로운 자극을 주어 전환이 가져온 효과가 일시적으로 중단되기 때문이다. 자아는 갑자기 강하게 떠오르는 이러한 관념에 주의를 쏟을 수밖에 없으며 새로운 전환을 통해 이전의 상태를 복구하지 않으면 안 된다. 계속해서 형부와 만나고 있었던 엘리자베트로서는 새로운 외상을 경험하게 될 가능성이 특히 많았을 것이다. 내 생각으로는 외상과 관련된 사연이 모두 과거 속에 파묻혀 있는 사례의 경우에 이러한 설명이 한층 적합하다고 본다.

이제 이 사례들을 이해하는 데 어려웠던 점 하나를 다시 살펴봐야 할 것 같다. 나는 분석한 것을 토대로 다음과 같은 가정을 세웠다. 최초의 전환은 환자가 아버지를 간병하는 동안 발생했는데, 그때 그녀는 아버지를 돌봐야 한다는 의무감과 에로틱한 욕망 사이에서 갈등을 느끼고 있었다. 그리고 그때 일어난 일들은 나중에 알프스의 요양지에서 병을 일으킨 사건의 원형이 되었다. 그러나 환자의 얘기로는 자신이 아버지를 간병하던 시기와 내가 나중에 〈제1기〉라고 불렀던 시기에는 〈통증이나 보행 곤란이 없었다〉고 했다. 사실 아버지가 병석에 있는 동안 그녀가 다리의 통증으로 2~3일 동안 누워 있었던 적이 있다. 하지만 이때의 통증을 히스테리에서 비롯된 것이라고 봐야 할지는 여전히 의문이다. 분석을 통해서는 이 최초의 통증과 심리적 인상 간에 어떠한 인과 관계를 찾아볼 수 없었다. 어쩌면 그때 그녀가 겪은 통증은 흔한 류머티스성 근육통이었을 가능성이 있고, 또 실제로도 그랬을 것이라고 생각한다. 설령 이 최초의 통증이 그 당시에 품었던 에로틱한 생각을 거부한 결과 발생한 히스테리성 전환 때문이라고 가정한다고 해도, 그 통증이 단 며칠 만에 사라졌으며, 그 당시에 환자가 실제로 보여 준 모습도 분석 과정에서 나타냈던 것과는 달랐다는 점이 여전히 문제로 남게 된다. 내가 〈제1기〉라고 명명한 시기에 대해 회상하는 동안 그녀는 자기 아버지의 병과 죽음, 그리고 큰 형부와 관련된 인상 등에 대한 기억을 떠올리면서 언제나 통증을 호소했다. 반면 그녀가 실제로 그러한 인상들을 경험할 당시에는 전혀 통증을 느끼지 않았다고 했다. 그렇다면 이것은 분석의 해석적 가치에 대한 우리의 신뢰를 크게 떨어뜨릴 만한 모순이라고 할 수 있지 않을까?

나는 이 통증 — 전환의 산물 — 이 환자가 〈제1기〉의 여러 가지 인상을 경험할 당시에는 발생하지 않았지만 나중에 〈제1기〉의 사건들이 지나간 이후, 즉 〈제2기〉에 이르러 그 인상들에 대한 기억을 떠올리면서 비로소 통증이 발생한 것이라고 가정한다면 이러한 모순을 해결할 수 있을 것이라고 생각한다. 다시 말해서 전환은 그녀가 막 경험한 인상과 결합되어 일어난 것이라기보다는 그 인상들에 대한 기억과 결합하여 일어난 것이다. 나는 심지어 이런 현상이 히스테리에서 전혀 특이한 것이 아니며, 실제로 히스테리 증상의 발생 시 흔하게 볼 수 있는 작용이라고 생각한다. 그러나 이와 같은 주장만으로는 충분한 설명이 되지 못하기 때문에 몇 가지 다른 사례를 제시함으로써 이런 주장을 좀 더 설득력 있게 만들고자 한다.

한번은 이런 일이 있었다. 어떤 환자와 이런 종류의 분석 치료를 해나가던 도중에 새로운 히스테리 증상이 나타나 그날 곧바로 그 증상을 제거하는 작업에 착수했다. 여기서 이 사례의 주요한 특징만 간추려 소개하겠다. 이 사례는 매우 단순하지만, 결코 흥미가 없지는 않을 것이다.

스물세 살 된 로잘리아 H. 양의 사례인데, 그녀는 몇 년 동안 성악가가 되기 위해 열심히 연습을 하고 있었다. 그녀는 훌륭한 목소리를 지녔음에도 어느 음역에 도달하면 목소리가 생각한 대로 나오지 않는다고 호소했다. 목구멍이 세게 조이는 듯이 꽉 막히면서 억지로 짜내는 듯한 음성이 나온다는 것이다. 이 때문에 그녀의 선생은 그녀가 성악가로서 무대에 서는 것을 아직 허락할 수 없었다. 이런 불완전한 발성은 단지 중간 음역에서만 나타났는데, 성대 그 자체에 결함이 있기 때문이라고 할 수는 없었다. 때때로 이런 장애가 전혀 나타나지 않을 때면 그녀의 선생은 아주 만족스러워했다. 그러나 그런 경우를 제외하고 그녀가 조금이라도 마음이 동요된다든지 어느 경우에는 아무런 원인이 없는데도 목구멍이 조이는 느낌이 들면 목소리 내는 것이 어려워진다. 이토록 매우 골치 아픈 문제 속에서 히스테리성 전환을 찾아내기는 그리 어렵지 않았다. 나는 성대 근육의 일부에서 정말로 수축이 일어나고 있는지 여부를 알아내려고 하지 않았다.[10] 그녀에게 최면을 걸어 분석해 나가는 동안 그녀의 과거사를 들으면서 다음과 같은 일들이 현재 증상의 원인으로 작용했다는 것을 알게 되었다. 그녀는 어린 시절 일찍이 부모를 잃고 숙모 집에서 함께 살게 되었는데, 그 집은 아이들이 많았고 매우 불행한 집안이었다. 숙모의 남편은 확실히 병적인 사람이었으며, 부인과 아이들을 가혹하

10 내가 본 또 다른 사례는 여가수였는데, 교근(咬筋)의 수축으로 노래 연습을 할 수가 없었다. 이 젊은 여성은 집안에 불행한 사건이 일어나 어쩔 수 없이 무대에 서야만 했다. 한번은 그녀가 로마에서 리허설을 하고 있었는데, 그때 그녀는 상당히 흥분된 상태였다. 그런데 갑자기 벌어진 입을 다물 수 없다는 느낌이 들면서 현기증과 함께 그대로 바닥에 쓰러졌다. 불려 온 의사는 그녀의 턱을 억지로 다물게 만들었다. 하지만 그 후로는 턱을 손가락 하나의 폭만큼도 벌릴 수 없게 되었고, 결국 그녀는 새롭게 선택한 그 직업을 포기할 수밖에 없었다. 몇 년 뒤 그녀가 치료를 받으러 내게 왔을 때는 이전에 정서적 흥분을 유발했던 원인이 많이 사라진 뒤여서 가벼운 최면 상태에서 한 마사지만으로도 입을 크게 벌릴 수 있었다. 그 후로 그녀는 청중들 앞에서 노래를 하게 되었다 — 원주.

게 학대했다. 그는 특히 집안의 하녀나 유모에게 공공연하게 성적인 감정을 표출함으로써 가족에게 마음의 상처를 입혔는데, 이런 행동은 아이들이 커가면서 더 심해졌다. 숙모가 사망한 후에 로잘리아는 어머니를 잃고 아버지에게 고통을 당하는 아이들의 보호자가 되었다. 그녀는 진지하게 자신의 의무를 다했고, 그녀의 입장에서 겪게 되는 모든 갈등을 힘겹게 이겨 나갔다. 그렇지만 숙부[11]에게서 느끼는 증오심과 경멸을 표현하지 않기 위해서는 상당한 노력이 필요했다. 목이 조이는 듯한 느낌이 들기 시작한 것도 바로 이 무렵이었다. 그녀가 대답을 자제하려고 하거나 비난을 듣고 분통이 터져도 침묵하려고 애를 쓸 때마다, 언제나 목구멍이 쥐어뜯기는 것 같고, 막히는 듯한 느낌이 들며 목소리가 나오지 않곤 했다. 이처럼 그녀의 후두 및 인후에 집중되었던 감각이 이제는 그녀가 노래를 부를 때 장애를 일으키고 있는 것이었다. 그녀가 숙부의 집에서 매일 겪게 되는 마음의 동요와 고통스러운 경험에서 벗어나 자립할 수 있는 기회를 찾고자 했던 것은 너무도 당연한 일이었다. 그때 매우 유능한 성악 선생이 아무런 사심 없이 그녀를 제자로 받아 주었고, 그 정도의 목소리라면 성악가로서 충분한 자질이 있다고 격려해 주었다. 그녀는 남모르게 이 선생 밑에서 레슨을 받게 되었다. 그러나 집에서 방금 격렬한 장면을 목격한 후에 아직도 목을 조르는 듯한 느낌이 남아 있는 채로 허겁지겁 성악 레슨을 받으러 가곤 했다. 결국 그녀가 노래를 부르는 것과 히스테리성 감각 이상 간에 어떤 견고한 결합이 이루어졌는데, 이러한 결합은 노래를 부르면서 시작된 기관 감각에 의해 이미 준비되어 있었던 것이다. 노래를 부를 때 완전히 그녀의 통제하에 있어야 하는 기관이 감정을 억제해야만 했

11 (1924년 추가된 각주) 이 경우도 사실은 숙부가 아니고 부친이다 — 원주.

던 많은 장면에서 생겨난 신경 흥분의 잔재들과 결부되었던 것이다. 그 후 그녀는 가정을 벗어나기 위해 숙부의 집을 떠나 다른 고장으로 옮겨 갔다. 그러나 그것만으로는 그녀의 어려움을 다 극복한 것이 아니었다. 아름답고 총명한 이 여인은 그 외의 다른 히스테리 증상은 보이지 않았다.

나는 그녀가 감정의 동요를 일으킨 경험들을 모두 회상하게 하고 그 사건들에 얽힌 억압된 감정을 발산하게 함으로써 이 〈보유 히스테리〉를 제거하기 위해 최선의 노력을 다했다. 나는 그녀로 하여금 숙부를 욕하고, 나무라게 하고, 그에게 있는 그대로 솔직하게 사실을 얘기하게 하는 등의 방법을 사용했다. 이런 치료는 그녀에게 매우 효과가 좋았다. 그러나 불행히도 그녀는 빈에서 매우 좋지 않은 조건 속에 살고 있었다. 그녀는 친척 운이 없었다. 그녀는 외삼촌 집에 머물렀는데 그는 그녀에게 자상하게 대해 주었다. 그런데 이것이 화근이 되어 외숙모가 그녀를 싫어하게 되었다. 외숙모는 자기 남편이 조카딸에게 너무 깊은 관심을 나타낸다고 의심의 눈초리로 바라봤고, 그래서 로잘리아가 빈에 계속 머무르는 것을 가능한 한 끝까지 방해하고자 했다. 외숙모 자신이 젊은 시절에 예술가가 되려는 희망을 어쩔 수 없이 포기해야만 했던 경험이 있었다. 그래서 조카딸이 비록 예술에 대한 욕구보다는 자립하기 위한 수단으로 예술가가 되려는 결심을 한 것임에도 불구하고, 조카딸이 재능을 발휘할 수 있게 된 것에 대해 질투를 느끼고 있었다. 로잘리아는 집에 있으면 너무도 거북해서 외숙모가 들을 수 있을 만큼 가까이 있기라도 하면 감히 편안하게 노래를 부른다거나 피아노를 칠 엄두를 못 냈다. 또한 외숙모가 들어올 가능성이 있을 때는 나이 많은 외삼촌 앞에서 노래를 부르거나 피아노 치는 것을 피하려고 각별히 신경 쓰며 조심했다.

내가 오래전부터 있던 감정 동요의 잔재를 없애 주려고 노력하는 동안, 현재 겪고 있는 외삼촌과 외숙모와의 관계에서 생기는 감정의 동요 때문에 치료가 일찍 종결되었을 뿐 아니라 결국 치료의 효과도 거두지 못하게 되었다.

어느 날 이 환자가 발생한 지 스물네 시간이 채 안 된 새로운 증상 때문에 치료를 받으러 찾아왔다. 그녀는 손가락 끝이 따끔따끔 쑤시는 느낌이 들어 불쾌하다고 호소했다. 그녀의 말에 따르면 이런 간가은 바로 그 전날부터 두세 시간마다 한 번씩 나타났으며, 저절로 손가락이 실룩거리며 특이하게 움직이게 된다고 했다. 나는 그 발작을 직접 보지는 못했다. 만약 직접 보았다면 손가락의 움직임을 통해 그 증상을 유발한 것이 무엇인지 틀림없이 추측할 수 있었을 것이다. 그러나 나는 즉각 최면술을 이용한 분석을 통해 이 증상(그것은 사실상 사소한 히스테리성 발작이었다)의 원인을 밝혀 내려고 시도했다. 이 모든 증상이 처음 나타난 후 시간이 별로 경과하지 않았기 때문에 곧 그 증상을 해석하고 제거할 수 있으리라고 생각했다. 그런데 놀랍게도 환자는 아무런 막힘 없이 아주 어린 시절부터 일어난 많은 장면을 연대순으로 정리하여 이야기하기 시작했다. 그녀가 회상한 장면들은 전반적으로 어떤 공통점이 있었다. 즉 그녀에게 어떤 상처를 주었던 순간들이었는데, 그때마다 그녀는 자신에게 닥친 부당한 처사를 방어하지 못했고, 그래서 매번 손가락이 실룩실룩 경련을 일으켰다는 것이다. 예를 들면 학교에서 선생님에게 자로 손바닥을 맞는 것과 같은 장면이다. 그러나 이런 사건들은 누구에게나 있을 수 있는 아주 평범한 경우이기 때문에, 이런 일들이 히스테리 증상을 일으킨 중요한 원인이 된다고 하기는 어려웠다. 그러나 그다음에 소녀 시절에 있었던 어떤 장면을 떠올리면서 상황이 달라졌다. 포악한 숙부는 류머티즘을 앓고 있었는데, 그녀에게 등을 마사지해 달라고 요구했고, 그녀는 감히 이를 거절할 수가 없었다. 그때 숙부는 침대 위에 누워 있었는데, 갑자기 침대 이불을 젖히더니 벌떡 일어나서 그녀를 붙잡고 밀어 넘어뜨리려고 했다. 물론 그녀는 마사지를 그만두고 곧장 자기 방으로 도망가 문을 걸어 잠갔다. 분명히 그녀는 이 장면을 기억해 내고 싶어 하지 않았다. 그리고 숙부가 갑자기 이불을 젖혔을 때 무엇을 보았는지 아닌지도 좀처럼 말하고 싶어 하지 않았다. 이 사례에서 그녀의 손가락에 느껴지는 감각은 숙부를 처벌하고자 하는 억제된 충동으로 설명할 수도 있고, 아니면 단순히 그 당시 숙부를 마사지하고 있었기 때문이라고 설명할 수도 있다. 아무튼 그녀는 그 장면을 회상하고 난 다음에야 비로소 어제 있었던 일을 얘기하기 시작했다. 예전에 숙부와의 그 사건이 있은 후에 손가락의 감각과 경련이 반복되는 회상의 상징이 되었던 것이다. 환자가 지금 함께 살고 있는 외삼촌이 연주를 해달라고 부탁해서 그녀는 피아노를 치며 노래를 불렀는데, 그때 그녀는 외숙모가 외출했다고 생각하고 있었다. 그런데 갑자기 외숙모가 문을 열고 들어왔다. 로잘리아는 깜짝 놀라 벌떡 일어서서 피아노의 뚜껑을 세차게 덮고 악보를 바닥에 내팽개쳤다. 우리는 그녀의 마음속에 어떤 기억이 떠오르고 어떤 생각들이 스쳐 지나갔기에 그녀가 그 순간을 피하고자 했는지 추측이 가능하다. 그것은 부당한 의심에 대한 격렬한 분노의 감정이었다. 그녀는 그 의심을 어쩔 수 없이 감당해야만 하고, 그 때문에 집을 떠나야만 할지도 모른다. 그러나 사실 그녀는 치료를 받기 위해서 빈을 떠날 수가 없었고, 그렇다고 해서 외삼촌 집 말고는 달리 신세질 곳도 없었던 것이다. 나는 그녀가 이 장면을 회상하는 동안 그녀의 손가락이 움직이는 것을 보았는데,

그 움직임은 손가락을 계속 튕기는 동작이었다. 그것은 문자 그대로든 비유적으로든 종이를 집어 던지거나 어떤 요구를 거부하려는 것처럼 무언가를 뿌리치는 동작이었다.

그녀는 이 증상을 전에는 — 즉 처음에 이야기했던 사건 때문에는 — 느끼지 못했다고 확실하게 단언했다. 그렇다면 우리는 다음과 같이 추측할 수밖에 없다. 즉 어제의 사건이 먼저 유사한 내용을 지닌 과거의 사건들에 대한 기억을 불러일으켰고, 그 결과 하나의 기억 상징 *Erinnerungssymbol* [12]이 모든 기억군에까지 적용되는 상징이 되어 버린 것이다. 전환을 위한 에너지가 한편으로는 지금 막 체험한 감정에 의해, 다른 한편으로는 회상된 감정에 의해 공급된 것이다.

이 문제를 좀 더 깊이 생각해 보면, 우리는 이런 식의 과정이 히스테리성 증상을 유발할 때 예외적인 것이라기보다는 오히려 통상적인 것으로 봐야 한다. 내가 히스테리 증상의 결정 요인을 연구하면서 본 바에 따르면 한 가지 외상적인 원인으로만 증상이 나타난 경우는 없었으며, 거의 대부분 일군의 유사한 외상적 원인들을 발견하곤 했다(에미 부인의 사례에서 이런 예가 잘 나타나 있다). 그런 몇몇 사례를 보면 문제의 증상이 최초의 외상적 사건을 경험한 지 얼마 지나지 않아서 나타났다가 약해지고는, 결국 사라진 다음 제2의 외상적 사건으로 인해 다시 증상이 나타나고 고정화되는 것이다. 그러나 원칙적으로 최초에 증상을 유발한 원인이 나타난 직후 일시적으로 출현하는 증상과 그 최초의 원인 이후에 잠재되어 있던 증상 간에 어떤 차이가 있는 것은 아니다. 실제로 대다수의 사례를 보면, 최초의 외상은 아무런 증상을 남

12 과거의 사건이나 경험들에 대한 기억을 상징하는 것. 예를 들어 손가락 감각이나 경련은 과거의 외상적인 기억에 대한 상징이 된다 — 원주.

기지 않지만 나중에 체험한 유사한 종류의 외상으로 인해 증상이 다시 발생한다는 것을 알 수 있다. 그러나 나중의 증상이 발생하기 위해서는 반드시 그전 유발 원인이 소인으로 작동한다. 따라서 그 증상을 해소하기 위해서는 모든 유발 원인을 고려하지 않으면 안 되는 것이다.

전환 이론의 관점에서 볼 때 여러 외상이 누적되어 더해지고 초기에는 증상들이 잠복되어 있다는 것은 더 이상 논란의 여지가 없다. 이것이 시사하는 바는, 전환이 새로운 증상을 통해서도, 그리고 회상된 증상을 통해서도 일어날 수 있다는 것이다. 이러한 가설은 엘리자베트 폰 R. 양의 경우 질병과 분석 사이에서 관찰하게 된 분명한 모순을 완전하게 해명해 주었다. 어떤 관념이 그것과 관련된 감정이 해결되지 않은 채 의식 안에 남아 있을지라도, 건강한 사람들의 경우에는 상당한 수준까지 이를 견뎌 낼 수 있다. 내가 지금 말하고자 하는 관점은 다름이 아니라 히스테리 환자의 행동도 건강한 사람의 행동에 아주 근접하고 있다는 것이다. 우리가 관심을 기울이는 것은 분명히 양적인 요인이다. 즉 과연 유기체가 〈어느 정도〉까지 그러한 종류의 정서적 긴장을 견뎌 낼 수 있는가 하는 의문이다. 비록 히스테리 환자라고 하더라도 어느 정도까지는 해소되지 않은 감정을 지닌 채 견딜 수 있다. 다만 서로 유사한 유발 요인들이 발생함으로써 해소되지 않은 감정의 양이 개인이 견딜 수 있는 한계를 넘게 되면 그때 비로소 전환의 계기가 만들어지는 것이다. 따라서 히스테리 증상이 이제 막 경험한 새로운 감정에 따라서뿐만 아니라 회상된 감정의 영향으로도 일어날 수 있다고 말할 때, 이것은 결코 색다른 주장이 아니라 하나의 기본 전제로서 거의 당연하게 받아들여지는 사항이라고 할 수 있다.

이제까지 나는 이 히스테리 사례의 동기와 기제에 대해 논의했다. 이제 남아 있는 부분은 히스테리 증상이 정확히 어떻게 결정되었는가를 고찰하는 것이다. 왜 환자의 정신적 고통이 다른 부위가 아니라 바로 다리의 통증으로 표현되었을까? 이 경우에 신체적 통증은 신경증으로 인해 〈만들어진〉 것이 아니라, 단지 신경증이 신체적 통증을 이용하고 증대시키고 지속시켰다는 점을 지적할 수 있다. 한 가지 덧붙이고 싶은 것은, 내가 통찰을 얻을 수 있었던 대부분의 히스테리 통증 사례에서 다음과 같은 동일한 결론을 얻을 수 있었다는 점이다. 즉 초기에는 언제나 진짜 기질적인 통증에서부터 시작한다. 히스테리에서 하나의 역할을 맡기 위해 가장 빈번하게 선택되는 통증들은 인류에게 가장 흔하고 가장 넓게 퍼져 있는 통증들이다. 특히 치과적 질환 중 골막의 통증이나 신경의 통증, 또는 매우 다양한 원인에서 오는 두통 등이 가장 많고, 그 밖에 자주 오진되기 쉬운 류머티스성 근육통도 그에 못지않게 많다. 그래서 엘리자베트 폰 R. 양이 아버지를 간호할 때 최초에 일으킨 통증 발작을 나는 기질적인 통증으로 보았다. 그 통증을 일으킬 만한 심리적인 원인을 발견하려고 노력했지만, 아무런 단서도 얻을 수 없었기 때문이다. 사실대로 고백하면, 감춰진 기억을 불러내기 위해 사용되는 나의 요법을 신중하게 사용할 수만 있다면 분명히 감별 진단의 수단으로서 위력을 발휘할 수 있으리라고 생각했던 것이다. 그녀의 경우 원래는 류머티스성이었던 통증[13]이 나중에는 고통스러운 심리적 흥분을 일으키는 기억의 상징이 된 것이다. 그리고 이런 현상이 발생하게 된 데에는 내가 아는 한 몇 가지 이유가 있다. 첫째, 가장 중요한 이유는 그 통증이 정서적 흥분과 거의 동시에 그녀의 의식 속에 나타났기

13 그러나 그것은 척수성 신경 쇠약의 한 종류였을지도 모른다 — 원주.

때문이다. 두 번째로는 그 통증이 당시 그녀의 마음속에 존재했던 관념들과 여러 갈래로 결합되거나 혹은 결합할 수 있었기 때문이다. 사실 그 통증은, 물론 분명한 것은 아니지만, 환자를 간호하는 동안 간병인이 겪게 되는 운동 부족과 영양 부족으로 초래된 것일 수도 있다. 그러나 그녀는 이에 대해서 확실하게 알고 있는 바가 없었다. 아마도 더욱 중요성을 부여해야 할 사실은 아버지를 간호하는 동안 어느 중요한 순간에 이르면 반드시 이 통증을 느끼곤 했다는 것이다. 예를 들면 추운 겨울날 아버지가 부르는 소리를 듣고 침대에서 뛰어나올 때 등이다. 그러나 전환이 일어나는 데 더욱 결정적인 영향을 끼친 것은 다른 방식의 연상적 결합이었다. 즉 꽤 오랫동안 매일같이 그녀의 아픈 다리 한쪽에 아버지의 부은 다리를 올려 놓고 붕대를 갈아 주곤 했던 사실이다. 이러한 접촉으로 인해 특별한 부분이 되어 버린 그녀의 오른쪽 다리 부위는 이후 통증의 중심이 되었고 계속해서 그 부위를 중심으로 통증이 퍼져 나가게 된 것이다. 이렇게 하여 이 사례에서 그 원인을 분명하게 관찰할 수 있는 히스테리의 발병 부위가 인위적으로 형성된 것이다.

만약 누군가가 신체적 통증과 심리적인 감정 사이의 이러한 연상적 결합이 너무도 복잡하고 인위적인 것이라고 놀라워한다면, 나는 그런 느낌은 마치 〈세계에서 가장 부자인 사람이 가장 돈을 많이 가지고 있다〉라는 사실에 대해 놀라워하는 것과 마찬가지라고 대답할 수밖에 없다. 그토록 다양한 결합이 이루어지지 않는다면 사실상 히스테리 증상은 결코 형성되지 않을 것이다. 왜냐하면 전환이 일어나기 위해 열려야 할 통로가 마련되지 않을 것이기 때문이다. 나는 엘리자베트 양의 사례는 전환을 일으킨 결정 요인과 관련해서는 오히려 단순한 것에 속한다고 확신할 수 있다. 나는 매우 복잡하게 얽혀 있는 요인들의 매듭을 풀지 않으면 안 되었던 경우들이 있었는데, 특히 체칠리 M. 부인의 사례가 그런 경우였다.

전환이 이루어지는 특별한 통로가 일단 열리고 난 후, 그러한 통증을 기초로 어떻게 엘리자베트의 정위 불능-보행 곤란이 생겨났는가는 이미 논한 바 있다. 거기에서 나는 다음과 같은 관점을 피력했다. 즉 엘리자베트는 상징화*Symbolisierung*라는 수단을 통해 기능 장애를 일으켰거나 장애를 증대시켰으며, 자신이 자립할 수 없다는 느낌과 상황을 변화시킬 수 없다는 무력감에 대한 신체적 표현을 정위 불능-보행 곤란에서 찾았다는 점, 그리고 〈한 발자국도 움직일 수 없었다〉든가 〈아무 데도 의지할 곳이 없었다〉와 같은 표현은 전환이 새로운 활동을 하는 데 교량 역할을 해주었다는 나의 관점에 대해 언급한 바 있다.

이러한 관점을 지지할 수 있는 또 다른 실례를 들어 보겠다. 체험과 동시에 일어나는 전환은, 거기에도 물론 연상적 결합이 존재하지만, 히스테리를 일으키는 소인 중 최소한의 요건만으로도 가능한 것 같다. 이에 반해 상징화에 따른 전환은 고도의 히스테리적 변환을 필요로 하는 것 같다. 내가 관찰한 것으로 상징화에 대한 가장 적절한 예는 체칠리 M. 부인의 사례이다. 그녀의 사례는 내가 본 것 중 가장 심하면서 또한 가장 배울 점이 많은 사례였던 것 같다. 그러나 이미 설명했듯이 불행하게도 이 부인의 병력을 자세하게 서술할 수가 없게 되었다.

체칠리 M. 부인은 다른 증상들도 있었지만 특히 상당히 격렬한 안면 신경통으로 고통을 받고 있었다. 그것은 1년에 2~3회 정도 갑자기 일어나 5일 내지 10일 동안 지속되었으며, 어떠한 치료도 효과가 없다가 갑자기 증상이 딱 멈추어 버리곤 했다. 통증은 하나의 삼차 신경(三叉神經)의 두 번째와 세 번째 지류 부위에만 국한되어 발생했다. 그리고 비정상적인 요산 과다증을 나타냈던 것이 확실하고, 명확하게 규명되지는 않았지만 환자의 병력 중에 〈급성 류머티즘〉을 앓았던 적이 있기 때문에 통풍에 따른 신경통이라는 진단을 내리는 것이 충분히 타당해 보였다. 발작이 일어날 때마다 진찰했던 의사들이 여러 명 있었는데, 모두 이러한 진단을 내렸다. 그래서 흔히 사용하는 신경통 치료법인 전기 감응 요법, 알칼리 수, 하제(下劑) 등의 치료 처방이 내려졌다. 그러나 이런 치료에도 그때마다 신경통은 호전되지 않았으며, 결국에는 다른 증상이 대신 나타날 때까지 지속되곤 했다. 훨씬 이전의 신경통 — 이 신경통이 생기기 시작한 것은 15년 전이었다 — 은 치아 때문이었다. 이 치아들을 뽑아 내기로 결정하고 어느 맑은 날 마취를 하여 이 7인의 범죄자인 치아들에게 형이 집행되었다. 그런데 문제는 그렇게 간단한 것이 아니었다. 그녀의 이빨이 너무 튼튼해서 완전히 뽑아내지 못하고 뿌리는 그대로 둘 수밖에 없었다. 이런 끔찍한 수술을 했음에도 불구하고 일시적으로도, 영구적으로도 아무런 효과를 보이지 않았다. 그 당시에 몇 개월 동안 신경통이 극도에 달했다. 심지어는 내가 치료를 하는 동안에도 신경통이 일어나 그때마다 치과 의사를 불러 왔다. 의사는 매번 이빨 뿌리가 썩어 있다고 진단하고 치료를 시작했다. 그러나 어김없이 곧 치료를 중단했다. 왜냐하면 신경통이 갑자기 멈추어 버렸고, 동시에 치과 의사의 시술이 필요 없어진 것이다. 이 휴지기에는 이가 전혀 아프지 않았다. 어느 날 다시 한번 통증이 격렬하게 일어나고 있을 때, 환자가 나에게 최면 요법을 해달라고 요청했다. 내가 그녀에게 매우 강하게 통증을 금지하도록 하자 그 순간부터 통증이 멈추어 버렸다. 나는 그때부터 이 신경통의 진위를 의심하기 시작했다.

이처럼 최면 요법이 효과를 보고 나서 약 1년이 지났을 즈음, 체칠리 M. 부인의 병에는 새롭고 놀라운 변화가 생겼다. 지난 몇 년간 특징적으로 나타났던 것과는 달리, 갑자기 색다른 병리적 상태가 발생했다. 그러나 환자는 잠시 동안 곰곰히 생각해 본 후에 이러한 증상을 이전에도 경험한 적이 있었으며, 30여 년간이나 오래도록 병을 앓는 동안 여러 번 나타났었다고 말했다. 이제 그녀는 정말로 놀랄 만큼 다양한 히스테리성 발작을 일으켰는데 그녀는 그 모든 발작이 과거 어느 순간에 일어났는지 정확하게 집어 낼 수 있었다. 그리고 곧 이러한 발작이 일어난 순서를 결정하는 데 자주, 그리고 매우 깊은 관련이 있는 사고의 흐름도 추적할 수 있게 되었다. 그것은 마치 설명서가 붙은 일련의 그림들과 같았다. 피트레A. Pitres가 〈착란성 최근 기억 상실〉[14]이라는 용어를 통해 기술하고자 했던 것은 틀림없이 이러한 종류의 현상을 염두에 두고 한 것 같다. 이처럼 과거에 일어났던 히스테리 상태가 재현되는 과정을 지켜보는 것은 참으로 놀랄 만한 일이었다. 환자의 건강이 가장 좋은 상태일 때, 처음에는 특수한 색채를 띤 병적 기분이 나타나는데, 환자는 이것을 늘 잘못 이해하여 몇 시간 전에 일어난 어떤 평범한 사건 때문이라고 생각했다. 그리고 나서 의식이 점점 혼탁해지면서 뒤이어 환각, 통증, 경련, 장광설 등의 히스테리 증상이 계속되었다. 마지막에는 처음의 기분과 현재의 히스테리 발작 증상을 일으키게 된 요인에 대해 설명해 줄

14 피트레에 따르면 최근 기억 상실은 부분적인 기억 상실의 일종이다. 어떤 특정한 기간 이전에 일어난 사건들에 대한 기억은 온전하게 유지되는데, 그 기간 이후에 일어난 사건들에 대해서는 완전히 망각해 버리는 현상을 말한다. 피트레의 『히스테리와 최면술 치료 강의Leçons cliniques sur l'hystérie et l'hypnotisme』(1891) 참조.

수 있는 과거의 어떤 체험이 환각의 형태로 나타났다. 이 마지막 발작이 끝남과 동시에 다시 의식이 명료해졌다. 그녀의 고통은 마치 마법에 홀린 것처럼 사라져 버리면서 다시 온전한 상태로 돌아오는 것이었다. 이런 온전한 상태는 반나절 후에 다시 나타나는 다음 발작까지 지속되었다. 그녀가 나에게 치료를 맡길 때는 대개 그녀의 발작 증상이 정점에 이르렀을 시점이었으며, 그때마다 나는 최면 상태를 유도하여 외상적 체험을 재현시키고 인위적인 수단을 통해 가능한 한 발작을 빨리 멈추게 했다. 이 환자와 함께 이러한 발작 주기를 넘긴 적이 족히 몇 백 회는 되었기 때문에, 이를 통해 나는 히스테리 증상이 결정되는 방식을 이해하는 데 도움이 되는 많은 정보를 얻었다. 실제로 브로이어 박사와 함께한 이 주목할 만한 사례 연구는 우리가 「예비적 보고서」를 출판하게 된 직접적인 계기가 되었다.

이 작업 단계에서 마침내 안면 신경통이 재현되었는데, 증상이 나타나고 있을 때 나는 직접 치료에 임했다. 물론 나는 이 증상의 어떤 심리적 원인이 과연 밝혀질 수 있을 것인지에 대해 호기심을 품고 있었다. 내가 외상적 사건의 장면을 떠올리도록 하자, 환자는 예전에 남편으로 인해 정신적으로 몹시 애를 태웠던 시기를 떠올렸다. 그녀는 남편과 대화를 나누다가 남편이 한 어떤 말에서 상당한 모욕을 느꼈던 얘기를 했다. 그때 그녀는 갑자기 자신의 뺨에 손을 갖다 대고 크게 울부짖으면서 아픔을 호소하며 〈얼굴을 한 방 맞은 것 같았어요〉라고 말했다. 그러고는 그것으로 통증이나 발작이 모두 사라졌다.

의심할 여지 없이 여기서 일어난 것은 상징화였다. 그녀는 마치 실제로 얼굴을 맞은 듯 느꼈던 것이다. 그렇다면 이제 누구라도 즉각 이런 의문을 품게 될 것이다. 어떻게 해서 그 〈얼굴을 한 방 맞은〉 느낌이 삼차 신경통 같은 외부적인 형태를 띠게 되었으며, 그것은 왜 두 번째와 세 번째 지류로 제한되었고, 또 굳이 입을 벌릴 때와 씹을 때(이를테면 말을 할 때는 그렇지 않고) 그 상태가 더 악화되었는가?

그다음 날도 다시 신경통이 일어났다. 그러나 이번에는 〈다른〉 장면이 떠오르면서 그 신경통이 사라졌다. 내용은 또다시 환자가 모욕을 느끼는 장면이었다. 이런 현상이 9일 동안 계속되었다. 이로써 여러 해 동안에 걸쳐 느꼈던 모욕감, 특히 말로 인한 모욕이 상징화 과정을 통해 새로운 안면 신경통 발작을 일으켰던 것으로 생각되었다.

결국 우리는 15년 이상이나 오래전까지 거슬러 올라가 최초로 신경통 발작을 야기시킨 외상에까지 도달할 수가 있었다. 여기서는 상징화는 나타나지 않았고, 그 당시에 동시 발생한 전환만이 나타났었다. 그녀가 떠올린 장면은 자책감을 동반하는 매우 고통스러운 장면이었다. 그리고 그로 인해 그녀는 다른 사고 계열을 억누르게 되었다. 따라서 이는 갈등과 방어를 나타내는 경우인 것이다. 그 순간에 신경통이 발생한 것은 그녀가 그 당시 실제로 가벼운 치통이나 안면 통증을 앓고 있었다는 가정하에서만 납득될 수 있다. 그리고 때마침 첫 임신 초기였기 때문에 어쩌면 이러한 가정이 맞을지도 모른다.

따라서 다음과 같이 설명할 수 있다. 즉 이러한 신경통은 전환이 일어나는 일반적인 순서로 볼 때 특별한 심적 흥분을 나타내는 징조가 되었다. 그러나 그것은 나중에 그녀의 정신적 활동에서 생겨난 연상 반사 과정에 따라 혹은 상직적 전환에 따라 고정될 수 있었던 것이다. 사실상 이것은 엘리자베트 양의 사례에서 보았던 것과 똑같은 행동이다.

이와는 다른 조건에서 상징화의 작용을 보여 주는 두 번째 예를 들어 보겠다. 어떤 특정한 시기에, 체칠리 M. 부인은 오른쪽 발뒤꿈치에 격렬한 통증을 느꼈다. 한 발자국씩 걸을 때마다 바늘로 찌르는 듯이 아픈 통증이었는데, 너무 아픈 나머지 보행이 불가능할 정도였다. 분석을 통해 우리는 이러한 통증이 과거에 환자가 외국의 어떤 요양소에 있었던 시기와 관련 있다는 것을 탐색하기 시작했다. 그녀는 일주일이나 누워 지내다가 주치의의 도움을 받아 처음으로 침대에서 내려와 사람들이 자주 드나드는 거실로 가려고 했다. 그런데 그녀가 의사의 팔을 잡고 방을 나서려는 바로 그 순간에 통증이 시작되었다. 이 장면을 떠올리면서, 그 순간 모르는 사람들과 함께 〈대등한 입장에 《설 수 없을 것 같은》〉 두려움이 마음에 가득했었다고 내게 말하고 나자 바로 그 통증이 사라져 버렸다.

첫눈에 이것이 언어적 표현을 수단으로 하는 상징화를 통해 히스테리 증상이 발생하게 된 극적이고 심지어는 우스꽝스럽기조차 한 사례라는 것을 알 수 있었다. 그러나 그 당시의 상황에 대해 좀 더 면밀하게 검토해 보면 이 사례를 또 다른 식으로 해석할 수 있다. 그 당시 환자는 이미 보통 때도 다리 통증 때문에 고통을 겪어 왔으며, 그렇게 오랫동안 병상에 누워 있었던 것도 그 통증 때문이었다. 상징화가 일어나는 데 작용했던 과정을 생각해 보면 다음과 같다. 즉 그렇게 오래 누워 있었던 그녀가 처음으로 발걸음을 내딛는 순간에 엄습해 온 두려움이 그 당시 그녀에게 문제가 되고 있던 모든 통증 중에서 상징적으로 가장 적절한 하나의 통증을 오른쪽 발뒤꿈치에서 찾아냈고, 그 통증이 심리적 통증으로까지 발전되었으며, 결국 특별한 지속력을 갖게 되었던 것이다.

이상에서 든 여러 예는 확실히 일반적인 원칙을 따르고는 있지만, 상징화의 기제가 이차적인 중요성을 지니는 듯이 보인다. 그래서 나는 히스테리 증상이 오로지 상징화를 통해서만 생겨나는 것으로 밝혀진 몇 가지 사례를 제시해 보고자 한다. 다음 사례는 가장 적절한 사례 중의 하나이며, 이것 역시 체칠리 M. 부인과 관련된 것이다. 열다섯 살 된 한 소녀가 침대에 누워 있었는데 몹시 엄한 그녀의 할머니가 누워 있는 그녀를 유심히 바라보고 있었다. 그러자 소녀는 갑자기 왈칵 울음을 터뜨렸다. 이마의 미간 부위에 무언가 찌르는 듯한 통증을 느꼈기 때문이다. 그 통증은 이후로 몇 주일 동안이나 지속되었다. 그리고 나서 거의 30년이 지난 후 다시 재현된 이 통증을 분석하는 동안, 그녀는 〈할머니가 너무 《찌르는》 듯이 쳐다보았기 때문에 그 눈길이 곧바로 뇌의 깊은 곳을 관통하는 것 같았어요〉 하고 말했다. (그녀는 이 노부인이 의심의 눈초리로 자기를 바라보는 것이 두려웠던 것이다.) 이러한 생각을 나에게 말하면서 그녀는 크게 웃음을 터뜨렸다. 그러고는 통증도 사라졌다. 여기에서 내가 발견할 수 있었던 것은 상징화라는 기제 외에는 아무것도 없다. 이 기제는 어떤 의미에서는 〈자기 암시Autosuggestion〉라는 기제와 〈전환〉이라는 기제의 중간 위치를 차지하고 있다.

체칠리 M. 부인에 대한 관찰을 통해 나는 이러한 종류의 여러 가지 상징화의 예들을 직접 다루어 볼 수 있는 기회를 가졌다. 통상 기질적인 원인으로 인해 발생하는 것으로 간주되는 일련의 모든 신체적 감각이 그녀의 경우 심리적인 데서 기인하거나, 혹은 적어도 심리적인 의미를 내포하고 있었다. 그녀가 가진 또 다른 특별한 경험은 심장 부위를 찌르는 듯한 감각을 동반하고 있었다(이는 〈가슴을 에인다〉는 의미를 담고 있다). 머리를 못으로 박는 듯한 히스테리성 통증은 의심할 여지 없이 생각과 연관된 고통으로 해석할 수 있었다(〈무언가 ─ 걱정거리가 ─ 머릿속에 떠오른다〉).
사실 이런 통증은 현재 당면해 있는 문제가 해결되면 따라서 사
라지는 것이다. 목구멍에서 느끼는 히스테리성 전조(前兆, *Aura*)
의 감각은 모욕을 받은 후에 느껴지곤 했는데, 이는 〈나는 이것을
주워 삼킬 수밖에 없다〉라는 생각과 병행하여 나타나는 것이다.
그녀는 상호 병행하여 나타나는 감각들과 관념들을 무수히 지니
고 있었던 것이다. 때로는 감각이 그것을 설명하기 위해 관념을
불러일으킬 수도 있고, 또 때로는 관념이 상징화를 이용해 감각
을 만들기도 한다. 그런데 많은 경우 이 두 가지 요소 중에서 어느
쪽이 우선적인가 하는 문제는 여전히 불분명한 채로 남아 있다.

나는 다른 어떤 환자의 사례에서도 이만큼 풍부하게 상징화를
이용하고 있는 사례를 본 적이 없다. 사실 체칠리 M. 부인은 상당
히 비범한 재능의 소유자로, 특히 예술적 재능이 뛰어났으며, 그
녀의 고도로 발달된 형상에 대한 감각은 완성도가 높은 몇 편의
시에서도 잘 나타나고 있다. 그러나 나의 의견은 다음과 같다. 즉
히스테리 환자가 상징화를 통해 감정이 강하게 얽혀 있는 관념에
대한 신체적인 표현을 만들어 낼 때, 여기에 개인적 요소나 자의
적인 요소가 좌우하는 부분은 일반 사람들이 생각하는 것보다 훨
씬 적다는 점이다. 그녀가 언어 표현을 문자 그대로 받아들이고,
상처 주는 말을 들었을 때 〈가슴을 에인다〉거나 〈얼굴을 한 방 맞
은 것〉 같은 감각을 정말로 느낄 때는, 히스테리 환자가 기지에
넘치는 언어를 자유롭게 구사하고 있는 것이 아니라 그 언어 표
현의 기반이 되는 감각을 새롭게 소생시키는 것에 지나지 않는
것이다. 만약에 이러한 언어로 묘사할 수 있을 만큼 그 모욕을 실
제로 심장부의 감각으로 느끼지 못했다면, 혹은 그러한 감각과

동일시될 수 없다면, 어째서 모욕받은 사람을 두고 〈그것이 그의 가슴을 찔렀다〉라고 말하겠는가? 굴욕을 감수하는 태도를 묘사하는 〈무엇을 눌러 삼킨다〉라는 표현도, 아무 말도 하지 못하고 모욕에 대해 억눌린 감정을 풀지 못했을 때 목구멍에 생기는 신경 감각에서 실제로 꾹 눌러 참는 현상이 생겨난다는 것은 정말로 있을 법한 일이 아닌가? 이러한 감각과 신경의 지배는 전부 〈감정의 표현〉에 속하며, 그것은 다윈의 이론대로, 기원적으로는 하나의 의미를 지니고 있으며 하나의 목적을 위해 사용되는 행위로 이루어진다. 현재는 이것이 너무 많이 약화되어 이러한 언어적인 표현이 우리에게는 단지 비유적인 전달로만 들리는 것이다. 그러나 아마 예전에는 그것이 문자 그대로의 의미를 지니고 있었음이 틀림없다. 따라서 히스테리의 강렬한 신경 지배를 묘사할 때 언어의 근원적 의미로 복귀하는 것은 타당하다고 볼 수 있다. 그래서 히스테리가 상징화를 이용해 그 같은 감각을 만들어 낸다는 표현은 어쩌면 맞지 않을 수도 있다. 아마 히스테리가 그러한 언어 용법을 모델로 삼은 것이 아니라, 오히려 히스테리와 언어 용법이 똑같은 근원에서 자신들의 소재를 끌어낸 것이리라.[15]

---

15 정신적 변화가 꽤 심층에 미치는 상태에서의 구체적인 형태와 감각에서도 좀 더 인위적인 언어 용법의 상징적 기원을 발견하게 된다. 체칠리 M. 부인에게는 그녀의 모든 사고가 환각으로 변해 버리고, 그 환각을 해소하기 위해서 많은 기지(機知)가 요구되는 시기가 있었다. 그 당시 그녀는, 두 의사 — 브로이어 박사와 나 — 가 정원에 나란히 서 있는 두 그루의 나무에 매달려 있는 그러한 환각에 시달린다며 나에게 호소한 적이 있었다. 이 환각은 다음과 같은 분석을 통해 소멸되었다. 전날 밤에 그녀는 브로이어에게 어떤 약을 달라고 부탁했는데 거절당하여, 다음에는 나에게 희망을 걸어 보았다. 그러나 나 또한 마찬가지로 완강하게 그 부탁을 들어주지 않았던 것이다. 그 때문에 그녀는 우리에게 화가 났으며, 그 상태에서 〈저 두 사람은 둘 다 똑같아. 서로가 다른 한 사람에게 매달려 있는 고루한 사람들이야〉라고 생각했던 것이다 — 원주.

이론적 고찰

(브로이어)

이론적 고찰
(브로이어)

이 책의 도입부를 장식한 「예비적 보고서」에서는 우리가 관찰을 통해 얻은 결론들을 소개했다. 이제 나는 그 결론들을 대체로 지지할 수 있게 된 것 같다. 하지만 「예비적 보고서」가 너무 짧고 간략한 탓에 우리 견해에 대한 변죽만 울렸던 것 같다. 그러한 이유로 사례들을 내세워 우리의 결론을 지지하는 증거로 삼을 수 있었던 만큼 이제는 좀 더 자세히 설명해도 될 것 같다. 물론 여기서도 히스테리의 모든 영역을 다 다룰 수는 없는 일이다. 하지만 어느 정도 증거가 미비했던 것이나 「예비적 보고서」에서 제대로 다루지 못한 것들을, 더 자세히 그리고 분명하게 설명하려고 한다.

지금부터는 뇌나 분자 따위에 관해 언급하지 않고 심리학 용어로 생리적 과정을 묘사할 것이다. 실제로도 다른 용어로 묘사하는 것이 불가능하다. 만약 〈생각〉 대신에 〈대뇌 피질의 흥분〉이라고 말한다면 마치 외투 속에 목을 파묻은 옛 친구를 알아보려고 애쓰는 듯한 기분이 들 것이다. 다시 말해 〈대뇌 피질의 흥분〉이라는 말을 들은 뒤 묵묵히 〈생각〉이라는 낱말을 복원시킨 다음에야 그 의미가 들어올 것이다. 〈생각〉이라는 낱말이 항상 우리의 경험 대상인 이상에는, 또한 그 낱말이 그 어떤 미묘한 의미에서건 익숙해 있는 데 반해 〈대뇌 피질의 흥분〉은 우리가 장래에 파악할 수 있기를 바라는 대상일 뿐이다. 하나의 용어를 다른 용어로 대치하는 것은 무의미한 가장에 불과한 것이라고 볼 수 있다. 이러한 이유로 내가 거의 전적으로 심리적 용어만 사용하더라도 용서받을 수 있으리라 믿는다.

내가 미리 독자의 양해를 구하는 이유가 또 하나 있다. 과학이 빠르게 발전할 때는, 개인들이 동시다발적으로 처음 표현했던 생각들이 곧 공동의 자산이 되어 버리고 만다. 따라서 오늘날 히스테리와 그 심리적 기초에 관한 자신의 견해를 펼쳐 보이려는 사람치고 개인의 소유에서 일반의 소유로 넘어가 버린 다른 사람의 생각을 되풀이하는 것을 피할 수는 없다. 최초에 그에 관해 언급한 사람이 누구인지 확신하기 힘든 경우가 많고 이미 다른 사람들이 말한 것을 자신의 것으로 여길 위험이 상존하는 법이다. 따라서 이 논의에서 인용이 거의 없고, 나 자신의 것과 다른 사람의 것을 엄격하게 구분하지 못했더라도 용서해 주기 바란다. 아래의 내용에서 독창성을 주장하지는 않겠다.

1) 모든 히스테리 현상이 관념에서 유발된 것인가?

우리의 「예비적 보고서」에서는 〈히스테리〉가 아닌 〈히스테리 현상〉의 심리 기제에 관하여 논했는데, 이것은 히스테리 증상이 심리 기제나 심리 이론들이 일반적으로 헤아릴 수 없이 높은 타당성을 가진다고 주장하기를 원치 않았기 때문이다. 우리 견해는, 모든 히스테리 현상이 그 발표 논문에서 묘사된 대로 나타난다는 것도 아니고, 모든 히스테리 현상이 다 관념을 통해 결정된다고 우리가 믿는 것도 아니다. 이 점에서 뫼비우스P. J. Möbius[1]의 의견과 다른데, 그는 1888년에 〈모든〉 히스테리가 생각으로 인해 빚

---

1 『히스테리의 개념 Über den Begriff der Hysterie』(1888) 참조.

어진 병리 현상이라고 주장했다. 뫼비우스는 이후 이 주장에 대해 다음과 같이 부연 설명했다. 오직 병리 현상의 일부만이 그 현상을 유발시킨 생각의 내용에 부합하며, 이러한 병리 현상은 타인에 의한 암시*Fremdsuggestion*나 자기 암시*Autosuggestion*가 만든 현상이라고 할 수 있다(예를 들면 팔을 움직일 수 없다는 생각이 팔을 마비시키기도 한다). 병리 현상의 나머지 부분 역시 생각으로 인해 빚어졌지만 그 내용이 생각과 부합하지 않는다(뱀을 닮은 물체를 보고 팔이 마비된 환자의 경우).

뫼비우스는 이러한 주장을 펴면서 단순히 전문 용어 체계의 수정을 제안할 뿐만 아니라 앞으로는 〈생각으로 유발된〉 병리 현상만을 〈히스테리〉의 병리 현상으로 규정해야 한다고 말했다. 즉 그는 모든 히스테리 증상이 생각으로 인해 일어난다고 믿은 것이다. 뫼비우스는 〈생각으로 인해 히스테리 현상이 생기는 경우가 굉장히 많은 것으로 보아, 실은 항상 그런 것으로 믿어진다〉라고 했다. 그는 이것을 〈유추에 따른 추론〉이라고 불렀다. 그러나 나는 이것을 〈일반화〉라고 부르고자 한다. 〈일반화〉가 타당하려면 먼저 검증되어야만 한다.

이 문제에 관해 논하기 전에 우리는 우선 히스테리란 무엇을 말하는 것인지 정의해야 한다. 나는 히스테리를 폐결핵과 마찬가지로 관찰에 기초하여 경험론적으로 발견된 임상적 상태로 본다. 이렇게 경험론적으로 도출된 임상적 상태 묘사는 우리의 지식이 발전함에 따라 더욱 정확하고 더욱 깊게 또 더욱 분명해지며 우리 지식의 발전 때문에 방해받아서도 안 되며 사실 방해받을 수도 없다. 병인론에 관한 연구에 따르면 폐결핵이 경과되는 동안 여러 구성 요소는 다양한 원인을 가진다. 결핵 결절은 코흐 세균 *bacillus Kochii* 때문이고, 조직의 붕괴나 공동(空洞)형, 패혈병성의 열은 다른 미생물 때문이다. 그럼에도 불구하고 폐결핵은 임상적으로 하나의 개체이다. 따라서 그 원인에 따라 코흐 균이 유발시킨, 〈분명히 결핵성인〉이라는 수식어를 붙여 한정한다든지 다른 수식어들을 떼어 낸다든지 해서 〈폐결핵〉을 해체시킨다면 그것은 잘못된 것이다. 마찬가지로 히스테리 현상이 여러 원인으로 인해 결정됨이 판명된다고 하더라도, 또 어떤 부분은 심리 기제로 인해, 어떤 부분은 심리 기제 없이 생긴 것으로 판명된다고 하더라도, 히스테리 역시 하나의 임상적 개체로 남아야 한다.

사실이 그러하다는 것이 나의 확신이다. 오직 히스테리의 일부만이 관념으로 인해 유발된다. 뫼비우스의 정의는 히스테리라는 임상적 개체를, 동일한 환자의 히스테리 증상을 반으로 쪼갤 뿐이다.

뫼비우스의 〈유추에 따른 추론〉과 같은 식의 추론을 다음에 적용시켜 보자. 관념과 지각 때문에 음경이 발기되는 수가 굉장히 많다고 해서 관념과 지각만으로 항상 발기 현상이 일어나는 것이라고 가정하고 말초의 자극이 이 혈관 운동 반응을 일으키는 것조차도 우회적인 심리 기제에 따른다고 주장한다면, 뫼비우스의 〈유추에 따른 추론〉과 마찬가지의 추론을 끌어 낸 것이다. 우리는 물론 발기 현상에 관한 이러한 결론이 틀리다는 것을 알고 있다. 뫼비우스가 히스테리에 관한 주장을 할 때만큼이나 여러 번의 사실을 기초로 한 추론임에도 불구하고 말이다. 침이나 눈물의 분비, 심장 움직임의 변화 등 여러 생리적 과정을 우리가 경험하는 바에 따르면, 동일한 과정이 때로는 생각으로 인해서, 또 때로는 말초적이고 심리적인 것이 아닌 자극으로 인해 시작된다고 가정하는 것이 그럴듯하다. 이에 반하는 결론은 검증되어야 옳다고 할 수 있는데, 이것이 검증될 것 같지는 않다. 이렇게 볼 때 히스테리 현상이라고 묘사될 만한 현상 중에는 관념만으로 유발되지 않는 현상이 많은 것이 확실한 듯하다.

일상생활의 예를 들어 보자. 어떤 여자가, 어떤 감정이 생길 때면 언제나 목과 가슴 그리고 얼굴에 붉은 반점이 생기는데, 처음에는 반점으로 나타나지만 나중에는 반점들끼리 융합한다. 이것은 관념으로 인해 생긴 것이므로 뫼비우스에 따르면 히스테리 현상이다. 그러나 피부에 자극을 주었다든지 피부를 잘못 건드렸다든지 하면 마찬가지의 붉은 반점이 생긴다(아까처럼 그렇게 여기저기 생기는 것은 아니지만). 이것은 히스테리 현상이라고 할 수 없으리라. 그렇다면 의심할 여지 없이 동일한 임상적 개체가 어떤 때는 히스테리이고, 어떤 때는 히스테리가 아닌 것이다. 물론 이 현상을, 즉 혈관의 과민을 구체적으로 히스테리 현상으로 보아야 할지 아니면 단순히 〈신경과 관련된〉 것으로 보아야 할지는 의문의 여지가 있다. 그러나 어찌되었건 뫼비우스의 의견에 따른다면 하나의 임상적 개체가 쪼개질 수밖에 없으며, 오직 감정으로 인해 유발된 반점만이 히스테리 증상으로 불릴 것이다.

마찬가지로 히스테리성 통증에도 같은 말을 할 수 있는데, 이 히스테리성 통증은 임상적으로 매우 중요하다. 관념이 이러한 통증을 직접적으로 지배하는 일이 많다는 것은 의심의 여지가 없다. 히스테리성 통증은 〈통증의 환각〉이다. 좀 더 자세히 들여다보면 관념이 매우 생생하다는 사실만으로는 통증을 생기게 할 수 없고, 통증의 유도와 감각과 관련된 기관에 특수한 이상 상태가 있어야 하는 것 같다. 마치 감정 상태로 인한 반점의 경우 혈관계의 이상 흥분성이 존재해야 하는 것처럼 말이다. 〈통증의 환각〉이라는 말은 이 신경통들의 특질을 가장 함축적으로 묘사하기도 하지만 우리가 환각 전반에 걸쳐 형성한 견해들을 그대로 적용시키도록 강요한다. 환각 전반에 관한 견해들에 관해 세세한 논의는 여기서 하지 않겠다. 그 어떤 지각 기관의 흥분이 연루되지 않은 〈관념〉, 즉 순수하고 단순한 이미지는 그것이 아무리 생생하고 강하더라도 〈환각〉의 특징인 객관적 존재성을 획득하지 못한다.[2]

이것은 감각적 환각에 적용되며 또한 통증의 환각에는 더 그러하다. 건강한 사람이 신체적 통증을 기억하는 것(더군다나 생생하게)은 불가능한 것 같기에 진짜 감각과 그래도 유사한 것은 시청각적 이미지를 통해 얻을 수 있다. 설사 잠잘 때 건강한 사람들이 겪는 정상적인 환각 상태라고 해도 진짜 통증의 감각이 있지 않는 한 통증에 관한 꿈은 꿀 수 없다. 이러한 〈퇴행성〉[3] 흥분은 기억 기관에서 비롯된 것으로 관념을 통해 지각 기관에 작용한다. 따라서 대개의 경우 시각적 혹은 청각적 감각에서보다도 통각의 경우에 이러한 흥분이 더욱 일어나기 힘들다. 통증의 환각은 히스테리에서 쉽게 일어나기 때문에 통각과 연관된 기관의 이상 흥분을 상정할 수밖에 없다.

2　이 지각 기관은 대뇌 피질의 감각 영역을 포함해서, 상기된 이미지의 형태로 감각 인상을 저장했다가 재생하는 다른 조직과는 다르다. 지각 기관이 기능하기 위해서는 〈전 상태Status quo ante〉가 굉장히 빠른 속도로 저장될 수 있어야 한다. 그렇지 못하면 더 이상 지각이 옳게 일어나지 않는다. 반면 기억만 하는 데는 그러한 빠른 저장이 일어날 필요가 없는 대신 모든 지각이 영속될 변화를 일으켜야 한다. 하나의 조직이 두 가지 모순되는 상태를 만족시킬 수는 없는 것이다. 반사 망원경의 거울은 동시에 사진판일 수 없다. 마이네르트T. H. Meynert의 다음과 같은 생각에 나는 동의한다. 환각에 객관성이라는 특징을 부여한 것은 지각 기관의 흥분이다(그러나 피질 하부의 흥분에 관한 그의 의견에는 동의하지 않는다). 만약 지각 조직이 상기된 이미지에 의해 흥분된다면 그전에 조직의 흥분성이 비정상적으로 변해 있었고 이 변화 때문에 환각이 가능하다고 상정해야 한다 — 원주. 단일 기관이 지각과 기억 둘 다의 기능을 수행할 수 없으리라는 명제는 프로이트의 『꿈의 해석』에서 채택된 바 있다. 그는 「쾌락 원칙을 넘어서」(프로이트 전집 11, 열린책들)와 「〈신비스러운 글쓰기 판〉에 대한 소고」(프로이트 전집 11, 열린책들)에서 거듭 이 명제를 사용했다.

3　환각의 퇴행적 특성이라는 개념은 프로이트의 『꿈의 해석』에서도 등장하는데, 그 책에서 〈퇴행Regression〉이라는 용어가 사용되었다.

위에서 우리가 논의했던 혈관의 과민 반응과 마찬가지로, 이 흥분도 관념으로 인해서뿐만 아니라 말초적 자극으로 인해 일어난다. 매일매일 보게 되는 일인데, 신경이 정상인 사람이 다른 조직의 병적 작용(그 자체는 고통스럽지 않지만)으로 인해 통증을 겪는 경우가 있다. 예를 들어 코나 그 부근 비후강의 하찮은 문제 때문에 두통이 생기기도 하고, 심장 때문에 늑간(肋間) 신경과 상완(上腕) 신경에 신경통이 생기기도 한다. 우리가 통증의 환각을 경험하기 위한 필수 조건으로 상정한 이상 흥분성이 어떤 환자에게 존재한다면 이 흥분성은 또한 내가 방금 위에서 이야기한 방사(放射)의 지배를 받는다. 방사는 같은 기제로 신경증적이지 않은 사람에게도 일어나지만 신경증 환자에게 더 강하고 특이한 형태로 일어난다. 따라서 나는, 난소의 신경통이 성기 기관의 상태에 달렸다고 믿는다. 그 원인이 심리적이라는 점을 입증해야 하는 것은 사실이지만 특정 종류의 통증이 최면 상태에서 환각으로 느껴질 수 있음을 보여 주는 것으로는 입증되지 않는다. 붉은 반점이나 정상적인 분비물의 일종처럼 통증은 심리적 원인에서 비롯될 수도 있고, 순전히 신체적인 원인에서 비롯될 수도 있다. 첫 번째인 심리적 원인에 따른 경우만 히스테리성이라고 할 것인가? 만약 그렇다면 흔히 보게 되는 난소 신경통의 경우는 히스테리 증후군에서 제외시켜야 한다. 그러나 거의 그럴 리가 없다.

만약 관절을 약간만 다쳤는데 점차 관절통이 심해진다면 의심할 여지 없이 심리적 요소가 이 과정에 연루되어 있는 것이다. 즉 다친 부분에 주의를 집중한 결과 관련된 신경계의 흥분을 크게 강화시킨 것이다. 그러나 관념이 통각 과민을 유발했다고 말하는 것이 이 현상을 잘 표현해 주는 말은 못 된다.

병적인 감각 〈감소Herabsetzung〉 역시 마찬가지이다. 일반 통각 상실이나 국부 통각 상실이 마취의 도움 없이 관념으로 인해 일어났다고는 믿기 어렵고 또 입증된 바도 하나 없다. 그리고 비네 A. Binet와 자네P. Janet의 발견이 완전히 입증되어 반신 감각 탈실(脫失, *Hemianästhesis*)이 특수한 심리 상태, 마음의 분리로 결정되는 것이라면, 이 현상은 심인성이지 관념으로 인한 것이 아니다. 따라서 뫼비우스의 의견대로라면 이 현상을 히스테리성이라고 이름 붙여서는 안 된다.

그러므로 만약 우리가 관념으로 인한 것이라고 볼 수 없는 히스테리 현상이 여럿 있다면 뫼비우스의 명제를 계속 적용하는 것을 제한해야 옳을 듯하다. 우리는, 생각으로 인한 병리 현상을 히스테리 현상이라고 정의하지 않을 것이다. 단지 우리가 오늘날 생각하는 것보다도 더 많은 히스테리 현상이 관념 때문에 생긴 것이라고 주장할 뿐이다. 그러나 각각의 사례에 존재하는 근본적인 병변들은 신경계의 이상 흥분성에 존재하면서, 심리적이지 않은 자극들이 병리적 결과를 내는 것을 가능케 한다.[4] 이 흥분성 자체가 어느 정도로 심리적 부분에서 기인하는가 하는 것은 또 다른 문제이다.

히스테리 현상의 일부만이 관념 때문에 생긴 것이라고 할지라도 구체적으로 히스테리 현상이라고 할 만한 것은, 즉 관념으로 인한 현상들이다. 따라서 관념으로 인한 현상들을 연구하고 그 심리적 기초를 발견하고 하는 것이 최근에 히스테리 장애에 관한 이론을 크게 발전시키고 있다. 그렇다면 다음과 같은 질문이 생긴다. 〈이러한 현상들은 어떻게 해서 생기는가? 그 심리 기제는

---

4   오펜하임H. Oppenheim은 〈분자의 불안정성〉 탓이라고 했다. 본문의 이 모호한 진술은 후기 단계에서 훨씬 더 정교하고 의미 깊은 공식으로 대치하는 것이 가능할지도 모른다 — 원주. 「히스테리의 존재에 대한 실제와 가설Tatsächliches und Hypothetisches über das Wesen der Hysterie」(1890) 참조할 것.

무엇인가?〉

뵈비우스는 관념에서 비롯된 증상들을 두 가지 집단으로 나누었는데, 각 집단의 경우마다 이 질문에 대한 답이 달라질 수밖에 없다. 병리 현상의 내용이 증상을 일으킨 관념과 부합하는 경우에는 그런대로 분명하게 답할 수 있다. 어떤 목소리에 관한 생각이, 건강한 사람들처럼 단순히 〈마음속의 귀〉에서 어렴풋이 메아리쳐 울리도록 하는 것이 아니다. 환각이라는 양식으로, 진짜처럼 객관적인 청각으로 지각되게 하는 것이다. 그렇다면 이것은 정상 생활에서 흔히 보는 현상인 꿈과 마찬가지이며 이상 흥분성의 가설에서 잘 설명된다. 우리가 수의(隨意)적으로 우리의 몸을 움직이려고 할 때마다 바로 그 결과를 생각하기만 하면 해당 근육을 수축시킬 수 있다. 따라서 근육 수축이 불가능하리라고 생각하는 것만으로도 그 부위를 움직일 수 없으리라는 것은 ― 암시로 인한 마비 증상처럼 ― 쉽게 이해할 수 있다.

관념과 아무런 논리적 연관성이 없는 현상의 경우는 달라진다 (이에 관해 또 정상 생활의 예를 들 수 있는데, 부끄러울 때 얼굴을 붉히는 현상과 같다). 어떻게 이러한 현상이 생기는가? 아픈 사람의 관념이 왜 전혀 말이 안 되는 움직임이나 환각을 불러일으키는 것인가?

첫 장의 「예비적 보고서」에서 우리는 우리가 관찰한 바를 근거로 이 인과 관계에 관해 무언가 말할 수 있으리라 여겼다. 그러나 계속 설명해 나가는 과정에서 사과 한마디 없이 〈흘러 나가든지 소산되어야 하는 흥분〉[5]이라는 개념을 도입, 채용했다. 이 개념은 우리의 주제나 제반 신경증 이론에서 근본적으로 중요하다. 그러

5 실제로 이것은 「예비적 보고서」에서 따온 것이 아니다. 「예비적 보고서」에는 이 가설이 언급된 적이 없다.

므로 더 자세히 고찰해 볼 가치가 있다. 그러나 그 전에 독자들의 양해를 구하면서 기본적인 신경계의 문제를 다시금 생각해 보아야 한다. 압제감은 그 〈근원〉으로의 하강(즉 오지의 탐험)[6]을 동반하게 마련이다.

그러나 현상의 뿌리에 다다르려는 그 어떠한 시도라도 이런 식으로 근본적인 문제에 부딪히게 마련이다. 따라서 다음의 난해한 논의를 너그러이 봐주기 바란다.

2) 뇌 안의 지속성 흥분-감정

(1) 우리는 중추 신경계의 두 극단적 상태가 무엇인지 알고 있다. 뚜렷이 깨어 있는 상태와 꿈을 꾸지 않고 있는 수면 상태가 바로 그것이다. 이 두 상태의 중간에는 여러 상태가 존재한다. 여기서 우리가 흥미로워하는 것은 수면의 목적이나 생물학적 기초(수면을 결정하는 화학적 혹은 혈관상의 요소들)가 아니라 두 극단적 상태 사이의 본질적인 구분이다.

꿈을 꾸지 않는, 가장 깊은 수면에 관한 직접적인 정보를 줄 수는 없다. 그것은 바로, 순전한 무의식의 상태여서 관찰이나 체험이 배제되기 때문이다. 그렇지만 그러한 상태에 근접한 수면, 즉 꿈을 꾸는 수면 상태에 관해서는 다음과 같은 주장을 할 수 있다. 우선 첫째로는, 그러한 상태에서 우리는 수의적으로 움직이려고 할 때가 있다. 즉 걷든지 말하든지 하는 것 등이다. 우리가 깨어 있을 때와는 달리 이럴 때는 이 의지로 인해서 관련 근육이 수축되지 않는다. 둘째, 아마도 감각 자극들을 지각(知覺)할지는 모르지만(감각 자극들이 꿈속으로 진출하는 것으로 봐서) 그것들을 통각(統覺)하지는 못한다. 즉 그러한 지각이 의식되지는 않는다.

6 괴테의 『파우스트』에 나오는 파우스트의 신비한 탐색에 빗대어 말한 것이다.

여기서도 깨어 있을 때와는 달리, 이때 떠오르는 생각이 그 생각과 연관되는, 의식될 가능성이 있는 모든 생각을 활성화시키지는 못한다. 연관되는 이런 생각 대부분이 흥분되지 않은 채 남아 있다(예를 들어 우리는, 어떤 사람이 이미 죽었다는 사실을 잊은 채 죽은 사람에게 이야기할 때가 있다). 더군다나 양립 불가능한 생각들이 서로를 억제하지 않고서 공존할 수도 있다(우리가 깨어 있을 때는 그러한 생각들이 상호 억제하기 때문에 동시에 함께 존재하지 않는다). 우리는 여기서 안전하게 다음과 같이 가정할 수 있다. 이러한 요소 간의 절연은 깊이 잠든 상태에서 더 심해지고 완전해진다.

한편 우리가 완전히 깨어 있을 때는 의지가 활동할 때마다 합당한 움직임이 야기된다. 감각 인상은 의식된 지각이 되며 생각들은 의식될 가능성이 있는 전체 창고와 연결된다. 그러한 상태에서 뇌는 완벽한 내적 연결을 가진, 하나의 시스템 역할을 한다.

이 사실을 다음과 같이 말한다면 그저 다른 말로 달리 표현한 것에 지나지 않으리라. 수면 시에는 심리적 요소가 흥분한다고 해도 뇌 속의 연결 통로와 전도(傳導) 통로를 마음대로 통과해서 다닐 수 없지만 깨어 있는 동안에는 통로들이 완전히 뚫린다.

우리가 깨어 있을 때는 전도 통로들이 지속적 흥분 상태에 있는 것(엑스너S. Exner는 이것을 세포 사이의 강직 경련intrazerebrale Erregung이라고 불렀다)[7]에 있다고 하더라도, 전도 통로에 이러한 두 극단적인 상태가 존재한다는 것은 설명될 수 있다. 뇌 속의 이러한 지속적 흥분이야말로 전도 능력을 결정하는 것이며, 이 흥분이 감소하거나 사라지면 수면 상태가 시작되는 것이다.

7   엑스너의 『정신적 현상의 생리학적 해석 구상Entwurf zu einer physiologischen Erklärung der psychischen Erscheinungen』(1894)을 참조할 것.

우리는 뇌의 전도 통로가 마치 작동해야 하는 순간에만(다시 말해서 신호를 전달해야 할 때만) 전기적으로 흥분하는 전화선과 같다고 여겨서는 안 된다. 항상 전류가 흐르고 있다가 전류가 끊기면 흥분도 끊기는 그러한 전화선만이 비견될 만하다. 더 나은 비유로는, 광범위하게 가지를 친, 조명과 동력 전도용으로 사용되는 전기 시스템을 들 수 있다. 이 전기 시스템은, 단순히 접촉만 되어도 전등불이 들어오게 하거나 기계를 움직이게 할 수 있을 것이다. 그러기 위해서는 모든 것이 작동될 준비가 이미 되어 있어야 하는데, 이 때문에 전체 전도망에 걸쳐서 어느 정도의 긴장이 존재하고 있어야 하며, 발전기의 엔진이 이 목적을 달성하는 데 필요한 양만큼의 에너지를 소모하고 있어야 한다. 마찬가지 방식으로 뇌의 전도 통로에도 휴식 시 어느 정도의 흥분이 존재하고 있다가 깨어나게 되면 작동될 준비를 하고 있는 것이다.[8] 아

8 이 진술은, 여기서 짧게 언급할 다음과 같은 개념에 근거한 것이다. 우리는 보통 감각 신경 세포가 단순히 수동적인 기관이라고 생각하는데, 이것은 잘못된 것이다. 감각 신경 세포들과 연관되는 섬유 시스템이 존재하고 있다는 것만 보아도 이 감각 신경 세포가 신경 섬유에도 흥분을 보낸다는 것이 입증되기 때문이다. 만약 두 개의 감각 세포에서 그와 연결된 하나의 섬유로 흥분이 흘러 들어간다면 ─ 신경 섬유가 그 신경 세포들의 연장이건, 신경 세포와 단지 접촉했을 뿐이건 상관없이 ─ 긴장 상태가 그 신경 섬유 안에 존재하고 있음에 틀림없다. 이러한 긴장 상태와 예를 들어 말초 운동 섬유에 흘러드는 흥분 상태의 관계는 수압과 흐르는 물의 힘의 관계, 또 전압과 전류의 관계와 마찬가지이다. 만약 모든 신경 세포가 평균 정도의 흥분 상태에서 자신의 신경돌기(축삭돌기)를 흥분시키고 있다면, 그 주위의 그물망 전체가 〈신경 긴장〉의 저장소를 형성하게 된다. 세포의 화학 물질 속에 조용히 잠재해 있던 에너지와, 섬유가 흥분 상태에 있을 때 방출되는, 미지의 형태를 취한 운동 에너지는 제외하더라도 우리는 신경 흥분의 또 다른 조용한 상태가 존재함을 가정해야 한다. 지속성 흥분 혹은 신경 긴장이 바로 그것이다 ─ 원주. 〈자유로운〉 형태와 〈얽매인〉 형태의 심리 에너지를 구분 지을 때, 또 심리 기능의 1차 시스템과 2차 시스템을 구분 지을 때 프로이트가 이 각주와 이 각주가 딸린 분문의 문장을 그의 이론의 기초로 여기고 브로이어의 업적으로 돌렸다. 자신의 논문인 「무의식에 관하여」(프로이트 전집 11, 열린책들)와, 「쾌락 원칙을 넘어서」(프로이트 전집 11, 열린책들)에서 프로이트는 이 구분들이 『히스테리 연구』에서 브로이어가 쓴 부분에서 도출된 것이라고 주장한다. 그러나 구체적으로 『히스테리 연구』의 어느 부분에서 인용했다고 언급하지는 않는다.

무 일도 하지 않고 단순히 깨어만 있어도 피곤해지고 잠이 오는 것을 보고 이 견해가 옳음을 알게 된다. 깨어 있는 상태 그 자체만으로도 에너지가 소비되는 것이다.

기대감이 강한 어떤 사람에 관해 한번 생각해 보자. 이 사람은 현재, 어떤 특정 감각 영역에 기대를 모으고 있는 것은 아니다. 따라서 조용하지만 활동할 준비가 되어 있는 뇌를 우리 앞에 그려 보면 된다. 그러한 뇌 속에는 모든 전도 통로가 최고의 전도 능력을 다 발휘하고 있는 것으로, 지속적인 흥분 상태에 있는 것으로 가정한다면 그것이 옳을 듯하다. 그러한 상태를 일상 언어로 긴장 상태라고 표현하는 것에 주목하라. 실제로 움직이지 않거나 심리적인 작업을 수행하지 않았어도 이러한 상태가 얼마나 피곤하고 우리를 지치게 만드는지 경험을 통해서 안다.

이것은 일종의 예외 상태인데, 왜냐하면 에너지가 꽤 많이 소모되므로 오랜 기간 견딜 수 없기 때문이다. 그러나 정신이 깨어 있는 보통 때의 상태조차도 어느 정도의 뇌 속 흥분을 필요로 하는데 그 흥분의 정도는 약간씩 변한다. 깨어 있는 정도가 줄어듦에 따라 흥분 정도도 낮아져서 졸린 상태, 수면의 상태로 되는 것이다.

뇌가 실제로 작업하고 있을 때는 단지 작업을 수행할 〈준비가 되어 있는〉 상태보다도 더 많은 에너지가 소모된다는 것은 의심의 여지가 없다(위에서 비유한 전기 시스템에서 수많은 전등이나 모터를 사용할 때는 더 많은 양의 전류가 흐르는 것과 마찬가지이다). 활동하고 있다면 그 기능에 필요한 정도 이상의 에너지는 방출되지 않는다. 그러나 뇌는, 큰 빛도 방출하면서 동시에 키다란 기계 작업을 수행할 수 없는, 즉 제한된 성능밖에 없는 전기 시스템이나 마찬가지이다. 그런 전기 시스템이 전력을 운반할 때는 조명이면 조명, 모터면 모터만을 위한 에너지만 공급할 수 있을 뿐이다. 따라서 우리가 근육을 크게 움직이고 있을 때는 사고를 지속적으로 해낼 수 없다든지, 우리가 하나의 감각 영역에만 주의를 집중하면 다른 뇌 기관들의 효율성이 떨어진다든지 하는 것을 보게 된다. 다시 말해서 뇌가 가변적이기는 하지만 제한된 양의 에너지를 가지고 활동하는 것을 보게 된다.

에너지는 일정하게 분포되는 것이 아니다. 엑스너가 말한 〈주의 집중으로 인한 촉진〉을 통해 그 분포가 편파적으로 결정된다. 즉 현재 쓰고 있는 통로의 전력이 증가함으로써 다른 통로의 전력은 감소된다. 그리고 뇌가 작업할 때에는 〈뇌 속의 지속적 긴장〉 또한 편파적으로 분포한다.[9] 자는 사람을 깨우고자 할 때는 — 즉 그의 지속적 흥분의 양을 늘리고자 할 때는 — 활기찬 감각 자극을 가하면 된다. 뇌의 혈류에 생기는 변화가 원인 고리들 중 하나인지, 자극이 혈관을 직접 확정시킨 것인지, 혹은 뇌의 성분이 흥분된 결과 확장이 일어나는 것인지는 아직 판명되지 않았다. 확실한 것은, 흥분 상태가 감각의 문으로 들어가 거기서부터 뇌 속에 퍼지면서 확산되고 모든 전도 통로를 전보다 더 높은 촉진 상태로 이끈다는 것이다.

물론 어떻게 해서 〈자발적으로 그냥〉 잠이 깨는지는 분명하지 않다. 처음에 항상 하나의 동일한 뇌 부분이 깨어 있는 상태로 들어가서 거기서부터 흥분이 퍼지는 것인지, 아니면 어떤 때는 한 요소가, 다른 때는 다른 요소가 잠을 깨우는 기관으로 활동하게

9   중추 신경계의 에너지는 뇌 전체에 걸쳐 분포되어 있으며, 때에 따라 변하고 오르락내리락한다고 개념화하는 것은 낡은 생각이다. 카바니스P.J.G.Cabanis는 〈감수성은 용량이 고정되어 있는 액체와 같아 한 통로에 많이 부으면 다른 통로에는 상대적으로 부족해진다〉라고 했다(자네, 『히스테리의 정신적 상태État mental des hystériques』, 1894에서 인용) — 원주.

되는지 모른다. 우리 모두 알고 있듯이, 자발적으로 잠에서 깨어나는 것은 아무런 외부 자극 없이 조용하고 어두운 상태에서도 일어날 수 있는데, 이것을 보면 에너지가 대뇌 성분 자체의 생명 과정(생명의 원천이 되는 과정)에서 생겨난다는 것을 알 수 있다. 근육은 아무리 오랫동안 휴식 상태에 있었다고 해도, 또 설사 최대의 긴장력을 축적해 두었다고 해도 자극받지 않은 채 조용히 있을 수 있다. 그러나 대뇌 요소는 그렇지 않다. 수면 시에 여러 요소가 이전의 상태로 다시 돌아가고 긴장력을 모은다는 가정이 옳다. 이것이 어떤 수준에 도달했을 때 어느 정도로만 일어난다면, 잉여분은 전도 통로로 흘러들어 전도 통로를 준비시키고 깨어 있는 동안의 흥분을 작동시킨다.

깨어 있는 동안에도 마찬가지 일이 일어나는 예를 들 수 있다. 잠에서 깨어나고 있는 뇌는 긴장력을 활성화 에너지로 전환시키지 않은 채 꽤 오랫동안 조용히 있다. 그러다가 활동의 욕구, 충동이 생긴다. 움직이지 않으면 운동 욕구가 생기며 — 우리에 갇힌 동물이 괜히 이리저리 뛰어다니는 것과 비교해 보라 — 이 욕구가 채워지지 않으면 불편감이 생긴다. 감각 자극의 부족, 어둠과 완전한 침묵은 고문이 되어 버리고 만다. 정신의 휴식, 지각, 생각, 연상 활동의 결여는 고통스러운 지루함을 낳는다. 이러한 불쾌감은 〈흥분〉, 정상적 흥분의 증가에 해당한다.

따라서 대뇌 성분들은 완전히 회복된 다음 쉬고 있을 때도 일정량의 에너지를 방출한다. 그리고 이 에너지가 활동에 쓰이지 않는다면 이것이 평상시의 대뇌 흥분을 증가시킨다. 그 결과가 바로 불쾌감이다. 그러한 불쾌감은 유기체의 욕구가 충족되지 못했을 때 생기게 마련이다. 방출된 잉여 에너지가 활동에 쓰일 때 그러한 불쾌감이 사라지는 것으로 보아 유기체가 잉여 흥분을 제거하려는 욕구를 가진다고 결론 내릴 수 있다. 그리고 여기서 우리는 처음으로 유기체에는 〈뇌 안의 흥분을 항상 일정하게 유지하려는 경향〉(프로이트)이 존재한다는 사실과 맞닥뜨리게 된다.[10]

뇌 속의 그러한 잉여 흥분은 짐이자 골칫거리다. 그래서 그 결과 그 흥분을 다 써버리고 싶은 충동이 생긴다. 잉여 흥분이 감각이나 사고 활동에 쓰일 수 없다면 어슬렁거리는 등의 무의미한 운동 활동에 흘러 들어가 소모되며, 이에 대해서 우리는 후에 남아 돌아가는 긴장을 방출하기 위해 가장 흔히 쓰는 방법을 논할 때 다시 이야기할 것이다.

이 점에서는 개인 차가 매우 심하다는 것은 다들 잘 알고 있다. 활발한 사람들과 무기력한 사람들 간의 차이, 〈가만히 앉아 있을 수 없는〉 사람들과 〈소파에서 빈둥거리는 소질을 타고난〉 사람들 간의 차이, 또 정신적으로 기민한 사람과 지적인 휴식을 무한정 참아 낼 수 있는 우둔한 사람들의 차이를 보라. 한 개인의 〈타고난 기질〉을 구성하는 이러한 차이는 신경계상의 뿌리 깊은 차이 — 기능하지 않고 조용히 있는 대뇌 성분이 에너지를 방출하는 정도에서의 차이를 반영한 것이다.

긴장성 흥분을 항상 일정하게 유지하려는 경향이 유기체에 있다고 말했다. 이러한 경향은 그것이 충족시켜 주는 욕구가 무엇인지 알면 이해가 간다. 정온 동물은 항상 평균 온도를 유지하려는 경향이 있는데, 그 온도가 기관들이 활동하는 데 최적의 온도이기 때문이라는 것을 알 수 있다. 또한 혈액의 수분을 일정하게 유지하려는 항상성 등에 관해서도 비슷한 가정을 할 수 있다. 나

10 여기서 처음으로 프로이트의 〈항상성의 원칙〉을 분명하게 주장하는 것 같다. 프로이트는 「예비적 보고서」를 발간할 무렵 그의 강연에서 그 본질에 관해 이야기한 바 있다.

는 또한 뇌의 긴장성 흥분의 〈최적 수준〉이라는 것이 존재한다고 가정한다. 최적의 긴장성 흥분 수준에서는 뇌가 모든 외부 자극을 다 수용할 수 있으며, 반사가 촉진되고 (정상적 반사 활동의 도를 넘지 않는 한도 내에서) 생각의 창고가 깨게 되어 개개 생각의 연결이 쉬워져서 매우 분명하고 합리적인 정신 상태에 부합한다. 이 상태가 바로 유기체의 작업 준비가 가장 잘된 상태이다.

〈예기(豫期)〉의 구성 요소인 긴장성 흥분이 균일하게 고양되면 이번에는 상황이 바뀐다. 즉 유기체는 감각 자극에 과민해지고 이 때문에 금방 불편해지고 적정 수준 이상으로 반사 흥분성이 높아진다(쉽게 공포에 휩싸인다). 물론 어떤 상황이나 목적에서는 이 상태가 유용할 것이다. 그러나 만약 그런 상황이 아닌 때 자생적으로 이 상태가 된다면 우리의 효율성을 향상시키기는커녕 손상시키게 된다. 일상생활에서 우리는 이것을 〈신경이 예민한 nervös〉 상태라고 부른다. 흥분이 고양된 형태가 여럿 있는데 대부분의 경우 과잉 흥분이 〈균일하지 않고〉 항상 효율성에 해가 된다. 일상생활에서 우리는 이것을 〈격앙Aufregung〉이라고 부른다. 유기체가 최적 수준의 흥분을 유지하려는 경향이 있어서 그 수준을 넘은 다음에는 다시 최적 수준으로 되돌아가려고 한다는 것은 놀라운 것이 못 된다. 그러나 유기체의 다른 조절 요인들 못지않게 이 경향을 잘 유지하는 것은 정말로 놀라운 사실이다.

다시 한번 전기 조명 시스템의 비유를 들어야겠다. 전기 조명 시스템에서 전선 그물망에도 역시 최적 긴장 수준이란 것이 있다. 만약 긴장 수준이 그 수준을 넘어가면 그 기능이 쉽게 손상될 것이다. 가령 조명 기구의 필라멘트가 순식간에 타버릴 것이다. 나중에 절연의 붕괴, 혹은 〈누전〉으로 인해 시스템 자체에 가해진 손상에 관하여 이야기할 것이다.

(2) 고양된 흥분의 형태 혹은 정도 중에 전체 뇌 기능의 자유 에너지를 균일하게 올려 주는 형태나 정도는(비록 최적 수준보다는 높지만) 정신 활동에 도움이 되는 범위 안에 있다. 그리고 균일하지 않은 방식으로, 즉 심리적 기능을 부분적으로는 증가시키고 부분적으로는 억제하는 흥분 형태, 혹은 흥분 정도는 정신 활동을 제한시킨다. 우리의 말은 여러 세대에 걸친 경험의 결과 이러한 흥분의 형태 혹은 정도들을 섬세하게 구분 짓는다. 첫 번째 이름은 〈고무Anregung〉이고, 두 번째 이름은 〈격앙〉이다. 재미있는 대화나 커피, 차 등은 〈고무적인(자극적인)〉 효과가 있지만 말다툼이나 많은 양의 알코올은 〈격앙〉 효과가 있다. 고무는, 기능을 하면서 고양된 흥분을 쓰려는 충동을 불러일으킬 뿐이지만 격앙은 거의 병적일 정도로 과격한 방식으로 자신을 방출하고자 한다. 이러한 효과의 심리-신체적 근원 중 하나가 격앙인데, 잠시 후 이에 대해 논의할 예정이다. 우선은 고양된 흥분의 생리적, 내부적 원인들을 잠시 다루어야겠다.

이러한 생리적, 내부적 원인 중에 첫째는 유기체의 주된 생리적 욕구와 본능이다. 산소의 필요성, 탐식, 목마름 등이 바로 그런 것들이다. 그러한 욕구들이 발진시킨 격앙은 어떤 특정한 감각과 목표가 있는 관념들과 연관되어 있기 때문에 위에서 논의한 고양된 흥분의 순수한 예가 아니다(순수한 예는 대뇌 성분들이 가만히 있을 때 고양되어 있는 흥분이어야 한다). 유기체의 욕구들이 발진시킨 격앙에는 나름의 특색이 있는 법이다. 호흡 곤란을 동반하는 마음의 동요 상태와 굶은 사람의 안절부절못하는 모습에서는 그 특색이 명백하다.

이러한 근원에서 비롯된 흥분의 고양은 산소, 긴장력, 물 따위가 부족해 있는 대뇌 성분 자체의 화학 변화를 통해서 나타난다.

이렇게 고양된 흥분은 운동 통로를 따라 흘러가는데, 결국 흥분의 고양을 발진시켰던 바로 그 욕구의 만족으로 이끌게 된다. 호흡 곤란은 애써서 숨쉬기를 가다듬게 만들고, 배고픔과 목마름은 음식과 물을 찾아 나서게 만든다. 이러한 종류의 〈격앙〉에 관한 〈흥분의 항상성〉의 법칙이 지금까지 거의 작용하지 않았다. 이들 경우에 고양된 흥분이 유기체를 위해 하는 역할이 뇌의 정상 기능 상태에 대한 욕구보다도 훨씬 중대하기 때문이다. 먹이 시간 전에 동물원에 있는 동물들이 흥분한 채 이리저리 뛰어다니는 것을 볼 수 있다. 그러나 이것은 음식을 찾는 운동 활동의 잔여 현상에 불과한 것이며(물론 이제는 잡혀 있는 상태라 소용이 없어졌지만) 〈격앙(激昻)〉을 신경계에서 방출시키는 수단은 아니다.

만약 신경계의 화학 구조가 외부 물질의 지속적 유입을 통해서 영구히 바뀌어진 상태라면 이러한 외부 물질이 부족할 때 격앙 상태를 유발할 것이다. 마치 건강한 사람의 경우 영양 물질의 부족이 격앙 상태를 유발하듯이 말이다. 마약 복용을 중지할 경우 생기는 격앙에서 이 현상을 볼 수 있다.

내인성(內因性)의 〈흥분 고양〉에서 좁은 의미의 심리적 〈정서〉로 변하는 것은 성적인 흥분과 성적인 기분을 예로 들 때 이해할 수 있다. 사춘기의 성(性)은 성적 흥분의 형태로 나타나는데, 모호하고 막연하며 무의미한 흥분 고양이다. 계속 성장하면서 이 내인성 흥분 고양은, 활발해진 생식선(生殖腺)의 기능과 함께 발달되어 이성을 지각하든지 생각하는 것, 그리고 특히 특정 개인을 생각하는 것과 확고하게 연결된다. 사랑에 빠지는 현상이 일어나는 것이다. 이러한 생각, 지각은 성적 흥분이 방출한 모든 흥분을 다 사용하게 된다. 이 생각이 〈정서적 생각〉이 된 것이다. 즉 생각이 의식 속에서 활발히 존재할 때는 생식선이라는 전혀 다른 근원에서 비롯된 흥분의 고양이, 이러한 생각으로 인해 발진된다.

성적 본능은 두말할 것 없이, 지속적인 흥분 고양의 가장 강력한 근원이다(따라서 신경증의 가장 강력한 근원이기도 하다). 고양된 흥분은 신경계 전체에 고르지 않게 분포된다. 흥분이 상당한 정도의 강도에 다다르면 생각의 흐름이 혼란스러워지고 생각의 상대적 가치도 변화한다. 절정Orgasmus에 달했을 때는 생각이 거의 완전히 사라져 버린다.

지각 — 감각 인상의 심리적 해석 — 역시 손상된다. 보통 때 소심하고 조심스러웠던 동물이라도, 다가오는 위험을 보지도 듣지도 못한다. 한편 적어도 수컷에게서는 공격 본능이 강화된다. 흥분이 다 소진될 때까지, 평화로운 동물들도 성행위와 관련된 운동 활동 중에는 위험스러워진다.

(3) 이런 식으로 신경계의 역동 균형이 깨진 것이 — 즉 고양된 흥분이 균일하지 않게 분포된 것이 — 감성Affekt[11]의 심리적 측면이다.

감정의 심리학이나 생리학에 관해 논의할 생각은 없다. 단지 병리학에 중요한, 특히 사고와 지각으로 유발되는 감정, 한 가지만을 논하겠다(랑게C. G. Lange는 1885년 감정이 독소 물질로 인해 유발될 수 있다고 옳은 지적을 한 바 있다. 정신 의학이 가르친 바대로 병리적 변화보다도 생각으로 인해서 말이다).

흥분이 고양되면 분명 우리가 격한 감정이라고 부르는 정신 균형의 혼란이 함께 나타난다(슬픔이나 걱정 같은 〈만성〉 감정, 즉

---

11 Affekt를 감정이라고 번역했다. 정동, 정서라고 많이 번역하고 있으나 문맥상 우리 일상 용어 중 원어의 뜻에 가까운 것이 〈감정〉이라고 여겨지기 때문이다. 때에 따라서는 〈정서〉라고 번역한 경우도 있다.

오래 끄는 불안의 경우 합병증이 심한 피로의 상태로 와서 흥분의 불균일한 분포를 내버려 둔 채 흥분 수준만을 가라앉힌다). 그러나 이 고양된 흥분은 심리 활동에 쓰일 수 없다. 모든 강력한 감정은 연상 — 생각의 흐름 — 을 제한시킨다. 사람들은 화가 나거나 두려우면 〈분별력이 없어진다.〉 감정을 일으켰던 생각들만이 의식 속에 남는데, 그것도 매우 강하게 남아 있게 된다. 따라서 연상 활동으로 격앙을 잠재울 수도 없다.

그러나 〈활동적인〉 혹은 〈항진성의〉 감정들은 〈운동〉을 통한 방출로 고양된 흥분을 없앨 수 있다. 기뻐서 소리를 지르거나 날뛰는 것, 분노 때문에 근육이 더욱 긴장되는 것, 분노의 말과 복수 행위 — 이 모든 것이 움직임 속에서 흥분이 흘러 나가도록 하는 것이다. 정신적 고통은 호흡 곤란과 분비 활동, 즉 목이 멘 느낌과 눈물을 통해 흥분을 방출시킨다. 그러한 반응이 격앙을 줄이고 가라앉힌다는 것은 우리가 일상적으로 경험하는 바이다. 이미 언급했듯이 일상 언어는 이것을 다음과 같이 표현한다. 〈울어서 풀다〉, 〈분을 폭발시켜 풀다〉 등. 여기서 제거되는 것, 즉 풀리는 것은 고양된 대뇌 흥분이다.

이러한 반응 중에 — 분노의 말과 행동 같은 몇 가지 반응만이 실제 상황의 변화를 가져오려는 의도를 가지고 있다. 나머지는 그러한 의도나 목적이 없고, 단지 목적이라면 고양된 흥분을 가라앉히고 심리적 균형을 이루는 것에 불과하다. 반응들이 이 목적을 달성하는 한에서는 〈대뇌 흥분을 일정하게 유지하려는 경향〉을 위해 일하고 있는 것이다.

공포와 불안에서의 〈무력한〉 기분은 이러한 반응성 분출을 가져오지 않는다. 공포로 인한 마비는 연상력이나 몸을 움직이려는 힘보다 강력하다. 상황이나 불안의 영향으로 인해 〈달아나기〉라는 단 하나의 유용한 반응을 취할 수 없다면 불안 역시 마찬가지로 강력하다. 공포로 인한 흥분은 점차적으로 안정 상태를 찾는 방법으로만 사라진다.

화(火)에는 그 원인에 맞는 적절한 반응이 있다. 이 반응들은 손쉽지 않다든지 금지되면 대체물로 바뀐다. 분노의 말들조차도 이러한 종류의 대체물이다. 그러나 다른 행동들도(무모하고 아무런 목적도 없는 것 같은 행동들조차도) 대체물로 나타날 수 있다. 왕 앞에서 자신의 분노를 억눌러야 했던 비스마르크는, 후에 값비싼 화병을 바닥에 집어던져 박살 냄으로써 자신을 진정시켰다. 이렇게 하나의 운동 행동이 다른 것으로 고의적으로 대체된 자연스러운 통증 반사가 다른 근육 수축으로 대치되는 것에 상응한다. 이빨이 뽑힐 때는 반사적으로 치과 의사를 밀치면서 울부짖는다. 아니면 우리 팔의 근육을 수축시키고 의자 옆을 지그시 누른다든지 할 수도 있는데, 이때 우리는 통증이 일으킨 흥분을 한 근육 집단에서 다른 근육 집단으로 옮기고 있는 것이다. 격렬한 치통의 경우에 신음하는 것밖에는 아무런 반사가 수반되지 않는데, 괜히 왔다 갔다 하는 중에 흥분이 흘러 나간다. 마찬가지로 우리는 분노의 흥분을 적절한 반응에서 다른 반응으로 바꾼다. 그리고 그 분노의 흥분이 그 어떤 강한 운동 지배에 의해서 다 소모되면 진정하게 된다.

그러나 만약 이러한 종류의 흥분을 전혀 발산시키지 못하는 감정들도 있는데, 이 상황은 공포와 불안에서와 마찬가지로 화에도 해당된다. 대뇌 안의 흥분이 강력하게 증가되지만 연상 활동이나 운동 활동에는 소모되지 않는 것이다. 정상인들의 경우 이러한 혼란은 점차로 복구된다. 그러나 어떤 사람들에게는 비정상적인 반응이 나타난다. 오펜바움이 말하는 〈정서*Gemütsbewegung*의 비정상적인 표현〉이 형성된 것이다.

3) 히스테리성 전환

여기서 다시 한번 전기 시스템의 비유를 끌어다가 설명한다고 하더라도 신경 흥분을 전기와 동일시한다는 혐의는 거의 받지 않으리라고 믿는다. 만약 그러한 시스템 내의 긴장이 매우 높으면 절연이 덜 된, 약한 곳에서 차단이 일어날 위험이 있다. 그런 뒤 전기 현상은 비정상적인 지점에서 일어난다. 그렇지 않으면, 만약 두 선이 서로 가깝게 놓여 있는 경우 단락(短絡)이 일어난다. 이 지점에서 돌이킬 수 없는 변화가 일어난 것이므로 이로 인한 장애는 긴장이 충분히 고조되기만 하면 계속 재발할 것이다. 비정상적인 〈촉진〉이 일어난 것이다.

신경계에도 비슷한 일이 생긴다. 신경계는 서로 연결되는 하나의 전체로 이루어져 있다. 그러나 신경계의 여러 지점에는 극복할 수 없지는 않지만 거대한 저항이 존재하며 이 때문에 흥분이 두루두루 고르게 분포될 수가 없다. 따라서 깨어 있는 상태의 정상인의 경우에, 흥분이 관념 기관에서 지각 기관으로 넘어가지 않는다. 즉 깨어 있는 정상인은 헛것을 보거나 듣지 않는다(환각을 일으키지 않는다). 유기체의 안전과 효율성을 도모하느라고 생명에 중요한 기관 복합체(순환계와 소화계 기관들)들의 신경 조직은, 강한 저항으로 인해 관념 조직과는 분리되어 있다. 이들 순환계 등의 기관 복합체의 독립성은 확고하다. 이들은 관념의 직접적인 영향을 받지 않는다. 그러나 대뇌 안의 흥분을 순환계와 소화계에 전달하지 못하게 막는 저항은 저마다 그 강도가 다르다. 정서적 흥분성은 그 정도가 천차만별이어서 한쪽에는 〈신경과민〉과는 전혀 상관 없는 관념적인 사람(오늘날 거의 만날 수가 없긴 하다)이 존재하며(이 사람은 그 어떤 상황이 와도 심장 활동이 항상 똑같으며, 수행해야 할 업무를 통해서만 영향을 받으며, 그 어떤 위험에 처하건 간에 식욕도 좋고 소화도 잘되는 그런 사람이다), 또 다른 한쪽에는 별것 아닌 작은 일에도 심장 박동이 빨라지며 설사를 하는 〈신경이 과민한〉 사람이 있다. 이러한 양극단 사이에 사람들이 위치하게 된다.

어찌되었든 정상인들은 대뇌 흥분이 식물계 기관에 전달되는 것에 저항한다. 이 저항은 전기 전도선의 절연에 해당된다. 대뇌 흥분의 긴장이 높을 때는 저항이 비정상적으로 약한 지점이 끊기게 된다. 그리고 이것 — 정서적 흥분 — 은 말초 기관으로 전달된다. 그런 뒤 〈정서의 비정상적 표현〉이 따른다.

이 결과를 초래하는 요인들이라고 말했던 그 두 요인 중 하나에 관해서는 자세하게 논의했다. 이 첫 번째 요인은 관념 활동이나 운동 발산으로 경감되지 않거나 그러기에는 너무도 그 정도가 심한 대뇌 흥분이다.

두 번째 요인은 특정 전도로(傳導路)에 있는 저항이 비정상적으로 낮은 경우이다. 특정 전도로의 저항은 그 개인의 원래 구조(생태적 소질)로 인해 결정될 수 있다. 아니면 그 개인의 전체 구조를 느슨하게 만들고 그 모든 저항을 낮추어 주었다고 말할 만한 장기간의 흥분 상태(사춘기의 소질)로 인해 결정될 수도 있다. 아니면 병이나 영양 결핍 따위로 인해 약해져서 그렇게 될 수도 있다(소진 상태로 인한 소질). 특정 전도로의 저항은 관련 기관, 즉 뇌로 들어가고 나오는 통로와 관련되는 기관이 이전에 병을 앓았기 때문에 낮아질 수도 있다. 병에 걸린 심장은 건강한 심장보다 더 감정의 영향을 받는다. 자궁 주위염을 앓고 있던 여성이 다음과 같이 내게 말한 적이 있다. 〈내 하복부에는 공명판이 있답니다. 무슨 일이 일어나면 또다시 통증이 시작된답니다〉(국부적 질환으로 인한 소질).

정서의 흥분은 정상적으로는 운동 활동으로 발산되는데, 이는 중앙에 의해 통제되고 조정된다. 설사 그 운동 활동이 소용이 없게 되더라도 말이다. 그러나 너무 강한 흥분은 조정 센터를 돌파하거나 지나쳐 가서 원시적 움직임으로 흘러 나간다. 갓난아기들은 숨을 쉬느라 소리를 지르는 것 외에 정서 표현이라고는 이러한 원시적인 종류의, 조정이 잘 안 된 근육 수축(몸을 휘고 버둥거리는 형태)에 불과하다. 좀 더 성장하면서 근육계가 조정력과 의지의 통제를 점점 더 받게 된다. 그러나 반궁긴장(反弓緊張)은 전체 신체 근육계의 운동력의 최고치를 보여 주는 것이고 팔다리를 버둥거리는 것은 경련성 움직임으로, 이 움직임들은 일생을 통해 뇌의 최대 흥분에 대한 반응 형태로 지속된다. 정도의 차이는 있지만 유간질성 경련(다시 말해서 히스테리 발작의 순전히 운동적인 부분)의 형태로 최대 정서를 발산하는 것이나 간질 발작 시의 순전히 신체적인 흥분이나 모두 그러하다.

이러한 종류의 비정상적인 정서 반응이 히스테리의 특성인 것은 사실이다. 그러나 이 비정상적인 정서 반응들은 히스테리라는 질환과 별도로 일어나기도 한다. 비정상적 정서 반응들은, 정도 차이는 있지만 신경 장애를 가졌다는 것을 뜻하지 히스테리를 뜻하는 것은 아니다. 그러한 현상들이 설사 커다란 강도로 일어났다고 하더라도 객관적인 이유가 있는 어떤 정서의 결과로 일어났다면 히스테리성이라고 할 수 없다. 그러한 현상이 병의 증상으로, 밖에서 보기에 자생적으로 일어났을 경우에만 히스테리성이라고 할 수 있다. 우리를 비롯한 사람들이 본 바로는, 후자는 원래의 정서를 부활시키는 회상 때문에 일어난다. 〈다른 말로 하면, 만약 그러한 반응이 일어나지 않았더라면 회상으로 인해 원래의 정서를 부활시켰을 것이다.〉

　비교적 지적인 사람의 경우에는 누구나 마음이 휴식을 취하고 있을 때도 관념과 회상이 연이어 의식 속을 흐르고 있다는 사실을 독자들은 당연하게 여길지 모른다. 그러나 이러한 관념은 별로 생생하지 않아 기억의 뒤에 아무런 자국을 남기지 않으며 후에 연상이 어떻게 일어났는가 하는 것을 말해 주지 못한다. 그러나 원래 강한 감정이 얽혀 있던 관념이 일어나면 그 감정도 강도를 달리할지는 모르지만 또다시 살아난다. 기억이 나타내는 감정의 강도는 꽤 유동적인데, 상이한 영향력들로 인해 〈닳아 없어지는〉 정도에 따라 그 강도가 오르락내리락한다. 그리고 특히 원래의 감정이 〈소산〉된 정도에 따라서도 그 강도가 달라진다. 「예비적 보고서」에서 우리는 모욕에 대한 분노의 감정을 예로 들면서, 모욕을 갚거나 침묵으로 꾹 참았을 경우 회상으로 인해 생겨난 분노의 감정 정도가 달라지는 것을 지적했다. 만약 원래 모욕의 순간에 심리적 반사가 완전하게 일어났다면 그에 대한 회상을 했을 때 훨씬 적은 흥분량을 수반한다.[12] 만약 그렇지 못하면, 그 회

12　복수의 본능은 보통 사람이라면 너무도 강력해 문명화에 의해 가면을 쓰게 된다. 이 복수 본능은 원래는 나타나지 않았던 반사 흥분에 불과하다. 싸움에서 상처를 입지 않고 자신을 방어하는 것, 그리고 그러는 중에 적을 해치는 것은 적절하고 당연한 심리적 반사이다. 만약 이러한 방어가 불충분하게 일어났거나 아예 일어나지 않았을 경우 회상을 통해 계속적으로 비어져 나온다. 그리고 〈복수 본능〉은, 다른 모든 〈본능〉이 그러하듯이 비이성적인 의지로 인한 충동이 되고 만다. 그에 대한 증거는 바로 그러한 충동이 비이성적이라는 것, 유용성이나 편의성과 결별했다는 것, 그래서 자신의 안전을 오히려 하나도 배려하지 않는다는 것에 있다. 반사가 일어나자마자 충동의 비이성적인 성질이 의식화된다.
　　Ein andres Antlitz, ehe sie geschehen, / Ein anderes zeigt die vollbrachte Tat — 원주.

상은 영속적으로 환자의 입술에 압력을 넣어서 원래 억눌렀던, 그리고 원래의 자극에 대한 심리적 반사였을 법한 거친 욕들을 하게 만든다.

만약 원래의 감정이 정상적으로 방출되지 못하고 〈비정상적인〉 반사로 방출되면 이 비정상적인 방출 역시 회상을 통해 빠져 나온다. 감정이 얽힌 관념에서 비롯된 흥분은 신체적 현상으로 〈전환〉된다(프로이트).13

만약 이 비정상적인 반사가 자주 되풀이되어 조장되면 그 관념의 작용력을 완전히 고갈시킬 수 있으며, 그렇게 되면 감정 자체는 아주 소량으로만 떠오르거나 아예 떠오르지 않는다. 그러한 경우 〈히스테리성 전환〉이 완성되는 것이다. 더군다나 이제 더 이상은 그 어떤 심리적 영향력을 행세하지 않는 관념은 환자가 무시하게 된다. 아니면 그 관념이 떠오르더라도 즉시 잊어버리게 된다. 마치 감정이 수반되지 않은 여느 관념들처럼.

우리가 미리 형성된 반사가 일어나지 않았을 때 일어나는 사건들을 역순으로 마음속에 떠올리면 이런 식으로 대뇌 흥분이 관념을 말초 통로의 흥분으로 대치되도록 만들 수 있다는 가능성을 받아들이기 쉬워진다. 재채기 반사라는 매우 하찮은 예를 들어 보겠다. 코의 점막이 자극되었을 때 어떤 이유에서건 미리 형성된 자연스러운 반사인 재채기를 하지 못했다면 우리 모두가 알다시피 긴장과 흥분감이 생긴다. 이 흥분은, 운동 통로를 통해 흘러

직역하면 〈행위는 일어나기도 전에 하나의 모습을 보이고 끝난 다음에 또 다른 모습을 보인다〉라는 뜻이다. 실러의 「메시나 수녀Die Braut von Messina」 제3막 5장.

13 여기서 프로이트의 이름이 괄호 안에 들어 있는 것에 대해 프로이트는 「정신분석 운동의 역사」에서 언급한다. 그는, 브로이어가 이 이론 부분을 프로이트의 공로로 돌리려 하는 것 같다고 말했다. 그는 계속 다음과 같이 말한다. 〈내가 믿기로는, 그 구분(누구의 공로인가 하는 구분)은 사실상 그 용어에만 해당 사항이 있을 뿐이다. 전환의 개념 자체는 우리 둘 다에게 함께 그리고 동시에 떠올랐다.〉

나가지 못했으므로 이제 모든 다른 활동을 억압하면서 뇌 전체로 퍼진다. 이 일상적인 예를 보면 심리적 반사가, 아무리 복잡한 심리적 반사라도 일어나지 못했을 때 어떤 일이 생길 것인가를 짐작하게 해준다. 우리가 위에서 논의한 흥분, 즉 복수 본능의 성질인 흥분 역시 근본적으로는 마찬가지이다. 그리고 우리는 인간이 성취할 수 있는 가장 높은 영역에까지도 마찬가지의 과정을 따라서 설명해 나갈 수 있다. 괴테는 창의적인 예술 활동으로 이러한 흥분을 분출해 내고서야 비로소 어떤 경험을 다루었다고 느끼곤 했다. 괴테의 경우 창의적인 예술 활동이야말로 감정에 직속된 당연한 반사였고, 이 반사가 일어나지 않으면 흥분 속에서 고통이 지속되었던 것이다.

대뇌 흥분과 말초 통로의 흥분 과정은 그 크기가 상보적(相補的)이다. 즉 반사가 일어나지 않으면 대뇌 흥분이 증가한다. 대뇌 흥분이 말초 신경 흥분으로 전환되면 대뇌 흥분이 감소되거나 사라진다. 따라서 만약 감정을 일으킨 관념이 즉각적으로 비정상적인 반사를 일으켜서 흥분이 그 즉시로 흘러 나갔다면 그 어떤 감정도 관찰되지 않으리라는 것을 이해할 수 있다. 그렇게 되면 〈히스테리성 전환〉이 완성되는 것이다. 감정이 직속된 원래의 대뇌 흥분이 말초 통로의 흥분 과정으로 바뀐 것이다. 그리고 원래 감정이 얽혀 있던 관념은 이제 더 이상 그 감정을 일으키지 않는다. 단지 비정상적인 반사만 일으킬 뿐이다.[14]

14 전기 체계의 비유를 들지 않고 설명을 하자니 염려가 된다. 조건이 완전히 다르므로 신경계에서 일어나는 과정을 잘 예시해 주지 못하고 설명 또한 안 된다. 그러나 나는 다시 한번 전기 체계의 비유를 들고자 한다. 과도하게 높은 긴장 탓으로 조명 체계에서 어떤 지점의 전선의 절연이 끊어지고 〈단락(短絡)〉되는 경우를 보자. 만약 이 지점에서 전기 현상(과열이나 스파크 따위)이 일어난다면 전선에 연결되어 있는 등이 켜지지 않게 된다. 마찬가지로 비정상적인 반사로 흥분이 흘러 나가고 신체 현상으로 전환되면 감정이 나타나지 않게 된다 — 원주.

이제 우리는 〈정서의 비정상적인 표출〉을 넘어서서 발을 한 발자국 디뎠다. 히스테리 현상(비정상적 반사)은 훌륭한 관찰자인 지적인 환자들에게도 관념으로 인한 것으로 보이지 않는다. 왜냐하면 히스테리 현상을 일으킨 관념들이 이제는 감정으로 색칠되지 않았고 다른 관념이나 기억과 별다른 점이 없어 보이기 때문이다. 히스테리 현상은 순전히 신체적인 현상으로 떠오르며 겉으로 보기에는 심리적인 뿌리가 있지 않은 듯 보이는 것이다.

감정을 방출하기 위해 여러 비이성적인 반사 중 하필이면 특정 반사가 일어나는 이유는 무엇일까? 이 질문에 대해서는 우리가 여러 경우를 관찰함으로써 답할 수가 있었다. 여기서도 방출은 〈최저 저항의 원리〉를 따른다는 것을 관찰했다. 즉 병발 상황으로 인해 저항이 이미 약해져 있던 통로를 따라 방출이 일어난다는 것이다. 기존의 신체병이 특정 반사를 조장한 경우를 떠올려 보라. 예를 들어 누가 심장의 통증을 앓고 있다면 이 통증은 또한 감정으로도 일어난다. 또 한 가지, 반사는 감정이 원래 일어났던 바로 그 순간 그 반사와 관련된 근육 신경 지배가 고의적으로 의도되었다는 사실에 의해서도 그 반사가 선택될 수 있다. 따라서 아나 O.(첫번째 사례)는 뱀을 쫓아내기 위해 공포 속에서 자신의 오른팔을 뻗치려고 애썼는데, 이 오른팔은 당시 의자에 눌려 저린 상태였다. 그때 이후로 뱀과 유사한 물체를 보면 그녀의 오른팔에 근육 강직이 일어났던 것이다. 또한 그러한 정서 상태에서 그녀는 시계를 보기 위해 눈의 초점을 억지로 맞춘 결과 그 감정에 대한 반사의 하나로 내사시가 일어났다는 것 등등이다.

이것은 우리의 정상적인 연상을 지배하는 동시성이 작용한 결과이다. 모든 감각 지각Sinneswahrnehmung은 원래 동시에 일어났던 다른 모든 감각 지각을 의식으로 다시 불러들인다(고전적인 예를 들면, 양의 시각적 상을 떠올리면 매애매애 하는 울음소리도 함께 떠오른다). 만약 원래의 감정이 생생한 감각 인상을 수반했다면 이 감각 인상은 감정이 되풀이되면 다시 한번 상기된다. 그리고 과도하게 커다란 흥분을 방출시켜야 하기 때문에 감각 인상은 회상이 아니라 환각으로 떠오른다. 거의 우리의 모든 사례가 그것을 예시해 준다. 골막염에서 비롯된 격심한 치통을 앓을 때, 고통스러운 감정을 경험했던 여성의 경우에도 그러한 일이 일어났다. 그 이후로는 그 감정을 새로 경험할 때마다, 심지어는 그 감정을 회고만 해도 하안와(下眼窩) 신경통이 발생했던 것이다.

여기서 우리가 다루고 있는 것은 일반적인 연합 법칙에 따른 비정상적 반사의 선택이다. 그러나 어떤 때는(비교적 심한 히스테리에서만이라고 할 수 있다) 연상된 관념의 사실적 순서가 감정과 그 반사 사이에 놓여 있을 때가 있다. 여기서 우리가 말하고 있는 것은 〈상징에 의한 결정〉이다. 감정과 그에 대한 반사를 연합시키는 그 무엇이 단어나 소리 연상의 우스꽝스러운 놀이일 때가 종종 있다. 그러나 이런 일은 비판력이 낮아 우리가 다루는 일군의 현상 밖에 있을 때, 꿈과 유사한 상태에서만 일어난다.

여러 사례에서 우리는 일련의 결정 요인들이 취한 통로를 알 수 없는 경우가 많다. 왜냐하면 이것은 우리가 환자의 정신 상태에 관해서 부분적인 통찰만을 하는 경우가 많고 히스테리 현상의 근원이 일어난 순간 활동하고 있던 관념들에 관해서 불완전하게만 알고 있기 때문이다. 그러나 우리는, 그러한 사례에서도 그 과정은 다른, 사정이 더 나은 사례들에서 관찰할 수 있는 과정과 전적으로 다를 바가 없다고 가정할 수 있다.

원래의 감정을 일으켰던 경험, 그 흥분이 신체적 현상으로 전환된 바로 그 경험에 우리는 〈심리적 외상〉이라고 이름 붙였다. 그리고 이런 식으로 일어난 병리 현상은 〈외상에 근원을 둔 히스테리 증상〉이라고 했다(〈외상성 히스테리〉라는 용어는, 이미 신체적 상처의 결과 —가장 좁은 의미의 외상 — 로 〈외상적 신경증〉군(群)의 일부를 이루는 현상에 적용된 바 있다.

외상으로 인해 결정된 히스테리 현상은 외부 자극이나 정상적 심리 반사를 억눌러서 생기는 것이 아니라 연상의 경로를 억압하는 데서 비롯되는 심리적 흥분의 히스테리적 전환과 아주 비슷하다. 가장 단순한 예와 모델은 우리가 어떤 이름을 생각해 낼 수 없거나 수수께끼를 풀 수 없을 때 일어나는 흥분일 것이다. 만약 누군가가 우리에게 그 이름을 말해 주거나 수수께끼의 답을 주면 연상의 연쇄는 끝나고 흥분은 사라진다. 마치 반사 연쇄의 끝에 흥분이 사라지듯 말이다. 연상의 줄을 막음으로써 야기된 흥분의 강도는 우리가 갖는 관심과 정비례한다. 즉 그 연상이 우리의 의지를 움직이게 하는 정도에 정비례한다. 그러나 문제의 해결이건 다른 것이건, 추구한다는 것은 항상 많은 양의 일을 요구한다. 설사 그런 것이 아무런 목적이 없더라도, 아주 강력한 흥분이라 할지라도 잘 쓰여져 방출되려는 압력을 가하지 않게 되고 그 결과 결코 병인이 되는 일은 없을 것이다.

그러나 똑같이 중요한 관념이 화해될 수 없기 때문에 연합 경로가 억압될 경우 — 예를 들어 새로운 생각이 오래전에 정착된 관념 복합과 갈등을 일으킬 경우 그것은 병인이 된다. 오늘날 많은 사람이 가지고 있고, 또 과거에 더 많은 사람이 가졌던 종교적 의심이라는 고통이 여기에 해당된다. 그러나 그런 경우에라도 흥분과 그에 따르는 심리적 고통(불쾌감)은 환자의 의지에 따른 관심이 작용하는 정도까지만 느껴질 뿐이다. 만약 종교적인 의심을 품은 사람이 자신의 행복이나 구원의 문제에 대해 위협감을 느낀 다면 말이다. 그러나 갈등이 어렸을 적부터 굳건한 뿌리를 내린 도덕적 관념들과 그것과 조화를 이룰 수 없는 행위들에 대한 회상이나 단지 자신만의 생각과의 갈등이라면 그러한 요인은 항상 존재하게 마련이다. 다시 말해서 우리는 그럴 때 양심의 가책을 느낀다. 자신의 성격에 흡족해하고 만족해하려는 관심이 여기에서 작용해 연상의 억압 탓으로 최고도로 흥분을 증가시킨다. 이렇게 서로 조화를 이룰 수 없는 관념들 간의 갈등이 병인이 될 수 있다는 것은 일상생활에서 경험할 수 있는 문제이다. 가장 문제시되는 것은 성생활과 관련된 관념과 과정들이다. 도덕적으로 민감한 청소년의 자위, 아니면 매우 엄격한 도덕성을 지닌 기혼녀가 남편 아닌 남자에게 매료당하는 것을 의식하게 되는 것 등이다. 사실 맨 처음 성적인 느낌이나 관념이 떠오르는 것 자체가 강력한 흥분 상태를 몰고 오는 경우가 많은데 그것은 도덕적 순수성이라는 뿌리 깊은 관념과 갈등을 일으키기 때문이다.[15]

이러한 종류의 흥분 상태는 보통, 병적 우울증이나 불안 상태 같은 심리적 결과를 초래한다.[16] 그러나 어떤 때는 당시의 상황 때문에 비정상적 신체 현상으로 흥분을 방출하게 되는 경우도 있다. 따라서 더럽다는 느낌이 신체적 느낌인 메스꺼움, 즉 신경성 구토를 일으킬 수 있다. 아나 O.의 사례에서는 도덕적 불안이 성문(聲門)의 경련을 일으켰다.[17] 매우 생생하고 조화 불가능한 관

15 이 점에 관해 베네딕트M. Benedikt가 몇 가지 흥미로운 지적과 설명을 한 바 있다. 『최면과 암시Hypnotismus und Suggestion』(1894) 참조.

16 「신경 쇠약증에서 〈불안 신경증〉이라는 특별한 증후군을 분리시키는 근거에 관하여」(프로이트 전집 10, 열린책들) 참조.

17 이와 연결 지어 마흐E. Mach의 『감정 운동Bewegungsempfindungen』(1875)의 한 구절과 비교해 보라. 〈내가 서술한 (어지러움에 관한) 실험을 하는 동안 자주 볼 수 있었던 것인데, 만약 운동감을 시각적 인상과 조화시키기가 어려울 때는 메스꺼운 느낌

넘들이 야기한 흥분에 대한 정상적이고, 적절한 반응이 있는데 그것은 말로 알리는 것이다. 말로 알리고 싶은 충동을 과장시킨 예가 마이더스의 이발사 이야기에 있다. 마이더스의 이발사는 자신의 비밀을 갈대들에게 말해 주었던 것이다. 우리는 유서 깊은 관습인 가톨릭에서의 고해라는 것을 보면서 같은 충동을 본다. 어떤 것을 이야기하는 것은 도움이 된다. 말하는 것은 듣는 사람이 신부가 아니더라도 그리고 면죄가 되지 않더라도 긴장을 없애 준다. 만약 흥분이 이런 식으로 분출되지 못하면 신체적 현상으로 전환되는 경우가 가끔 있는데 그런 것은 외상적 감정으로 인한 흥분에서와 마찬가지이다. 이런 식으로 시작된 히스테리 현상의 전 집단을 프로이트와 함께 〈히스테리 정체 현상〉이라고 했다.[18]

지금까지 우리가 히스테리 현상이 생기는 메커니즘에 관해 설명한 것들이 너무 도해적이고 사실을 단순화한다는 비판을 받을 수 있다. 원래는 신경병질적이지 않은 건강한 사람이 히스테리 증세를 일으키려면 여러 가지 상황이 함께 일어나야만 한다.

다음 사례는 이 과정이 얼마나 복잡한 성질을 지녔는지 보여 준다. 열두 살의 소년이 수면 중 공포에 질리는 발작을 겪고 있었는데 그의 아버지는 매우 신경증적이었다. 이 소년이 어느 날 몸이 좋지 않은 상태에서 학교에서 집으로 돌아왔다. 소년은 무엇을 삼키기가 어렵다고 했고 두통을 호소했다. 가정의는 그 원인

이 든다는 것이다. 마치 내이(內耳)에서 진행하는 자극의 일부가 억지로 그에 가까운 시신경 다발을 떠나 완전히 다른 신경 다발로 접어드는 것 같다……. 나는 또한 서로 멀리 떨어진 입체 경상(像)을 합쳐 보려고 시도할 때 메스꺼운 느낌이 드는 것을 반복적으로 관찰했다.〉 여기서 우리는 병리적, 히스테리적 현상이 서로 조화를 이루지 못하는 생생한 관념들이 공존한 결과 생긴다고 말하면서 이것은 생리학적인 패턴에 어긋나는 것이 아니라는 점을 이야기하고 싶다 — 원주.

18 〈보유 히스테리Retentionshysterie〉에 관해서는 프로이트가 이 책에서 여러 번 언급했다. 자세하게 설명한 부분에서 프로이트는 이 용어가 자신과 브로이어가 공동으로 생각해 냈음을 인정하는 듯했고, 이 개념의 중요성에 관해서는 회의를 품었다.

이 후두염 탓이라고 했다. 그러나 며칠이 지나도 상태는 개선되지 않았다. 소년은 음식을 거절했고, 억지로 음식을 먹이면 토했다. 그는 맥이 풀린 사람처럼 아무런 기력이나 기쁨도 없이 움직일 뿐이었다. 하루 종일 침대에 누워 있고 싶어 했고, 신체적으로 매우 지쳐 있었다. 5주일 후 내가 그를 보았을 때 그는 수줍어하고 말이 없는 아이라는 인상을 주었다. 나는 그의 상태가 심리적인 원인 탓이라고 확신했다. 질문을 하자 소년은 하찮은 설명을 꺼냈다. 자기 아버지가 심하게 꾸짖었다는 것이었는데, 병의 진짜 원인은 분명 아니었다. 학교에서도 아무런 정보를 들을 수 없었다. 나는 후에 최면 상태에서 정보를 캐어 보겠노라고 약속했다. 그러나 최면이 필요하지 않게 되었다. 그의 현명하고 정력적인 어머니의 강력한 간청에 못 이겨 소년은 울음을 터뜨리면서 다음과 같은 이야기를 들려주었다.

소년이 학교에서 돌아오던 중 화장실을 들렀다. 어떤 남자가 자신의 성기를 소년에게 내밀면서 입에다 집어넣으라고 했다는 것이었다. 소년은 무서워서 달아났고, 아무 일도 생기지 않았다. 그러나 그 순간부터 아프기 시작했다. 이 일을 고백하자마자 소년은 완전히 회복되었다. 거식증을 생기게 하기 위해서 삼킬 때의 괴로움과 토하기 등의 여러 요소가 필요했던 것이다. 소년의 생래적인 신경증적 특질, 격심한 공포, 가장 거친 형태로 어린 마음에 침입해 들어간 성, 그리고 구체적인 결정 요인인 혐오 관념 등 이 모든 것이 필요했던 것이다. 그 병이 계속된 것은 소년의 침묵 때문이었다. 이 침묵은 흥분이 정상적인 분출구를 찾아 흘러나가는 것을 막았던 것이다.

이 사례에서와 마찬가지로 다른 모든 경우에서도 그때까지 정상적이던 어떤 사람에게 히스테리 증세가 생기기 위해서는 여러 가지 요인이 몰려들어야 한다. 그러한 증세들은, 프로이트의 용어를 빌리면 반드시 〈중복 결정되어야*überdeterminiert*〉 한다.[19]

이러한 중복 결정은 또한 일련의 여러 원인으로 인해 같은 감정이 생겨났을 때도 일어날 수 있다고 가정할 수 있다. 환자와 환자 주위 사람들은 히스테리 증세를 단지 최근의 원인에만 돌리는데, 사실 이 원인은 보통 이미 다른 외상들이 거의 성취해 놓은 것을 밖으로 드러나게 했을 뿐이다.

열일곱 살 먹은 한 소녀는 어둠 속에서 고양이가 어깨에 달려들었을 때[20] 처음으로 히스테리 발작을 일으켰다(그 뒤에 수많은 발작이 따랐다). 첫 발작은 단순히 공포의 결과인 듯했다. 그러나 자세히 알아본 결과 눈에 띄게 아름답고 보살핌을 받지 못하던 그 소녀는 최근에 여러 번 난폭한 일을 당했는데 이런 일들로 사실 그녀는 성적으로 흥분하게 되었다는 것을 알 수 있었다(여기서 우리는 소질의 소인을 본다). 며칠 전 어떤 젊은이가 앞의 경우처럼 어두운 층계에서 그녀를 습격했는데, 그녀는 간신히 그 상황을 모면했다. 이것이 실제적인 심리적 외상이었고, 고양이는 그것을 발현시켰을 뿐이다. 그러나 그러한 경우 고양이를 실제 외상이라고 여길 수 있으므로 경계해야 한다.

감정의 반복이 이런 식으로 전환을 가져오기 위해서는 여러 가지 외부적인 원인이 꼭 있어야 하는 것은 아니다. 만약 외상 직후에 감정이 약해지기 전에 회상이 자주 그리고 빠르게 반복된다면, 기억에서 감정의 소생만으로도 충분할 때가 많다. 만약 감정이 매우 강력한 것이라면 그것으로 충분하다. 좁은 의미에서의 외상

19 〈중복 결정〉이라는 용어는 여기서 처음 공식적으로 사용된 듯하다. 이것은 프로이트 자신이 사용한 것이다. 부연해야 할 말은, 다중 원인이라는 개념을 다른 저자들이 이전에 비슷한 뜻으로 사용한 적이 있을 것 같다는 점이다.

20 이 사례에 대해서 파울 카르플루스*Paul Karplus* 박사에게 감사드린다 — 원주.

성 히스테리에서의 경우도 마찬가지이다. 예를 들어 철길 사고가 일어난 바로 다음 날에 환자는 자신이 경험한 끔찍한 사건을 잘 때는 물론 깨어 있을 때도 다시 경험할 것이며, 그럴 때마다 공포감이 새록새록 소생할 것이다. 그러다가 마침내 이 〈심리적 작업(정교화)〉(샤르코의 용어), 혹은 〈잠복기〉의 기간을 다 거친 뒤 신체 현상으로의 전환이 일어난다(우리가 나중에 논의할 또 다른 요인이 관련되어 있기는 하다).

그러나 일반적으로 감정이 얽힌 관념은 즉시 〈닳아 없어지게〉 되고 우리가 「예비적 보고서」에서 건드렸던 모든 영향을 받게 되어 조금씩 조금씩 감정이 고갈된다. 다시 불러일으켜진 관념에서 흥분의 양은 점점 줄어들어 회상은 신체 현상을 일으킬 힘을 상실한다. 비정상적인 반사를 조장하는 요인들은 사라지고 그리하여 이전의 상태가 다시 정착된다.

그러나 〈닳아 없애는〉 영향력은 다른 관념들을 참조하여 연상하고 생각하거나 수정한 결과이다. 이 수정의 과정은 감정이 얽힌 관념이 〈연상적 접촉〉에서 철수될 때는 불가능해진다. 이 일이 일어날 때 관념은 전체 감정을 모두 보유한다. 감정이 소생될 때마다 원래 감정의 흥분 총량이 또다시 작용하기 때문에 당시에 시작되었던 비정상적인 반사의 조장(助長)이 드디어 완성된다. 혹은 이 비정상적 반사의 조장이 이미 완성되어 있었다면 그 조장이 유지되고 안정된다. 히스테리성 전환 현상이 이런 식으로 영구히 정립된 것이다.

우리가 관찰한 바로는 감정이 얽힌 관념이 연상에서 도외시될 수 있는 방식에는 두 가지가 있다.

첫 번째는 〈방어〉이다. 즉 환자에게 행복이나 자긍심을 위협하는 것으로 보이는 고통스러운 관념을 고의적으로 억누르는 것이다. 프로이트는 〈방어 신경 정신증〉에 관해서 쓴 첫 번째 논문에서, 그리고 이 책의 사례들에서 이 과정에 관해 논의했다. 이 방어 과정은 의심할 바 없이 병리적으로 매우 중요하다. 사실 우리는, 어떻게 해서 하나의 관념이 고의적으로 의식에서 억압될 수 있는지 알 수 없다. 그러나 우리는 그에 상응하는 양(陽)의 과정인 관념에 주의 집중하는 과정에 대해 잘 알고 있다. 그렇다면 의식이 딴 데로 돌려진 관념들은, 즉 생각의 대상이 되지 못한 관념들은 또한 〈닳아 없애는〉 과정에서 철수하고 감소되지 않은 분량의 감정을 보유한다.

한 걸음 더 나아가 우리는 생각을 통해 닳아 없어지지 않고 남아 있는 또 다른 종류의 관념이 있음을 알아냈다. 이런 일은 우리가 관념을 〈기억하고 싶지 않아서〉가 아니라 우리가 〈기억할 수가 없어서〉 생길 수 있다. 원래 그 관념이 깨어 있는 의식 속에서 기억 상실 상태(최면이나 최면과 유사한 상태에서)의 감정이 충만한 상태에서 생겼기 때문이다. 히스테리 이론에서 이 사실이 가장 중요한 것 같다. 따라서 좀 더 자세히 검토해 볼 가치가 있다.[21]

4) 유최면 상태

우리의 「예비적 보고서」에서 히스테리의 기초와 필수 조건이 유최면 상태의 존재라는 명제를 주창했을 때 우리는 뫼비우스가 이미 1890년에 같은 말을 했다는 것을 간과하고 있었다. 〈관념이

---

21 여기에서 또 나중에 우리는 현재 존재하고 작용하면서도 무의식적인 관념들에 관해 이야기할 때 우리는 단일 관념(예를 들어 아나 O.의 수축을 처음 일으킨 커다란 뱀에 관한 환각)은 거의 염려하지 않는다. 문제가 되는 것은 거의 항상 관념 복합이나 외부적 사건들의 회상, 그리고 환자 자신이 가지는 일련의 사고들이다. 어떤 때는 그러한 관념 복합을 구성하는 개개 관념들을 하나하나 모두 의식적으로 생각할 때가 있다. 그럴 때 의식에서 밀려난 것은 단지 개개 관념의 특정 조합일 뿐이다 — 원주.

(병을 일으키는) 작용을 하기 위한 필수 조건은, 한편으로는 생득적인, 즉 히스테리적인 소질, 그리고 다른 한편으로는 마음의 특수한 틀이다. 우리는 오직 이러한 마음의 틀에 관해 부정확하게 알 수밖에 없다. 히스테리의 필요 조건으로서의 마음의 틀은 최면 상태와 유사함에 틀림없다. 떠오르는 관념이 그 어떤 다른 관념의 아무런 저항도 받지 않는 의식의 빈 상태, 말하자면 처음 들어온 사람을 위해 깨끗이 청소되어 있는 빈 들과도 같은 상태에 상응할 것임에 틀림없다. 우리는 이러한 종류의 상태가 최면으로뿐만 아니라 공포나 분노 같은 정서적 쇼크나 수면 부족, 배고픔 같은 쇠진 요인에 따라서도 생길 수 있음을 알고 있다.)22

뫼비우스가 여기서 접근하고 있는 문제는 관념으로 인해 신체 현상이 생기는 문제이다. 그는 여기서 최면 상태에서 이것이 일어나기 쉽다고 말하고, 감정의 작용이 유사하다고 간주한다. 감정의 작용에 관한 우리의 견해는 이와는 약간 다른데, 이에 관해서는 앞에서 자세히 설명했다. 따라서 내가 뫼비우스의 가정처럼 분노에는 〈의식의 공허 Leere des Bewußtseins〉23(공포나 오래 지속되는 불안에도 존재하는 것으로 인정됨)가 있다는 주장을 하기는 어렵다거나 정서의 흥분 상태와 최면의 무활동적 상태 사이의 유사점을 끌어내기 어렵다는 이야기를 할 필요는 없다. 그러나 뫼비우스의 이런 말들에 관해서는 나중에 또 논의할 것이다. 왜냐하면 내 생각에 뫼비우스의 말이 중요한 진실을 간직하고 있기 때문이다.

우리들이 생각하기로는 최면과 유사한 상태들 — 유최면 상

---

22 뫼비우스, 「보행 불능증에 대하여 Über Astasie-Abasie」(1894) 참조 — 원주.
23 뫼비우스가 이 말로 나타내고자 했던 것은 단지 관념 흐름의 억압이었다. 즉 최면 상태에서 작용하는 것과는 완전히 다른 원인들로 인해 감정에 생기는 억압을 말한다.

태 ─ 이 중요한 이유는 그에 수반하여 기억 상실이 일어나고 우리가 마음의 분열을 초래하는 힘을 가지고 있기 때문이다. ─ 우리는 지금 이에 대해 논의할 것이고, 이것은 〈주(主) 히스테리*die große Hysterie*〉에 근본적으로 중요하다 ─ 여전히 우리는 유최면 상태에 이같은 중요성을 부여한다. 이제 우리의 명제에 관한 설명을 부연해야겠다. 전환 ─ 관념이 신체 현상을 일으키는 것 ─ 은 또한 유최면 상태와 별도로 올 수 있다. 프로이트는 유최면 상태와 별도로 관념 복합*Vorstellungskomplex*이 연상적 접촉에서 제외되는 두 번째 근원으로 방어의 고의적 기억 상실을 들었다. 이 설명을 받아들인다고 해도 나는 아직도 유최면 상태가 수많은, 아니 대부분의 주 히스테리와 복합 히스테리의 원인이며 필요 조건이라는 견해이다.

물론 유최면 상태 중에 가장 처음으로 꼽혀야 할 것은 자기 최면*Autohypnose*으로, 자생적으로 시작된다는 점에서 인위적 최면과는 구별된다. 자기 최면은 완전히 발전된 히스테리 중에서 많이 보이는데, 그 빈도와 지속 기간이 다양하고, 정상 각성 상태와 빠르게 번갈아 일어나는 경우가 많다. 그 내용이 꿈과 유사한 특성을 지녀 〈착란성 히스테리〉라는 이름이 어울리는 경우도 많다. 자기 최면 상태에서 일어나는 일들은 정도의 차이는 있지만 깨어 있는 동안에는 기억 상실이 되는 경우가 많다(반면 인위적 최면 상태에서 일어난 일은 다 기억난다). 기억 상실은 자기 최면 상태의 심리적 산물들, 즉 자기 최면 상태 동안 형성된 연상을 철수시켜서 깨어 있는 동안 생각을 하면서 수정할 수가 없게 된다. 또한 자기 최면 동안 다른 관념들을 참조하면서 하는 비평과 지도 감독이 줄어들기 때문에, 아니면 통상 거의 완전히 사라지기 때문에 가장 과격한 망상이 여기에서 떠올라 오랜 기간 건드려지지 않은 채 남아 있게 되기도 한다. 따라서 이 자기 최면 상태에서만 어느 정도 복잡한 비합리적인 〈촉발 원인과 병리 현상 사이의 상징적 관계〉가 떠오른다. 그리고 이 관계는 소리와 언어의 연상들 간의 엉뚱한 유사성에 근거하는 경우가 많다. 자가 최면 상태에서 비판이 결여되었기 때문에 자기 암시가 자주 일어난다. 예를 들어 히스테리 발작이 지난 후에 마비가 뒤에 남는다. 그러나 단지 우연인지도 모르지만 우리는 분석을 하는 중에 이런 방식으로 비롯되는 히스테리 현상의 예를 만나 본 적이 거의 없다. 다른 곳과 마찬가지로 동일한 과정을 거친 결과 — 즉 정서적 흥분의 전환을 통해 히스테리 현상이 일어나는 것을 우리는 보게 된다.

어쨌거나 〈히스테리성 전환〉은 깨어 있을 때보다도 자기 최면에서 더욱 쉽게 일어난다. 그것은 인위적 최면 상태에서 암시된 관념이 신체적으로 마치 현실처럼 느껴져 환각으로 경험되기 쉬운 것과 마찬가지이다. 그럼에도 흥분의 전환 과정은 본질적으로는 위에서 서술한 바와 마찬가지이다. 일단 전환 과정이 일어나면 감정과 자기 최면이 동시에 일어났을 때 신체 현상이 되풀이된다. 그리고 그런 경우 마치 감정 자체가 유최면 상태를 이끈 것처럼 보인다. 그리하여 최면과 완전 깨어 있는 동안에는 생활이 분명하게 따로따로 교대로 일어나는 동안 히스테리 증상은 유최면 상태 동안에만 한정되고 그 안에서 반복됨으로써 강화된다. 더군다나 히스테리 증세를 일으킨 관념은 깨어 있는 동안에는 결코 떠오르지 않으므로 깨어 있을 때의 생각과 비판의 수정에서 면제된다.

따라서 아나 O.에게 자기 최면 상태에서 불안감과 뱀의 관념과 연합된 오른팔의 수축은 그녀가 최면 상태(혹은 매우 짧은 동안의 〈결여〉 상태에 대해 이 용어가 부적절하다고 여긴다면 〈유최면 상태〉로 대치해도 좋다)에 있는 순간에만 한정해서 일어났는데 4개월 동안이나 지속되었다. 유최면 상태 동안 보였던 다른 전환들에도 같은 일이 일어났다. 그리고 이런 식으로 거대한 히스테리 현상의 복합이 완전한 잠재기의 상태에서 자라났고, 그녀의 유최면 상태가 영속적으로 되었을 때 밖으로 드러났다.

이런 방식으로 생긴 현상은 마음의 분열(이에 관해서는 후에 내가 논의할 것이다)이 완성될 때만, 그리고 깨어 있는 상태와 유최면 상태가 교대로 나타나던 것이 관념의 정상적 복합과 유최면 복합 사이의 공존으로 대치될 때 비로소 의식으로 떠오른다.

이러한 유최면은 환자가 아프기 전에 존재하는 것인가? 그리고 유최면은 어떻게 일어나는가? 이에 관해서 내가 할 수 있는 말은 거의 없다. 단지 아나 O.의 경우만은 별문제로 하고 이 점에 관해 시사해 줄 만한 관찰 결과를 가지고 있지 않기 때문이다. 그녀에게 자기 최면이 습관적 백일몽을 촉진시켰고 이 자기 최면이란 것이 오래 끈 불안감 때문에 완전히 정착된 것이며, 이 불안감 자체는 사실 유최면 상태의 기초였다는 것이 확실한 듯하다. 이러한 과정은 꽤 일반적으로 해당되는 것 같다.

여러 다양한 상태가 〈마음의 부재〉를 초래하지만 그중 단지 몇 가지 상태만이 자기 최면의 경향을 가지고 즉각적으로 옮겨 간다. 어떤 문제에 깊이 몰두한 연구자 또한 어느 정도는 무감각하며, 의식은 되지 않으면서도 지각한 것들에 대한 커다란 감각군을 가진다. 그리고 적극적으로 독창적인 상상력을 구사하는 그 누구라도 마찬가지일 것이다(아나 O.의 〈개인 극장〉을 참조하라). 그러나 그러한 상태에서는 정력적인 정신 작업이 이루어지고 있으며, 풀려난 신경계의 흥분이 이 작업에 쓰여진다. 한편 소산과 몽상 상태에서는 대뇌 흥분이 명료한 각성 수준 이하로 가라앉는다.

이 상태는 졸린 상태와 경계를 이루며 잠으로 옮겨 간다. 그러한 몰두의 상태 동안, 그리고 관념의 흐름이 억눌려 있는 동안 만약 정서적으로 색칠된 관념군이 활동을 한다면 그것은 높은 수준의 대뇌 흥분을 불러일으키고, 이것은 정신 작업에 사용되지 않고 전환과 같은 비정상적 기능의 지배를 받게 된다.

따라서 정력적인 작업 동안의 〈마음의 부재〉나 감정이 없는 비몽사몽 상태는 병을 일으키지 않는다. 반면 정서로 가득 찬 몽상과 오래 끈 감정 탓으로 생긴 피로 상태가 병을 일으키는 것이다. 소심한 사람이 숙고하는 것, 자신이 사랑하는 누군가가 병상에 있는 것을 지켜보는 사람의 불안, 연인에 대한 공상 — 이러한 것들이 모두 이 두 번째 종류의 상태이다. 〈마음의 부재〉가 일어남으로써 감정이 얽힌 일군의 관념에 대한 집중이 시작된다. 관념의 흐름은 점차 느려져서 결국은 거의 정체 상태가 된다. 그러나 감정이 얽힌 관념과 그 관념의 정서는 계속 활동을 한다. 그리고 그 결과 기능적으로 사용되지 않은 거대한 흥분량 역시 남아 있다. 이 상황과 최면의 결정 요인들 사이의 유사성은 의심의 여지가 없다. 최면 상태에 들어가야 하는 환자는 사실 잠에 빠지면 안 된다. 즉 그의 대뇌 흥분은 잠의 수준으로 떨어지면 안 된다는 말이다. 그러나 그의 관념의 흐름은 막아야 한다. 그럴 때만 암시된 관념이 전체 흥분 덩어리를 지배할 수 있다.

이런 식으로 어떤 사람들에게는 병의 원인이 되는 자기 최면이 생기는 것 같다. 즉 습관적 몽상 속으로 도입된 감정으로 인해서 병이 생기는 듯하다. 이것이 아마도, 왜 히스테리의 기억 상실에서 우리가 양대 병인(사랑에 빠진 것과 아픈 사람의 간호)을 그토록 자주 접하게 되는가 하는 이유인 듯하다. 사랑에 빠진 상태에서 환자가 옆에 있지 않은 사랑하는 사람을 그리는 생각들은 그에게 〈몰두한〉 상태를 야기하며, 현실 상황이 흐릿하게 보이게 되며 감정으로 가득 찬 생각을 하게 만든다. 아픈 사람을 간호하는 동안 환자 주위를 둘러싼 고요, 하나의 대상에만 정신 집중, 환자의 호흡에만 고정된 주의 — 이 모든 것이 여러 최면 절차가 요구하는 조건들을 정확하게 충족시키며 이런 식으로 생긴 비몽사몽 상태를 불안감으로 채운다. 이런 상태들이 순수 자기 최면과 단지 정도에서만 차이가 나며 순수 자기 최면 상태로 변환될 가능성이 있다.

일단 이런 일이 한 번 생기면 동일한 상황이 일어날 때 최면과 유사한 상태가 자꾸 되풀이된다. 그리고 환자는 정상적인 두 가지 마음 상태가 아닌 세 가지 마음 상태를 갖게 된다. 그 세 가지 상태란 깨어 있는 상태, 수면 상태 그리고 유최면 상태이다. 우리는 깊은 인위적 최면을 자주 걸었을 때도 똑같은 일이 일어나는 것을 본다.

자생적인 최면 상태가 이런 식으로 감정이 개입되지 않고도 (생득적인 소질의 결과) 일어날 수 있는지의 여부에 대해서는 모르겠다. 그러나 가능성이 매우 크다고는 생각한다. 우리가 건강한 사람이든 아픈 사람이든 인위적 최면에 걸리는 취약성이 개인마다 차이가 있고, 어떤 사람은 쉽게 최면에 빠지는 것을 볼 때 그러한 사람들에게서는 최면 상태가 또한 자발적으로 나타날 수도 있으리라고 여겨진다. 그리고 이러한 소질은 몽상이 자기 최면으로 변하기 위해서 필요한 것 같다. 따라서 나는 모든 히스테리 환자가 아나 O.에게서 우리가 배운 히스테리 생성 메커니즘에 따라 히스테리가 생겼다고 말하는 것이 결코 아니다.

내가 최면 자체보다도 유최면 상태에 관해서 말하고 있는 이유는 히스테리의 생성에 중요한 역할을 하는 이 두 가지 상태를 분명하게 구분 짓기 매우 어렵기 때문이다. 우리는 위에서 자기 최면의 예비 단계로 거론된 몽상 자체가 자기 최면과 동일한 병리적 효과를 낼 수 있을 것인가의 여부에 대해서 알지 못한다. 그리고 오래 끈 불안감 역시 그런 동일한 효과가 있을 것인가의 여부에 대해서도 알지 못한다. 공포의 경우에는 그러한 효과가 있는 것이 사실이다. 감정이 얽힌 관념(위험에 대한)이 매우 활동적인 바로 그때 공포가 관념의 흐름을 막기 때문에 이것은 감정으로 가득 찬 몽상에 완전히 필적한다. 그리고 항상 새롭게 소생되는 감정이 얽힌 관념에 대한 회상이 이러한 마음 상태를 계속 재정립하기 때문에 〈유최면 공포Schreckhypnoid〉가 생기고, 이 상태에서 전환이 일어나든지 안정된다. 여기서 우리는 엄밀한 의미의 〈외상성 히스테리die traumatische Hysterie〉의 잠재기를 보게 되는 것이다.

마음의 상태들이 가장 중요한 점에서 서로 비슷하긴 해도 매우 다른 상태를 자기 최면과 동류로 할 수 있다는 사실을 볼 때 이 내적 유사성을 강조하는 〈유최면〉이라는 표현을 사용하는 것이 바람직한 것 같다. 그러면 위에서 든 구절에서 뫼비우스가 주장하는 견해를 요약하는 것이 된다. 그러나 무엇보다도 전환이 쉽게 이루어지게 하고(기억 상실로 인해) 전환된 관념이 닳아 없어지는 것을 막는다는 사실, 그리고 최종적으로는 심리적 분열을 증대시키게 된다는 사실 때문에 자기 최면이 히스테리 현상의 생성에 중요한 역할을 한다는 것을 지적해 준다.

만약 신체 증상이 관념으로 인해 생기고, 관념으로 인해 계속된다면 우리는 자기 관찰Selbstbeobachtung이 가능한 지적인 환자들이 이 연관성을 의식하리라고 기대하게 된다. 이 환자들은 경험을 통해서, 신체적 현상이 특정 사건의 기억과 동시에 나타난 다는 사실을 알 것이다. 배후에 깔린 인과 관계는 그들이 알지 못 한다. 그러나 우리 모두 어떤 관념이 우리를 울게 하고 웃게 하고 얼굴 붉히게 하는지 안다. 설사 우리가 이러한 관념이 일으킨 현 상에 대한 신경 메커니즘을 전혀 알지 못하더라도 말이다. 어떤 때 보면 환자들이 그 연관성을 정말로 관찰하고 그것을 의식하고 있다. 예를 들어 어떤 여성이, 심하지 않은 히스테리 발작(떨거나 심장이 빨리 뛰는 정도의)이 어떤 커다란 정서적 곤란에서 비롯 되며 어떤 사건이 상기될 때만 그 발작이 반복된다고 말할 수 있 다. 그러나 히스테리 사례 중 많은, 아니 대부분의 사례는 이에 해 당되는 경우가 드물다. 설사 지적인 환자들이라고 해도 자기 증 상이 관념의 결과로 일어난다는 것을 의식하지 못하며, 그냥 신 체적 현상이라고 간주한다. 그렇지 않다면 히스테리의 심리학적 이론은 이미 상당한 수준에 도달했을 것이다.

비록 문제의 증상은 처음에 관념으로 인한 것일지라도 그 증상 이 반복되는 것은, 롬베르크M. H. Romberg[24]의 언급을 살펴보면, 그 증상들이 신체에 〈각인되어〉 일어나며, 이제는 심리적 과정에 기초하지 않고 신경계의 변화에 기초한다고 믿어도 그럴듯하지 않나 싶다. 그래서 이 증상은 충분히 그리고 실제로도 신체적 증 상이 되었을 것이라고 믿어도 좋으리라는 생각이다.

이 견해는 제법 그럴듯하고 가능성이 있다. 그러나 히스테리 이론에 관해 우리가 관찰한 결과들은, 이 견해가 많은 경우 사실 과 부합하지 않음을 시사한다. 수년 동안 계속된 여러 다양한 히 스테리 증상이, 〈우리가 그 증상들을 일으킨 사건에 대한 기억을

24 『인간의 신경증에 대한 서술*Lehrbuch der Nervenkrankheiten des Menschen*』(1840) 참조.

밝게 비추었을 때, 그리고 그 사건에 수반된 감정을 불러일으키는 데 성공했을 때, 그리고 환자가 그 사건에 대해 가능한 한 상세하게 서술하고 그 감정을 말로 표현했을 때, 즉각적이고 영구적으로 사라진다〉는 것을 보아 왔다. 이 책에서 보고한 사례들은 이러한 주장을 뒷받침하는 몇 가지 증거를 제공해 준다. 〈우리는 《원인이 멈추면 결과도 멈춘다*cessante causa cessat effectus*》라는 명제를 뒤집을 수 있다. 그리고 이 관찰 사항을 보고 결론 내리기를, 결정 과정(즉 그것에 대한 회상)이 수년 동안 계속 작용하는데 ― 매개적인 인과 고리의 사슬을 통해 간접적으로 작용하는 것이 아니라 직접적으로 ― 이는 사건이 오래전에 일어났는데도 깨어 있는 의식이 기억하는 심리적 고통이 아직도 눈물샘을 자극하는 것과 마찬가지이다. 히스테리 환자들은 주로 회고 때문에 고통을 겪는 것이다.〉 그러나 이것이 사실이라면, 즉 심리적 외상에 대한 기억이 마치 이물질처럼 오래전에 강제로 침입한 뒤로 현재의 동인으로 작동하고 있는 것으로 간주되어야 한다면, 그리고 그럼에도 불구하고 환자는 그러한 기억이나 기억이 나타난다는 것을 전혀 의식하고 있지 않다면, 우리는 〈무의식적인 관념이 존재하며 그 관념이 작용하고 있다는 것을 인정할 수밖에 없다.〉

더욱이 우리가 히스테리 현상을 분석하게 될 때 그러한 무의식적인 관념들이 고립되어 있는 것만 발견하게 되지는 않는다. 현실적으로 프랑스의 연구자들이 수행한 값진 작업이 보여 준 바대로 여러 환자의 경우에 커다란 관념 복합체와 중요한 결과를 갖는 관련 심리 과정들은 완전히 무의식 수준으로 남으며 의식적인 정신생활과 함께 공존한다는 사실을 인식해야 한다. 또한 우리는 심리적 활동의 분열이라는 것이 있으며, 이것은 우리가 복합성 히스테리*die komplizierte Hysterie*를 이해하는 데 근본적으로 중요하다는 것을 알아야 한다.

이 어렵고 막연한 영역을 더욱 자세히 탐색해도 좋을 것이다. 사용된 용어들의 의미를 정립할 필요성이 있기 때문에 다음의 이론적 논의가 어느 정도 유용할 것이다.

5) 무의식적 관념과 의식에 들어오지 못하는 관념 — 마음의 분열

우리가 알고 있는 관념들을 〈의식적〉 관념이라고 부른다. 인간에게는 자기 의식*Selbstbewußtsein*이라는 괴상한 현상이 존재한다. 우리는 마음속에 떠올라서 계속 이어지는 관념들을, 마치 물건인 양 바라보고 관찰한다. 자기 관찰을 할 기회가 드물기 때문에 이 일이 항상 일어나는 것은 아니다. 그런 능력은 누구에게나 있다. 그래서 누구나 〈나는 이것을, 혹은 저것을 생각했다〉라고 말한다. 우리는 우리 안에 활동하고 있다고 관찰된 관념들, 혹은 우리가 주의를 기울이면 그렇게 관찰되는 관념들을 의식적이라고 묘사한다. 어떤 주어진 순간에 의식되는 관념은 단지 몇 개도 안 된다. 그리고 이러한 관념들 말고 다른 관념들이 그 당시에 있다면 우리는 그러한 관념들을 〈무의식적〉 관념이라고 부른다.

무의식적이건 전의식적이건 현재 관념의 존재를 지지하는 발언은 더 이상 필요한 것 같지 않다. 관념들은 일상생활에서 흔히 있는 사실들에 불과하다. 내가 만약 병원의 예약 시간에 가는 것을 잊었다면 나는 찜찜한 기분을 느낀다. 경험을 통해서 나는 이러한 느낌이 무엇을 뜻하는지 안다. 내가 무엇인가를 잊었다는 것을 뜻한다. 나는 기억을 더듬어 보지만 소용이 없다. 나는 원인을 발견하는 데 실패한다. 그러다 갑자기, 몇 시간인가 흐른 뒤에 그것이 의식 속으로 들어온다. 그러나 그러는 동안 나는 불안해했던 것이다. 그러니까 병원에 가야 한다는 관념은 항상 작용하고 있었지만, 즉, 항상 존재하고 있었지만 나의 의식 속에는 그렇지 않았다는 것이다. 또 다른 예를 들면 어느 날 아침 어떤 바쁜 남자가 무언가에 신경이 쓰였다. 그는 사무실 일에 완전히 몰두하고 있었다. 사무실 일을 하는 동안에 그의 의식적인 생각은 완전히 몰두하고 있었고 신경 쓰이던 것에 대해서는 아무런 생각도 하지 않았다. 그러나 그의 결정은 그 신경 쓰이던 것에 영향을 받고 있었고, 그는 〈예〉라고 말했어야 할 일에 〈아니오〉라고 하는 것이었다. 그래서 그 모든 것에도 불구하고 이 기억은 작용하고 있었다. 즉 존재하고 있었다. 우리가 〈기분〉이라고 부른 것 중 많은 부분은 이러한 근원에서 비롯된다. 즉 존재하면서 작용하기는 하지만 의식의 역치 아래에 있는 관념에서 비롯된다는 말이다. 사실상 우리가 살아가는 동안 모든 행위는 전의식적 관념에 지속적으로 영향을 받는다. 우리는 일반 마비의 초기 단계와 같은 경우 정신의 변질이 일어나 정상적으로는 어떤 행위들을 삼가게 할 금압이 점차 약해져서 사라지는 것을 매일 볼 수 있다. 그러나 이제 여성들이 있는 데서 저질스러운 농담을 하는 환자가 건강했을 때는 의식적 기억과 숙고가 그렇게 하는 것을 금지시켰을 것이다. 그는 그런 행위를 〈본능적으로〉 그리고 〈자동적으로〉 피했다. 즉 그는 충동이 불러일으킨 관념에 따라 그렇게 행동하는 것을 금지당했다. 그러나 그 관념은 의식의 역치 아래에 있었고, 그럼에도 불구하고 충동을 막을 수 있었던 것이다. 모든 직관적 행위는 상당히 전의식적인 관념으로 인해 이끌린다. 매우 명료하고 가장 강한 관념들만이 자기 의식에 따라 지각되며 거대한 덩어리의 약한 관념들은 무의식으로 남는다.

〈무의식적 관념〉이 존재하며 작용하고 있다는 것에 대한 반대는 대부분 말장난인 듯하다. 〈관념〉이 의식적 사고의 용어에 속한 단어라는 점은 의심할 바가 없으므로 〈무의식적 관념〉은 자기 모순적인 표현이다. 그러나 관념이 의식의 역치를 넘어 떠오르든 그 역치 아래에 남아 있든 간에 관념의 배후에 있는 신체적 과정은 내용과 형태가 똑같다(비록 양은 똑같지 않지만). 모순을 피하고 이의에 대한 조처로써 〈관념의 하층(下層)〉과 같은 용어를 만들기만 하면 될 것이다.

따라서 무의식적 관념이 병리 현상을 일으키는 원인이 된다는 점을 인식하는 것도 아무런 어려움이 없을 듯해 보인다. 그러나 우리가 이 문제를 더 자세히 검토하면 다른 난점에 부딪힌다. 통상 무의식적 관념의 강도가 증가할 때면 그 관념은 사실상 의식에 들어가게 된다. 그 강도가 약할 때만이 무의식에 머물러 있는 것이다. 이해하기 어려워 보이는 것 중 하나는 어떻게 관념이, 예를 들어 생생한 운동 활동을 일으킬 정도로 충분히 강하면서도 동시에 의식화되기에는 약할 수가 있는가 하는 것이다.

이미 나는 앞에서 버리지 말아야 하는 견해를 언급한 적이 있다. 이 견해상에서는 우리 관념의 명료성, 그리고 그 결과 우리의 자기 의식을 통해 관찰될 수 있는 능력(즉 의식화되는 능력)은 다른 모든 것 중에 그 관념이 불러일으키는 쾌감이라든지 불쾌감, 그 관념에 할당된 정동(情動)으로 결정된다.[25] 관념이 즉각적으로 생생한 신체적 효과를 낼 때 이것이 의미하는 바는, 그 관념이 생성한 흥분이 뇌 속에서 확산되는 것이 아니라 신체적 효과와 관련된 통로로 흘러 나간다는 것이다. 그리고 이 관념이 신체적 효

25   브로이어는 이 책에서는 꽤 예외적인 의미로 〈정동Affekt〉이라는 용어를 사용하고 있는 것 같다(물론 다른 심리학자들도 그런 의미를 채택한 적이 몇 번 있지만). 그는 여기서 〈정동〉을 특히 쾌감이나 불쾌감을 뜻하기 위해 사용했다. 〈정동의 할당량〉이라는 말은 이전에 불특정 정서나 느낌을 의미하는 보통의 의미로 사용한 바 있다.

과를 낸다는 바로 그 이유 때문에, 그리고 그 심리적 자극의 총량이 신체적 총량으로 〈전환〉되었기 때문에 그 관념은 관념의 흐름에서 그 관념을 특징지어 줄 명료성을 잃어버린다. 특징을 갖는 대신 나머지 관념들 속에서 그 관념을 잃어버리게 되는 것이다.

예를 들어 누군가 식사 도중 격렬한 감정을 느꼈는데 〈소산〉하지 못했다고 치자. 그 후에 먹으려고 할 때마다 그는 목이 메고 토하게 되는데, 그에게는 이런 증세들이 순전히 신체적 증세로 보인다. 그의 히스테리성 구토는 꽤 오랫동안 계속된다. 구토증은 최면 상태에서 감정이 재생되어 서술되고 반응된 이후에야 사라진다. 의심할 여지 없이, 먹으려고 할 때마다 관련된 기억이 되살아났을 것이다. 이 기억은 구토를 일으켰지만 의식에 분명하게 나타나지는 않았던 것이, 구토에 주의를 완전히 빼앗겼고 기억은 감정이 없는 상태였기 때문이다.

지금 막 서술한 이유가 왜 히스테리 현상을 방출하는 어떤 관념은 그 원인으로 인식되지 않는가를 설명해 준다. 그러나 이 이유 — 관념이 전환되었기 때문에 감정을 잃은 관념은 안 보인다는 사실 — 는 다른 사례에서 왜 감정이 결여되지 않은 관념 복합이 의식 속으로 들어오지 않는가 하는 것을 설명해 줄 도리가 없다.

이런 환자들에게서 우리는 다음과 같은 것을 알아냈다. 즉 정서적 장애 — 근심, 분노의 짜증, 비탄 — 가 신체 증상이 나타나기 전에 선행되든지 신체 증상 후에 즉각 따르든지 하는 것, 그리고 정서 장애가 말로 제거되거나 감정과 신체 현상이 점차 다시 사라질 때까지 증가되는 것이 보통이라는 점이다. 전자가 일어날 때면 감정의 질은 항상 꽤 이해할 만하다. 설사 그 강도는 정상인에게(그리고 나중에는 환자 자신에게도) 심하다고 느껴질지라도 말이다. 그렇다면 이러한 관념은 강력한 신체 현상을 일으키는 데 충분할 정도로 강할 뿐 아니라 적절한 감정을 부르고 연관된 관념들을 돌출하게 함으로써 연합 경로에 영향을 줄 정도로 강한 관념이다. 그러나 이 모든 것에도 불구하고 의식 밖에 남는, 그러한 관념인 것이다. 이 관념들을 의식으로 불러들이기 위해서는 최면이 필요했거나 치료자의 강력한 도움으로 힘든 탐색을 해야 했다.

이러한 관념들은 현재 있기는 하지만 무의식적인데, 이는 그 관념들이 비교적 덜 생생해서가 아니라 그 커다란 강도에도 불구하고 〈의식에 입장시킬 수 없는*bewußtseinsunfähig*〉[26] 관념들이기 때문이다.

이러한 종류의, 의식에 들어갈 수 없는 관념의 존재는 병리적이다. 정상인들에게 현재 존재할 수 있는 모든 관념은 충분히 강하기만 하다면 의식에 들어간다. 히스테리 환자들에게서 우리는 의식에 들어갈 수 있는 커다란 관념 복합이 그렇지 못한 작은 관념 복합과 나란히 존재하는 것을 본다. 따라서 환자들에게는 관념적인 심리적 활동의 영역이 잠재적인 의식과 부합하지 않는다. 후자는 전자보다 더 제한되어 있다. 환자들의 심리적 관념 활동은 의식적 부분과 무의식적 부분으로 나뉘며 그 관념들은 의식에 입장 가능한 관념들과 입장 불가능한 관념들로 나뉜다. 따라서 우리는 의식의 분열에 대해 말할 수 없고 〈마음의 분열〉에 대해

---

26 이 표현은 모호하므로 손질할 필요가 있다. 그러나 〈궁정에 입장 가능한 *hoffähig*〉, 〈입장권을 가진〉이라는 비유에 기초한 것이며, 더 나은 용어가 없기 때문에 당분간 사용될 것이다 — 원주. 〈궁정에 입장 가능한〉의 비유를 여기서는 〈의식에 입장시킬 수 없는〉으로 번역했는데 이를 직역한 의미는 〈의식화가 못 되는〉이다. 이는 〈의식화될 수 없는〉으로 번역할 수 있다. 이 단어는 프로이트가 채택하고 그가 자주 사용했는데, 맥락에 따라 이중 하나로 번역된다.

말할 수 있을 뿐이다.

거꾸로 이 전의식적 관념은 의식적 사고의 영향을 받거나 수정될 수 없다. 이 관념들은 그 의미를 잃어버린 경험과 관련이 있는 경우가 많다. 일어나지 않은 사건에 대한 두려움, 혹은 웃음으로 바뀐 공포, 구원 후의 기쁨. 그러한 후속 결과 때문에 의식에 관한 한 그 기억은 모든 감정이 고갈된다. 그러나 전의식적 관념이 남게 되고, 이 전의식적 관념은 전혀 건드려지지 않은 채 신체 현상을 일으킨다.

또 하나의 예를 드는 것을 허락해 주기 바란다. 한 젊은 부인이 한동안 여동생의 미래를 매우 걱정했다. 이 때문에 보통 때는 규칙적이었던 그녀의 생리가 2주일 동안이나 지속되었다. 왼쪽 하복부가 민감했고, 두 번이나 바닥에 쓰러져 있다가 〈기절〉에서 깨어나는 자신을 발견했다. 왼쪽에는 난소 신경통과 심한 복막염의 징후가 따랐다. 열이 없고 왼발과 등이 수축되는 것으로 봐서 병은 〈유사 복막염〉이었다. 그리고 몇 년 후 환자가 사망했을 때 부검이 실시되었는데, 발견한 것이라고는 양쪽 난소 모두 〈소낭종성 변질〉로 복막염 흔적은 찾아볼 수 없었다. 심한 증상들은 점차 사라졌고 뒤에는 난소 신경통, 등 근육의 수축(그녀의 몸이 판자처럼 딱딱했다), 그리고 왼발의 수축이 남았다. 후자는 최면 중에 직접적 암시로 제거되었다. 등의 수축은 암시의 영향을 받지 않았다. 그러는 동안 그녀의 여동생 문제는 완전히 괜찮아졌고, 그 점에 관한 공포도 모두 사라졌다. 그러나 그 공포에서 비롯되었을 수밖에 없는 히스테리 증상은 그대로 지속되었다. 우리 앞에 놓인 것은 신경 지배의 변화로, 독립적인 위치를 점하고 있었고, 더 이상은 그 변화를 만들어 낸 관념에 속하지 않는다고 가정하고 싶었다. 그러나 최면 중 〈복막염〉에 걸릴 때까지의 모든 이야기를 털어놓으라고(그녀는 정말 말하지 않으려고 했다) 강요받은 후에, 그녀는 도움 없이도 즉시 침대에서 일어나 앉았다. 그리고 그녀 등의 수축은 영원히 사라졌던 것이다(그녀의 난소 신경통은 의심할 바 없이 그 기원이 훨씬 오래되었는데 아무런 영향도 받지 않았다). 따라서 우리가 보는 바로는 병인이 되는 불안한 관념이 몇 달간 계속 활발히 작용했고, 이 관념은 실제 사건을 통한 수정을 전혀 받지 못했던 것이다.

결코 의식에 들어오지 않고, 의식적 사고의 영향을 받지 않는 관념 복합체의 존재를 인식할 수밖에 없다면 우리는 다음과 같은 점을 인정해야 한다. 우리가 방금 위에서 기술한 단순한 히스테리의 사례에서조차도 마음이 비교적 독립적인 두 부분으로 나뉘어 있다는 것이다. 우리가 히스테리성이라고 부르는 그 모든 것이 그 근저에, 그리고 필요 조건으로 이런 식의 분열을 보인다고 주장하는 것은 아니다. 내가 주장하는 바는 《《이중 의식》》의 형태로 잘 알려진 사례들에서 매우 두드러지게 나타나는 심리적 활동의 분열은 모든 주요 히스테리 속에서 기본적으로 나타난다》라는 것이고, 〈그러한 분열의 경향이 바로 이 신경증의 기본 현상〉이라는 것이다.[27] 그러나 이 주제에 관해 논의하기 전에 신체적 효과를 내는 무의식적 관념에 관해 덧붙여 말할 것이 있다. 위에서 든 사례에서의 수축을 봐도 그렇고, 여러 히스테리 현상은 오랫동안 지속된다. 그렇다면 그 오랫동안 항상 원인이 되는 관념이 끊임없이 활동하고 존재하고 있다고 가정해야 할 것인가? 나는 그래야 한다고 생각한다. 건강한 사람들의 경우 심리적 활동이 관념의 신속한 변화의 부수물로 향하는 것을 본다. 그렇지만 계속 오랫동안 심한 우울증에 시달린 사람들도 끊임없이 활동하고 존재

27 「예비적 보고서」에서는 이 구절이 약간 다르다.

하는 동일한 관념 속에 빠져 있는 것을 본다. 사실 우리는 건강한 사람이 자신의 마음을 잘 보살필 때에도 그러한 관념이 항상 존재한다고 믿어도 좋을 것이다. 왜냐하면 건강한 사람의 의식이 다른 생각들로 가득 차 있어도 그 관념은 그 사람의 얼굴 표정을 지배하는 것을 보게 되기 때문이다. 그러나 히스테리 환자에게서는 분리된 심리적 활동의 부분, 우리가 생각하기로 무의식적 관념으로 찬 부분은 통상 빈약하고 외부적 인상과 교환할 수가 없기 때문에 단일한 관념이 항상 활동하고 있다고 믿는 것이 쉽다.

비네와 자네가 그렇게 여겼듯이 히스테리의 중앙에 위치한 것이 심리적 활동 부분의 분열인 것 같다면 우리의 임무는 이 주제에 관해서 가능한 한 분명해야 한다는 것이다. 모든 실명사의 뒤에 실질적인 물질이 있다고 가정하는 사고 습관에 빠지기가 너무 쉽다. 그래서 우리는 점차로 〈의식〉이 어떤 실제적인 것을 의미한다고 간주하게 된다. 그리고 예를 들어 〈전의식〉이라는 용어들을 쓰면서 비유적으로 공간상의 관계를 이용하는 것에 익숙해진 나머지 시간이 흐르면서 우리는 실제로 그 비유적인 특성을 잃고 마치 그것이 현실적으로 존재하며 쉽게 우리가 조정할 수 있다는 관념을 형성한다. 그럼으로써 우리의 신화(허구)는 완성된다.

우리의 모든 사고는 공간적 관념을 수반하고 그 도움을 받는다. 그리고 우리는 공간적 비유를 들면서 이야기한다. 따라서 명료한 의식 영역에서 발견된 관념들에 대해 우리가 이야기할 때 그리고 자기 의식을 통해서 결코 밝혀진 적이 없는 무의식적 관념들에 관해 이야기할 때 우리는 하나의 나무를 그리게 된다. 이 나무의 몸체는 빛에 노출되어 있고, 그 뿌리는 어둠 속에 있다. 아니면 우리는 하나의 빌딩을 그리게 된다. 그 빌딩의 아랫부분은 지하에 있고 어두운 창고이다. 그러나 우리가, 그 모든 공간적 관계가 비유적이라는 것을 항상 명심하고 이러한 관계가 우리를 오도해서 그러한 관계가 말 그대로 뇌 안에 존재한다고 가정하게 되는 잘못을 저지르지 않게만 할 수 있다면 우리는 의식이나 전의식에 관해 이야기해도 좋다. 그러나 이 조건을 반드시 만족시켜야만 의식이나 전의식에 대해 이야기할 자격을 얻는다.

만약 우리가, 결국 의식적, 무의식적 관념이 모두 같은 근원을 가지며 같은 뇌 안에, 아마도 같은 피질에 존재한다는 것을 항시 명심한다면 우리 자신이 말하는 그림들에 속는 위험에 빠지지 않을 것이다. 어떻게 그것이 가능한지는 모르겠다. 그러나 우리는 대뇌 피질의 심리적 활동에 대해 너무도 아는 것이 적어서 혼동스럽고 복잡한 일이 하나 닥친다고 해도 우리의 무한한 무지가 증가할 리는 없다. 히스테리 환자의 심리적 활동의 일부는 깨어 있는 개인의 자기 의식에 따른 지각으로 접근할 수 없으며 그리하여 그 마음이 분열되어 있다는 것을 사실로 받아들여야 한다.

이와 같이 심리적 활동이 나뉜 예 중 널리 알려진 예는 히스테리 발작의 어떤 형태와 단계에서 볼 수 있다. 초기에는 의식적 사고가 사라지는 일이 잦지만 그 후에는 점차 깨어난다. 여러 지적인 환자들은 발작 동안에도 자신들의 의식적 자아가 꽤 멀쩡했다고 시인하면서 자신이 행하고 말했던 미친 짓들에 대해서 호기심과 놀라움을 보인다. 그러한 환자들은 또한, 의지가 조금만 있었더라면 발작을 억제했을 수도 있었으리라고 믿으며, 그러지 못했던 것에 대해서 스스로를 책망하는 경향이 있다. 〈그들은 그렇게 행동한 필요가 없다〉(꾀병에 대해 책임이 있다고 자책하는 것 또한 이러한 감정에 기인한다).[28] 그러나 다음 발작이 오면 이전과

28 이러한 점은 아나 O.의 사례에서 예시된 바 있다.

마찬가지로 의식적 자아는 거의 통제를 하지 못한다. 여기서 우리는 의식적이고 깨어 있는 자아의 사고와 관념이, 보통은 어두운 무의식에 존재하지만 이제 근육 기관과 언어의 통제력을 얻었고 사실상 관념적 활동 자체의 상당 부분을 지배하게 된 관념과 나란히 있는 상황에 처해 있는 것이다. 즉 마음의 분열이 나타난 것이다.

비네와 자네의 발견은 여기서 언급해 두는 것이 좋을 듯하다. 그들은 단지 심리적 활동의 분열뿐 아니라 의식의 분열을 기술했다. 우리가 알다시피 그들은 환자들의 〈전의식〉에 접하는 데 성공했다. 전의식의 심리적 활동 부분에 관해서는 의식의 깨어 있는 자아가 전혀 아는 바가 없다. 그리고 또한 그들은 모든 심리적 기능이 존재함을 몇 가지 사례를 통해 보여 줄 수 있었다. 이러한 심리적 기능에는 자기 의식이 포함되는데, 이 자아 의식은 이전의 심리적인 사건들에 관한 기억에 접근할 수 있다. 따라서 이쪽 반의 마음은 그 자체로서 꽤 완전하며 의식적이다. 우리들의 사례에서 분열된 마음의 부분은, 마치 타이탄인들이 에트나의 분화구에 갇히듯 〈어둠 속으로 밀려난다.〉[29] 그리고 지구를 흔들 수 있지만 결코 대낮의 밝음 속으로 떠오를 수 없는 것이다. 자네의 사례들에서 마음 영역은 전체가 하나였다. 그러나 이 역시 의식의 반쪽들이 교대로 나타날 때 사라진다. 마치 이중 의식의 잘 알려진 사례에서 그러하듯이. 그때 두 반쪽은 기능의 한계가 같다.

여기서 히스테리 현상의 원인이라는 것을 보여 주었던 화가들의 관념으로 되돌아 가자. 우리가 단순히 그 관념 모두를 〈무의식적〉이고 〈의식에 들어갈 수 없는〉 것으로 기술할 수는 없다. 그 관념들은 거의 끊어지지 않는 척도를 형성하며 매우 다양한 정도의

29 괴테의 『파우스트』 제1막 4장에서 메피스토펠레스가 사용한 말이다.

모호성과 막연성을 통과하는데, 유별난 반사를 하게 하는, 완전히 의식적인 관념과 최면 때만 의식 속으로 들어오고 깨어 있는 동안에는 결코 들어오지 않는 관념 사이에 있다. 그렇지만 우리는 더욱 심한 정도의 히스테리에서 심리적 활동의 분열이 일어나며 그것만 가지고도 히스테리의 심리적 이론을 가능하게 한다는 것이 이미 정립되어 있다고 간주한다.

그렇다면 이 현상의 원인과 근원에 관해 어느 정도 주장할 수 있는 것이나 추정할 수 있는 것은 무엇인가?

자네는 히스테리 이론에 크게 공헌한 바 있는데, 우리는 그의 주장에 대부분 동의하긴 하지만 다음과 같은 견해는 받아들일 수 없다.

자네의 견해는 다음과 같다.[30] 그는 〈성격의 분열*Spaltung der Persönlichkeit*〉이 생득적인 심리적 취약성 탓이라고 생각한다. 모든 정상적인 정신 활동은 〈종합*Synthese*〉의 능력, 즉 여러 관념을 복합체로 연합하는 능력을 가지고 있다. 다양한 감각 지각을 조합해서 환경에 대한 하나의 종합적인 그림을 그리는 것은 이미 이러한 종류의 종합 활동이다. 이러한 정신 기능은 히스테리 환자들의 경우 정상적인 기준에 훨씬 못 미친다. 만약 정상인의 어떤 점에 집중해서, 예를 들어 단일 감각에 따른 지각에 집중해서 주의를 기울인다면 다른 감각으로부터의 인상을 통각하는 능력을 일시적으로 상실하게 된다. 어떤 것을 지각하자마자 다른 감각-지각에는 접근하지 못하게 된다. 사실상 정상인들은 그런 경

---

30 뒤따르는 자네의 견해에 관한 설명은 주로 자네의 1894년 저술의 결론에서 따온 듯싶다. 이 장은 1893년에 발표된 논문의 2쇄로, 주로 브로이어와 프로이트의 「예비적 보고서」에 관한 것이다.

우 단일 감각으로부터 오는 여러 인상을 함께 다루지 못한다. 정상인들은, 예를 들어 단지 몸의 어느 한쪽의 촉각만을 통각한다. 다른 쪽에서 온 감각들은 중추에 이르러 운동 협응에 쓰이기는 하겠지만 통각되지 않는다. 이 경우 이 감각은 편측(偏側) 지각이 상실된 상태이다. 정상인에게 하나의 관념은 연상을 통해 여러 다른 관념을 의식으로 불러들인다. 이들 불러들인 관념들은 첫 관념과, 예를 들어 확증하는 방식이나 억제하는 방식으로 관계를 맺고 있을 수도 있고 오직 가장 생생한 관념들만 극단적으로 강력해서 그 연상은 의식의 역치 아래에 그냥 남아 있을 수도 있다. 히스테리성 사람들의 경우 항상 그러하다. 모든 관념은 히스테리 환자들의 유한한 정신 활동 전체를 소유한다. 그리고 이로써 이들의 과도한 정서성이 설명된다. 히스테리 환자의 이러한 특성에 대해 자네는 〈의식 영역의 제한〉이라고 묘사한 바 있는데, 이는 〈시야의 제한〉에 빗대어 본 것이다. 대부분의 경우 〈통각되지 않은 감각 인상〉과 〈각성은 되었지만 의식으로 들어오지 않은 관념〉들은 더 이상의 결과를 빚어 내지 않고 중지된다. 그러나 이러한 감각 인상과 관념들이 축적되어 복합체*Komplex*[31]를 이룰 때가 있다. 이 복합체는 의식에서 철수된 정신층이다. 복합체들은 전의식을 형성한다. 본질적으로 이 마음의 분열에 기초한 히스테리는 〈취약성으로 인한 질병〉이며, 이것이 바로 생득적으로 약한 마음이 더욱 약화시키는 영향력에 굴복할 때, 혹은 특히 취약한 쪽에 무거운 짐이 억누를 때 왜 가장 히스테리가 쉽게 일어나는가에 대한 이유이다.

---

31 여기서 사용된 〈복합체〉라는 말은 10년 뒤 융이 도입한 것으로 일반적으로 알려져 있는 〈콤플렉스〉와 매우 유사한 뜻으로 쓰인 것 같다. 프로이트의 「정신분석 운동의 역사」 참조.

요약한 대로 자네의 견해는 히스테리 경향에 관한 중요한 질문에 답하고 있다 ── 히스테리형 *typus hystericus*의 특성에 관해서 말이다(우리가 결핵형 *typus phthisicus*에 관해 이야기할 때와 같은 뜻으로 이 용어를 쓰고 있는데, 결핵형이라고 하면 길고 좁은 가슴, 작은 심장 등을 말한다). 자네는 선천적인 정신적 취약성의 특정 형태를 히스테리의 소질이라고 간주했다. 이에 대한 대답으로 우리는 다음과 같이 간단히 우리의 견해를 알리고자 한다. 의식의 분열은 환자가 약한 정신을 가지고 있어서가 아니다. 환자들은 물론 약한 정신을 가지고 있는 듯이 보이는데, 이는 그들의 정신 활동이 나뉘어 있고 그 능력의 단지 일부만이 의식적 사고의 지배를 받고 있기 때문이다. 우리는 정신적 취약점을 히스테리형, 즉 히스테리가 될 소질의 본질로 간주할 수 없다.

바로 위의 세 문장 중 첫 문장이 의도한 바를 더 분명히 밝히려면 예가 필요할 것 같다. 우리 환자 한 명(체칠리 M. 부인)에게서 다음과 같은 사건의 경로가 자주 관찰되었다. 그녀가 기분이 비교적 좋을 때 히스테리 증상 ── 고통스럽고 강박적인 환각, 신경통 등 ──이 나타나서는 잠시 그 강도가 심해지곤 했다. 동시에 환자의 정신 능력은 계속 줄어들어 며칠 뒤에는 풋내기 관찰자라도 그녀의 취약점을 보게 된다. 그런 뒤 그녀는 무의식적 관념(주로 오랜 과거에 일어난 심리적 외상에 대한 기억)에서 벗어났는데, 이는 최면 상태에서 치료자를 통해서일 수도 있고, 자신이 갑자기 동요한 상태에서, 생생한 정서를 동반해서 그 사건을 기술함으로써 그런 것이다. 이 일이 지나면 그녀는 고요해지고 생기 있어 보이며, 고통스러운 증상들에서 자유로워질 뿐 아니라 그녀의 지성의 폭과 명철성, 이해력과 판단의 정확성에 놀랄 지경이 된다. 그녀는 체스를 잘했고 또 즐겼다. 그녀는 동시에 두 게임을 즐겼는데, 이로 미루어 볼 때 〈정신적 통합〉의 결여를 뜻하는 것으로 취급할 수 없다. 우리가 방금 서술한 것같이 일들이 진행되는 동안 무의식적 관념이 그 자체 쪽으로 계속 증가하는 심리 활동의 부분을 끌어들이고, 이 일이 더 많이 일어날수록 의식적 사고가 하는 역할은 적어져 완전히 바보처럼 된다는 인상에서 벗어나기란 불가능하다. 그러나 빈 사람들의 표현 중 그 상황에 딱 맞는 적절한 말이 있는데, 그녀는 〈*beisammen*〉(직역하면 〈모두 함께〉, 의역하면 〈옳은 정신의〉)이었고, 꽤 놀랄 만한 정신력의 소유자였다.

정상인의 상태 중에 우리가 비교를 위해 예시할 만한 것으로는 주의 집중이 아니고 〈몰두*Präokkupation*〉가 있다. 누가 어떤 생생한 관념, 예를 들어 근심 따위에 〈몰두하면〉 그의 정신 능력도 마찬가지로 감소된다.

모든 관찰자는 대개 자신이 관찰하는 환자의 영향을 받는다. 그리고 우리는 자네의 견해가 주로 병원이나 요양 기관에서 볼 수 있는 취약한 정신을 소유한 히스테리 환자들을 세밀하게 연구하던 중에 주로 형성되었으리라고 믿는다. 이 환자들은 자신의 질환과 그로 인한 정신적 취약성 때문에 스스로 삶을 영위할 수 없었던 사람들이기에 요양 기관이나 병원에서 지낼 수밖에 없었을 것이다. 우리들의 관찰은, 교육받은 히스테리 환자들을 대상으로 했기 때문에 그들의 정신에 대해 본질적으로 상이한 견해를 채택할 수밖에 없었다. 우리의 견해로는, 〈히스테리 환자들 중에는 명철한 지성, 강한 의지, 훌륭한 인격과 높은 비판력을 소유한 사람들이 있다.〉 히스테리는 순수하고 확고한 정신 능력들을 배제하지 않는다. 물론 히스테리 때문에 실질적 성취가 불가능할 때가 많지만. 뭐니 뭐니 해도 히스테리의 시조(始祖)인 성 테레사는 훌륭한 실질적 능력을 소유한 천재 여성이었다.

그러나 한편으로는 어느 정도의 바보 같음, 무능력, 그리고 의지 박약이 히스테리로부터의 보호막은 아니다. 단순히 히스테리의 결과라고 할 만한 것을 무시하더라도 우리는 박약한 정신 유형의 히스테리 환자가 흔하다는 것을 인정해야 한다. 그럼에도 불구하고 우리가 여기서 말하는 것은 둔하고, 무기력한 바보 같음이 아니라 비효율성을 초래하는 과도한 정신적 활동성이다. 생득적인 소질에 관해서는 나중에 논의할 것이다. 여기서 나는 단지 정신적 취약성이 어떤 방식이든 히스테리와 정신 분열의 뿌리에 있다는 자네의 견해를 지지할 수 없다고 이야기할 뿐이다.[32] 자네의 견해를 완전히 반박하면서 나는 여러 사례에서 분열의 근저에 있는 것은 효율성 과잉, 즉 두 개의 상이한 관념의 흐름이 습관적으로 공존하는 것이라고 믿는다. 흔히 지적되는 일이지만 우리는 우리의 의식적 생각이 우리의 활동과 전혀 공통점이 없는 관념의 흐름에 몰두하는 동안 단순히 〈기계적으로〉 활동할 수 있을 뿐만 아니라 우리의 생각이 〈다른 데 있느라 바쁜〉 동안에도 심리적 기능을 수행해 낼 수 있다. 예를 들어 우리가 적절한 어조로 바르게 어떤 것을 소리 내어 읽었더라도 그 후에 우리가 무엇을 읽었는지 전혀 알지 못한다든지 할 때이다.

물론 털실 짜기나 음계를 친다든지 하는 기계적인 활동부터 시작해 적어도 소량의 심리적 기능을 요하는 것까지 수만 가지 활동이 있다. 많은 사람은 이 모든 활동을 자신의 정신을 반만 쏟아부어도 수행할 수 있다. 이는 특히 매우 생기발랄한 기질을 지닌 사람에게 해당되는 것으로, 그런 사람들에게 단조롭고 단순하고 흥미없는 일은 고문과 다를 바 없으며, 그럴 경우 어떤 다른 것에 관해 생각함으로써 고의적으로 자신을 즐겁게 만들기 시작한다

32 이와 관련해 에미 폰 N. 부인에 대해 프로이트가 언급한 적이 있다.

(아나 O.의 〈개인 극장〉을 참조). 예를 들어 책이나 연극 등에서 비롯된 흥미로운 관념군이 환자의 주의 속에 억지로 침입해 그의 생각 속에 들어가면, 비슷하기는 하지만 또 다른 일이 일어난다. 만약 외부로부터의 관념군이 감정으로 강하게 채색되어 있다면 (예를 들어 사랑하는 사람에 대한 걱정이나 그리움) 이 침입은 훨씬 더 격렬하다. 그러면 우리는 내가 위에서 다룬 몰두의 상태를 맞게 되는데, 그렇다고 해도 대부분의 사람은 꽤 복잡한 활동을 수행하는 데 지장이 없다. 관련된 생각들이 강요적이라고 하더라도 사회적 상황은 우리에게 어쩔 수 없이 이런 일을 되풀이하게 만든다(예를 들어 극도로 걱정하거나 정열적으로 흥분한 여성이 자신에게 부과된 사회적 임무와 훌륭한 안주인 역할을 해낸다). 우리 모두는 우리가 일을 하는 동안 이러한 얼마 안 되는 성취라도 이룰 수 있다. 그리고 자기 관찰에 따르면 정서적인 관념군이 단지 연상을 통해 가끔 불리는 것이 아니라 어떤 외부적 인상이나 의지의 활동으로 처리되지 않는 한 항상 마음속에 존재하며 의식 속으로 들어온다.

일상적 활동을 하면서 습관적으로 공상이 정신을 지나가게끔 하게 하지 않는 사람조차도 상황에 따라서는 이런 식으로 꽤 오랜 기간 한편으로는 외부 생활로부터의 변화하는 인상과 반응들 그리고 다른 한편으로는 정서가 색칠된 관념군이 공존하는 일이 생긴다. 검은 근심이 말 타는 이의 뒤에 앉아 있다.[33] 이러한 상황 가운데 가장 눈에 띄는 상황은 우리가 사랑하는 이가 아파서 돌봐 주어야 하는 경우, 그리고 사랑에 빠진 경우이다. 경험에 따르면 간병과 성적 감정은 또한 히스테리 환자들을 매우 세밀하게 분석한 대부분의 사례에서 중요한 역할을 한다.

33 *Post equitem sedet atra cura* — 호라티우스, 「송시」.

내가 추측하기로는 심리 기능의 복제가 습관적이든 삶의 정서적 상황에 따른 것이든 간에 순수하게 병리적인 마음의 분열을 이끄는 질병 소인이다. 만약 두 개의 공존하는 관념군의 내용이 더 이상 같은 종류가 아닐 때, 만약 그들 관념군 중 하나가 의식에 들어올 수 없는 관념들(즉 유최면 상태에서 일어났거나 배척된 관념들)을 포함할 때 이 복제는 병리적인 마음의 분열로 바뀐다. 이럴 때 두 개의, 일시적으로 나뉜 줄기가 다시 합쳐질 수는 없다. (건강한 사람들에게는 항상 일어나는 일이지만) 그리고 무의식적 심리 활동의 영역은 영구적으로 분열되어 나간다. 이러한 히스테리성 분열은 건강한 사람의 〈이중 자아〉에 비견된다. 그리고 유최면 상태는 정상적인 공상에 비견된다. 이 후자의 대비에서 병리적이라는 것을 결정하는 것은 기억 상실이고, 전자의 대비에서 병리적인지의 여부를 결정하는 것은 〈관념이 의식에 들어갈 수 없다는 점〉이다.

내가 계속해서 다시 언급할 수밖에 없는 우리의 첫 번째 사례사인 아나 O.의 경우는 이에 대한 분명한 통찰을 제공한다. 그 소녀는 건강 상태가 매우 좋았을 때, 일상생활을 하는 동안 상상력을 동원해 관념의 흐름이 자신의 마음을 통과하게끔 하는 습관이 있었다. 자기 최면을 할 만한 상황에서 불안감이 그녀의 공상을 침입해서는 유최면 상태를 창출해 냈다. 그리고 그녀는 그에 대한 기억을 상실했다. 이러한 상황이 여러 번 반복되었고, 그 관념적인 내용은 점차로 풍부해졌다. 그러나 그 내용은 완전히 정상적인 감성 상태에서 사고하는 상태와 계속 교대되었다. 넉 달 후 유최면 상태는 환자를 전적으로 지배하게 되었다. 개별적인 발작들이 서로 합병하여 급성 히스테리의 가장 심한 형태가 생겼다. 이것은 여러 형태로 여러 달 동안 지속되었다(몽유기). 그런 뒤 갑자기 몽유기가 중지되었고, 이 상태가 다시 한번 정상적인 심리 활동과 교대로 나타났다. 그러나 그녀가 정상적인 행동을 하는 동안에도 신체 현상과 심리 현상(수축, 편측 지각 상실 그리고 언어의 변화)은 지속되었는데, 이 사례에서 우리가 확실히 아는 것은 이 증상들이 유최면 상태에 속한 관념에 기초한다는 점이다. 이것은 다음과 같은 부분을 입증한다. 즉 그녀가 정상적인 행동을 하는 동안 유최면 상태에 속해 있는 관념 복합, 〈전의식〉이 존재했고, 그녀 마음이 계속 분열 상태를 유지했다는 것이다.

나는 이와 비슷한 경로를 밟은 두 번째 예에 대해서는 가지고 있지 않다. 그러나 내 생각에 이 사례는 외상성 신경증의 발전에도 또한 시사점을 던진다. 외상적 사건이 일어난 뒤 처음 며칠 동안 그 사건을 떠올릴 때마다 유최면 공포 상태가 되풀이된다. 이 상태가 더 자주 반복해서 일어나면 그 강도가 작아져서 더 이상은 깨어 있는 사고와 교대로 나타나지 않고 단지 깨어 있는 사고와 나란히 존재할 뿐이다. 이제 이것이 지속되고 신체 증상들은 (이전에 공포 발작 때는 단지 존재하기만 했던) 영구적으로 존재하게 된다. 그러나 나는 단지 이 모든 것을 추측할 수 있을 뿐인데, 왜냐하면 이런 종류의 사례를 분석해 본 적이 없기 때문이다.

프로이트의 관찰과 분석에 따르면 마음의 분열은 또한 〈방어〉, 즉 고통스러운 관념에서 고의적으로 의식을 비키게 하는 것으로서도 일어난다. 그러나 몇몇 사람에게만 그런 일이 일어나므로 정신적인 특이성 탓으로밖에 돌릴 수 없다. 정상적인 사람들에게 그러한 관념들은 성공적으로 억압되어 그것이 완전히 사라지든가, 아니면 억압되지 못하고 계속 의식으로 떠오른다. 이러한 개인의 특이성의 본질이 무엇인지는 나도 알 수 없다. 감히 다음과 같은 것을 시사할 뿐이다. 즉 만약 방어가 단지 단일의 전환된 관넘을 무의식적 관념으로 만드는 것이 아니라 마음의 순수한 분열을 초래하는 것이라면 유최면 상태의 도움이 필요하리라는 것이다. 소위 자기 최면은 무의식적인 심리 활동의 공간이나 영역을 창조했는데, 배척된 관념이 이 속으로 쫓겨 들어간다. 그러나 이것이 어찌되었든 〈방어〉의 병리적 중요성은 우리가 반드시 인식해야 하는 사실이다.

그러나 나는 마음의 분열이 일어나는 것이, 우리가 논의한 반쯤 이해된 과정으로 다루어질 수 있다고는 생각하지 않는다. 따라서 히스테리의 초기 단계에서 정도가 심한 히스테리는 보통 잠시 동안 급성 히스테리로 묘사될 수 있는 증후군을 보인다(남자 히스테리 사례의 기억 상실에서는 일반적으로 이러한 형태의 질환은 〈뇌염〉처럼 보인다. 여자 사례에서는 난소 신경통이 〈복막염〉의 진단으로 이끈다). 이러한 급성기의 히스테리에서 흥분의 조증 상태나 분노 상태, 신속히 바뀌는 히스테리 현상, 환각 같은 정신병적 특성이 매우 유별나다. 이런 종류의 상태에서 마음의 분열은 아마도 우리가 위에서 묘사하려고 했던 것과는 다른 방식으로 일어날지도 모른다. 아마도 이 단계의 전부가 긴 유최면 상태로 간주되어야 하고, 유최면 상태의 잔여물이 무의식적 관념 복합의 중심 핵을 이룰지 모른다(그리고 깨어 있는 사고는 이것을 기억하지 못한다). 이런 종류의 급성 히스테리를 일으키는 원인들에 관해 우리가 모르는 부분이 많으므로(나는 아나 O.의 경로를 일반화시키지 않겠다) 우리가 위에서 논의한 것들과 대비되는, 비이성적이라고 할 만한 또 다른 종류의 심리적 분열이 있는 것 같다.[34]

34 그러나 나는 명백한 〈이중 의식〉을 지닌, 가장 잘 알려지고 가장 분명한 주요 히스테리의 한 예, 즉 아나 O.의 예에서 급성 상태의 잔여물 중 만성 상태로 넘어가는

그리고 이 과정과는 다른 형태들도 존재하는 것이 틀림없다. 이러한 것들은 아직 우리의 심리 과학이 젊기 때문에 아직 밝혀지지 않은 것이다. 우리는 단지 이 지식 영역의 첫발을 떼었을 뿐이고, 우리가 현재 생각하는 견해는 앞으로의 관찰로 꽤 많이 바뀔 것이다.

이제, 히스테리를 이해하기 위해 마음의 분열에 대해 지난 수년간 어떠한 지식을 얻었는지 살펴보자. 그 양이 많고 중요한 듯하다.

첫째 이러한 지식들로 인해 순전히 신체 증상으로 보이는 증상들이, 환자의 의식 속에서는 발견될 수 없었던 관념에 기초했다는 설명이 가능해졌다(이에 관해 다시 설명할 필요는 없다). 두 번째로 적어도 부분적으로 히스테리 발작에 대해 이해할 수 있게 되었다. 즉 히스테리 발작이 무의식적 관념 복합체의 산물이라는 것을 알게 되었다(샤르코를 참조할 것). 그러나 이외에도 히스테리의 어떤 심리적 특성들을 설명할 수 있게 되었는데, 이 점에 관해 더욱 자세히 논의해 보겠다.

〈무의식적 관념들〉이 결코, 혹은 매우 드물게, 어렵게 겨우 깨어 있는 사고로 들어간다는 것은 사실이다. 그러나 이 무의식적 관념들은 깨어 있는 사고에 영향을 준다. 첫째, 예를 들어 완전히 이해할 수 없고 무의미하기는 하지만 최면 상태에서는 그 의미와 동기가 분명해지는 그러한 환각에 환자가 시달릴 때 같은 경우처럼 무의식적 관념들의 결과를 통해서 깨어 있는 사고에 영향을 준다. 게다가 무의식적 관념들은 어떤 관념들을 (이러한 관념들

것은 없으며, 만성 상태의 모든 현상은 이미 유최면 정서 상태에서 〈잠재기〉 동안 생성된 것들이었다는 사실을 지적하고 싶다.

이 무의식에서 강화되지 못했을 경우보다) 더욱 생생하게 만듦으로써 연상에 영향을 준다. 그리하여 특정 관념군은 지속적으로 환자에게 특정량의 강박 충동을 가해서 환자가 그 관념군에 관해 생각을 안 할 수 없게 된다. (이 경우는 자네의 편측 감각 상실 환자와 유사하다. 감각이 상실된 손을 반복해서 만져도 환자는 아무것도 느끼지 못했다. 그러나 환자에게 좋아하는 숫자를 말해 보라고 했을 때 환자들은 항상 손을 만진 횟수에 상응하는 수를 골랐다.) 또다시 무의식적 관념이 환자의 정서적 상태, 감정 상태를 다스린다는 것이다. 아나 O.가 자신의 기억을 전개해 나가면서 원래 생기발랄한 감정이 얽혔던 사건에 접근했을 때는, 며칠 전부터 미리, 그 회상이 최면 의식에 분명하게 떠오르기 전에 이미 그러한 감정이 나타났다.

이로 인해 환자의 〈기분〉을 이해하게 된다. 깨어 있는 사고로는 동기가 없는 것처럼 보였던 불가해하고 비합리적인 감정 변화들을 말이다. 히스테리 환자들의 감수성은 단순히 그들의 생득적인 흥분성에 따라 상당히 많이 결정된다. 그러나 비교적 하찮은 이유로 그들이 생기발랄한 감정에 빠지는 것을 본다. 그럴 때 우리가 〈분열된 마음〉이 조율부에 소리판처럼 행동한다고 생각하면 이해가 된다. 무의식적 기억을 불러일으키는 그 어떤 사건이라도 닳아 없어지는 과정을 겪지 않은 이러한 관념들의 감정적인 힘을 자유롭게 한다. 그리고 불러일으켜진 감정은 의식적 마음에만 일어난 그 어떤 감정들에 비해서 굉장히 강하다.

위에서 나는 심리적 기능이 항상 그녀의 무의식적 관념의 생생함에 반비례했던 환자에 관해 이야기한 바 있다. 그녀의 의식적 사고가 축소된 것은 부분적으로(단지 부분적으로만), 특이한 종류의 소산에 바탕을 두었다. 그녀가 일시적으로 〈결여〉된 후마다 — 이 결여는 끊임없이 일어났다 — 그녀는 그동안 무엇을 생각했었는지 알지 못했다. 그녀는 〈1차 상태〉와 〈2차 상태〉, 의식적 관념 복합과 무의식적 관념 복합을 오락가락했다. 그러나 그것은 단지 그녀의 심리적 기능이 감소되었거나 무의식에서 그녀를 지배했던 감정 때문이 아니었다. 그녀가 이 상태에 있을 때 그녀의 깨어 있는 사고는 에너지가 없었고 그녀의 판단은 어린아이 같았고 이미 말했듯이 바보 같았다. 내 생각에 이것은, 만약 많은 양의 심리적 흥분이 무의식을 통해 충당된다면 깨어 있는 사고가 쓸 수 있는 에너지가 적다는 사실 때문이다.

만약 이런 상태가 단지 일시적이지 않다면 분열된 마음은 항상 흥분 상태에 있게 되는데(자네의 편측 감각 상실 환자가 그러했다. 더군다나 그 환자의 경우 오직 무의식적 마음만이 신체 반쪽의 모든 감각을 지각했다) 그렇게 되면 깨어 있는 사고를 위한 대뇌 기능은 거의 남아 있지 않게 되어 자네가 서술한, 그리고 생득적이라고 간주한 마음의 취약성이 완전히 설명된다. 울란트L. Uhland의 베르트란트 드 본Bertrand de Born[35]을 포함해 겨우 몇 사람만이 마음의 반만 가지고도 충분할 것이다. 심리적 에너지가 그토록 감소한다면 대부분의 사람은 마음이 취약해진다.

마음의 분열로 야기된 이러한 마음의 취약성은 또한 어떤 히스테리 환자의 중대한 특성 — 즉 피암시성 — 의 기초가 되는 것 같다(여기서 나는 〈어떤〉 히스테리 환자라고 했는데, 이는 히스테리 환자 중에 매우 굳건하고 비판적인 판단력을 지닌 사람들이 확실히 있기 때문이다).

피암시성이라는 말은 환자 자신의 의식에 떠오른, 혹은 들은 말이나 독서를 통해 외부에서 의식으로 도입된 관념이나 관념군

35   울란트의 시에 등장하는 유명한 음유 서정 시인.

을 비판하는 능력(판단력)이 없음을 뜻한다. 새로 의식 속으로 들어오는 이러한 관념들에 대한 비판은, 연상을 통해 다른 관념들을 깨우게 되고 그러한 다른 관념들 중 일부는 새로 들어온 관념들과 조화를 이룰 수 없다는 사실에 기인한다. 새로 들어온 관념들에 대한 저항은, 따라서 의식 속에 있는 반대 관념의 비축 여부에 달렸고, 저항의 강도는 새 관념과 기억 속에서 불리는 관념들의 생생함의 비율에 달렸다. 정상적이고 지적인 사람들에게서도 이 비율은 다양하다. 우리가 지적인 기질이라고 부르는 것은 여기에 크게 의존하고 있다. 〈낙천적〉 기질의 사람은 항상 새로운 사람들과 사물들을 즐기는데, 이는 의심할 바 없이 조용하고 〈점액질인(냉정한)〉 사람들의 경우보다 새로운 인상의 강도에 비해 기억 이미지의 강도가 낮기 때문이다. 병리적 상태에서 새로운 관념의 우세와 그에 대한 저항의 결여는 깨어 있는 기억 이미지의 적음에 비례한다. 즉 연상력의 약함과 빈약함에 비례한다. 이것은 잠을 잘 때와 꿈을 꿀 때, 최면 때, 그리고 어느 때이건 정신 에너지가 감소될 때 일어나는 것으로, 이것이 새로운 관념의 생생함을 감소시키지 않는 한에서이다.

히스테리에서의 무의식, 분열된 마음은 그 관념 내용의 빈약함과 불완전함 때문에 피암시성이 매우 높다. 그러나 의식적 마음의 피암시성 역시 어떤 히스테리 환자에게는 높은 것 같다. 그들은 타고난 기질로 인해 쉽게 흥분한다. 따라서 그들에게 새로운 관념은 매우 생생하다. 이에 비해 그들 특유의 지적인 활동, 연상 기능은 줄어드는데, 이는 그들의 심리 에너지의 일부만이 깨어 있는 사고의 지배하에 있기 때문이다(그리고 이는 〈무의식〉이 분열되어 떨어져 나간 탓이다). 그 결과 자기 암시나 타인 암시 둘 다에 대한 저항력이 줄어들고 때로는 사라진다. 의지의 피암시성 역시 이 때문인 것 같다. 반면 환각 피암시성은 재빨리 감각 지각의 모든 관념을 실제적 지각으로 바꾸는데, 이 환각 피암시성은 마치 모든 환각처럼, 지각 기관의 비정상적인 정도의 흥분을 요하며, 단지 마음의 분열만을 그 기원으로 하는 것은 아니다.

6) 생득적 기질 ─ 히스테리의 발달

본 논의의 거의 모든 단계에서 나는 우리가 이해하려고 노력하는 대부분의 현상이 무엇보다도 생득적인 독특성에 바탕을 두고 있다는 사실을 인식해야겠다. 이것은 사실에 대한 단순한 진술을 넘는 그 어떤 설명을 거부한다. 그러나 히스테리에 걸릴 수 있는 가능성은 그 개인의 특이성과 연관된 것이 틀림없고, 그 특이성을 정확하게 정의하려는 시도는 도움이 될 것이다.

위에서 나는 왜 자네의 견해, 즉 히스테리 소질은 생득적인 심리적 취약성에 기초한다는 견해를 받아들일 수 없는가를 설명했다. 가정의로서 능력이 있는 의사라면 히스테리 가족 구성원들이 연령에 관계없이 이 소질이 어떤 결여라기보다는 과잉에 기초한다고 간주할 것이다. 후에 히스테리에 걸린 청소년들은 아프기 전에 대부분 생기발랄했고 재주가 많았으며, 지적 호기심으로 가득 차 있었다. 그들의 의지 에너지는 종종 놀랄 만하다. 어떤 소녀들은 밤에 침대에서 몰래 일어나 부모들이 과로를 걱정해 금지시킨 공부를 한다. 건전한 판단을 형성하는 능력은 확실히 다른 사람들보다 더 뛰어나지는 않았다. 하지만 단순하고 답답한 무기력이나 바보 같은 면을 발견하기는 드물었다. 그들 정신의 넘치는 생산성 때문에 내 친구 하나는 히스테리 환자들이 인류의 꽃이라고 주장한 바 있다. 가짜 꽃처럼 불모이기는 하지만 아름다운 ─.

히스테리 환자들의 생기발랄함과 들뜸, 감각과 정신 활동에 대한 갈구, 단조로움과 지루함을 못 견디는 속성은 다음과 같이 이해될 수 있다. 그들은 신경 체계가 쉬고 있을 때 넘치는 흥분을 방출하며 이는 사용되어야만 한다. 사춘기의 발달 동안 그 결과로서 이 원래의 과잉 흥분은 생식선에서, 성에 눈뜸으로써 강력하게 흥분이 증가함으로써 보충된다. 이때부터 병리 현상을 일으키는 데 쓸 만한 자유 신경 에너지가 남아돌게 된다.

그러나 이 현상들이 히스테리 증세의 형태로 나타나기 위해서는 또 다른 것, 즉 그 개인의 특이성이 있어야 한다. 왜냐하면 뭐니 뭐니 해도 생기발랄하고 쉽게 흥분하는 사람 대부분은 히스테리에 걸리지 않기 때문이다. 위에서 나는 이 독특성을 막연하고 모호하게 〈신경계의 비정상적인 흥분성〉이라고 묘사했다. 그러나 여기서 한발 더 나아가 이 비정상성이 다음과 같은 데 있다고 말할 수 있다. 즉 히스테리에 걸릴 소질이 있는 사람들의 경우에는, 정상적으로는 단지 말초 자극만을 받아들이는 감각 신경 조직으로 중추 기관의 흥분이 흘러 들어갈 수 있다는 점이다. 그리고 이 중추 기관의 흥분은, 강력한 저항으로 인해 중추 신경계에서 고립된 식물적 기관의 신경 조직에도 흘러 들어갈 수 있다. 감각 기관, 순환 기관 그리고 내장 기관에 들어갈 수 있는 흥분 과잉이 항상 있다는 이 생각은 이미 병리 현상의 일부를 설명해 준다.

이러한 종류의 사람들이 주의를 신체의 어떤 부분에 강제로 집중시키면 엑스너[36]가 말한 해당 감각 전도 통로에서의 〈주의로 인한 조장〉이 정상적인 양을 넘어선다. 자유로이 떠다니는 흥분이 이 통로로 돌려지면, 국부적 통각 과민이 일어난다. 그 결과 모든 통증은, 어떻게 시작되었든 관계없이, 최고 강도에 이르게 되며 모든 증세가 〈끔찍하고〉, 〈참을 수 없게〉 된다. 더군다나 정상

36 엑스너의 『정신적 현상의 생리학적 해석 구상』을 참조할 것.

인들의 경우에는 흥분량이 감각 통로에 집중된 뒤 항상 그 감각 통로를 다시 떠나는 데 반해 이 사람들의 경우에는 그렇지 않다. 그 흥분량은 뒤에 남을 뿐만 아니라 새로운 흥분이 들어오면서 부단히 증가한다. 따라서 관절에 경미한 상처만 입어도 관절통을 초래하며 난소가 부어올라 고통스러운 감각이 있어도 만성 난소 신경통으로 이끈다. 그리고 순환과 관련된 신경 기관이 정상인에 비해 대뇌의 영향을 더 쉽게 받기 때문에 신경성 심계항진, 기절하는 경향, 심하게 붉어지거나 창백해지기가 쉬운 것을 보게 된다.

그러나 말초 신경 조직이 쉽게 흥분하는 것이 중추의 영향 때문만은 아니다. 말초 신경 조직들은 또한 적절하고 기능적인 자극에도 과도하고 괴팍한 양상으로 반응한다. 조금만 힘들어도 정서적 흥분에 못지않게 심장 박동이 빨라지며 혈관계 신경은 그 어떤 심리적 영향과 무관하게 동맥을 수축시킨다(〈죽은 손가락〉). 그리고 가벼운 상처에도 관절통이 뒤따르는 것처럼 잠시 동안의 기관지염에 신경성 천식이 따른다. 그리고 소화 불량은 잦은 심장의 통증이 된다. 따라서 우리는 중추에서 비롯된 흥분 총량을 쓸 수 있다는 것이 일반적인 비정상적 흥분성[37]의 특수한 경우에 불과하다는 것을 인식해야 한다. 그러나 물론 우리가 현재 논하고 있는 주제로 볼 때 가장 중요하다.

따라서 내가 보기에는 이 증상(아마도 단순히 〈신경성〉 증상이라고 묘사될 수 있겠지만 히스테리의 경험적 임상 증상들의 일부를 이룸)에 대한 예전의 〈반사 이론〉을 완전히 버리지는 말아야 한다. 구토는, 물론 임신 중에는 자궁의 확장에 수반되겠지만, 비정상적인 흥분이 있다면 자궁에 가해진 사소한 자극에도 반사적으로 시작될 수 있다. 아니면 심지어는 난소의 크기가 주기적으

---

37 오펜하임의 〈분자의 불안정 *Labilität der Moleküle*〉 — 원주.

로 변해도 구토가 일어날 수 있다. 기질적 변화로 인한, 원거리에 까지 미치는 효과들을 우리는 잘 알고 있다. 여러 이상한 〈관련 통〉을 많이 보았기 때문에 심리적인 원인으로 생긴 신경 증상들이 어떤 경우에는 반사 활동의 원거리 효과일 수도 있다는 가능성을 배제할 수가 없다. 사실 나는 매우 전근대적인 이단론을 펼치려고 한다. 즉 심지어는 다리의 운동 취약성도 어떤 때는 성기 부위의 감정으로, 심리적으로가 아니라 직접적인 반사 활동으로 생긴다는 것이다. 내 생각으로는, 우리는 우리의 새로운 발견의 배타성을 너무 많이 주장한다거나, 모든 사례에 다 적용하려 들지 않는 것이 좋겠다.

다른 형태의 비정상적 감각 흥분성에 대해서는 아직도 완전히 모르겠다. 예를 들어 일반적인 무통각증, 감각 상실 영역, 시야의 제한 등등 말이다. 더 관찰한다면 이러한 징후들의 심리적 기원을 입증할 수 있을 것이고, 그렇게 되면 증상을 설명하는 것이 가능해지리라. 그러나 이것은 아직 이루어지지 않았다(우리의 첫 사례에서 제시된 사실들을 일반화시키지는 않겠다). 그래서 나는, 적절하게 캐내서 확인되기 전에는 그러한 징후들의 기원이 심리적이라고 가정하는 것이 정당하지 않다고 생각한다.

그러나 또 한편으로는 우리가 논의 중인 신경계와 마음의 특이성이 여러 히스테리 환자에게서 보이는 한두 가지의 매우 눈에 익은 성질을 설명해 주는 듯하다. 쉬는 동안 신경계에서 방출된 잉여 흥분 때문에 그들은 단조로운 생활과 지루함을 견디지 못한다. 이러한 잉여 흥분 때문에 그들은 자신들을 몰고 갈 만한 감각을 갈구하고, 병이 생긴 뒤에는 모든 종류의 〈사건〉들로써 병약한 생활의 단조로움을 깬다. 이러한 〈사건〉들 중 가장 눈에 띄는 것은 당연히 병리적 현상이다. 자기 암시는 종종 이들을 지지한다. 환자들은 아프고자 하는 욕구로 인해 이 길을 따라 앞으로 앞으로 이끌린다. 건강 염려증에서 아플까 봐 두려워하는 것이 중요한 특징인 것처럼, 히스테리에서는 이 욕구가 히스테리를 결정짓는 중요한 특징이 된다. 내가 아는 어떤 히스테리 여자 환자는 종종 자신에게 심한 상처를 입혔는데, 이것은 그녀 자신 외에는 주위 사람이나 의사도 모르는 일이었다. 그녀는 아무것도 하지 않을 경우에는 혼자 방에서 온갖 종류의 놀이를 하곤 했는데, 이는 단순히 그녀 자신에게 자신이 정상이 아니라는 것을 증명하기 위해서였다. 왜냐하면 그녀가 사실 아프다는 느낌을 막연히 느끼고 있었고, 자신의 임무를 만족스럽게 이행할 수도 없어서 이러한 활동을 통해 자신을 정당화시키려고 노력하고 있었던 것이다. 또한 명의 환자는 병적 양심과 자신에 대한 불신으로 매우 심하게 아픈 여성이었는데, 모든 히스테리 현상을 자신의 잘못인 것처럼 느꼈다. 왜냐하면 그녀의 말에 따르면 자신이 정말로 원치 않았다면 그러한 증상들을 겪지 않았을 수도 있기 때문이라는 것이다. 다리 마비가 척추 질환으로 오진되었을 때 그녀는 굉장히 안심했다. 그리고 그것이 단지 〈신경성〉이고, 나을 것이라는 말을 들었을 때는 그것으로 심한 양심의 고통을 가져오기에 충분했다. 아프고 싶은 욕구는 환자가 자신과 주위 사람들에게 자기 병의 현실성을 설득하려는 바람에서 생긴다. 이 욕구가 더 나아가 병실의 단조로움이 일으킨 고통과 결합될 때 더욱더 새로운 증상을 일으키려는 경향이 극대화된다.

그러나 만약 이것이 속임과 실질적인 꾀병으로 변하면 이것은 히스테리 소질에 기초한 것이 아니라 뫼비우스가 적절하게 말했듯이 또 다른 형태의 변질로 인한 ─ 선천적인, 도덕적 열등에 따른 ─ 합병증에 기초한 것이다. 마찬가지로 〈악성 히스테리〉는 선천적으로 쉽게 흥분하고 정서가 빈약한 사람이 또한 만성적인 허약으로 인해 쉽게 생기는 인격의 이기주의적 발육 저해에 따른 희생자이기도 한 경우에 생긴다. 〈악성 히스테리〉는 소모증의 말기에 있는 악의에 찬 환자들보다 더 드물다.

잉여 흥분은 또한 운동 영역에서 병리 현상을 생기게 한다. 이러한 특성을 가진 아이들은 매우 쉽게 틱과 같은 움직임을 일으킨다. 틱과 같은 움직임은 우선 눈이나 얼굴의 어떤 감각이나 불편한 옷으로 인해 시작되는데, 즉시 교정하지 않으면 영구히 지속된다. 반사 통로가 매우 쉽게, 그리고 재빨리 깊이 퍼지기 때문이다.

심리적 요인과는 전혀 관계 없는 순전히 운동 발작일 뿐인 발작이 존재한다는 가능성도 부인할 수 없다. 간질 발작에서 신체적 변화로 생겨난 자극 덩어리가 방출되듯이 여기서는 축적된 흥분 총량이 방출될 뿐이다. 여기서 우리는 관념으로 인해 생기지 않은 히스테리 발작을 본다.

우리는 이전에는 흥분을 잘하긴 했어도 건강했던 청소년들이 사춘기 동안 히스테리에 걸리는 것을 너무 많이 보았기 때문에 그러한 과정이 선천적으로 존재하지 않던 히스테리 소질을 만들어 내는 것은 아닌가 하는 의문이 생겼다. 그리고 우리는 흥분량이 단지 올라가는 것 외에도 그 과정에서 생겨나는 것이 더 많이 있음을 알았다. 성적인 성숙이 전체 신경계를 강타하며 도처에 흥분을 증가시키고 저항을 감소시킨다. 우리는 히스테리 증세를 보이지 않는 청소년을 관찰함으로써 이 사실을 알아냈다. 그리고 성적인 성숙은 또한 히스테리 소질이 신경계의 이러한 특질 속에 존재하는 한 히스테리 소질을 정립시킨다는 것이 사실이었다. 이런 말을 함으로써 우리는 이미 성이 히스테리의 주요 요소 중 하나라는 점을 인식하고 있는 것이다. 성이 히스테리에서 맡은 역할이 상당히 크다는 점 그리고 다양한 양식으로 병의 조성에 공헌한다는 것을 이제 보게 되리라.

만약 〈징후〉들이 이 타고난 히스테리 사육장에서 직접 생긴다면, 그래서 관념이 그 근원이 아니라면 요즘에 가끔 그러듯 관념에다 히스테리의 중심적 위치를 두는 것은 불가능하리라. 징후들보다도 순전히 히스테리적인 것이 있는가? 징후들은 히스테리를 진단하는 데 특징적인 것들이다. 그리고 그럼에도 불구하고 정확하게 말해서 관념으로 인한 것이 아닌 듯하다. 그러나 히스테리의 기초가 전체 신경계라면, 관념으로 인해 생겨나고 심리적으로 결정된 증상 복합체는 이 전체 신경계를 기초로 세워진 것이다. 마치 빌딩이 주춧돌을 기초로 세워진 것처럼 말이다. 그리고 히스테리라는 빌딩에는 여러 층이 있다. 우리가 그런 빌딩의 구조를 이해하기 위해서는 각 층의 도면을 보아야 하는 것처럼, 히스테리를 이해하기 위해서는 증상들의 여러 원인을 각각 살펴볼 필요가 있다고 생각한다. 만약 우리가 복잡한 여러 원인을 무시하고 단일의 원인 결합체로 히스테리를 설명하려고 든다면 우리는 항상 설명하지 못하고 남은 현상들의 커다란 잔유물에 부딪히게 될 것이다. 이것은 마치 우리가 다층 집의 여러 방을 단 한 층의 도면에 그려 넣으려고 하는 것과 같다.

징후들과 마찬가지로 여러 신경 증상 — 어떤 통증, 혈관 현상 그리고 아마도 순전한 운동 발작 — 은 우리가 보았듯이, 관념으로 인해 생겨난 것이 아니라 신경계의 본질적인 비정상성의 직접적인 결과이다.

징후들에 가장 가까운 것은 단순히 정서적 흥분이 전환된 현상으로, 관념으로 인해 생겨난 것이다. 이 현상들은 히스테리 소질을 지닌 사람들이 가진 정서의 결과로 생긴다. 그리고 처음에 이 현상들은 단지 〈정서의 비정상적인 표현〉[38]에 불과할 뿐이다. 이것이 반복되면 겉으로 보기에 단지 순전히 신체적인 히스테리증 상들이 되거나 내쫓겨서 의식으로부터 억압된다. 배제되고 전환되는 관념들 중에 가장 수가 많고 또 중요한 관념은 성적인 내용을 가진다. 이러한 관념은 많은 사춘기 히스테리의 근저에 있다. 성숙해져 가는 소녀 ― 주로 관련되는 사람들이 이들이다. ― 들은 자신들에게 밀어닥친 성적 관념이나 느낌에 대해 매우 다르게 행동한다. 어떤 소녀들은 전혀 수치심을 느끼지 않고 행동하는데, 몇몇 소녀는 전체 주제를 아예 무시하거나 못 본 척한다. 어떤 소녀들은 마치 소년들처럼 성적인 주제를 받아들이는데, 농부나 노동 계급의 소녀들이 주로 그러하다. 또 어떤 소녀들은 정도는 다르지만 변태적인 호기심으로 대화나 책에서 성적인 것이라면 무엇이나 쫓아다닌다. 그리고 마지막으로 성적 감수성은 크지만 그와 동일한 정도의 도덕적 순수성을 가지고 있어서, 성적인 것은 그 무엇이든 자신의 윤리적 규준과 맞지 않는 더러운 뭔가로 느끼는 소녀들이 있다.[39] 이 소녀들을 자신의 의식에서 성을 억압하고, 신체적 현상을 일으킨 이 같은 내용의 정서적 관념들은 배제되어 무의식으로 된다.

성적인 것을 배제시키려는 경향은 젊은 미혼 여성들의 경우에는 성적인 흥분이 불안, 즉 다가오는 미지의 미심쩍은 대상에 대

---

38 이 소질은 슈트륌펠A. von Strümpel이 히스테리의 근저에 있는 〈심리-신체 영역의 장애〉라고 말한 것과 같다. 『관념을 통한 질병의 기원과 치료Über die Entstehung und die Heilung von Krankheiten durch Vorstellungen』(1892) 참조.

39 관찰에 따르면 어떤 여자들은 손대는 것, 좀 더 적절하게 표현해 더러워지는 것을 두려워해 항상 손을 씻게 되는데, 그것은 여기에서 비롯된 것이라고 믿는다. 맥베스 부인의 정신적 과정과 동일한 과정에서 파생된 것이다 ― 원주.

한 두려움과 섞이는 데 반해, 정상적이고 건강한 젊은 남자들의 경우에는 순수한 공격 본능으로 나타난다는 사실로써 좀 더 강화된다. 에로스에서 소녀들은 자신의 운명을 지배하고 결정하는 끔찍한 힘을 감지하고는 두려움에 휩싸인다. 그러면 그녀가 자신을 두렵게 만드는 것을 보지 않고 의식 바깥으로 억압하려는 경향은 더 커진다.

결혼은 새로운 성적 외상을 가져온다. 결혼 첫날밤이 병을 불러일으키는 효과를 갖는 일이 그리 많지 않다는 것은 의외이다. 왜냐하면 불행하게도 첫날밤과 관련된 것들이 에로틱한 유혹이 아니라 폭력인 경우가 많기 때문이다. 그러나 젊은 기혼 여성의 경우에는 히스테리의 근원이 이 결혼 첫날밤에 있는 경우가 드물지 않다. 시간이 흘러 성을 즐기게 되고, 외상을 씻어 없애면 이 히스테리는 사라진다. 성적인 외상은 또한 결혼의 후기에 나타나기도 한다. 우리가 그 출처를 밝힐 수 없는 사례들을 보면 상당수가 그러하다. ─ 남편의 변태적인 요구, 자연스럽지 못한 행위 등등. 〈여성들의 경우 심한 신경증의 상당수가 원앙금에 그 기원을 두고 있다〉라고 주장해도 과장이 아닐 것이다.[40] 어떤 성적인 병독(病毒), 본질적으로 불충분한 만족(성교 중지, 조루 등)에서 비롯된 것들은 프로이트의 발견[41]에 따르면 히스테리를 초래하기보다는 불안 신경증을 유발한다. 그러나 나의 의견으로는 그런 경우라도 성적 감정의 흥분은 히스테리적인 신체 현상으로 전환되는 일이 잦다.

40 임상 의학에서 가장 중요한 병리적 요인을 무시하거나, 그 병인을 고의로 암시만 하고 넘어가는 것은 불행한 일이다. 경험 있는 의사가 취득한 지식은 통상적으로 성적인 것을 간과하는 학생들에게 전수되어야만 한다 ─ 원주.
41 「신경 쇠약증에서 〈불안 신경증〉이라는 특별한 증후군을 분리시키는 근거에 관하여」 참조.

공포, 불안, 분노 등과 무관한 정서들이 히스테리 현상을 발달 시킨다는 것은 자명할 뿐만 아니라 우리의 관찰로 충분히 입증되기도 했다. 그러나 성적 요인이 병리적 결과를 가져오는 데 가장 중요하다는 점은 반복해 주장할 가치가 있다. 우리들의 선배들이 원시적으로나마 관찰한 바에 따르면 히스테리라는 용어(〈자궁〉 이라는 그리스어에서 파생되었다)에 보존된 잔재는, 성을 항상 마지막으로 두는 최근의 견해보다도 진실에 가깝다. 히스테리 환자의 성적인 욕구는 당연히 건강한 사람들과 마찬가지로 개인마다 그 정도가 다를 것이고, 건강한 사람들보다 그 정도가 강하지 않을 것이다. 그러나 히스테리 환자의 병은 이 성적인 욕구에서 비롯되며, 대개 그 욕구와 싸우기 때문에, 다시 말해 성을 방어하기 때문에 생긴다.

이 시점에서 우리는 성적인 히스테리와 더불어 공포로 인한 히스테리, 즉 히스테리 형태 중에서 가장 잘 알려져 있고 인정된 형태인 외상성 히스테리를 상기해야 한다.

정서적 흥분의 전환으로부터 비롯된 현상과 같은 층에는, 선천적으로 암시를 잘 받아들이는 사람들에게는 암시(대개 자기 암시) 탓으로 생긴 현상이 있다. 높은 피암시성 — 즉 새로 생긴 관념의 무제한적 우세 — 은 히스테리의 본질적인 특성이 아니지만 히스테리 소질을 지닌 사람들에게 합병증으로 존재할 수 있다. 히스테리 소질을 지닌 사람들은 결합가가 높은 관념들을 신체적으로 실현시킬 수 있는 독특한 신경계를 지닌 사람들이다. 게다가 암시를 통해 신체적 현상으로 실현되는 것은 대개 정서적 관념일 뿐이고 결과적으로 이 과정은 공포나 불안 감정의 전환으로 간주되는 경우가 많다.

이 과정들 — 정서의 전환 그리고 암시 — 은 이제 우리가 논의할 합병증 형태의 히스테리에서도 동일하다. 합병증 형태의 히스테리에서는 정서의 전환과 암시가 더욱 기승을 부릴 수 있는 상황이다. 이 두 과정 중 하나를 통해 심리적으로 일어난 히스테리 현상이 생길 수밖에 없는 것이다.

히스테리 소질의 세 번째 요소는 위에서 이미 논의된 요소들에 더해서 어떤 환자들에게 나타나는 유최면 상태이다. 이 유최면 상태는 자기 최면의 경향이다. 이 상태는 전환과 암시 모두를 상당 정도 촉진시키고 유리한 상황으로 만든다. 그리고 이런 식으로 소위 작은 히스테리 위에 주 히스테리라는 더 높은 층을 세운다. 자기 최면의 경향은 처음에는 단지 일시적이고 정상적 상태와 번갈아 나타나는 상태이다. 인위적 최면에서 그러하듯 신체에 미치는 정신적 영향력이 커진다. 이 영향력은 최면 상태가 아닐 때조차도 비정상적으로 흥분되는 신경계에 작용하면서 더 강력해지고 깊어진다.[42] 자기 최면 경향이 어느 정도 생득적이고 또 어떤 사례에서 생득적인 특성인지는 모르겠다. 위에서 나는 자기 최면 경향이 감정에 가득 찬 공상에서 발전된다는 견해를 폈었다. 그러나 확실히 생득적 소질 또한 일익을 담당하는 것 같다. 그리고 이 견해가 옳다면 여기서 히스테리의 발달에 성이 얼마나 큰 영향을 끼쳤는지 다시 한번 분명해진다. 왜냐하면 병 간호를 제외하고는, 사랑하는 사람을 그리워하는 것 외에 그 어떤 심리적

---

42 히스테리 소질을 선천적인 비정상적 흥분성으로 여기기 쉽다. 왜냐하면 인위적 최면도 역시 관념에서 비롯된 선의 분비나 국부적 혈액 공급의 변화나 소낭 형성 등을 가져올 수 있기 때문이다. 뫼비우스의 견해가 그러한 것인 듯하다. 그러나 내 견해로는 그러한 생각이 우리를 악순환에 빠뜨리는 것 같다. 내가 알기로는, 최면에서 일어나는 기적적인 일들은 히스테리 환자들에게서만 관찰할 수 있다. 우리가 우선 해야 할 사항은 히스테리 현상을 최면에다 할당하고 최면이 이 현상들의 원인이라고 주장하는 것이다 — 원주.

요인도 그토록 감정으로 가득 찬 공상을 만들지 못할 것이기 때문이다. 그리고 무엇보다도 성적 절정감 자체는 그 풍부한 감정과 의식의 제약으로 인해 유최면 상태에 가장 가깝다.

유최면적 요소는 히스테리 발작에서, 그리고 급성 히스테리라고 할 만한 상태에서 분명하게 나타나는데, 히스테리의 발전에 중요한 역할을 하는 것 같다. 이러한 상태들은 확실히 오랫동안(종종 여러 달 동안) 지속되는 정신병적 상태이며 종종 환각 혼란으로 묘사된다. 장애가 이 정도로 진행되지는 않더라도 여러 다양한 히스테리 현상이 일어나며, 그중 몇 가지는 실제로 병이 다 끝나도 지속된다. 이러한 상태의 심리적 내용은 일부는 깨어 있는 생활에서 배제되고 의식에서 억압된 관념에 있다(〈성자와 수녀, 금욕적인 여성들과 교육을 잘 받은 아이들에게서 나타나는 히스테리성 정신 착란〉을 참조할 것).

이러한 상태들이 정신병이나 다를 바 없으면서도 히스테리에서만 일어나는 현상이므로 나는 〈발작에 수반된 정신 착란을 빼고는 실제적 히스테리성 광란이라고 말할 수 없다〉[43]는 뫼비우스의 견해에 동의할 수 없다. 여러 사례에서 이 상태는 광란을 동반한다. 이러한 정신병적 증세는 히스테리가 더 진행된 후에도 되풀이된다. 본질적으로 이 상태들은 발작의 정신병적 단계이지만 몇 달 동안이나 계속되는 점으로 미루어 보아 발작이라고 묘사하기 어렵다.

이러한 급성 히스테리는 어떻게 생기는가? 가장 잘 알려진 사례(첫번째 사례)에서 급성 히스테리는 유최면 발작의 축적에서 발전되었다. 또 다른 사례(이미 합병증적 히스테리가 존재했던)

---

43   뫼비우스, 「히스테리에 대한 현재의 견해Über die gegenwärtige Auffassung der Hysterie」(1895) 참조.

에서는 모르핀 금단과 연결되어 나타났다. 대부분의 과정은 매우 막연하고, 앞으로의 관찰을 통해 분명히 밝힐 필요가 있다.

따라서 우리는 여기에서 논의되는 히스테리에 뫼비우스의 다음과 같은 말을 적용시킬 수 있다. 〈히스테리에서 일어나는 본질적인 변화는 히스테리 환자의 정신 상태가 일시적 혹은 영구적으로 최면에 빠진 피술자의 상태에 유사해지는 것이다.〉

유최면 상태에서 생긴 증상들이 정상적인 상태에서까지 지속되는 것은 후최면 암시에 해당한다. 그러나 이것이 뜻하는 바는, 의식에 들어갈 수 없는 관념 복합이 의식 과정을 추구하는 관념 연쇄와 공존한다는 것이다. 유최면 상태가 없어도 이 일이 일어날 수 있는데, 그런 경우는 의식에서 배제되고 억압되기는 했지만 자기 의지로 배제하지 않은 생각들이 풍부할 때이다. 우리가 가진 지식은 비네와 자네 덕분에 얻은 것이다. 마음의 분열은 히스테리의 완성이다. 앞서 내가 보여 주었듯이 마음의 분열은 장애의 주요 특징을 설명해 준다. 환자 마음의 일부는 영구적으로 유최면 상태에 있다. 그러나 관념이 생생한 정도가 다양하기 때문에 깨어 있는 사고에 빈틈이 생길 때면(발작이나 착란 시) 언제든지 개인 전체를 지배할 준비가 되어 있다. 잠에서 깨어날 때나 지쳐 있는 상태에서는 강력한 감정이 관념의 정상적인 경로를 방해하자마자 이 일은 일어난다. 이렇게 지속되는 유최면 상태로부터, 동기가 없는 관념들, 정상적 연상에서 고립된 관념들이 의식으로 침입해 들어오고 환각이 지각계에 일어나고 운동 활동이 의식적 의지와는 무관하게 신경 지배를 받는다. 이 유최면 상태의 정신은 감정의 전환과 암시에 매우 취약하며, 따라서 새로운 히스테리 현상이 쉽게 나타난다(이러한 새로운 히스테리 현상은 마음의 분열만 아니라면 일어나기가 어려웠을 테고 반복되는 감정의 압력하에서만 나타났을 것이다). 예전에 미신이 많았던 시대에 순진하게 관찰했던 사람들은 히스테리 환자들이 악마에 씌었다고 믿었는데, 그 악마가 바로 마음의 분열이다. 환자의 깨어 있는 의식에서 고립된 정신이 환자를 지배하는 것은 사실이다. 그러나 그 정신은 사실 고립된 정신이 아니라 환자 자신의 일부이다.

여기서 우리는 오늘날 히스테리에 관해 아는 것들을 가지고 히스테리를 인위적으로 합성해 보는 것을 시도했다. 이 시도는 절충주의자들의 비판을 받을 것이다. (그러한 비판이 정당하다면) 히스테리에 관해서는 너무도 많은 이론이 있었다. 전통적인 〈반사론〉부터 시작해 〈인격의 분열〉에 이르기까지. 그러나 그도 그럴 것이 수많은 훌륭한 관찰자와 명민한 학자 들이 히스테리에 관심을 가졌기 때문이다. 그들의 그 어떤 이론도 한 조각의 진실을 머금었을 것이다. 미래에 나타날 올바른 이론은 그 모든 기존 이론을 포함할 것이며, 단지 대상의 한쪽만을 보았던 견해들을 집합적인 하나의 실체로 조합하는 데 불과할 것이다. 따라서 내 생각에 절충주의를 부끄러워할 필요는 없는 것 같다.

그러나 그러한 히스테리를 오늘날 우리가 얼마나 제대로 이해하고 있는가! 여기서 그려 본 히스테리의 개요는 얼마나 불확실한 필치로 기술되었으며, 그 간극은 메워지기는커녕 얼마나 서투른 가설로 미봉되었는가! 단 하나, 다음과 같은 생각이 어느 정도 위안이 된다. 사실 이러한 결점은 복잡한 심리적 과정을 생리적으로 설명하려는 시도라면 당연히 있을 수밖에 없는 것이다. 『한여름밤의 꿈』에서 테세우스가 비극에 대해 다음과 같이 말한 것을 우리도 복잡한 심리적 과정에 대해 말해야 한다. 〈이중 가장 좋은 것은 오직 그림자이다.〉 만약 매우 취약한 것이라도 솔직하게 그리고 겸허하게, 미지의 실체가 벽에 투사시킨 그림자의 윤곽을 계속해서 따라간다면 가치가 없는 것이 아니다. 그렇다면 실제 과정과 우리가 그 과정에 대해 갖는 관념 간에 어느 정도의 대응과 유사성이 있으리라는 희망을 갖는 것은 항상 정당화된다.

히스테리의 심리 치료

(프로이트)

히스테리의 심리 치료
(프로이트)

우리는 「예비적 보고서」에서 히스테리 증상의 병인을 연구하는 도중에 매우 실제적인 중요성을 지닌 치료법을 발견할 수 있었다는 이야기를 했다. 다음의 사실을 발견하고 처음에 우리는 매우 놀랐다. 즉 〈우리가 개별적인 히스테리 증상을 일으킨 사건에 대한 기억을 뚜렷하게 상기시켜 그에 얽혀 있는 감정들을 다시 불러일으킨다면, 그리고 환자가 가능한 한 상세하게 사건을 묘사하고 감정을 말로 표현한다면, 그 증상은 즉각적으로 그리고 영원히 사라진다〉는 것이다.

나아가 우리는 우리의 치료법이 어떤 과정을 통해 효과를 보이게 되는지 설명해 보려고 노력했다. 〈우리의 치료법은 처음에 그 사건이 일어났을 때 소산되지 않은 관념의 작용력을 제거해 준다. 질식되어 있던 감정이 언어를 통해 표출되도록 함으로써, 그리고 그 관념을 정상 의식 상태(가벼운 최면)로 끌어들여 연상을 통해 수정할 수 있게 함으로써, 아니면 치료자의 암시를 통해 관념을 제거함으로써(건망증을 수반한 몽유 상태라고 해도) 그것이 가능하다.〉

이와 관련하여 이제 나는 이 치료법이 얼마나 진척되었는지, 어떤 면에서 다른 치료법보다 더 많은 것을 얻는지, 어떤 기법들을 통해 효과를 얻는지, 또 어려운 점은 어떤 것이었는지 설명하고자 한다. 이 장의 많은 부분은 이미 이 책의 앞 부분들, 사례 연구에서 언급했던 것들이다. 반복해 말할 수밖에 없는 경우가 많음을 이해하기 바란다.

1

지금도 「예비적 보고서」에 있는 내용들이 그대로 적용된다고 할 수 있다. 그러나 「예비적 보고서」를 쓴 이후 수년이 흐르는 동안 그 「예비적 보고서」의 내용들을 계속 연구했고, 그러면서 새로운 견해가 내 마음속에 자리 잡았음을 고백하는 바이다. 그 결과 당시에 내가 알던 사실적 내용들을 재해석하거나 재분류하게 되었다. 존경하는 나의 친구 브로이어 박사에게 그 수정에 대한 책임을 무리하게 지우는 것은 불공평하다는 생각에서 나는 다음의 고찰을 주로 나의 이름으로 공표한다.

내가 브로이어 박사의 방법을 사용해서 매우 많은 수의 환자에게 최면을 걸어 히스테리 증세들을 샅샅이 캐고 소산시키려고 했을 때 다음의 두 가지 어려움에 부딪혔다. 그리고 그 어려움을 다루는 과정에서 나의 기법과 견해를 모두 바꾸게 되었다. (1) 분명한 히스테리 증세를 겪는 모든 사람이 다 최면에 걸리지는 않는다. 그러나 그런 사람들도 동일한 심리 기제의 지배를 받는 것 같다. (2) 결국 히스테리를 구성하는 본질적인 요소, 히스테리를 다른 신경증과 구별 짓는 요소는 무엇인가 하는 데 의문을 가지게 되었다.

이 두 가지 어려움 중에서 첫 번째를 어떻게 극복했고, 거기서 무엇을 배웠는가 하는 이야기는 나중으로 미루고, 우선 두 번째 문제를 풀기 위해 매일의 임상 치료에서 내가 채택한 입장을 서술해 보기로 하겠다. 철저한 분석을 하지 않고는 어떤 신경증 사례든 그 사례를 잘 이해하기 힘들다. 철저한 분석은, 사실 브로이어의 방법을 사용할 때만 이루어진다. 그러나 진단과 채택할 치료 형태에 관한 결정은 그 사례에 관한 철저한 지식을 얻기 전에 해야 한다. 따라서 내게 열린 단 하나의 길은, 잠정적으로 히스테리라고 진단되며, 하나 혹은 그 이상의 히스테리 증상을 나타내는 사례의 경우 카타르시스 요법을 선택하는 것이다. 그러나 그렇게 했을 경우 히스테리 진단이 내려졌는데도 치료 효과가 거의 없고, 분석을 한다고 해도 중요한 것이 드러나지 않는 경우가 종종 발생한다. 또 한번은 그 누구도 히스테리라고 진단할 리 없는 환자에게 브로이어의 치료 방법을 적용한 적이 있는데, 매우 효과적이었다. 한 예로 강박 관념을 들 수 있는데, 베스트팔 유형[1]의 순수한 강박 관념을 가진 사례로서, 히스테리의 특성을 전혀 보이지 않았다. 따라서 「예비적 보고서」에서 밝힌 심리 기제가 히스테리만을 규정한다고 볼 수는 없다. 또한 그 심리 기제를 히스테리의 기준으로 만들겠다고 이 모든 상이한 신경증을 하나로 묶을 수도 없는 노릇이다. 궁극적으로 나는 이 모든 문제를 해결할 방도를 발견했다. 즉 문제가 되는 다른 모든 신경증을 히스테리와 마찬가지로 치료하려는 계획을 세운 것이다. 나는 모든 신경증 사례의 병인과 그 심리 기제의 특성을 캐내고 그 결과에 기초해서, 히스테리라고 진단 내리는 것이 타당한지의 여부를 결정하기로 했다.

1 베스트팔C. F. O. Westphal이 이러한 분류에 관해 자세히 설명한 바 있다. 「강박 관념에 대하여Über Zwangsvorstellungen」(1877) 참조.

따라서 브로이어의 방법에서 출발하여 나는 신경증의 일반적 병인과 기제를 생각해 보게 되었다. 운이 따라 준 탓에 나는 비교적 짧은 시간에 몇 가지 중요한 사항을 발견하게 되었다.[2] 우선 신경증이 생기게 된 결정 요인은 〈성적인〉 요소 내에서 구해야 한다는 점이다. 또한 일반적인 의미로 말한다면, 다양한 성적 요소가 다양한 신경증 증세를 일으킨다는 점이다. 그리고 그 관련성이 입증된 정도만큼 과감하게 이 병인론을 사용해서 신경증을 규정하고, 여러 신경증을 분명하게 구별 짓기 위해 쓸 수 있다. 특정 병인론적 특성을 특정 임상적 증세와 계속 같이 본다면 이러한 이야기는 옳다.

이런 방식으로 나는, 신경 쇠약이 단조로운 임상적 특성으로 나타나며, 내 분석이 보여 준 대로 〈심적 기제〉가 아무런 역할도 하지 않는다는 것을 알게 되었다. 신경 쇠약과 〈강박 신경증〉, 즉 순수한 강박 관념을 가지는 신경증은 분명히 구분된다. 강박신경증에서 나는 복잡한 심리 기제는 물론, 히스테리와 유사한 병인, 그리고 심리 치료로 그 증세가 경감될 수 있으리라는 가능성을 엿볼 수 있었다. 또한 신경 쇠약과 〈신경증 복합〉을 구분해야 하는데, 〈신경증 복합〉은 꽤 다른, 실은 〈상반〉되는 병인이 지배한다. 이 〈신경증 복합〉의 증상들은 이미 헤커E. Hecker[3]가 지적했는

2 이 부분과 곧 이어지는 세 문단에서 보고된 것들은 이미 프로이트에 의해 발간된 것으로, 방어의 신경 정신병에 관한 첫 번째 논문(「방어 신경 정신증Die Abwehr-Neuropsychosen」)과 불안 신경증에 관한 첫 번째 논문 「신경 쇠약증에서 〈불안 신경증〉이라는 특별한 증후군을 분리시키는 근거에 관하여」에서 볼 수 있다. 이 내용을 읽을 때 프로이트가 곧이어 또 하나의 임상 분류명인 〈불안 히스테리〉(프로이트가 명명)를 따로 독립시켰고, 이 〈불안 히스테리〉에서는 불안이 가장 눈에 띄는 특성이면서도 전환 히스테리와 유사한 심리 기제를 찾아낼 수가 있는 것을 염두에 둘 필요가 있다. 프로이트가 처음으로 불안 신경증에 관해 길게 쓴 것은 〈꼬마 한스〉의 사례에서였다.

3 「신경 쇠약에서 나타나는 잠복적이고 불완전한 불안 상태에 대하여Über larvirte und abortive Angstzustände bei Neurasthenie」(1893) 참조.

데, 한 가지 특성을 공유한다. 즉 그 증상들은 불안 표출의 증상이든지 아니면 그와 유사한 것들이며, 불안 표출의 잔재이다. 그런 연유로 나는 신경 쇠약과 구분되는 〈신경증 복합〉에 〈불안 신경증〉이라는 이름을 붙여 주었다. 나는 불안 신경증이 신체의 긴장이 계속 축적되어 생기며 또한 성적인 근원을 가진다고 주장한 바 있다.[4] 이 신경증 또한 아무런 심리 기제가 관여되지 않지만 정신생활에 영향을 준다. 〈불안 예기〉, 공포증, 통각 과민증 등이 주로 볼 수 있는 증세이다. 불안 신경증은 히스테리와 신경 쇠약과 유사한 증세를 몇 가지 보이는 〈심기증Hypochondrie〉이라는 신경증과 일부 중복된다. 그러나 나는 심기증에 관한 연구들에서 그 정의가 옳다고 생각하지 않는다. 〈질병 공포〉[5]를 뜻하는 그 이름 때문에 선입견이 있는 듯하다.

이런 식으로 신경 쇠약과 불안 신경증, 그리고 강박 관념을 규정한 후 흔히 히스테리라는 진단명으로 분류되는 신경증의 사례를 살펴보았다. 복합적인 증상 가운데 몇 가지 히스테리 증후가 눈에 띈다고 해서 전체 신경증을 히스테리로 낙인찍는 것은 옳지 않다고 생각한다. 지금까지 연구해 온 신경증 중에서 무엇보다도 히스테리가 가장 오래되고 가장 잘 알려졌으며, 가장 눈에 띄기 때문에 이런 일이 습관적으로 일어나는 것은 충분히 납득할 수 있지만 분명히 지나친 것이다. 바로 이러한 과도함 때문에 성도착이나 변질의 특성까지도 히스테리 속에 포함시키는 지경에 이르는 것이다. 복잡한 심리 변질 사례에서 지각 마비나 특징적 발

4 「신경 쇠약증에서 〈불안 신경증〉이라는 특별한 증후군을 분리시키는 근거에 관하여」 참조.
5 프로이트는 신경 쇠약, 불안 신경증과 함께 심기증도 활동성 신경증으로 간주했는데, 이는 순수한 신체적 병인을 갖는 것이다. 「나르시시즘 서론」(프로이트 전집 11, 열린책들) 참조.

작 같은 히스테리 증상이 보일 때마다 전체가 〈히스테리〉 상태인 것으로 규정한다. 그러니 이 이름 밑에서 완전히 상반되는 것들을 함께 보게 되더라도 놀랄 것이 못 된다. 그러나 이런 식의 〈히스테리〉 진단이 틀렸다는 것이 확실한 만큼 여러 신경증을 따로 분류해야 한다는 것도 확실하다. 그리고 이제는 우리가 신경 쇠약이나 불안 신경증의 순수한 형태에 익숙해져 있다고 해서 여러 가지 혼합된 사례에서 그런 것들을 무시할 필요는 없다.

따라서 일반적으로 볼 수 있는 대부분의 신경증은 〈혼합된〉 신경증이라는 견해가 더 그럴듯하다. 신경 쇠약과 불안 신경증은 순수한 형태로도 쉽게 찾을 수가 있는데, 특히 젊은 사람들에게서 찾기 쉽다. 순수한 형태의 히스테리와 강박 신경증은 드물다. 일반적으로 이 두 신경증은 불안 신경증과 함께 혼합되어 나타난다. 혼합된 신경증이 그렇게 자주 나타나는 이유는 병인이 서로 섞인 경우가 많기 때문이다. 어떤 때는 우연히, 또 어떤 때는 신경증의 병인이 비롯된 과정들 사이의 인과 관계로 인해 병인이 서로 섞인다. 이것을 추적하고 상세하게 보여 주는 데는 어려운 점이 없다. 그러나 히스테리의 경우 성적 신경증과의 연계성을 분리할 수는 없다. 그래서 일반적으로 히스테리에서는 복잡한 신경증 사례의 단 한 측면만을 볼 수 있을 뿐이다. 그리고 고립된 상태에서 병을 발견하고 치료하는 경우는 단지 몇몇 사례뿐이다. 우리는 아마도 여러 사례에 대해 다음과 같이 말할 수 있을 것이다. 〈중요한 특징을 따라 그 이름이 주어지게 마련이다*a potiori fit denominatio.*〉

이제 나는 이 책에서 보고한 사례들을 살펴보면서 그 사례들이 나의 견해 — 히스테리는 하나의 독립적인 임상 장애가 아니다 — 를 지지하는지 확인하고자 한다.

브로이어의 환자였던 아나 O. 양은 나의 견해에 상반되는 것 같다. 순수한 히스테리성 장애의 예 같다는 것이다. 그러나 우리의 히스테리에 관한 지식을 크게 늘려 주었던 이 사례는 성적 신경증의 관점에서 관찰된 것이 아니었기 때문에 지금은 전혀 소용이 없다. 두 번째 환자인 에미 폰 N. 부인을 분석하기 시작했을 때, 성적 신경증이 히스테리의 근원이 되리라는 생각은 거의 하고 있지 않았다. 샤르코 학파에서 막 벗어났던 나는 히스테리를 성의 주제와 결부시키는 것이 일종의 모욕으로 여겨졌다 — 여자 환자들도 그렇게 생각했다. 오늘 이 사례에 관한 기록을 검토해 보니 이는 불안 예기와 공포가 수반된 심한 불안 신경증의 한 사례라는 것을 인정할 수밖에 없었다. 또한 이 불안 신경증이 성적 금욕에서 비롯되며 히스테리와 결합된 것도 인정하게 되었다.

세 번째 사례인 루시 R. 양은 아마도 거의 관찰하기 힘든 순수 히스테리라고 말하는 것이 가장 적당하리라. 이는 단기간의 히스테리로서 일회적인 경과를 지났을 뿐이며, 분명히 성적 병인이 있어 불안 신경증에 해당할 수도 있었다. 지나치게 성숙한 소녀인 환자는 사랑받고 싶어 했으며 그녀의 애정은 오해로 인해 너무 성급하게 생겼다. 그러나 불안 신경증은 눈에 띄지 않았다. 아니면 내가 알아차리지 못했는지도 모르겠다.

네 번째 사례인 카타리나는 내가 이름 지은 〈처녀 불안〉의 전형적인 모델이었다. 불안 신경증과 히스테리가 결합된 것이다. 불안 신경증이 증상을 일으켰고, 히스테리는 그 증상들이 반복되게끔 작용한 것이다. 〈히스테리〉라는 진단을 받은 젊은 신경증 환자들에게서 보이는 전형적인 사례였다.

다섯 번째 사례인 엘리자베트 폰 R. 양의 경우는 앞서 말했듯 성적인 신경증의 연구 대상이 아니었다. 척수성 신경 쇠약증이 그 근원에 깔려 있지 않을까 운을 뗀 바 있지만 입증되지는 않았다.

그러나 내가 부언해야 할 것은 그 이후 순수 히스테리를 더욱 더 이상은 볼 수 없게 되었다는 점이다. 이 네 가지 사례를 히스테리로 한데 묶으면서 성적인 신경증과 같은 중요한 시각을 간과하고 기록할 수 있었던 이유는 꽤 오래된 사례들이고, 당시의 나는 아직 의도적으로 그 신경증의 성적인 근원들을 연구하지 않았기 때문이다. 그리고 또한 이 네 가지 사례 말고 우리가 설명한 히스테리 현상의 심리 기제를 입증시키는 열두 가지 사례를 보고하지 않았는데 그 이유는 다음과 같다. 즉 분석 결과 그 어떤 치료자도 이 사례들에 히스테리라는 이름을 붙이는 것은 거부하지 않겠지만 동시에 성적 신경증으로 분류될 수 있었기 때문이다. 이와 같은 성적 신경증에 대한 설명은 당시 우리가 공동으로 발표할 수 있는 경계를 넘어서는 것이었다.

나는 다음과 같은 오해를 사고 싶지는 않다. 즉 내가 히스테리를 독립적인 신경증 질환으로 보려고 하지 않는다든가, 히스테리를 단지 불안 신경증의 심리적 표출로만 간주한다든가 〈관념으로 인해 발생된〉 증상만을 히스테리로 인해 생긴 것이라고 여기고 신체적 증상들(지각 상실 따위)은 불안 신경증으로 전가시키고 있다는 등의 생각은 옳지 않다. 전혀 그렇지 않다. 그렇지만 그 어떤 혼합체에서 히스테리를 분리시켜 여러 측면에서 독립적으로 다룰 수는 있을지 몰라도 치유라는 측면에서는 그럴 수가 없다는 것이 내 생각이다. 치유의 관점에서 우리는 실리적인 목적, 즉 병리적 상태 전체를 제거하는 것을 중요하게 여긴다. 히스테리가 일반적으로 혼합된 신경증의 한 요소로서 나타난다고 한다면 그 양상은 혼합된 전염병과 유사할 것이다. 혼합된 전염병에서는 하나의 특정 병인 작용에만 맞서 싸우는 정도로는 생명을 보전할 수 없다.

그러나 복합 신경증의 전체 모습에서 신경 쇠약과 불안 신경증 등이 작용한 부분과 히스테리의 부분을 구분해 내는 것은, 내게 매우 중요하다. 왜냐하면 일단 구분하고 나면 카타르시스 요법의 치료적 가치를 정확하게 짚어 낼 수 있을 것이기 때문이다. 나는 감히 다음과 같이 주장하고자 한다. 즉 카타르시스 요법이 — 이론적으로는 — 히스테리 증상을 잘 제거할 수 있지만 신경 쇠약 현상에는 전혀 힘을 쓸 수가 없고 불안 신경증에는 거의 영향력이 없거나 간접적인 영향만을 미칠 수 있을 뿐이다. 따라서 어떤 사례에서건 카타르시스 요법의 치료 효과는 히스테리 부분이 다른 신경증의 부분과 비교해 볼 때 실질적으로 중요한 위치를 점유하고 있는가의 여부에 달렸다.

카타르시스 요법의 효과를 방해하는 또 다른 장애가 있는데, 이미 「예비적 보고서」에서 다루었다. 카타르시스 요법은 히스테리의 근저에 있는 원인에는 영향을 미칠 수 있다. 따라서 이미 제거된 증상을 대신해 새로운 증상이 나타나는 것을 막을 수 없다. 모든 것을 종합해 볼 때 카타르시스 치료법을 신경증 치료의 범주 내에서 사용하는 것이 적절하며, 그 범주 밖에서의 적용이나 가치 평가는 삼갈 것을 충고하는 바이다. 그러나 이 장에서 치료자들이 필요한 〈신경증의 치료〉에 관하여 쓰는 것은 부적절하므로 후에 다른 논문에서 그 주제에 관한 설명을 하기로 한다. 하지만 상세한 이해를 돕기 위해 다음의 몇 가지 사항을 논하고 넘어가려고 한다.

(1) 내가 치료하고자 했던 히스테리 증상 모두가 카타르시스 요법을 통해 실제로 제거되었다고 주장하는 것은 아니다. 그러나 이것은 환자들의 개인적인 상황이 방해가 된 것이지 이론상의 문제 탓은 아니었으리라는 것이 나의 견해이다. 마치 외과의사가

새로운 기술을 평가하려고 할 때, 마취 도중에 환자가 사망하는 경우나 수술 후 출혈이나 우발적 패혈증 탓으로 죽는 사례들을 제외시키듯이 나도 평가에 대한 결정을 내릴 때 그러한 실패 사례들을 제외해도 정당하다고 할 수 있으리라. 치료의 어려움이나 단점에 관해 나중에 거론할 예정인데, 그때 가서 이러한 이유들 때문에 실패한 경험에 대해 고찰할 것이다.

(2) 카타르시스 요법이 대증(對症) 요법이고, 원인을 근본적으로 치료하는 요법(원인 요법)이 아니라고 해서 가치가 없는 것으로 간주되어서는 안 된다. 왜냐하면 원인 요법은 실상은 단지 예방 차원의 요법인 경우가 많기 때문이다. 즉 원인 요법은 해가 되는 작동인(作動因)이 더 이상 확대 작용하는 것을 멈추게 할 뿐이지 이미 그 작동인이 가져온 결과를 제거하지 못하는 경우가 대부분이다. 일반적으로 치료의 두 번째 단계는 증상을 치료하는 것일 텐데, 히스테리의 경우 카타르시스 요법은 제2의 치료 단계에서 매우 효용 가치가 있다.

(3) 히스테리의 발생기, 즉 급성 히스테리 발작이 극복되고 남은 것이라고는 단지 잔재 현상으로서의 히스테리 증상인 경우 카타르시스 요법이면 충분하며, 완전하고 영구적인 치료 효과를 본다. 이러한 종류의 효과적인 치료 예들은 성생활의 영역에서 자주 찾아볼 수 있는데, 이는 성욕 강도의 범위가 매우 넓고 성적 외상을 불러오기 위해 필요로 하는 조건들이 복잡한 탓이다. 여기서 카타르시스 요법은 주어진 과제를 해결해 내는 최선의 방법이다. 왜냐하면 히스테리 체질 같은 체질들을 변화시키는 일을 치료자가 할 수는 없기 때문이다. 치료자는 그러한 체질의 경향성과 외부적 상황과의 결합에서 생길 수 있는 문제를 제거하면 그것으로 만족해야 한다. 만약 환자가 원래의 작업 역량을 되찾을

수 있다면 치료자는 만족스러울 것이다. 게다가 재발 가능성을 고려해 볼 때 미래에 대해서도 위안을 얻을 수 있는데, 그 이유는 다음과 같다. 그러한 신경증은 일반적으로 한꺼번에 여러 가지 요인이 작용해서 발생한다. 그래서 이러한 병인적 요소들이 몇몇 은 계속 작용할지 몰라도 또다시 한꺼번에 작용하지는 않으리라 고 희망할지도 모른다.

이러한 히스테리는 그냥 내버려 두어도 자연적으로 치유되며 잔재 증상들도 자발적으로 사라질 것이라고 이의를 제기할 수도 있다. 그러나 그에 대해서는 다음과 같이 대답할 수 있다. 이러한 종류의 자연적 치료는 신속하지 않으며 완전하지 않다고. 그리고 우리가 개입함으로써 놀라울 정도로 더 많은 도움을 줄 수 있다. 카타르시스 요법을 통해 자연 치유로 개선이 가능한 것만 고칠 수가 있는지 혹은 자연적으로는 낫지 않는 것들도 경우에 따라서 는 고칠 수가 있는지의 여부는 지금으로서는 해결되지 않은 문제 로 남겨 두어야 할 것 같다.

(4) 급성 히스테리, 즉 히스테리 증상들이 가장 활동적으로 발 생하는 시기를 통과하고 있는 경우(즉 히스테리성 정신병의 와중 에는) 자아가 병의 산물을 감당해 내지 못하는데, 이때는 카타르 시스 요법도 그 양상이나 과정을 거의 변화시킬 수 없다. 그러한 상황이 닥치면 우리는 급성 전염병과 맞닥뜨린 의사와 마찬가지 의 입장에서 신경증을 대하게 된다. 병인성 요인들은 지나간 시 간 동안 이미 충분히 작용했고, 이제는 그 어떤 영향력도 미칠 수 없는 곳에 있다. 그리고 잠복기가 지난 후 그 병인들이 비로소 표 출된다. 이 질병은 짧은 시간에 꺾이지 않는다. 이 질병이 자연적 경과를 거칠 때까지 기다려야만 하며, 그러는 동안 환자의 상태 를 가능한 한 좋게 만들어야 한다. 이러한 급성기 동안 만약 우리

가 병의 산물, 새로 생긴 히스테리 증상을 없앤다고 해도 제거된 증상들이 즉시 다른 증상들로 대체되리라는 것을 예상하고 있어야 한다. 치료자는 시시포스의 과업에 직면한 듯한 우울한 감정을 피할 수가 없다. 엄청난 헛수고, 환자 가족의 불만 등(환자 가족에게는 길기만 한 급성 신경증이 급성 전염병과는 달리 익숙하지 않다) 이런저런 어려움은 카타르시스 요법의 체계적 적용을 불가능하게 만들 수 있다. 그럼에도 불구하고 급성 히스테리의 산물을 정기적으로 제거해 주는 것이 치료적 효과가 있는지는 심각하게 고려할 필요가 있다. 즉 질환의 증상을 바로바로 제거하는 방법은 방어 활동을 하는 환자의 정상적인 자아를 돕고 자아의 의지를 압도하는 정신병 ─ 영구적인 착란 상태에 빠지는 것 ─ 에 걸리는 것을 방지해 주는 것은 아닌지 추정할 수 있다. 카타르시스 치료법이 급성 히스테리에 얼마나 효과적인지, 그리고 새로운 증상이 출현하는 것을 얼마나 확실하게 제어할 수 있는지는 브로이어 박사가 최초로 정신 치료를 시도했던 아나 O. 양의 병력을 보면 분명해질 것이다.

(5) 증상이 그렇게 심하지는 않으나 지속적으로 나타나는 만성 히스테리 치료에 대한 효과적인 원인 치료법이 없다는 것은 매우 유감스럽다. 그러나 이러한 만성 히스테리에는, 대증 요법인 카타르시스 치료법이 상당히 효용성이 있는 것으로 평가되는데, 거기에는 큰 이유가 있다. 만성 히스테리의 경우 우리는 만성적으로 지속되는 병인이 일으키는 장애를 다루어야 한다. 이때 환자의 신경계를 강화해서 저항 능력을 키워 주는 것이 중요하다. 왜냐하면 히스테리 증상이 존재한다는 것은 신경계의 저항력이 약화되었다는 것을 뜻하며, 이것은 히스테리의 소인을 가지고 있다는 의미이기 때문이다. 단일 증상 히스테리의 기제에서 보듯

새로운 히스테리 증상은 이미 존재하고 있는 히스테리 증상과 연결되어 그와 유사한 모습으로 쉽사리 형성된다. 일단 이미 증상이 나타난 부분은 취약 지점이 되어 다음에도 또 쉽게 뚫린다. 한번 분열된 심리군은 〈유발성 결정체〉의 역할을 해 이 유발성 결정체가 없다면 생기지 않았을 결정 작용이 쉽게 일어나게 된다. 이미 존재하는 증상을 제거하고 그 근원에 있는 심리적 변화를 원래 상태로 회복시킨다는 것은, 환자에게 충분한 저항력 전체를 되돌려 줌으로써 해가 되는 작용인의 공격에 잘 버틸 수 있게 하는 것을 뜻한다. 이러한 환자들에게는 지속적인 감독과 이따금씩의 〈굴뚝 청소chimney sweeping〉[6]가 많은 도움이 된다.

(6) 모든 히스테리 증상이 심인성은 아니라는 인정과 심리 치료를 통해 모든 히스테리 증상을 제거할 수 있다는 주장은 서로 모순되는 것 같은데 이에 대해 논할 필요가 있다. 심인성이 아닌 증상 중에 어떤 것은 — 예를 들어 홍반 같은 징후 — 아프다는 표시일 수는 있어도 만성 질병이라고 할 수는 없다는 데 있다. 성공적으로 병을 치료한 뒤 이러한 비심인성 증상들이 계속된다고 해도 실제적으로 중요하지 않은 것이다. 다른 유사한 증상들도, 심인성 증상들과 함께 없어지는 듯한데, 이는 비심인성 증상들이 결국은 심리적 원인과 연관 있기 때문일 것이다.

이제부터는 우리의 치료 방식의 난점과 단점에 대해 논해 보고자 한다. 지금까지 보고한 사례나 나중에 언급할 기법에 관한 내용에서는 이에 관해 명백하게 논의되지 않았다. 우리의 치료 방식에 어떠한 어려운 점이 있는지 자세히 설명하기보다는 단순히 열거해 보고자 한다.

6 아나 O. 양의 사례를 참조할 것 — 원주.

우리의 치료 절차는 치료자 측에서 보면 힘이 들고 시간이 많이 필요하다. 또 심리적 현상에 대한 커다란 흥미와 환자에 대한 개인적인 관심을 전제로 한다. 첫인상이 비열해 보이거나 혐오스러운 사람, 그리고 좀 더 사람을 알게 되었을 때 인간적인 동정심을 불러일으키지 못하는 사람이 보이는 히스테리의 심리 기제를 탐구하는 것은 상상조차 할 수 없다. 척수로(脊髓路) 환자나 류머티즘 환자의 치료라면 이런 개인적인 인상 여부에 관계없이 치료할 수 있을 것이다.

치료 과정에서는 환자에게 요구되는 것 또한 마찬가지로 크다. 이 치료는 어느 정도 수준 이하의 지능이 있는 사람들에게는 적용이 전혀 불가능하며 정신 박약의 기가 조금이라도 있으면 매우 어렵다. 환자의 동의와 완벽한 주의가 필요한데, 무엇보다도 신뢰가 중요하다. 왜냐하면 분석 과정에서 필연적으로 가장 사적이고 비밀스러운 심리적 사건들을 털어놓아야 하기 때문이다. 치료법에 적합한 환자라고 해도 대다수는 치료자의 분석 방향에 대해 의구심이 생기기 시작하면 금방 치료를 그만둔다. 이러한 환자들에게 치료자는 처음 보는 사람이나 마찬가지의 인물로 남을 뿐이다.

또 치료자의 손에 자신을 맡기고 신뢰하는 사람들 중 많은 사람에게는 분석의 일보 전진이 자발적으로만 이루어질 뿐이며 절대로 치료자의 요구에 따라서 치료되는 것이 아니다. 물론 이런 환자들에게도 적어도 한 번은 치료자와의 관계가 눈에 띄게 이루어져야 한다. 따라서 치료자의 이러한 영향력은 문제 해결의 필수 조건이라고 할 수 있다. 이러한 중요성은 최면을 사용할 수 있는지의 여부나 최면을 그만두고 다른 것으로 대체할 것인지에 따라서 근본적으로 차이가 생기는 것은 아니다. 우리의 절차와 떼어 내려야 떼어 낼 수 없는 단점들이기는 하지만 이 단점들이 모든 것을 뒤집어써서는 안 된다는 것을 강조하는 바이다. 오히려 이러한 결점들이 치료가 필요한 신경증의 전제 조건에 근거하며, 환자에게 강하게 몰두해야 하는 그 어떠한 의료 행위에도 따라다니는 것이며, 환자들의 심리적 변화를 초래하는 원동력이다. 지금까지 내가 몇몇 환자에게 최면을 많이 사용했지만 유해 효과나 위험은 볼 수가 없었다. 내가 해를 주었을 때는 그 이유가 다른 곳에, 좀 더 깊은 곳에 있었다. 존경스러운 선생님이자 친구인 브로이어의 논문들을 따라 내가 카타르시스 요법을 쓰기 시작한 이후 지난 몇 년간 내 치료의 효과를 되짚어 보면 다음과 같이 믿게 된다. 즉 모든 것에도 불구하고 카타르시스 요법을 써서 해보다는 유익함을 훨씬 더 많이, 더 자주 주었으며, 그 어떤 치료법도 이루지 못한 것들을 이루어 냈다. 전체적으로 보아 「예비적 보고서」에서 말했듯이 카타르시스 요법은 〈상당한 치료 효과〉를 거두었다.

카타르시스 요법을 사용할 때 또 하나의 좋은 점에 대해서 강조해야겠다. 내가 알기로는 혼합의 정도가 어찌되었건 복합된 심한 신경증 사례를 이해하는 데 브로이어의 분석법보다 더 나은 방도는 없다. 브로이어의 분석법을 쓰면 우선 히스테리 기제를 보이는 것이 어떤 것이 되었건 사라진다. 분석하는 동안 나는 잔재 현상을 해석하고 그 병인을 추적해 가는 방법을 배웠다. 그리고 분석을 통해 신경증에 대항해서 싸울 치료 무기를 사례에 맞게 선택하는 굳건한 기초를 세웠다. 신경증 사례에 대해서 이러한 종류의 분석에 앞서 한 결정과 후에 한 결정 사이의 차이를 한번 숙고해 보면 신경증 질병을 이해하는 데 분석이 필수적이라고 여겨지기도 한다. 더군다나 나는 카타르시스적 심리 치료를 안정 요법과 병행하는 경우가 많은데, 필요하다면 웨어-미첼Weir-Mitchell 계열의 완전한 휴양 요법으로 확대시킬 수도 있다. 그렇게 하면 한편으로는 치료 동안 새로운 심리적 인상이 생겨서 장애가 되는 것을 피할 수 있다는 장점이 있으면서 휴식 요법의 지루함도 제거되어 휴식 요법에서 흔히 보게 되는 폐해로서 공상 습관에 빠지게 되는 것을 막는다. 환자에게 부여되는 상당한 양의 심리적 과업, 그리고 외상적 경험을 재생함으로써 초래되는 흥분이 웨어-미첼 요법과 상충되고 그 결과 그 요법이 으레 가져오는 치료 효과를 방해할 수도 있지 않나 생각하는 사람이 있을 것이다. 그러나 실제로는 그 반대이다. 브로이어의 방법과 웨어-미첼의 방법의 병행은, 상당한 신체적 개선도 가져오면서 심리 치료를 도입하지 않은 휴식 요법에서는 결코 기대할 수 없는 광범위한 심리적 영향력을 발휘한다.

2

이제 나는 브로이어의 방법을 좀 더 광범위하게 적용할 때 내가 부딪혔던 난점에 대한 주제로 다시 돌아가려고 한다. 히스테리의 하나라고 진단이 내려졌으며, 우리가 설명한 심리 기제가 작용하고 있는 것 같은 환자들 중에서 많은 사람이 최면 상태에 빠지지 않았다고 했다. 보통 때의 의식에서는 볼 수 없는 병인이 되는 기억을 찾기 위해서 그들의 기억을 확장하는 것이 필요했는데, 최면이 그 도구였다. 따라서 나는 최면에 걸리지 않는 환자들을 치료하려는 생각을 포기하든지 다른 방법을 통해 기억을 확장시키려고 노력해야 했다.

도대체 왜 어떤 사람은 최면에 빠지는데 어떤 사람은 그렇지 않은가 하는 것은 거의 설명할 수가 없었다. 그래서 어려움의 원인을 찾아내어 고치는, 인과론적인 방법을 채택할 도리가 없었다.

그러나 내가 알아챈 것이 있는데, 바로 어떤 환자들에게는 장애 요소가 좀 더 깊은 곳에 있는 듯하다는 것이다. 그들은 최면 상태로 이끌기 위한 그 어떤 시도도 거부했다. 그러다가 갑자기 이런 생각이 떠올랐다. 즉 두 경우 모두 어쩌면 동일한 것이며, 양쪽 다 내키지 않는 마음을 가지고 있으나 특히 최면에 걸리지 않는 환자는 속으로 최면에 대해 심리적 의구심을 가지며, 이러한 감정을 겉으로도 표현해 내는 사람들이라는 것이다. 그러나 나는 이러한 생각을 고집해도 되는지에 대해서는 확신이 서지 않는다.

그러나 문제는, 최면을 제외하고 병인이 되는 회상을 불러일으킬 수 있는 대안이 어떤 것인가 하는 점이다. 나는 다음과 같은 방식을 사용하여 목적을 달성했다. 즉 맨 처음 만났을 때 환자에게 현재의 증상이 나타나게 된 최초의 계기를 기억하는지 물어본다. 그러면 아무것도 기억하지 못하는 환자도 있고 막연히 기억하고는 있지만 그 이상 생각해 내기는 불가능하다고 말하는 환자도 있다. 그래서 내가 베르넴의 방법을 응용하여 그들이 잊었다고 말하는 인상을 몽유 상태에서 불러일으킨 후 그들이 그 인상을 알고 있다, 그들의 마음속에 떠오를 것이다 하고 주장하면서 그 기억을 생각해 내도록 끈기 있게 요구하면, 역시 무엇인가 생각해 내는 사람도 있고, 기억이 약간 확장되는 사람도 있었다. 그래서 나는 점점 이 방법을 확대시켜, 환자에게 〈집중〉을 위해 옆으로 눕고 눈을 감게 했다. 이렇게 해서 최면 상태와 어느 정도 비슷한 상태가 되면, 환자는 최면의 힘을 빌리지 않고서도 아주 옛날까지 거슬러 올라가 문제와 관련된 기억을 새로이 떠올릴 수 있게 되었다.

이러한 경험을 통해 병인이 되는 관념군은 반드시 존재하며, 단지 그렇다고 주장만 하면 그것을 끄집어 낼 수도 있다는 생각을 가지게 되었다. 이러한 주장에는 내 노력이 필요했기 때문에, 또 내가 저항을 극복해야 한다는 생각을 했기 때문에 상황은 즉시 다음의 이론으로 나를 이끌었다. 〈나의 심리적 작업을 통해서, 환자들 속에서 병인이 되는 관념이 의식화되는 것(즉 생각나는 것)에 대항하는 심리적 힘을 극복해야 한다는 것이다.〉의심할 여지 없이 이것이 바로 히스테리 증상을 일으키는 데 큰 역할을 했던 심리적 힘과 동일한 힘이며, 그 당시에 병인이 되는 관념이 의식화되는 것을 막았던 힘이라는 생각이 들자 눈앞에 새로운 이해가 펼쳐지는 것 같았다. 여기서 과연 어떤 종류의 힘이 작용하며 어떤 동기로 그 힘이 작용했을까? 이에 관해서 나는 쉽게 하나의 견해를 제시할 수 있었다. 왜냐하면 이미 나는 몇 개의 완전한 분석을 한 바 있고, 그러는 동안 병을 일으켰지만 잊혀지고 의식에서 쫓겨난 관념의 예들을 파악하게 되었기 때문이다.

이 예들에서 나는 그러한 관념들에 공통적으로 존재하는 특성을 인식하게 되었다. 병을 일으킨 관념들은 모두 마음 상하게 하는 성질을 띠고 있었고 수치감, 자기 비난, 심적 고통 그리고 피해받고 있다는 느낌을 불러일으켰다. 또한 그것들은 모두 사람들이 경험하지 않기를 바라는 것들, 차라리 잊어버렸으면 좋았을 것들이었다. 이 때문에 자동적으로 〈방어〉라는 개념이 생긴 것이다. 심리학자가 일반적으로 인정하는 바에 따르면 새로운 관념을 받아들이는 것은(진실이라고 믿거나 인정하는 의미에서의 받아들임) 자아 안에 이미 결합되어 있는 관념의 성질이나 경향에 달렸다. 그래서 심리학자들은 새로 도착한 관념이 거쳐야 하는 이러한 검열 과정[7]에 대해 특별한 명칭을 만들어 냈다. 자아와 양립할 수 없는 어떤 관념이 자아에 접근함으로써 자아에게 거부의 힘을

7 프로이트가 처음으로 이 용어를 공식적으로 사용한 듯하다.

불러일으키게 된다. 그 거부의 힘은 양립할 수 없는 관념에 대한 〈방어〉를 목적으로 작용한다. 실제로 이 방어가 성공하면 관념이 의식이나 회상 밖으로 밀려나게 되어 외관상 그 심리적 흔적이 어디에서도 발견되지 않는 것처럼 보인다. 그러나 이 흔적은 분명히 어딘가에 존재하고 있다. 내가 환자의 자아로 하여금 이 흔적에 주의를 기울이도록 하면 그때마다 〈저항〉의 형태로 나타나는 힘을 느낄 수 있었다. 그런데 이 힘이야말로 증상이 발생할 때 〈거부〉의 형태로 나타났던 바로 그 힘이었던 것이다. 그리하여 거부와 억압 때문에 관념이 병을 유발하게 된 것이라고 생각하게 되었고, 이제 보니 그 생각이 옳은 것 같다. 앞에서 서술한 사례사를 들어 몇 가지를 논하면서, 그리고 「방어 신경 정신증」이라는 짧은 논문에서 이러한 인과 관계 — 전환이라는 사실 — 를 증명할 수 있는 심리학적 가설들을 대강 정리해 보려고 했던 것이다.

정신적인 힘, 즉 자아 쪽의 혐오는 원래는 병을 일으키는 관념을 연상으로부터 몰아 내고 그것이 기억으로 다시 돌아오는 것을 거부한다. 히스테리 환자가 〈알지 못한다〉라고 말하는 것은 실상은 〈알고 싶지 않다〉, 즉 그 소망이 크건 작건 〈의식화하고 싶지 않다〉는 것을 뜻한다. 따라서 치료자의 과업은 심리적 작업을 통해서 이러한 연상에 대한 저항을 극복하는 데 있다. 우선 치료자는 거의 〈강요〉(우기는) 방식을 사용한다. 즉 심리적 강압을 이용해 환자의 주의를 치료자가 찾고 있는 관념적 잔재에 돌린다. 그러나 이제 곧 보게 되겠지만 이것만으로는 충분하지 않다. 다른 방법들을 동원해 분석을 계속해 가며 다른 심리적 힘들을 불러 모아 도움을 받는다.

이 우기는 방식에 대해 좀 더 숙고해 보자. 〈당연히 알고 계십니다〉, 〈그래도 말씀해 보시지요〉, 〈곧 생각이 날 겁니다〉 같은 단순한 보증은 그리 효과가 없다. 아무리 〈정신 집중〉의 상태에 있는 환자라도 몇 개의 문장을 말한 뒤에는 말문이 막히게 마련이다. 그러나 잊지 말아야 할 것이 있다. 그것은 상이한 힘이나 강도를 지닌 작동력들 간의 싸움이므로 결국 항상 양적인 차이가 관건이라는 점이다. 어떤 일이 벌어지고 있는지 잘 모르는 치료자 쪽에서 우기는 것은 그다지 강력하지 못해 심한 히스테리 환자의 연상에 대한 저항을 다루는 것은 역부족이다. 더욱 강력한 조처를 생각해 내야만 한다.

이런 상황에서 나는 우선 작은 기술적 장치를 쓴다. 나는 환자에게 잠시 후 내가 환자의 이마에 압박을 가할 것이라고 알린다. 그리고 압박이 계속되는 동안 눈앞에 그림 형태의 회상을 보든지 마음속에 관념의 형태로 기억이 떠오를 것임을 환자에게 확신시킨다. 그리고 그 광경이나 관념이 무엇이건 내게 들려줄 것을 요청한다. 환자 자신이 생각하기에 그 광경이나 관념이 원하는 것이 아니라거나 말로 표현하기 불쾌하다고 숨겨서는 안 된다. 기억에 얽힌 감정 때문이든, 중요하지 않다고 생각해서든 그 관념에 대해 비판하지 말아야 하며 주저하지 말아야 한다. 오직 이 방법을 통해서만 우리가 구하는 바를 착오 없이 발견할 수 있다. 이러한 말들을 한 다음 나는 환자를 내 앞에 누이고 이마를 수초 동안 압박한다. 그런 뒤 압박을 거두고 재빨리 묻는다. 〈무엇을 보셨습니까?〉 혹은 〈무엇이 떠올랐습니까?〉

이 절차를 통해 많은 것을 배웠고 어김없이 그 목적을 달성하곤 했다. 오늘날 나는 그 절차가 없으면 치료하지 못한다. 물론 이런 식으로 이마를 누르는 대신 다른 신호를 사용하든지 환자에게 다른 물리적 영향력을 행사할 수는 있으리라고 생각한다. 그러나 환자가 내 앞에 누워 있기 때문에 이마를 압박하는 것이 혹은 내

손 사이에 환자의 머리를 끼우는 것이, 나의 목적을 달성하기 위해 암시를 주는 가장 편리한 방법인 것 같다. 이러한 방법의 효과를 설명한다면, 그것이 〈순간적으로 강화된 최면〉에 해당한다고 말할 수 있다. 그러나 최면의 기제를 내가 잘 모르기 때문에 이것을 설명으로 사용하지는 않겠다. 내 견해로는 이 절차의 좋은 점은 오히려, 수정 구슬을 들여다보게 할 때와 같은 방식으로 환자의 주의를 의식적인 탐구나 숙고에서 멀리, 한마디로 그의 의지를 사용할 수 있는 모든 것으로부터 멀리 분산시키는 데 있다고 본다.[8] 내가 찾던 것이 내 손의 압박 아래 항상 나타나더라는 사실에서 내가 얻은 결론은 다음과 같다. 병인이 되는 관념이 겉으로는 잊힌 것 같지만 사실은 항상 〈바로 가까이〉에 대기하고 있으며 쉽게 접근할 수 있는 연상 작용으로 그 관념에 다다를 수 있다. 이때 어떤 장애를 제거시켜 주는 것이 관건이 된다. 이 장애는 주체의 의지인 것 같다. 그리고 정도는 다를지라도 사람들은 누구나 자신들을 의도적 생각에서 벗어나 자신의 속에서 일어나는 심리적 과정에 대해 완전히 객관적인 관찰 태도를 취하는 것을 배울 수 있다.[9]

내 손 밑에서 일어나는 일들이 꼭 〈잊힌〉 회상은 아니다. 사실 실제로 병을 일으킨 회상이 손쉽게 표면에 떠 있던 적은 드물다. 우리가 시작한 관념과 우리가 찾고 있는 병인(病因) 관념 사이의 연관성에서 중간 고리라고 할 수 있는 관념이 떠오르는 경우가 훨씬 많다. 아니면 새로운 일련의 사고나 회상의 출발점이 되는

8   최면 기법에서 의식적 주의를 분산시키는 것이 차지하는 역할에 대해서는 훨씬 후에 프로이트가 「집단 심리학과 자아 분석」(프로이트 전집 12, 열린책들)이라는 글의 제10장에서 논한 바 있다.
9   이러한 무비판적 태도를 취하는 것이 어려운 사람들이 있는데, 그에 관해서는 프로이트가 『꿈의 해석』(프로이트 전집 4, 열린책들)의 두 번째 장에서 길게 논의했다.

어떤 관념이 떠오르는데, 그 맨 끝에 병인 관념이 연결되어 있는 경우도 있다. 이러한 일이 생길 때 내가 가하는 압박은 병인 관념을 떠오르게 한 것이 아니다. 그러한 병인 관념은 사실 그 맥락에서 떨어져 있고 이끌어 내지는 것도 없는, 불가해한 경우들이게 마련이다 — 그렇지만 나의 압박을 통해 병인 관념으로 가는 길을 제시받고 더 탐구해야 할 방향이 어느 쪽인지 보이게 되는 것이다. 그런 경우 압박을 가했을 때 처음에 떠오른 관념은 결코 억압된 적이 없는 친숙한 회상일 것이다. 만약 병인이 되는 관념을 찾아 나선 길에서 실마리가 또 끊기면 다시 그 압박의 절차를 되풀이하면 된다. 그럼으로써 새로운 의미를 받게 되고 새로운 출발점을 얻는다.

또 어떤 경우에서 환자는 손의 압박이 불러일으킨 회상 자체에는 익숙하지만 우리가 출발점으로 삼았던 관념과의 관련성을 잊어버린 상태이기 때문에 왜 그런 회상을 하게 되었는지 놀라워하기도 한다. 그러나 이 관련성은 분석을 좀 더 진행하면 입증이 된다. 압박은 의식의 밖에 뛰어난 지성이 존재하고, 그 지성은 특정 목적을 지닌 상당량의 심리적 내용을 가지고 있으며, 의식 안으로 다시 돌아오기 위해 계획된 순서를 바꾸었다는 착각을 하게 만든다. 그러나 나는 이러한 무의식적인 제2의 지성이란 겉모습뿐이라고 생각한다.

매우 복잡한 경우에는 이 압박 절차의 도움을 빌려 계속적으로 분석이 진행된다. 이 과정은 환자가 이미 인식하고 있는, 기억이 끊긴 곳에서 시작하여 그 기억을 넘어서 더 나아갈 방향을 보여 주기도 하고, 잊혔으나 근저에 있는 기억에 주목하게 만들며, 수년 동안 연상에서 철수되어 있던 기억들을 불러내기도 한다. 어떤 때 환자는 자신의 것이라고 알아보지 못하는 생각들을 떠올리기도 하는데 환자가 전후 관계 맥락을 보고서야 인정하게 된다. 그리고 바로 이러한 관념들이 분석을 매듭짓고 증상을 제거하도록 이끄는 관념들이라는 것을 납득하게 된다.

나는 이제 몇 개의 예를 들어 이 기법을 통해 얻은 뛰어난 성과들을 보여 주고자 한다.

6년 동안 지속된 심한 신경성 기침 증상을 보이는 소녀를 치료한 적이 있다. 이 기침은 흔히 볼 수 있는 점막의 염증에서 시작된 것이 분명했는데도 강한 심리적 동기를 가지고 있었다. 어떤 종류의 치료도 효과가 없다는 것이 오래전에 입증된 뒤였다. 따라서 나는 심리 분석을 통해 증상들을 제거하려고 했다. 그녀가 아는 바라고는 신경성 기침이 열네 살 때 숙모집에서 하숙하면서부터 시작되었다는 것이 전부였다. 그녀는 당시 정신적 동요를 기억하지 못했고, 자기 질환에 대해 그 어떤 동기도 없다고 믿고 있었다.

내가 손으로 압박을 가하자 처음에 그녀는 큰 개를 기억해 냈다. 그런 뒤 기억 속에 있는 그림을 알아볼 수 있었다. 어딜 가나 환자를 쫓아다니고 무척 따랐던 숙모의 개였다. 더 채근할 필요도 없이 그녀에게 다음과 같은 것들이 떠올랐다. 이 개가 죽자 아이들이 그 개를 성대하게 예를 갖추어 묻어 주었고, 그녀의 기침은 그 장례식에서 돌아올 때 시작되었다. 그 이유를 물었으나 그 답을 알아내기 위해 나는 다시 한번 압박을 가했다. 그녀에게 다음과 같은 생각이 떠올랐다.

「이제 나는 이 세상에서 혼자입니다. 여기서는 아무도 저를 사랑해 주지 않아요. 그 개는 제 유일한 친구였는데 지금 그 개를 잃어버린 겁니다.」

그녀는 자신의 이야기를 계속했다.

「내가 숙모 집을 떠날 때 기침은 사라졌습니다. 그런데 18개월 후에 다시 재발했습니다.」

「왜 그런 겁니까?」

「모르겠어요.」

나는 다시 눌렀다. 그녀는 기침이 다시 시작되었을 때가 숙부가 돌아가셨다는 소식을 접했을 때라는 것을 기억해 냈다. 그리고 유사한 일련의 생각들을 기억해 냈다. 그녀의 숙부는 식구 중에서 그녀를 사랑했고, 그녀에 대한 동정심을 보인 유일한 사람이었다. 여기에 바로 병인이 되는 관념이 있었다. 아무도 그녀를 사랑하지 않았으며, 다들 다른 사람은 모두 좋아하면서 그녀를 좋아하지 않았고, 그녀는 사랑받을 자격이 없다 등등. 그러나 〈사랑〉이라는 관념에 얽힌 무엇인가가 있어서 그녀가 내게 털어놓는 데 커다란 저항이 되고 있었다. 분석은 이것에 대해 깨끗이 마무리되기 전에 중단되었다.

얼마 전에 나는 나이 지긋한 여성의 불안 발작을 치료해 달라고 요청받았다. 그렇지만 그녀의 성격으로 판단해 보건대 그녀는 이런 종류의 치료에는 그다지 적합하지 않았다. 왜냐하면 폐경 이후 지나치게 신앙심이 강해져서 내가 그녀를 방문할 때마다 마치 내가 악마인 양 그녀의 손에 작은 상아 십자가를 숨겨 무장한 채 나를 맞이했기 때문이다. 그녀의 불안 발작은 히스테리의 특성을 지녔고, 어린 소녀 시절까지 거슬러 올라갔다. 그녀의 말에 따르면 갑상선이 약간 부었는데, 그것을 가라앉히고자 요오드제를 사용한 데서 비롯되었다는 것이다. 당연히 나는 이 추론을 거부하고 신경증의 병인에 관한 나의 견해에 더 잘 부합할 만한 다른 추론을 찾기로 했다.

나는 우선 그녀에게 불안 발작과 인과론적인 관련이 있는 어린 시절의 인상에 대해서 물었다. 그리고 내가 손으로 압박하고 있는 동안 그녀는 독서 중인 기억을 떠올렸다. 그녀는 〈교훈적인〉 책으로 알려진 서적을 읽고 있었는데, 매우 종교적인 어투로 성적인 부분에 관해 언급한 내용을 읽게 되었다. 문제의 구절은 소녀에게 저자의 의도와는 반대의 인상을 남겼다. 그녀는 울음을 터뜨리며 책을 집어 던졌던 것이다. 이 사건은 그녀가 처음으로 불안 발작을 겪기 전의 일이다. 그녀의 이마에 가했던 두 번째 압박은 회상을 더 많이 불러일으켰다. 남동생의 가정 교사에 관한 회상이었는데, 그는 그녀를 매우 좋아했고, 그녀 또한 그에 대해 따뜻한 감정을 품고 있었다. 이 회상은 더욱 발전되어 급기야는 어느 날 저녁 부모님 집에서 이 젊은이와 테이블 주위에 모두 둘러앉아 담소를 나누는 광경이 떠올랐다. 그날 밤 그녀는 처음으로 불안 발작이 일어나 깨어났는데, 당시의 요오드 사용 때문이라기보다는 성적인 충동에 대한 부인(否認)과 관계가 있을 성싶다. 내가 어떤 방법을 써서 그런 연관성을 드러내게 할 수 있었을까? 그 연관성은 그녀의 견해나 주장과 상반되는 것이었고, 그녀는 나와 모든 치료법에 대해 편견을 지닌 고집 센 환자였다.

또 다른 예는 젊고, 행복한 결혼 생활을 영위하고 있던 여성에 관한 것이다. 오래전 어렸을 적에 그녀는 매일 아침 마비 상태가 되곤 했다. 사지가 굳어지고 입은 벌린 채 그녀의 혀는 앞으로 나온 상태였다. 그리고 요즘에 와서는 그렇게 심하지는 않지만 깨어 있을 때 유사한 발작을 겪고 있다는 것이었다. 깊은 최면 상태에 도달할 수 없을 것이라고 여겨져서 나는 그녀가 정신 집중 상태에 있는 동안 탐색하기로 했다. 처음으로 압박을 가하자 나는 그녀에게 어렸을 때 발작이 일어난 원인과 직접적으로 관련 있는 어떤 것을 보게 될 것이라고 확신했다. 그녀는 조용하고 협조적이었다. 그녀는 다시 한번 어린 시절을 보냈던 집, 자신의 방, 침대의 위치, 당시 함께 살고 계셨던 할머니, 그리고 그녀가 매우 좋아했던 여자 가정 교사를 떠올렸다. 모두 그리 중요하지 않은 작은 장면들이 연이어 떠올랐는데, 모두 그 집의 방에서, 그 사람들 사이에 일어난 일들이었다. 이 장면들은 가정 교사가 떠나는 것으로 끝이 났다. 그녀는 결혼하기 위해 떠난 것이었다. 나는 이 모든 회상을 듣고도 아무런 감이 잡히지 않았다. 또한 이 장면들 간에 그 어떤 연관성도 발견하지 못하고 발작의 원인도 찾지 못했다. 그러나 여러 상황을 볼 때 이 모든 장면은 발작이 처음 생긴 그 시기에 속한 것들임에 틀림없는 듯했다. 내가 더 분석을 하기 전에 어느 동료와 이야기할 기회가 있었는데, 그는 전에 이 환자 부모의 가정의였다. 그는 다음과 같은 정보를 주었다. 즉 그가 첫 발작 때문에 이 소녀를 치료하고 있던 당시에 그녀는 막 성숙해져 가는 과정이었고, 신체적으로 잘 발육되고 있었다. 그는 이 소녀와 당시 가정 교사 사이에 애정이 지나치다는 것을 눈치챘다. 그는 의구심을 품고 할머니에게 이 두 사람의 관계를 주시해 보라고 일렀다. 얼마 지나지 않아 할머니는 의사에게 가정 교사가 밤에 침대에 누워 있는 소녀를 방문하곤 하며 그런 다음 날 아침에는 어김없이 소녀가 발작 상태로 발견이 되더라는 이야기를 해 주었다. 그들은 주저없이 이 부도덕한 여자를 조용히 제거시킬 계획을 실행했다. 아이들은 물론 그 어머니까지도 가정 교사가 결혼하기 위해 떠난 것으로 믿게끔 했다. 나의 치료는 내가 들은 정보를 이 젊은 여인에게 알려 주는 것이었는데, 즉각적으로 효험을 보였다.

압박 절차를 통해 드러나는 비밀들은 가끔 놀랄 만한 형태를 취하고 있어서 어떤 때는 무의식적 지성의 존재를 가정하고 싶어진다. 어떤 여성이 수년간 강박 관념과 공포증에 시달렸는데, 병의 근원이 어린 시절에 있는 것 같다고 말은 하면서도, 구체적으로 어떤 것인지 말을 못 했다. 그녀는 솔직하고 지적이었으며, 의식적으로는 매우 작은 저항만이 드러날 뿐이었다(내가 이 괄호 안에 말하고자 하는 것은 강박 관념의 심리 기제가 히스테리 증상들과 상당한 내적 유사성을 가지며 분석 기법은 두 가지 증상 모두에 동일하다는 것이다). 나는 손으로 압박을 가하면서 이 여인에게 보았거나 기억나는 것이 있는지 물어보자 그녀가 다음과 같이 대답했다.

「단지 어떤 단어가 갑자기 떠오르네요.」

「하나의 단어요?」

「예. 그런데 너무 바보 같아요.」

「그래도 말씀해 보십시오.」

「관리인.」

「다른 것은 없습니까?」

「네. 없습니다.」

나는 두 번째로 압박을 가했고, 또다시 관계없어 보이는 한 단어가 그녀의 마음을 스쳤다. 〈잠옷.〉 그제야 나는 이것이 일종의 새로운 대답법이리라고 생각하면서 반복해 압박을 가했다. 그 결과 무의미해 보이는 일련의 단어들이 튀어나왔다. 〈관리인〉 ― 〈잠옷〉 ― 〈침대〉 ― 〈읍〉 ― 〈마차〉였다. 나는 〈이 모든 것이 어떤 의미를 가지고 있습니까?〉 하고 물었다. 그녀는 잠시 숙고해 보더니 다음과 같은 생각이 떠오른다고 했다.

「방금 제 머릿속에 떠오른 이야기임에 틀림없는 것 같아요. 열 살 때 제 바로 위 언니는 열두 살이었어요. 어느 날 밤 그 언니가 미쳐 날뛰는 바람에 그녀를 묶어서는 마차에 실어 읍으로 데리고 갔습니다. 확실하게 기억이 납니다. 날뛰는 언니를 묶어서 정신 요양소에 같이 간 것이 바로 관리인이었습니다.」

우리는 탐색을 위해 이 방법을 계속 사용했고 이 신탁(神託)은 또 다른 일련의 단어들을 떠올리게 했다. 단어를 모두 해석할 수 있었던 것은 아니지만 이 이야기를 계속 이어 가게 하고 그로부터 다른 이야기로 연결시킬 수는 있었다. 게다가 이 회상의 의미가 곧 분명해졌다. 그녀 언니의 병이 그녀에게 그토록 깊은 인상을 남긴 이유는 두 자매가 어떤 비밀을 숨기고 있었기 때문이다. 자매는 한 방에서 잤는데 어느 날 밤 어떤 남자가 그녀들을 모두 성폭행했다. 이 성적인 외상을 언급함으로써 환자의 첫 강박 관념의 근원은 물론 후에 병인이 되는 효과를 일으킨 외상이 드러난 것이다.

이 사례에서 특이한 점은 우리가 문장으로 꿰어 맞추어야 했던 따로 떨어진 핵심 단어들이 떠올랐다는 사실뿐이다. 마치 신탁처럼 단어들이 보이는 비연관성과 비연결성은 압박하에서 통상적으로 나타나는 완전한 관념이나 장면에서도 보이게 마련이기 때문이다. 탐구를 계속하다 보면 겉으로 보기에는 연관성이 없는 듯한 회상들도 사고 안에서 밀접하게 연결되어 있고 우리가 찾고 있는 병인으로 곧바로 인도해 주는 것이다. 이런 이유로 나는 압박법이 어려운 시험대에 올랐으나 결국 훌륭하게 효과가 입증된 과정을 보여 주는 분석 사례를 회상해 보면 기쁘기 짝이 없다.

매우 지적이고 외견상 행복한 기혼녀가 나를 찾아온 적이 있었다. 치료를 받아도 낫지 않는 하복부 통증을 호소했다. 나는 통증이 하복부 벽에 위치해 있고, 근육이 굳은 부위에 관련 통증을 앓고 있음이 분명해서 국소 치료를 처방했다. 몇 개월 후에 이 환자는 다시 나를 찾아와서 다음과 같이 말했다. 〈선생님이 추천하신 대로 치료를 받았더니 그때의 통증은 없어졌습니다. 그래서 오랫동안 괜찮았는데 이제 그것이 신경성 통증으로 재발했습니다. 몸을 움직여도 전처럼 아프거나 하지는 않지만 단지 어떤 시각, 예를 들어 아침에 깨어날 때나 흥분 상태에 있을 때만 통증을 느낍니다.〉 이 부인의 자가 진단은 옳았다. 그래서 이제 다시 통증을 느끼는 원인을 밝혀 낼 필요가 있었다. 그러나 마음의 동요가 없는 상태에서는 그녀가 나를 도울 수 없었다. 내가 손으로 압박을 가해 정신을 집중시킨 다음 무엇이 떠오르는지, 혹은 무엇이 보이는지 물었을 때 뭔가 보인다면서 그녀는 자기 눈앞의 광경을 묘사했다. 그녀는 빛이 찬란한 태양 같은 것을 보았다. 당연히 안구에 압력을 가했을 때 나타나는 안내섬광(眼內閃光)일 것이라고 여겼다. 좀 더 도움이 될 만한 무언가가 뒤따를 것으로 생각했다. 그러나 그녀는 계속 다음과 같이 말하는 것이었다. 〈달빛과도 같이 묘하게 창백하고 푸르스름한 빛을 내는 별들〉 운운……. 눈앞에 보이는 그 모든 것은 단지 번쩍번쩍하는 것, 섬광, 밝은 점들에 불과했다.

내가 이 실험이 실패했다는 것을 인정할 준비가 거의 다 됐을 무렵, 어떻게 하면 표시 나지 않게 이 사례에서 손을 뗄 수 있을지 걱정하고 있을 때 그녀가 묘사한 한 현상이 나의 주의를 끌었다. 그녀는 커다란 검은 십자가를 보았는데, 뒤에 기대어 서 있었다. 그 주위에는 그녀가 그때까지 본 다른 광경에서도 본 빛이 비추고 있었고 십자가의 가로대에 작은 불꽃이 번쩍거리고 있었다. 확실히 안내섬광은 아닌 것이 분명했다. 그제야 주의 깊게 그녀의 말을 경청했다. 같은 종류의 빛에 싸여서 여러 수많은 광경이 나타났다. 산스크리트 문자 같은 기묘한 부호들, 삼각형 따위의 도형들, 그중에는 커다란 삼각형도 하나 있었다. 그리고 또다시 십자가……. 이번에는 여기에 어떤 비유적인 의미가 있을까 생각해 십자가가 무엇을 의미하는지 물어보았다. 〈아마도 통증을 의미하는 것 같습니다.〉 나는 그에 대해 이의를 표하면서 〈십자가〉란 보통 도덕적 짐을 뜻한다고 했다. 통증의 뒤에 숨은 것은 무엇일까? 그녀는 답할 수 없었지만 자신이 본 것을 계속 이야기해 주었다. 〈황금빛의 태양.〉 이번에는 그녀가 해석할 수 있었다. 〈그건 근원적인 힘이 되신 신입니다.〉 그런 뒤 커다란 도마뱀이 나타나 그녀를 미심쩍은 듯이, 그러나 걱정되지는 않는 듯한 모습으로 지나갔다. 그런 뒤 뱀의 무리. 그리고 다시 한번 태양. 그러나 이번에는 약한 은빛을 발하고 있었다. 그리고 그녀 앞으로 그녀와 광원(光源) 사이에는 그녀가 태양의 중심을 볼 수 없게 창살판이 가로막고 있었다. 그때 나는 이미 이것이 비유라고 여기고 즉시 방금 본 것의 의미를 물었다. 그녀는 주저하지 않고 대답했다.

「태양은 온전함, 이상을 뜻하고 창살판은 그러한 이상과 나 사이를 가로막는 나의 약점과 잘못을 뜻합니다.」

「그렇다면 자책하고 계신 겁니까? 당신 자신에게 만족하지 않으십니까?」

「정말이지 만족을 하지 못하고 있습니다.」

「언제부터지요?」

「제가 견신론(見神論) 학파의 회원으로 가입하여 관련 서적들을 읽은 다음부터입니다. 언제나 제 자신이 왜소하다고 느꼈습니다.」

「최근에 당신에게 가장 강한 인상을 남긴 것은 무엇입니까?」

「지금 막 출간되기 시작한 산스크리트의 번역물 전집입니다.」

곧이어 나는 그녀의 정신적 투쟁과 자책감에 대해 알기 시작했고, 자책의 계기가 된 자그마한 사건에 관해 듣게 되었다. 이 사건으로 인해 전에는 기질적 통증이었던 것이 처음으로 흥분이 전환된 결과로 나타나게 된 것이다. 내가 처음에 안내섬광이라고 여겼던 광경들은 신비학에 의해 영향을 받은 일련의 사고에 대한 상징이었고, 아마도 신비학 책의 표지에 나온 기장(記章)이었을 것이다.

지금까지 내가 보조 수단으로서의 이 압박법의 성과를 높이 평가하고 내내 방어나 저항의 측면을 무시한 결과 이 작은 조처가 카타르시스 요법의 심리적 장애를 문제없이 정복한다는 인상을 독자들에게 심어 주었을 것이다. 그러나 그렇게 믿는다면 큰 잘못을 저지르는 것이다. 나의 견해로는 이러한 종류의 이익을 치료에서 바랄 수는 없다. 어떤 경우에든 그러한 큰 변화를 일으키려면 많은 양의 작업이 필요하다. 압박 절차는 눈속임에 불과해서 방어하고자 하는 자아를 잠시 기습하기 위한 것이다. 꽤 심각한 환자들에게 자아는 이 방어 목적을 다시 한번 상기하고는 저항을 계속한다.

여기서 나는 저항이 나타나는 여러 형태에 관해 언급해야겠다. 하나는, 압박이 한두 번의 실패를 초래하게 되는 것이다. 그러면 환자는 매우 실망해서 다음과 같이 말한다. 〈뭔가가 떠오르리라고 기대했는데 내가 생각해 낸 것은 얼마나 가슴 졸이면서 내가 그것을 기대하고 있는가 하는 게 전부입니다. 아무것도 떠오르지 않았습니다.〉 환자가 이렇게 보호막을 치는 것은 장애물이랄 수도 없다. 다음과 같이 말해 주면 된다. 〈당신이 너무 궁금해하기 때문입니다. 다음에는 잘될 겁니다.〉 그리고 사실 잘되었다.

매우 순하고 지적인 환자라도 자신이 해야 할 일을 잊는 일이 다반사다. 사전에 하기로 동의했던 일인데도 말이다. 그들은 내 손의 압박 밑에서 떠오른 것은 무엇이건 — 환자 자신이 생각하기에 관련이 있건 없건 그리고 그것이 불쾌한 일이건 말건 ― 말하겠다고, 다시 말해서 선별하거나 기분이나 비평에 영향받지 않고 말하겠다고 약속한다. 그러나 그들은 이 약속을 지키지 않는다. 그것은 자기 능력 밖의 일이기 때문이다. 작업을 하다가 자꾸 중지될 때면 그들은 계속, 이번에는 아무것도 떠오르지 않았노라고 주장한다. 우리는 그들이 한 말을 믿지 않고 항상 그들이 뭔가를 억누르고 있다고 가정해야 하며, 또한 그들에게 이야기를 해주어야 한다. 그들이 이야기하지 않은 것은 그 이야기가 중요하지 않다고 생각했기 때문이거나 혹은 매우 불쾌하기 때문이다. 우리는 이러한 점을 명심하고 되풀이해서 압박을 가하면서 우리 자신이 옳음을 믿어야 한다. 적어도 무엇인가를 들을 때까지 말이다. 그러면 환자는 부연한다. 〈그것이 처음에 나타났을 때 말씀드릴 수도 있었어요.〉〈왜 그것을 말하지 않으셨지요?〉〈그게 선생님이 원하신 것이 아니라고 믿었어요. 자꾸 그것이 떠오르니까 그걸 말해야겠다고 마음먹은 겁니다.〉 아니면 다른 말을 한다. 〈그것이 아니기를 바랐습니다. 그것을 말하지 않고도 괜찮을 것이라고 생각했습니다. 아무리 해도 눌러지지 않아서 그제야 더 이상 피해서는 안 되겠다고 생각했습니다.〉 이렇게 해서 환자는 처음에는 인정하려고 하지 않았던 저항의 동기를 배반하게 되는 것이다.

저항은 흔히 핑계 뒤에 숨어 있다. 〈오늘 제 마음이 산만합니다. 시계(혹은 옆방의 피아노)가 신경이 쓰입니다.〉 나는 그러한 말에 대해 다음과 같이 답해 주는 것을 배웠다. 〈천만에요. 지금 이 순간 당신은 당신이 말하고 싶지 않은 어떤 것에 부딪힌 겁니다. 그래서는 안 됩니다. 그것에 대해 계속 생각해 보십시오.〉 나의 압박과 환자가 입을 열기 시작하는 것 사이의 기간이 길면 길수록 나는 더욱 의심하게 되고 환자가 떠오른 것을 재배열하고 왜곡시키리라는 두려움이 커진다. 가장 중요한 정보는 지나가는 말처럼 흘린 것에서 얻어지는 경우가 많다. 마치 오페라에서 왕자가 거지로 분장하는 것처럼.

〈방금 뭔가가 떠오르긴 했습니다만 이야기의 주제와는 관련이 없습니다. 선생님께서 모든 것을 알아야겠다고 말씀하시니까 말씀을 드릴 뿐입니다.〉 이러한 부연 설명 후에는 보통 오랫동안 찾고 있던 해결법이 뒤따른다. 환자가 자신에게 떠오른 어떤 것을 하찮은 듯 이야기할 때는 항상 귀를 쫑긋하고 경청한다. 왜냐하면 병인이 된 관념이 다시 떠오를 당시에 별로 중요하지 않은 것처럼 느껴진다면 방어가 성공적이었다는 것을 의미하기 때문이다. 이를 근거로 방어의 과정이 무엇으로 되어 있는가에 대해 추론할 수가 있다. 즉 방어 과정은 강한 관념을 약하게 만드는 것인데, 그것은 그 관념에 얽힌 감정을 박탈해 버림으로써 가능해진다.

그러므로 병인이 된 회상은 다른 것들로부터 식별해 낼 수가 있다. 환자가 그것을 중요하지 않게 묘사하면 그리고 그럼에도 불구하고 저항하면서 슬쩍 언급한다면 그것은 병인과 관계가 있다고 알아보게 된다. 또한 어떤 사례들을 보면 병인 회상이 돌아온 뒤에도 그것을 부인하려고 한다. 〈방금 뭔가가 떠올랐던 것은 사실입니다. 그런데 그건 선생님께서 제 머리에 심어 주신 게 분명합니다.〉 혹은 〈선생님이 저에게서 어떤 대답을 기대하고 있는지 알고 있습니다. 물론 선생님은 제가 이것 저것 생각했다고 믿고 계시겠지만요.〉

특히 교묘한 부인법은 다음과 같이 말하는 것이다. 〈뭔가가 떠오른 것은 사실입니다. 그렇지만 마치 제가 일부러 끼워 넣은 것 같습니다. 재생된 생각은 아닌 것 같았습니다.〉 그러한 경우에 나는 전혀 동요되지 않고 굳건히 있다. 나는 그 차이를 일별하지 않고, 환자에게 그것은 저항의 한 형태일 뿐이며 특정 기억이 재생되는 것을 막아 보려는 구실에 불과하다는 것을 설명해 준다. 그리고 이 모든 것을 무릅쓰고 그 특정 기억은 재생시켜야 한다는 말을 해준다.

일반적으로 기억이 시각적 장면의 형태로 돌아오는 경우가 사고의 형태로 돌아오는 경우보다 분석하기 더 쉽다. 히스테리 환자는 통상 〈시각〉형이기 때문에 강박 관념이 있는 환자들만큼 분석자들에게 어려움을 주지는 않는다.

환자의 기억에서 일단 하나의 장면이 떠오르면 환자가 그 장면을 묘사하는 동안 장면이 조각조각 흩어져 가고 흐려져 간다고 말하는 것을 듣게 된다. 〈환자는 그 장면을 말로 옮김으로써 그것을 제거시키고 있는 것이다.〉 우리는 곧이어 기억 장면 자체를 탐구해서 우리의 작업이 나아갈 방향을 찾는다. 〈장면을 다시 한번 들여다보십시오. 사라져 버렸나요?〉〈예. 대부분요. 그렇지만 아직도 이 부분은 자세히 보입니다.〉〈그렇다면 이 잔재는 아직도 어떤 것을 의미하고 있음에 틀림없습니다. 그 장면에 더해서 새로운 어떤 것이 보이든지 아니면 그 장면과 연관되는 어떤 것이 떠오를 겁니다.〉

이 작업이 완수된 다음에 환자의 시야는 원래대로 자유로워지고 다른 장면을 이끌어 낼 수도 있다. 그러나 또 어떤 경우에는 환자가 장면을 묘사했는데도 불구하고 환자의 내적인 눈앞에 계속 그 장면이 남아 있는 경우도 있다. 내 생각에 이런 것은 환자가 그 장면의 주제에 관해서 아직도 중요한 어떤 것을 말할 필요가 남았다는 것을 뜻하는 듯하다. 환자가 그것을 말하자마자 장면은 사라지게 마련이다. 마치 구제된 유령처럼.

말할 것도 없이 분석을 전개할 때 가장 중요한 일은 치료자가 환자와 항상 마주 보고 있는 것이다. 그러지 않으면 치료자는 환자가 말하기로 선택한 것에만 의지하게 된다. 이런 점에서 압박 기법이 한 사례만 제외하고는 결코 실패한 적이 없다는 점에 안심이 되는 것이다. 이 예외적인 사례에 대해서는 나중에 논하겠지만 지금 이야기할 수 있는 것은 그 사례가 저항을 일으키는 특정한 동기에 해당한다는 점이다. 물론 압박법을 써도 무엇 하나 드러나지 않는 상황들도 있을 수 있다. 예를 들면 이미 우리가 완전히 알아낸 증상의 병인을 더 찾아본다든지 실제로 통증 등 신체적인 증상의 심리적 계보를 탐구하려고 한다든지 할 경우이다. 이런 경우에도 역시 환자는 아무것도 떠오르지 않노라고 주장할 것이고, 이번에는 환자가 옳을 것이다. 분석하는 동안 치료자 앞에 조용히 누워 있는 환자의 얼굴 표정을 계속 주시한다면 환자에게 공평치 못한 행동을 하는 것을 피할 수 있다. 우리는 별 어려움 없이 실제로 회상이 부재하는 평화로운 마음의 상태와 떠오르는 회상을 부인하려고 애쓰느라 그 방어 속에서 환자가 보이는 긴장과 정서의 표시를 구분해 낼 수 있게 된다. 더군다나 이러한 경험을 기초로 압박법을 감별 진단의 목적으로 사용할 수도 있다.

하지만 압박법의 도움으로도 치료가 결코 쉽지는 않다. 우리가 얻는 하나의 이익은 이 절차의 결과로 분석해 나갈 방향을 결정하고 환자에게 어떤 것을 요구해야 하는지를 알게 되는 것이다. 어떤 사례에서는 이것으로 충분하다. 가장 중요한 점은, 내가 환자의 비밀을 추측해 내서 그것을 환자에게 그대로 말해 주는 것이다. 그러면 환자는 그것을 거부하는 것을 포기해야 한다. 어떤 경우는 그 이상의 것이 필요하다. 환자가 계속적으로 저항해 연결이 끊어지고 해결이 보이지 않는다든지, 장면들이 불명료하고 불완전하게 나타난다든지 할 때이다. 분석의 후기에서 초기를 되돌아보면 압박법으로 우리가 환자에게서 끌어낸 관념이나 장면이 얼마나 왜곡되었는가를 깨달으면서 놀라는 경우가 많다. 장면의 필수적인 요소가 빠지는 경우가 있다 — 장면과 환자의 관계나 장면과 환자가 지닌 생각의 주요 내용의 관련성 등이 그런 것이다. 이 때문에 나머지를 이해하지 못하게 된다.

여기서 나는 처음에 병인적 회상이 떠오를 때 이러한 종류의 검열이 작용하는 방식을 보여 주는 예를 한두 개 들고자 한다. 환자가 어느 여자의 상반신만을 보고 있는데, 그 여자의 드레스가 잘 여며져 있지 않았다 — 아마도 부주의한 탓이리라. 훨씬 뒤에 환자가 이 몸통에 머리를 붙였을 때에야 그 여자가 누구인지 그리고 환자와 어떤 관계인지 드러났다. 또 어느 환자는 유년기를 회상하면서 두 소년을 떠올렸다. 그 소년들이 어떻게 생겼는지 꽤 흐릿하긴 했지만 어떤 못된 짓을 저질렀다고 말했다. 수개월 후 분석이 꽤 진행된 다음에야 그는 이 회상을 다시 한번 보았고 소년들 중 하나는 자신이고 나머지는 형제라고 알아볼 수 있었다.

이러한 지속적인 저항을 극복하기 위해 우리가 사용할 수 있는 조처는 무엇인가? 거의 없다. 그렇지만 보통 한 인간이 다른 인간에게 심리적 영향력을 행사할 때 사용하는 도구들을 거의 모두 포함한다. 우선 우리는 심리적 저항, 특히 오래전부터 힘을 발휘하고 있는 저항은 아주 천천히, 그리고 아주 조금씩만 풀 수 있다는 점을 알아야 한다. 따라서 끈기 있게 기다려야 한다. 다음으로 우리는, 짧은 시간 동안 작업한 뒤 환자가 느끼기 시작하는 지적인 흥미에 기대를 걸 수 있다. 환자에게 분석으로 얻을 수 있는 통찰을 통해 심리 과정이라는 멋진 세계를 알게 된다고 알려 주고 그 멋진 세계에 대한 정보를 줌으로써 우리는 환자를 협력자로 만들고, 그 자신을 탐구자로서의 객관적인 흥미를 지닌 사람으로

간주하게 함으로써 저항을 물리치게 하는 것이다. 그러나 마지막
으로는 — 그리고 이것이 가장 강력한 수단인데 — 우리는 환자
가 방어하는 동기를 발견해 낸 뒤 그 가치를 박탈하든지 더 강력
한 어떤 것으로 대치하도록 노력해야 한다. 의심할 바 없이 이것
은 심리 치료 활동을 규정된 공식으로 진술할 수 없게 되는 지점
이다. 치료자는 자신의 힘을 최대한 이용해 일을 한다. 계몽가로
서(무지로 인해 공포가 생겼다면), 교사로서, 세상을 더욱 자유롭
고 더욱 우월하게 보는 사람으로서, 참회 후에 동정심과 경의로
사면을 주는 고해 신부로서. 치료자의 성격이 갖는 한계가 허락
한다면, 또 치료자가 그 특정 사례에 느낀 동정의 양에 따라 인간
적인 조력도 줄 수 있다. 그러나 이처럼 심리적으로 개입하기 위
해서는 그 사례의 성질이나 그 사례에서 작용하는 방어 동기를
대강이라도 간파하는 것이 필수불가결한 전제 조건이다. 다행히
환자에게 강요하는 방법과 손으로 압박하는 방법은 바로 이러한
전제 조건을 만족시키기에 적당하다. 그러한 난점을 많이 해결할
수록 새로운 난점이 더 쉽게 풀어지며 또한 완치를 목적으로 하
는 정신분석에 그만큼 빨리 착수할 수 있게 된다. 이제 다음과 같
은 점을 분명히 이해하는 것이 좋으리라. 즉 환자는 오직 그 병인
이 된 인상을 재현하고 그에 얽힌 감정을 언어로 표현함으로써
히스테리 증상에서 벗어나며, 따라서 치료상의 과제는 오로지 환
자가 그렇게 하도록 유도하는 데 있다. 일단 이 과제가 마무리되
면, 치료자에게는 이제 수정하거나 제거할 것이 아무것도 남지
않게 된다. 그에 필요한 반대 암시는 모두 저항과 싸울 때 사용된
것이다. 이러한 상황은 자물쇠를 여는 것과 비교될 수 있다. 자물
쇠를 일단 연 다음에는 문을 열기 위해 손잡이를 돌리는 것쯤은
아무런 어려움이 없는 것과 같다.

저항을 극복하기 위해서 지적인 동기 말고도 감정적 요소, 즉 치료자의 개인적 영향력(필수적인 요소이다)이 있는데, 여러 사례에서 개인적 영향력만으로도 저항을 제거할 수가 있다. 다른 의학에서도 마찬가지이지만 이 개인적 요소가 전혀 작용하지 않고는 그 어떤 치료 절차에서도 성과를 기대할 수 없다.

3

앞 절에서 나는 내 기법이 지닌 난점들을 스스럼없이 논했다(이 난점들은 가장 심한 사례에서 모은 것이므로 보통 때는 상황이 훨씬 나은 경우가 많다). 이러한 어려운 상황에 처하면 아마 그 누구라도 이 성가신 조처들을 모두 그만두고 좀 더 강력하게 최면을 걸려고 노력하든가, 아니면 카타르시스 요법을 깊은 최면 상태에 빠질 수 있는 환자에게만 한정시켜 적용하는 편이 더 낫지 않을까 하는 생각을 하게 될 것이라고 말하고 싶다. 우선 후자의 생각에 대해 이야기한다면, 나의 기량으로는 아마 이 요법을 사용할 수 있는 환자의 수가 너무 많이 줄어들 것이다. 그리고 전자의 환자에 관해서는, 더 강력한 최면을 억지로 걸더라도 그다지 저항이 줄어들지 않을 것이라고 추측할 수 있다. 이 점에 관해서는 이상하게도 경험이 별로 많지 않기 때문에 추측 이상을 말할 수 없다. 또한 정신 집중 상태 대신에 최면 상태에서 환자에게 카타르시스 요법을 시도한다고 해도 내가 해야 할 일이 줄어드는 것도 아니다. 바로 얼마 전에 카타르시스 요법을 써서 한 환자의 치료를 끝냈다. 이것은 치료 절차를 통해 양발의 히스테리성 마비를 완화시키는 데 성공한 사례이다. 환자는 정신적으로나 신체적으로 깨어 있을 때와 매우 다른 최면 상태에 빠졌는데, 다음과 같은 현저한 특징을 보였다. 즉 내가 환자에게 〈자, 깨어나십시오!〉 하고 말하기 전에는 눈을 뜰 수도, 몸을 일으킬 수도 없었다. 그런데도 나는 그 어떤 사례에서도 볼 수 없던 커다란 저항에 부딪혔다. 나는 신체적인 증상은 별로 중요하지 않다고 여겼는데, 과연 10개월간의 치료가 끝날 무렵에는 거의 눈에 띄지 않게 되었다. 신체적 증상들에도 불구하고 우리가 치료하는 동안 환자는 그 어떤 정신 능력도 그대로 유지했다. 즉 무의식적 내용물을 기억하는 능력과 그녀가 의사라는 인물과 맺은 특수한 관계가 바로 그것이다. 에미 폰 N. 부인의 사례사에서 나는 깊은 몽유 상태에서 실시한 카타르시스 요법의 한 예를 언급한 적이 있다. 이때 저항은 거의 역할을 발휘하지 않았다. 그렇지만 그 여인의 경우 말을 할 때 반대에 대항해서 특별히 극복을 요하는 것도 없었고, 깬 상태에서는 말을 못 할 그런 것도 없었다. 왜냐하면 우리는 꽤 오랫동안 알고 지낸 사이였고, 그녀는 나를 굉장히 존경했기 때문이다. 그럼에도 불구하고 나는 그녀가 겪는 병의 진짜 원인에 도달하지 못했다. 그 원인들은 틀림없이 치료한 후에 재발했던 원인과 동일한 것이었다. 그리고 단 한 번 내가 성적인 요소가 개입된 회상에 대해 물어보았을 때 나는 그녀가 다른 비몽유 상태의 환자들에게서 보이는 주저함과 신뢰할 수 없는 보고를 한 적이 있다. 나는 이미 그녀의 사례에서 그녀가 몽유 상태에 놓여 있을 때조차도 나의 요구나 암시에 저항했다는 것을 논한 적이 있다. 이윽고 나는 카타르시스 요법을 촉진하기 위해 사용되는 최면의 가치를 의심하게 되었는데 그 이유는 깊은 몽유 상태에서도 완전히 치료를 거부하는 경우들을 경험했기 때문이다. 다른 면에서 환자는 매우 순종적이었다. 나는 앞에서 이런 사례 하나를 보고한 바 있으며 몇 가지 사례를 더 들 수도 있다. 내가 또한 인정하는 것은 이 경험이 나의 주장, 즉 (물리적인 장에서와 마찬가지로) 정신적인 장에서도 원인과 결과 간의 양적인 관계가 있을 것이라는 주장에 부합한다는 점이다.

지금까지 나는 〈저항〉이라는 개념을 말하면서 그 방법을 전면에 내세웠다. 나는 치료 작업 중에, 히스테리는 방어의 동기에서 양립할 수 없는 관념을 억압하면서 발생한다는 견해에 우리가 어떻게 도달하게 되었는지 보였던 것이다. 이 견해에 따르면 억압된 관념은 약한(작은 강도를 가진) 기억 잔재로서 존속하게 되며, 그 관념에서 떨어져 나간 감정은 신체의 신경 지배에 사용된다(즉 흥분이 〈전환〉된다). 여기서 자아에 의해 억압된 관념은 그 억압으로 인해 증상의 원인이 되는 병인 관념이 된다. 이러한 심리 기제를 갖는 히스테리를 〈방어 히스테리〉라고 이름 지을 수 있다.

브로이어와 나는 지금까지 두 가지 상이한 종류의 히스테리에 관해 반복해 논하면서 이 두 가지 히스테리에 대해 각각 〈유최면 히스테리Hypnoidhysterie〉와 〈보유 히스테리〉라는 이름을 붙였다. 유최면 히스테리는 우리 연구 분야에 제일 처음 소개된 것으로 이에 대한 예로서는 브로이어의 사례인 아나 O. 양보다 더 적합한 것은 없을 듯하다. 브로이어는 이 유최면 히스테리를 전환 방어의 기제와는 본질적으로 다른 심리 기제라고 지적했다. 즉 이 경우는 어떤 관념이 특수한 정신적 상태에서 받아들여져 처음부터 자아의 외부에 머물고 있기 때문에 그 관념이 병인이 되는 것이다. 따라서 이 관념을 자아에서 분리하기 위해 어떤 심리적인 힘은 필요하지 않으며 또한 몽유 상태에서 정신 활동의 도움을 받아 관념을 자아 안으로 끌어들이는 경우에도 아무런 저항을 일으키지 않는다. 실제로 아나 O. 양의 사례에서 보면 이러한 저항이 전혀 나타나지 않는다.

나는 이 차이를 매우 중요한 것으로 간주하고 유최면 히스테리의 존재를 하나의 가설로 세울 것을 기꺼이 결심했다. 하지만 이상하게도 나는 나 자신의 경험에서 순수한 유최면 히스테리를 만난 적이 아직 없고 내가 다루었던 사례들은 모두 방어 히스테리로 전환된 것들뿐이었다. 그렇다고 해서 의식의 분열 상태에서 발생되었다는 것이 입증된 증상과, 그로 인해 강제로 자아에서 쫓겨나 남아 있는 증상을 한 번도 다루지 않았다는 말은 아니다. 내가 진찰한 사례에서도 이러한 경우가 가끔 있었다. 그러나 후에 나는 소위 유최면 상태가 분리되는 것이, 이전에 내부에서 방어로 인해 분열된 어떤 심리군이 효과를 미치기 때문임을 보여 줄 수 있었다. 요컨대 나는 유최면 히스테리와 방어 히스테리의 뿌리가 어딘가에서 합쳐진다는 것과 그 주된 요인은 방어라는 의혹을 누를 수 없었다. 그렇지만 이에 대해서는 아무것도 말할 수 없다.

현재로서는 〈보유 히스테리〉에 관한 나의 판단 또한 마찬가지로 불확실하다. 이 보유 히스테리에서의 치료 작업도 마찬가지로 저항이 작용하지 않은 채 진행되는 것으로 되어 있다. 나는 전형적인 보유 히스테리로 간주한 사례를 치료한 적이 있었는데, 그당시 나는 손쉽고 확실한 성공을 기대하고 있었다. 그러나 사실상 작업이 쉬웠지만 성공하지 못했다. 그리하여 나는 보유 히스테리의 근저에도 전 과정을 히스테리로 몰고 가는 방어의 요소가 존재하는 것이 아닌가 의심하게 되었다. 이처럼 방어의 개념을 히스테리 전체로 확대하는 경향이 편견이나 오진에 빠질 수 있는 위험을 가지는지의 여부에 대해서는 새로운 관찰을 통해 곧 결정할 수 있게 되기를 바란다.

지금까지 나는 카타르시스 방법의 난점과 기술을 다루었는데, 이제 이 기법이 채택되었을 때 분석이 어떤 형태를 가져야 할지에 관해 몇 가지 부언하고자 한다. 나로서는 이것이 매우 흥미로운 주제이지만 이러한 종류의 분석을 아직 수행해 본 적이 없는 다른 사람들도 흥미로워하리라는 기대는 하지 않겠다. 다시 한번 기술적인 면을 다루어야 하겠지만 여기서는 단지 내용상의 어려움을 다루어 보고자 한다. 이 어려움에 대한 책임을 환자에게 떠맡길 수는 없는 것이다. 또한 유최면 히스테리나 보유 히스테리도 내가 모델로 삼고 있는 방어 히스테리와 똑같은 문제를 부분적으로 가지고 있는 것 같다. 나는 여기서 나중에 밝혀질 정신적 특성들이 관념의 동력학적인 면에서 언젠가는 자료로서의 가치를 갖게 되리라는 기대를 하고 있다.

그러한 분석을 하는 동안에 받은 최초의 가장 강렬한 인상은, 겉으로 보기에는 잊힌 것 같지만 병인이 된 심리적 내용물이 자아의 지배를 받고 있지 않으며 연상과 기억에서 아무런 역할도 하지 않지만, 어떠한 형식으로든 늘 손에 닿는 곳에 대기하고, 바르고 적절한 질서를 유지하고 있다는 점이다. 단지 이 내용물에 이르는 길을 막고 있는 저항을 제거하는 것만이 관건이 된다. 다른 측면에서 이 내용물은 우리가 무언가를 알게 될 때와 같은 방식으로 알려져 있다. 분리된 관념들 사이에, 그리고 그러한 관념들과 비병리적인 관념들 사이에 정확한 관계 — 이따금 기억되는 — 가 있다. 그러한 연결은 어떤 순간에 완성되어 기억 속에 저장된다. 병인이 되는 심리적 내용물은 정상적인 자아 못지않은 지성적인 속성을 띤 채로 나타나고, 제2의 인격의 겉모습은 종종 기만적인 방식으로 제시된다.

이 인상이 맞는 것인지, 아니면 회복된 뒤 심리적 내용물의 배열이 질환기까지 거슬러 올라가는지의 여부는 아직 논의하고 싶지 않다. 사례 전체를 탐구하기 위해 환자가 회복된 후에 우리가 처한 입장에서 본다면 우리의 그러한 관찰은, 어떤 경우에라도 매우 편리하고 분명하게 서술될 수 있다.

일반적으로 말해서 우리가 특정 사례들을 보고하면서 묘사하는 상황처럼 실제 상황이 간단하지는 않은 법이다. 우리가 보고한 특정 사례들을 보면, 하나의 주요 외상으로부터 비롯된 단 하나의 증상만 있는 경우도 있지만 많은 경우 그렇지 않다. 실제로 하나의 원인으로 인해 히스테리 증상이 나타나는 경우는 드물며 대개 증상들은 복합적이며 어떤 것은 서로 관련이 없어 보이고 어떤 것은 서로 밀접한 관련이 있는 듯 나타난다. 그러므로 우리는 〈단일한〉 외상성 기억과 그 핵심인 〈유일한〉 병인 관념과 만날 것을 기대해서는 안 된다. 우리는 단편적인 외상의 〈연속〉과 길게 늘어져 있는 사고의 〈연쇄〉를 만날 각오가 되어 있어야 한다. 우리가 흔히 접하는 심한 히스테리성 신경증의 복잡한 구조와 비교한다면 단일 증상의 외상성 히스테리는 원생 동물, 즉 단세포 동물과 같다고 볼 수 있다.

그러한 히스테리의 심리적 내용물은 적어도 세 가지 상이한 방식으로 층이 나뉜 여러 차원의 구조물로 나타난다(현재 이러한 도식적 표현이 정당화될 수 있기를 바란다). 우선 중심 핵이 있는데, 이것은 사건의 기억이나 관념의 연쇄가 외상적 원인으로서 가장 순수한 형태로 이루어져 있다. 분석 과정에서 철저히 조사해야 하는 다양한 회상의 내용물들이 이 중심 핵을 둘러싸고 있으며 삼중 배열을 이루고 있다.

우선 각 테마의 내면에서 발생하여 연대순으로 일직선상에 나란히 배열된 것이 있다. 이에 대한 예로 나는 브로이어가 치료한 아나 O. 양의 분석에서 보인 내용물의 배열을 인용해 보겠다. 여기서는 〈귀머거리〉, 즉 아무것도 듣지 못하는 테마를 다루어 보자. 〈귀머거리〉 현상은 일곱 가지 조건에 따라 나뉘어 각각의 표제 아래 열 가지에서 1백 가지 이상에 이르는 개별적인 회상이 연대순으로 모아져 있다. 그것은 마치 정리 정돈이 잘된 기록집을 보는 것 같았다. 내가 치료한 에미 폰 N. 부인의 사례에서도 아나만큼 완전하지는 않았지만 그와 비슷한 기억 파일을 볼 수 있다. 분석 과정에서 이 기억 파일의 내용들은 연대순으로 떠올려진다. 이 순서는 정상적인 사람이 요일이나 달의 이름을 순서대로 기억해 내는 것처럼 착오가 없고 신뢰할 만한 것이다. 그러나 회상이 재현될 때는 사건의 발생 순서와는 반대로 나타나서 분석이 어렵다. 즉 기억 파일에서는 가장 새롭고 생생한 체험이 제일 먼저 겉표지로 나타나고, 맨 마지막에 이러한 기억의 연속이 시작된 경험이 떠오른다.

나는 같은 종류의 기억이 한 집단으로 묶여서 (기록의 파일이나 꾸러미 따위처럼) 일직선상에 배열되는 것을 〈테마〉를 형성하는 것으로 묘사했다. 이들 테마는 두 번째의 배열 양식도 보여 준다. 주제들은 병인이 되는 핵을 중심으로 동심원처럼 층을 이루고 있다고 표현하는 것이 가장 적당한 듯하다. 층을 구성하는 것이 무엇인지, 어떤 크기가 줄거나 늘어나 배열의 근저를 이루는지를 말하는 것은 어렵지 않다. 각 층의 내용물은 그 층 내에서 같은 정도의 저항을 가지며 그 저항 정도는 층이 핵에 가까울수록 비례해서 커진다. 그리고 같은 정도의 의식 수정이 있는 영역들이 존재하며, 상이한 테마들이 이 영역들에 걸쳐 있다. 가장 바깥쪽에 있는 층은 가장 쉽사리 떠올려지며, 항상 명료하게 의식하고 있는 기억(혹은 기억 파일)을 포함하고 있다. 중심부로 깊이 들어감에 따라 떠오르는 기억은 알아보기 점점 어려워지며, 이윽고 핵에 도달하면 기억이 재현된다고 해도 환자는 그 기억을 부인한다.

병인이 되는 심리적 내용물이 동심원적인 층 구조를 이루는 이러한 독특성 때문에 분석의 경과가 특징적인 성격을 지니게 된다. 아직 제3의, 가장 본질적인 배열 양식에 관해 언급하는 일이 남아 있다. 이에 대해 일반적인 설명을 첨부하는 것은 매우 어려운 일이다. 이것은 사고의 내용을 기초로 이루어진 배열로서 논리적인 끈으로 연결되어 있으며, 이 끈은 핵까지 도달한다. 이 끈은 사례마다 다르며, 불규칙적이고 구불구불한 길에 비유될 수 있다. 이 배열은 앞에서 언급한 두 가지의 층 구조가 지닌 형태학적 성격과는 달리 역동적인 성격을 띤다. 앞에서 언급한 층 구조가, 연속선이나 굽은 선 혹은 직선으로, 공간에 그려지는 도식으로 표현될 수 있다면 논리적 연쇄의 경로는 파선(破線)이라고 할 수 있다. 이 논리 연쇄의 파선은 끝에서 가장 깊은 내부 층까지, 혹은 반대로 둘러서 통과하기는 하지만 보통은 그 진행 방향이 외부에서 중심 핵 쪽으로 향한다. 그러면서 중간의 모든 정지점들을 들르는, 마치 체스를 두듯이 지그재그로 그리는 선이다.

나는 비교 대상의 특질이 공평하게 평가될 수 없다는 것을 강조하기 위해 잠시 이 마지막 비유를 논해 보겠다. 이 논리 연쇄는 지그재그로 꼬인 선에만 부합되는 것이 아니라 선들이 마구 갈라져 나온 체계, 그리고 특히 수렴하는 선의 체계에도 부합한다. 이 논리 연쇄는 두 개 이상의 가닥이 함께 만나 하나로 뻗어 나가는 결절(結節)을 가지고 있다. 그리고 보통은 여러 개의 가닥이 독립적으로 뻗어 나가거나 여러 지점에서 사잇길로 연결이 되고 중심 핵으로 끼어들어 가게 된다. 달리 말하자면 하나의 증상이 여러 방향에서 결정되는, 즉 〈중복 결정〉되는 경우가 매우 빈번하다는 것은 매우 놀라운 일이다.

이제 또 하나의 복잡한 예만 든다면 병인이 되는 심리적 내용물의 조직을 도해로 설명하려는 나의 시도는 마무리될 것이다. 즉 병인이 되는 내용물에 있는 핵이 하나 이상일 때가 있을 것이다. 예를 들면 자체적으로 병인을 지닌 두 번째 히스테리 발작이 몇 년 전에 완치된 최초의 급성 히스테리 발작과 관련이 있는 경우이다. 이때는, 두 개의 병적 요인이 되는 핵을 결합시키기 위해 어떤 층과 어떤 사고의 경로에 무엇이 더 있어야 하는지 쉽게 생각해 볼 수 있다.

이제 나는 이렇게 해서 얻어진 병인의 조직화에 관한 그림에 한두 가지 의견을 덧붙이고자 한다. 나는 병인이 되는 내용물에 대해 언급할 때 그것이 이물질과 마찬가지로 행동한다고 말했고, 따라서 치료도 또한 이물질을 생체 조직에서 제거시키듯이 그렇게 작용해야 한다고 주장했다. 하지만 이제 우리는 이 비유가 어디가 잘못되었는지 알게 되었다. 이물질은 그것을 둘러싼 조직체를 변화시켜 그 반작용으로 염증을 일으키게는 할 수 있지만 조직체와는 절대로 결합하지 않는다. 그에 반해 병인이 되는 심리군은 자아에서 말끔히 적출(摘出)될 수 없으며, 그 바깥층이 정상적 자아 영역으로 옮겨 간다. 그러면 그 심리군은 병적 조직에 속하는 동시에 정상 자아에도 속하게 되는 것이다. 분석을 할 때는 양쪽의 경계가 완전히 편의에 따른 것이기 때문에 이번에는 이 지점, 다음에는 저 지점 하는 식으로 정해져 있고 어떤 지점들에는 경계를 그을 수 없는 경우도 있다. 병적인 조직의 내부층은 자아에게는 점차 더욱 이질적인 것이 되겠지만 눈에 보이는 경계가 없으므로 어디서 병인 내용물이 시작되는지 모른다. 병적인 조직은 근본적으로 처음부터 이물질과 같은 작용을 하는 것이 아니라 침투 물질과 매우 유사한 작용을 한다. 이 비유에서 저항은 침투하는 것으로 간주되어야 한다. 치료의 과제도, 무엇인가를 적출하는 데 있지 않고 — 현재로서는 심리 치료로 이것을 할 수가 없기도 하지만 — 저항이 녹게 하고, 그럼으로써 그때까지 절연되어 있던 지역까지 혈액 순환이 잘되도록 하는 데 있다.

(여기서 나는 여러 가지 비유를 사용하고 있는데, 실은 모두 부분적으로만 나의 주제와 유사성이 있으며, 게다가 서로 양립할 수 없다. 나는 사정이 이렇다는 것을 잘 알고 있기 때문에 내가 그 비유들의 가치를 과대평가할 위험은 없다. 내가 이 비유들을 사용하는 목적은 단지, 이전에는 묘사된 바 없는 매우 복잡한 주제에 관하여 상이한 방향에서 조명해 보고자 하는 것이다. 따라서 이의가 제기될 줄 알면서도 나는 계속해서 마찬가지 방식으로 비유를 하고자 한다.)

사례에서 증상들이 완전히 없어진 다음에, 가능하다면 병인이 되는 내용물을 (복잡하고 다원적인 조직 형태 내에 있는 내용물을) 제삼자에게 제시한다면 당연히 다음과 같은 질문을 받게 될 것이다. 즉 그렇게 큰 낙타가 어떻게 해서 바늘 구멍을 통과했을까 하는 것이다. 왜냐하면 의식으로 가는 길이 〈좁은 길〉이라고 말할 수 있는 근거가 있기 때문이다. 이와 같은 분석을 수행해 온 치료자라면 이 용어가 가슴에 와 닿을 것이다. 한번에 오직 단 하나의 기억만이 자아 의식 속으로 들어갈 수 있다. 그러한 기억을 탐구하는 데 골몰해 있는 환자는 그 후에 닥쳐올 것이 아무것도 보이지 않고 이미 지난 것은 잊어버린다. 이 단 하나의 병인 기억을 극복하는 데 어려움이 있다고 한다면(예를 들어 만약 이에 대한 저항을 늦추지 않는다면, 만약 그 기억을 억압하거나 왜곡시키려고 한다면), 〈좁은 길〉은 말하자면 막혀 버린다. 이로써 작업은 중단되고 달리 아무것도 얻을 수 없게 된다. 그렇게 되면 돌파구가 되는 어떤 하나의 기억을 환자가 자아 영역으로 받아들일 때까지 환자 앞에는 장애가 가로막혀 있는 셈이다. 병인이 되는 내용물이 공간적으로 확장됨으로써 생긴 커다란 전체가 이렇게 좁은 길을 통과해야 하기 때문에 단편적인 형태나 리본 모양의 끈의 형태로 찢겨 나가면서 의식까지 어렵사리 도착하게 된다. 이렇게 조각조각 찢긴 내용물에서 추측만으로 본래의 내용을 다시 조직해 내는 것이 심리 치료의 과제인 것이다. 그 이상의 비유를 바라는 독자라면 중국식 퍼즐을 생각해 볼 수 있다.

우리가 그러한 분석을 시작할 때는 이러한 병인 내용물의 조직을 기대하게 되는데, 경험을 통해서 알게 된 것, 즉 병인 조직의 중심 핵에 직접 돌진해 들어가려는 시도는 거의 가망성이 없다는 것을 알아야 한다. 우리 자신이 설사 그것을 추측할 수 있다고 해도 환자는 우리가 제시한 설명을 어떻게 다루어야 할지 모를 것이며, 그로 인해 심리적으로 변하지도 않을 것이다.

따라서 우선은 심리적 구조물이 외부로 표현되기를 기다릴 수밖에 달리 방법이 없다. 압박법을 이용하여 환자의 주의력을 집중시켜 아주 작은 저항부터 극복해 가며, 기억난 것이나 생각난 것을 환자가 들려주는 것부터 시작한다. 압박법을 통해 새로운 길이 일단 열리면, 일반적으로 환자는 다시 저항하지 않고 조금씩 치료가 진전될 것이라고 기대해도 좋다.

이런 방법으로 오랫동안 치료을 계속하다 보면 환자는 대개 우리에게 협조하기 시작한다. 질문을 하거나 과제를 부여하지 않고도 이제 엄청난 수의 회상들이 환자에게 떠오르게 된다. 우리가 이룬 것은 내부층에 이르는 길을 만든 것이며, 이때부터 환자는 이 충 안에 있는 같은 힘을 지닌 저항을 자발적으로 처리할 수 있게 된다. 잠시 동안은 환자로 하여금 원하는 대로 기억을 재현하도록 하는 것이 좋다. 환자 자신이 중요한 연관성을 찾아낼 수는 없지만 충의 내부를 헐어 내는 것은 환자 자신에게 맡겨 두어도 된다는 의미이다. 당장은 환자가 표현하는 말들 사이에 연관성이 없는 것처럼 보일 수도 있다. 그러나 후에 그 연관성이 밝혀지면 비로소 그 내용물의 의미를 알게 된다.

여기서 우리는 일반적으로 두 가지 점을 주의해야 한다. 우선 환자에게 쏟아지는 관념을 재생하는 환자를 방해하면 그것들을 〈파묻게〉 될 수가 있으며, 그런 경우 나중에 파내려면 많은 수고가 필요하다. 또 하나는 환자의 〈무의식적인 지성〉을 과대평가해서는 안 되며, 치료 전체에 대한 과정을 그 지성에게만 맡겨서도 안 된다는 점이다. 만약 이 작업 양식을 도식화한다면, 환자가 작업을 외부로 확장시키는 데 신경쓰고 있는 동안에 치료자는 나름대로 의식의 내부층을 열어 중심 방향으로 접근해 가는 데 역점을 두고 있어야 한다는 것을 의미한다.

이러한 접근 또한 앞서 말한 방법으로 저항을 극복해야만 확실하게 이루어진다. 그러나 그 전에 한 가지 과제를 거쳐야만 하는데 이는, 즉 논리적인 실마리를 한 조각 획득해야 한다는 것이다. 왜냐하면 이 실마리가 이끄는 대로만 더듬어 가야지 내부로 접근할 수 있기 때문이다. 환자가 자유롭게 보고하는 것은 대개 바깥층에 있는 내용물이기 때문에, 어느 부분이 심층부로 통하는 길인지, 혹은 찾고 있는 사고 연관의 시작점이 어느 지점인지 환자의 보고를 통해 알아내기란 어려운 일이다. 게다가 이 지점들은 조심스럽게 숨겨져 있게 마련이다. 그래서 언뜻 보기에 환자의 설명은 완전하고 별문제가 없는 것처럼 들린다. 처음에는 마치 모든 면이 닫힌 벽을 마주 보고 있는 것 같다. 그래서 그 벽 뒤에 무엇인가가 있는지, 있다면 무엇이 있는지 우리는 짐작할 수가 없다.

그러나 환자가 그다지 많은 노력과 저항 없이 표현하는 설명을 비판적인 눈으로 자세히 살펴보면 거기에는 분명히 결함이나 실수가 있게 마련이다. 즉 분명히 연관성이 끊어져 있는데도 환자는 그 끊어진 곳을 나름대로의 표현법이나 불충분한 다른 정보를 가지고 억지로 메우려고 한다. 여기에서 치료자는 환자가 지닌 어떤 동기와 부딪치게 되는데 그것은 흔히 정상인에게는 전혀 작용하지 않을 만큼 불합리한 동기가 대부분이다. 환자에게 이 점을 주지시켜 준다고 하더라도 그들은 이러한 허점을 인정하지 않으려고 들 것이다. 그러나 치료자는 이러한 허점의 뒤를 보면서 더욱 심층에 있는 내용물을 향해 접근해 간다. 그리고 압박법을 써서 찾고 있는 것에 대한 연결 실마리를 찾으리라고 기대한다. 따라서 우리는 환자에게 다음과 같이 말한다. 〈당신이 잘못 생각하고 계신 겁니다. 당신이 하고 있는 말은 지금 다루고 있는 주제와 아무런 관련이 없습니다. 우리는 여기서 다른 어떤 것이 떠오르리라고 기대해야 합니다. 그리고 내 손으로 압박하면 이것이 생각날 겁니다.〉

우리는 사고의 연쇄가 무의식으로 확장된다고 하더라도, 그 속에서 논리적인 결합이나 충분한 동기화를 정상인과 똑같이 히스테리 환자에게 요구할 수가 있다. 이렇게 관련성이 완화되는 것은 신경증 환자에게는 무리이다. 신경증 환자, 특히 히스테리 환자의 관념 연쇄가 상이한 인상을 준다면, 그리고 그들에게 상이한 관념의 상대적 강도가 심리적 결정 요인만으로는 설명할 수 없는 것이라면 우리는 이미 그 이유를 알고 있으며, 그것이 〈숨겨진 무의식적 동기의 존재〉 탓이라고 할 수 있을 것이다. 따라서 사고 연쇄가 이런 식으로 끊어진다든지 환자가 동기에 부여한 힘이 정상을 넘어설 때면 우리는 언제나 이러한 비밀스러운 동기가 존재하지 않을까 의심해 볼 수 있다.

이러한 작업을 수행할 때 우리는 다음과 같은 편견을 배제시켜야 한다. 즉 우리가 정신 이상자나 정신적 평형을 잃은 사람들의 비정상적인 뇌를 다루고 있으며, 그들에게는 일반적인 심리학적 관념 결합의 법칙이 무너져 있으며, 어떠한 임의의 관념이 동기도 없이 과장되게 강해져 있다거나, 혹은 어떤 관념이 심리학적인 근거도 없는데 계속해서 남아 있을 수 있다는 이론적 편견에 사로잡혀서는 안 된다. 경험에 따르면 히스테리는 오히려 이와 반대인 것이 분명하다. 숨겨진 동기 — 무의식 상태 안에 있을 때가 많은데 — 를 일단 발견하여 그것을 신중하게 고려해 보면 히스테리성 사고 결합에도 의외로 수수께끼 같은 것이나 법칙에 반하는 것이 아무것도 없음을, 즉 정상인의 사고 결합과 다를 바가 없다는 것을 깨닫게 된다.

그렇다면 이러한 방식으로 환자의 첫 번째 서술에서 틈새를 발견함으로써 〈가짜 결합〉에 가려져 있기 십상인 틈새를 찾아내어 주위에 있는 논리적 실마리의 조각을 손에 넣게 되며, 이 지점에서 우리는 압박법을 사용해 길을 헤쳐 나가는 것이다.

이렇게 하는 데 하나의 끈을 따라 내부로 바로 나아가기가 쉽지 않다. 대개는 그 끈이 도중에 끊어진다. 압박법이 실패해서 아무런 성과가 없거나 모든 노력에도 불구하고 더 이상 명료해지지 않거나 더 이상 진전되지 않는다. 이러한 일이 생길 때 우리는 우리가 빠질지도 모르는 잘못을 피하는 법을 곧 배운다. 환자의 얼굴 표정을 보고 우리가 정말로 끝까지 왔는지, 아니면 이것이 아무런 심리적 해명도 필요로 하지 않는 경우인지, 또 과도한 저항 때문에 작업이 정체 상태에 빠진 것인지 파악하면 된다. 마지막의 경우에 저항을 빨리 극복하지 못한다면 우리가 끈을 따라 들어가서, 당분간은 뚫고 갈 수 없는 층에 도달했다고 가정할 수 있다. 여기서 이 끈을 놓고 다른 끈을 붙잡아 본다면 역시 앞서와 같은 정도까지는 아마도 더듬어 가게 될 것이다. 모든 끈을 추적해 동일한 층까지 도달해서 매듭이 발견되었다면, 이 매듭으로 인해 그 이상의 개별적인 추적이 어떤 끈으로도 불가능하기 때문에 직면한 저항을 새로이 공격할 방법을 생각해 볼 수 있다.

이러한 종류의 작업이 얼마나 복잡해질지 쉽게 상상할 수 있을 것이다. 우리는 끊임없이 저항을 극복하면서 내부 층으로 돌진하여 층에 누적된 주제와 그곳을 지나가는 끈에 대한 지식을 얻은 후, 우리가 현재 가진 수단과 획득한 지식으로 어느 정도 멀리 나아갈 수 있는지 실험한다. 동시에 압박법을 통해 다음 층의 내용에 대한 첫 정보를 수집하고 그 끈에서 손을 뗄 것인지 아니면 다시 잡을 것인지 결정하면서 묶여진 매듭까지 추적해 가야 한다. 그래서 끊임없이 부족한 부분을 보충하고 회상의 다발을 따라 매번 옆길로 들어가면, 결국에는 본 길에 합류할 수 있다. 결국에는 각 층에서의 작업에서 벗어나, 직접 병적 조직의 핵으로 가는 중심 끈으로 접어들 수 있게 된다. 이로써 전투는 승리를 장식하지만 아직 끝난 것은 아니다. 이번에는 다른 실을 찾아서 그 소재를 끝까지 처리하지 않으면 안 된다. 그러나 이때는 환자 스스로 힘을 다해 협력해 준다. 그리고 대개는 저항도 사라진다.

이 작업의 후반부에 이르러 우리가 일들이 연관된 방식을 추측할 수 있다면 그것을 발견하기 전에 환자에게 말해 주는 것이 유용하다. 만약 추측이 올바르면 분석 과정이 단축되고, 혹 그 추측이 틀리더라도 역시 우리에게 도움이 된다. 즉 환자에게 추측이 맞는지의 여부를 말하고자 할 때 강하게 부인한다면 이것이야말로 환자가 분명 어떠한 것을 더 잘 알고 있음을 추측하게 해주는 것이다.

이때 놀랍고도 분명한 것은 〈환자가 모른다고 한 사실에 대해서는 억지로 물을 수도 없으며, 또한 환자의 기대를 자극함으로써 분석 결과에 영향을 미치게 할 수도 없다〉라는 점이다. 회상의 재생이나 사실과의 관련성을 자신의 예언에 맞춰 변경하거나 위조함으로써 성공한 예는 한 번도 없었다. 그러한 위조나 변경은 결국에는 구조상 모순으로 나타나 폭로되게 마련이다. 만약 어떤 것이 내가 예언한 대로 되었다면 그것은 내가 잘 추측했을 뿐인 여러 가지의 나무랄 데 없는 회상들로 입증된 것이다. 따라서 우리는 환자에게 그의 다음번 사고 연합이 어떤 것이 될지 우리가 생각하는 바를 말해 주는 것을 두려워할 필요가 없다. 말해 주는 것은 아무런 해를 끼치지 않는다.

늘 반복해서 관찰하게 되는 또 다른 것은 환자의 자발적 재현과 관련되어 있다. 이러한 분석 과정에서는 의미가 없는 무의식적인 회상이란 하나도 떠오르지 않는다고 말할 수 있다. 전혀 관계없는 기억의 이미지가 중요한 기억의 이미지와 어떠한 방식으로든 결합되어 섞이는 일은 결코 있을 수 없다. 그러나 그 자체는 그다지 중요하지 않지만 연결에서는 빠뜨릴 수 없는 회상이 있다는 것을 생각해 보아야 한다. 왜냐하면 단지 이 회상을 통해서만 관계가 있는 두 개의 회상이 연관되기 때문이다.

하나의 회상이 환자의 의식으로 떠오르기 전, 협소한 길에 머무르는 시간은 그 회상의 가치와 비례한다. 아무리 해도 사라지지 않는 상(像)은 아직도 평가를 요구하는 것이며, 없어지지 않는 사고는 더욱 많이 탐구되어야 함을 의미하는 것이다. 하나의 회상은 해결되고 나면 결코 되돌아오지 않는다. 즉 이미 단어로 표현되어 처리된 상은 두 번 다시 떠올릴 수가 없다. 그럼에도 불구하고 만약 다시 떠오른다면 그것은 새로운 사고 내용이 그 상에 결합되어 있으며, 새로운 결론이 그 떠오른 상에 또다시 연결되고 있기 때문이다. 다시 말하면 완전한 해결이 아직 이루어지지 않았다고 간주해도 틀리지 않는다. 또한 강도를 달리하여 재현되는 상은 처음에는 암시적으로 나타나지만 후에 명료성을 띄게 되는데, 이것은 바로 앞에서 주장한 것과 모순되지 않는다.

분석 도중에 통증, 자극에 따른 구토 같은 증상, 감각이나 수축 등 강도가 커질 수 있는 소지나 재발할 소지가 있는 증상을 제거하는 과업이 있다. 우리가 이러한 증상 중에 하나를 다루고 있는 동안 〈대화 속에 끼어들기Mitsprechens〉[10]라는, 흥미롭기는 하지만 바람직하지 않은 현상에 직면한다. 이 문제의 증상은, 병적 요인을 내포하고 있는 병인성 조직 영역에 치료자가 파고 들어가면 그 즉시 다시 나타나거나 아니면 오히려 강화되어 출현한다. 이 증상(구토의 욕망을 예로 들자)의 강도는 병인이 된 기억 중의 어느 한 가지에 깊이 파고들면 파고들수록 점점 더 커지는데, 이 회상에 대해 말하기 바로 직전에 절정에 이르게 되고 말을 끝냄과 동시에 급격히 줄어들거나 아니면 잠시 후에 완전히 소멸되어 버린다. 환자가 저항함으로써 오랫동안 말을 하지 않고 주저한다면 감각의 긴장, 즉 구역질이 나오려는 긴장감을 견디기가 힘들어 도저히 이야기할 것을 강요할 수 없게 되면 정말로 구역질이 시작된다. 이런 방식으로 우리는 〈구토〉가 심리적 행위(이 예에서는 언어 표현의 행위)를 대치하며 이것은 히스테리의 전환 이론이 주장하는 것 그대로라는 인상을 얻는다.

10 엘리자베트 폰 R. 양의 사례를 참조할 것.

히스테리 증상 쪽에서 강도의 증감은, 우리가 병인적인 새로운 기억에 다가갈 때마다 반복된다. 즉 그 증상은 우리가 항상 다루어 왔던 과제이다. 이 증상에 연결되어 있는 끈을 어쩔 수 없이 잠시 놓게 되면 이 증상 또한 어둠 속으로 숨어 버리고 분석의 후반부에 가서야 다시 표면에 떠오르게 된다. 이런 증상은 꽤 오랫동안 지속되고 결국에는 병적 내용물이 완전히 제거되어야만 최종적으로 해결된다.

엄밀히 말하자면 이 모든 것에서 히스테리 증상은 손으로 압박하면서 이끌어 낸 기억-장면이나 재생된 사고와 결코 다르지 않다. 두 경우 모두 환자의 기억 속으로 되돌아가 집요하게 해결을 강요하는 것이다. 단지 차이가 있다면 한쪽은 기억이나 장면을 자신이 불러낸 것이지만 히스테리 증상에서는 자연 발생적으로 나타난 것처럼 보인다는 점이다. 그러나 실제의 경우 감정이 얽힌 체험들과 사고 행위에 관한 변함없는 기억의 잔재에서 히스테리 증상으로까지 확장된 일련의 것이 있다(이때 히스테리 증상들은 이러한 체험들과 사고들에 관한 기억의 표상인 것이다).

분석을 하는 동안 대화에 끼어드는 히스테리 증상은 실제적인 장애를 수반한다. 왜냐하면 그 현상에 대해서 우리가 환자와 타협해야 하기 때문이다. 어떤 증상에 대한 분석을 단 한 번만으로 끝낸다거나 증상을 다루다가 휴식하게 되는 작업 간격을 정확히 두는 것은 불가능하다. 오히려 치료 도중에 피치 못할 사정이나 혹은 시간이 맞지 않아 어쩔 수 없이 치료를 일시적으로 중단해야 할 때는 오히려 가장 적당치 못한 때이기 십상이다. 즉 때마침 어떤 결론에 근접해 있을 때이거나 새로운 주제가 떠오르려고 할 때이다. 신문을 읽는 사람들은 연재 소설의 그날 분을 읽으며 여주인공의 단호한 말이나 총소리가 난 직후 〈다음에 계속〉이라는 글을 읽으면 난감해하게 마련이다. 우리의 사례에서도 아직도 혼란스럽고 해결되지 않은 주제와 더욱 심해지고 설명이 되지 않은 증상이 그대로 남겨진 채 환자의 정신 활동을 구성하기 때문에 그 어느 때보다도 그 기간은 환자에게 괴로운 부담을 주게 된다. 그러나 그것을 선용할 수밖에 없다. 달리 어떻게 정리할 수가 없기 때문이다. 어떤 환자들은 분석을 받는 동안 한 번 거론되었던 주제를 벗어나지 못해 두 치료 사이의 휴지 기간 동안 그 주제에 골몰해 있다. 그러한 환자들은 그 주제를 제거하기 위한 조처를 전혀 취하지 못해 치료가 시작되기 전보다도 더 고통스러워한다. 그러나 그러한 환자들조차도 결국에는 치료자를 기다리게 되며 병을 일으킨 내용물을 없애는 데 대한 모든 관심을 치료 시간 동안으로 옮긴다. 그런 다음에는 그들도 휴지 기간을 자유스럽게 느끼기 시작한다.

이러한 분석이 진행되는 동안 환자의 전반적인 상태 또한 주목할 만한 가치가 있다. 얼마 동안은 전반적 상태가 치료의 영향을 받지 않고 이전에 작용했던 요인들이 계속 작용한다. 그러나 그이후 치료가 효력을 보이는 시기가 온다. 환자는 치료에 흥미를 보이고 그런 다음에는 그의 전반적 상태가 작업 상태에 따라 좌우된다. 어떤 새로운 것이 명료하게 밝혀질 때마다, 아니면 분석의 중요한 단계에 이를 때마다 환자는 안심을 하고 병에서 벗어나리라는 전조를 만끽한다. 작업이 중단되고 혼동이 작업을 위협할 때마다 환자가 억누른 심리적 짐은 증가한다. 불행감과 무기력이 더 강해진다. 그러나 이런 일은 잠시 동안만 일어날 뿐이다. 분석이 진행됨에 따라 환자가 잠시 나아진 것 같다고 자랑스럽게 여기는 것을 가볍게 여기고, 또한 환자가 음울한 시기에 처해도 그냥 계속 분석한다. 일반적으로 우리는 환자의 자발적인 변화보다는 오히려 우리가 유발시킴으로써 납득할 수 있는 변화가 일어날 때 기뻐한다. 그것은 마치 우리가 증상의 자발적인 해소 대신에 분석 상태에 따라 정해진 각 순서가 나타나는 것을 보면서 즐거워하는 것과 같다.

처음에는, 우리가 층 구조의 심리 구조물에 깊이 들어갈수록 작업이 점점 불분명해지고 어려워진다. 그러나 일단 우리가 중심 핵까지 깊숙히 도달하면 빛이 비치고 환자의 전반적 상태가 심한 음울 상태로 빠질 것이라는 두려움을 느끼지 않아도 된다. 그러나 우리가 한 노력의 보상, 즉 증상이 멈추는 것은 우리가 모든 개개 증상을 완전하게 분석했을 때만 기대할 수 있는 일이다. 그리고 만약 개개 증상이 수많은 결절에서 서로 연결되어 있다면 분석 중에 부분적인 성공을 거두었다고 해도 신이 나지 않을 것이다. 수많은 인과 관계 덕분에 아직 제거되지 못한 모든 병인 관념들은 신경증의 산물 전체의 동기로 작용한다. 따라서 전체 임상적 병이 사라졌다는 말은 분석의 가장 마지막에 하는 말이다 (재생된 각각의 기억에서도 같은 말을 할 수 있다).

만약에 병을 일으킨 기억 혹은 예전에 자아 의식으로 인해 부당하게 병인 관념으로 연결된 것이 분석 작업을 통해 노출되거나 자아 속으로 새롭게 짜맞추어지면 그 결과로 매우 풍부해진 정신적 인격이 다양한 방법으로 자신이 획득한 것에 대해 말하는 것을 볼 수 있다. 특히 자주 일어나는 일은, 우리가 애써서 환자가 알아야 할 것을 강요하고 나면 환자는 다음과 같이 단언하는 것이다. 〈그런 것이라면 전부터 항상 알고 있었습니다. 미리 이야기해 드릴 수도 있었습니다.〉 좀 더 이해력이 빠른 환자라면 그럴 경우 이것이 자기 기만이라는 것을 깨닫고 무례했던 것에 대해 자책한다. 이것은 제외하고라도 새로이 얻어진 것에 대해 자아가

어떠한 태도를 취하는가는 어떤 층에서 그것을 얻어 낸 것이냐에
달려 있다. 가장 외부 층에 속하는 것은 어려움 없이 인지된다. 왜
냐하면 그것들은 항상 자아 속에 머물러 있던 것이기 때문이다.
단지 병인이 되는 내용물의 심층과 연관된 것만이 자아에게서는
새로운 것일 뿐이다. 심층에서 밝혀진 것도 역시 인지되고 승인
되기는 하지만 그러기 위해서는 오랫동안 망설이고 의심하는 경
우가 많다. 물론 이때는 단순한 사고 연쇄 속의 기억 잔재보다 시
각적 기억 이미지를 거부하기 더 어렵다. 환자가 다음과 같이 말
하는 것으로 시작되는 일이 자주 있다. 〈예전에 이것을 생각한 적
이 있었을지 모르지만 지금은 전혀 기억할 수가 없습니다.〉 이러
한 가설에 익숙해진 후에야 과거 언젠가 그런 생각을 실제로 품
은 적이 있었다는 것을 깨닫게 된다. 환자는 부차적인 결합을 통
해 그 가설을 기억하며 또한 확인한다. 그러나 나는 분석 중에 떠
오른 무의식적 기억에 대하여 환자의 인식과는 다른 관점에서 평
가한다. 나는 우리의 방법을 통해 노출된 모든 것은 우리가 받아
들일 의무가 있다고 반복해서 말하고 싶다. 만일 진실되지 않은
것이나 적합하지 않은 것이 그 안에 섞여 있을지라도 나중에 그
것은 전체적인 맥락에서 거부하면 된다. 또한 무의식적 기억이
미리 인식되어 있다가 나중에 거부되는 경우는 거의 없다는 사실
을 미리 말해 두고자 한다. 떠오르는 것이 무엇이든 간에 그것이
모순으로 보일지라도 결국에는 정당성이 증명되게 마련이다.

병인이 되는 조직의 중심 핵을 이루며 가장 깊은 곳에 뿌리를
두고 있는 관념을 환자가 자신의 기억이라고 인정하는 것 또한
어렵다. 즉 모든 것이 끝나고 환자가 논리적인 강요에 굴복하고
이러한 관념이 나타나는 치료 효과로 설득되었을 때라도, 또 환
자 자신이 이런저런 생각을 품었노라고 인정했을지라도 그들은

종종 〈그렇지만 그 당시 내가 그것을 생각하고 있었는지는《기억이 안 납니다》〉라고 덧붙인다. 이때 우리는 이것을 〈무의식적인 사고〉였다고 말하면서 쉽게 그들과 타협해 버린다. 그러나 이러한 상태를 심리학적인 견지에서는 어떻게 받아들여야만 할까? 환자가 인지를 거부하다가도 분석 작업이 끝나면 그 동기를 잃게 될 것이므로 무시하면 될까? 아니면 단 한 번도 나타난 적이 없던 생각, 즉 단지 존재 〈가능성〉만이 있을 뿐인 생각을 우리가 다룸으로써, 그 당시에는 일어나지도 않았던 정신적 활동을 실현시키는 데 치료 목표를 두고 있는 것은 아닌지 하는 의심을 가질 수 있을까? 이에 관해 아무 말도 할 수 없다는 것은 분명하다. 즉 분석에 앞서 병인이 된 소재의 상태에 대해 무언가를 말할 때 기본적인 심리학적인 입장에 대한 철저한 해명, 특히 의식의 본질에 대한 견해를 철저히 밝힌 뒤가 아니면 그에 대해 말하는 것이 불가능하다. 그런데 여기서 신중히 고려해야만 하는 것이 있는데, 즉 분석 작업에서 우리가 사고 연쇄를 따라갈 때 대체로 의식적인 사고에서 무의식적인 사고(기억으로 결코 인지되지 않는 것)의 순으로 추적해 들어가고 그곳에서부터 다시 사고 연쇄를 따라 다시 의식적인 곳을 통과하는 지점으로 돌아오며, 결국에는 무의식 속에서 끝나게 되는 것을 볼 수 있다. 이러한 〈정신적 조명〉의 변화는 사고 과정 자체나 각 부분의 연결에 대한 관련성에는 아무런 변화를 주지 않는다. 만약 내 앞에 이 사고 연쇄가 모두 펼쳐진다고 해도 환자가 어떤 부분을 기억으로 인정하고 어떤 부분을 인정하지 않았는지 나로서는 추측할 수 없게 된다. 내가 어느 정도 알 수 있는 것은 사고 연쇄의 절정이 되는 부분은 무의식 속에 잠겨 있다는 것뿐이며 이것은 정상적인 정신 과정과는 반대의 현상이라는 점을 주장하는 바이다.

마지막으로 나는 또 하나의 주제를 논하고자 한다. 이것은 이와 같은 카타르시스적 분석을 수행하는 데 바람직하지 않은 큰 역할을 담당한다. 앞에서 나는 이미, 모든 확신과 주장에도 불구하고 압박법이 실패할 가능성이 있음을 인정한 적이 있다. 그리고 압박법이 실패한다면 다음의 두 가지 가능성이 있다고 했다. 우리가 탐색하고 있는 바로 그 지점에 정말 아무것도 찾을 만한 것이 없는 경우든 — 이 경우에는 환자의 얼굴 표정이 완전히 진정되어 있다는 점으로 식별할 수 있다 — 아니면 우리가 나중에만 극복할 수 있는 저항에 부딪히고 우리가 아직은 뚫고 들어갈 수 없는 새로운 층에 직면해 있는 경우 — 이때도 역시 환자의 얼굴 표정으로 추측하는데, 긴장되고 정신적으로 애쓰는 표정을 하고 있다 — 이다. 그리고 제3의 가능성이 있는데 이는 마찬가지로 장애물, 내용물 속에 원래 있던 장애물이 아니라, 이번에는 외적 장애물이 있다는 증거일 수 있다. 이것은 환자가 치료자와의 관계에 문제가 있을 때 일어나며, 이것이야말로 우리가 부딪칠 수 있는 가장 최악의 장애물이다. 그러나 우리는 비교적 신중한 모든 분석에서 으레 부딪친다고 보아야 한다.

저항의 심리적 힘에 대항할 동기를 형성하는 데 치료자라는 인물이 담당하는 중요한 역할에 대해서 이미 언급한 바 있다. 여러 사례에서, 특히 여성들의 경우나 성적인 사고를 밝히는 것이 관건인 사례에서 환자의 협력은 결국 사적인 희생을 의미한다. 이에 대해 사랑의 대치물로서 보상해 주어야 한다. 치료자가 하는 수고와 친절이 그러한 대치물로서 충분하다. 이제 만약 환자가 치료자에게서 바라는 이러한 관계가 방해를 받게 되면 환자는 협조를 잘 하지 않으려고 할 것이다. 그때 의사가 다음의 병적인 사고를 탐구하려고 해도 환자 쪽에서는 의사를 향해 쌓인 불만을 의식하게 되어 방해받는다. 내 경험에 따르면 이러한 장애물이 생기는 경우로는 다음의 세 가지가 있다.

(1) 개인적인 소외감이 있는 경우 — 예를 들어 환자가 자신이 버림받았거나, 거의 인정받지 못했거나 모욕당했다고 느끼는 경우, 아니면 환자가 치료자나 치료법에 대해 불리한 이야기를 들은 경우이다. 이것은 그래도 가장 덜 심각한 경우이다. 히스테리 환자들의 민감성과 의심이 때때로 놀라울 정도이긴 하지만 이러한 장애물은 호의와 명성을 통해 극복할 수 있다.

(2) 환자가 치료자에게 개인적으로 너무 익숙해지게 될까 봐 그 두려움에 사로잡히는 경우, 치료자와의 관계에서 독립성을 잃게 될까 봐, 심지어는 성적으로 치료자에게 의존하게 될까 봐 두려워하는 경우이다. 이것은 그 결정 요인이 개인적이지 않으므로 앞의 경우보다 중요하다. 이 장애물의 원인은 치료에 내재해 있는 특별한 염려에 기인한다. 환자는 저항의 새로운 동기를 가지며 어떤 특정한 회상뿐만 아니라 모든 치료 시도와 관련해서 저항이 나타난다. 우리가 압박법을 시작할 때 환자들이 두통을 호소하는 경우가 많다. 왜냐하면 환자가 지닌 저항의 새 동기가 으레 무의식적이고 새로운 히스테리 증상으로 나타나기 때문이다. 이 두통은 자신이 영향받도록 허락하고 싶지 않다는 것을 의미한다.

(3) 환자가 치료자라는 인물에 분석 내용으로부터 떠오른 고통스러운 관념을 전이한다는 사실에 공포감을 느낀 경우이다. 이 것은 자주, 그리고 어떤 분석에서는 으레 생기는 현상이다. 치료자에게 전이*Übertragung*[11]되는 것은 〈잘못된 연결*falsche Verknüpf-ung*〉[12]을 통해 일어난다. 이에 관한 예를 들어야겠다. 내 환자 하

---

11 이때 정신분석적 의미로 〈전이〉라는 용어가 처음으로 사용되었다. 여기서는 프로이트의 후기 저술에서보다는 훨씬 좁은 의미로 사용되고 있다.

나는 특정 히스테리 증상의 근원이 어떤 소망에 기인했다. 이 소망은 그녀가 오래전에 가졌던 것으로 떠오른 그 즉시 무의식으로 추방시켰다. 그 내용은 당시 그녀가 이야기하고 있던 상대방 남자가 대담하게 주도권을 쥐고 그녀에게 입맞춤해 주었으면 하는 것이었다. 한번은 치료 회기(回期)의 끝에 나에 대해서 비슷한 소망이 떠올라 왔다. 그녀는 두려워진 나머지 밤잠을 이루지 못했다. 그리고 다음 치료 회기 때 그녀가 치료를 거부한 것은 아니었지만 작업에 제대로 협조하지 못했다. 내가 이 장애물을 발견하고 제거시킨 다음에야 작업이 진전되었다. 그리고 놀랍게도 그토록 환자를 두렵게 만들었던 소망이 다음의 병인 회상으로 나타났는데, 이것은 바로 전의 논리적 맥락이 요청하는 그대로의 소망이었다. 여기서 일어난 일은 다음과 같다. 소망의 내용이 우선 환자의 의식에 나타났다. 이때 그 소망이 과거에 속한 것임을 가르쳐 줄 만한 주위 상황에 대한 기억은 나지 않았다. 그래서 당시에 나타난 소망은, 그녀의 의식 속에서 지배적이었던 연합하려는 강박 충동의 탓으로, 〈나〉라는 인물에 결합되었다. 그리고 당연하게도 환자는 이에 대해 염려하게 된다. 그리고 이 잘못된 결합의 결과 동일한 감정이 일으켜진다(이 감정은 오래전에 이 환자가 이 금지된 소망을 거부하도록 강요했다). 내가 이 사실을 발견한 이후에 나는 내가 유사하게 사적으로 관여하게 될 때는 언제나 전이와 잘못된 연합이 또 일어났구나 하고 가정한다. 이상하게도 환자는 이것이 되풀이될 때마다 매번 속는다.

이렇게 세 가지 방식으로 일어나는 저항을 어떻게 대응할 것인

---

12 〈잘못된 연결〉과 〈연합하려는 강박 충동〉에 관한 긴 설명은 에미 부인의 사례에 실린 긴 각주에 나온다. 프랑스어로는 *mésalliance*라고 하며, 잘못 이루어진 결혼, 특히 신분이 낮은 사람과의 결혼을 의미한다.

지 알지 못하면 분석을 마지막까지 수행할 수 없게 된다. 그러나 우리는 대응 방식을 찾을 수가 있는데, 그것은 이전의 모델에서 새로 발생한 증상을 이전의 증상과 똑같이 취급하면 된다. 우선 환자에게 〈장애물〉이 있음을 의식시키는 것이 과제이다. 환자를 치료하던 중, 예를 들어 손으로 압박하는 방법이 갑자기 실패했다. 위의 (2)번에서 언급했던 종류의 무의식적 관념이 있다고 생각할 이유가 충분했다. 그래서 나는 처음에 그녀를 놀라게 하는 방법을 썼다. 나는 그녀에게 다음과 같이 말했다. 치료를 방해하는 어떤 장애물이 생긴 것이 분명하지만 압박법이 적어도 장애물이 무엇인지를 보여 줄 정도의 힘은 가지고 있다고 했다. 나는 그녀의 이마를 눌렀고 그녀는 놀라워하면서 다음과 같이 말했다. 〈여기 의자에 당신이 앉아 있는 것이 보입니다. 그런데 그건 말이 안 되네요. 그게 무엇을 뜻하지요?〉 나는 그녀에게 설명해 줄 수 있었다.

어떤 환자들의 경우 〈장애물〉이 내 압박의 결과 즉시 나타나지는 않았다. 그렇더라도 나는 항상 그것을 발견할 수가 있었는데 그 장애물이 처음 생긴 바로 그 순간으로 환자를 되돌려 보면 되었다. 압박법은 이 순간을 되돌리는 데 실패한 적이 없다. 장애물을 발견하고 보여 주었을 때 비로소 첫 번째 어려움이 극복된 것이다. 그러나 더 큰 장애물이 남아 있었다. 그것은 개인적인 관계가 얽히고 제3의 사람이 치료자라는 인물과 합치되는 것에 대한 이야기를 환자가 하도록 하는 것이다.

처음에 나는 나의 심리학적 작업량이 이런 식으로 늘어나는 데 짜증이 났지만 결국 전체 과정이 어떤 법칙을 따르고 있다고 깨닫게 되었다. 그리고 또한 이러한 종류의 전이가 내가 해야 하는 일을 그렇게 늘리지 않는다는 것을 알아차렸다. 환자 쪽에서는 작업이 똑같다. 잠시라도 그러한 소망을 생각할 수 있었다는 사실에 대한 고통스러운 감정을 극복하면 되었다. 그리고 환자가 과거의 경우이건 현재 나와 연합된 경우이건 이 심리적 부인을 분석 작업의 주제로 삼는지의 여부는 치료의 성공과 별 관련이 없는 듯했다. 환자 또한 점차적으로, 치료자에 대한 전이에서 분석의 마지막에서 녹아 없어질 강박 충동과 착각이 관건이었다는 것을 깨닫게 되었다.

그러나 내가 믿기로는, 만약 내가 〈장애물〉의 특성을 분명하게 제시해 주는 것을 게을리했다면 단지 새로운 히스테리 증상들을 일으키는 데 불과했을 것이다. 물론 가벼운 증세이기는 하지만, 자연적으로 생긴 또 다른 증상을 대치하리라는 것은 맞는 말이다.

이제 분석이 수행되어야 하는 방식과 분석을 진행하는 중에 내가 관찰한 것들에 관해 충분하게 이야기해 주었다고 생각된다. 내가 한 말은 어쩌면 어떤 것들을 실제보다도 더 복잡해 보이게 할지도 모른다. 그러나 만약 이러한 작업에 몰두하게 되면 대부분의 문제는 저절로 해결된다. 내가 이 작업의 어려움을 열거한 이유는, 카타르시스 분석이 환자와 치료자 양측에 많은 것을 요구하므로 아주 흔치 않은 경우에만 의사나 환자에게 도움이 될 만하다는 인상을 주기 위한 것은 아니다. 나의 의료 행위는 오히려 그 반대적인 전제를 통해 지배받고자 한다 — 물론 여기에서 논한 요법을 성공적으로 적용시킬 수 있는 경우를 알려 주기 위해서는 반드시 신경증 일반의 치료에 관한 좀 더 중요하고 포괄적인 주제를 깊이 파고들지 않으면 안 된다. 나 스스로는 종종 카타르시스에 따른 정신 요법을 외과적 수술에 비유하여 〈심리 치료적 수술〉이라고 명명했고, 고름이 찬 화농 부위의 절개나 부식된 환부를 긁어 내는 것 등과 유사점을 찾고자 했다. 그러나 이러한 유사점은 병적인 요소를 제거한다는 데 있기보다는 오히려 회복의 방향으로 진행 과정을 이끌 만한 상태를 만드는 데 더욱 큰 의의가 있다.

내가 카타르시스 요법을 가지고 환자에게 어떤 도움이나 개선을 약속하면 다음과 같은 이의를 제기하는 일이 종종 있다. 〈아니, 지금 선생님은 제 병이 아마도 제 삶의 사건과 관련이 있을 거라고 말씀해 주시는데, 이러한 것들을 결코 바꿀 수 없는 것 아닙니까? 그렇다면 어떻게 나를 도와주실 수 있는 겁니까?〉 그러면 나는 다음과 같이 답할 수 있다.

〈저보다는 운명이 당신의 병을 낫게 해주는 것이 쉽겠지요. 그렇지만 당신의 히스테리로 인한 비참함을 보통의 일상적인 불행 정도로 바꾸는 데 우리가 성공한다면 많은 것을 얻을 수가 있다고 자신을 설득할 수 있을 겁니다. 정신생활[13]이 건강을 되찾는다면 그러한 불행에 대해 더 잘 대응할 준비가 되어 있을 겁니다.〉

13 1925년 전의 독일어판에서는 〈신경계〉라고 되어 있다.

프로이트의 삶과 사상

— 제임스 스트레이치

　　지크문트 프로이트Sigmund Freud는 1856년 5월 6일, 그 당시에는 오스트리아-헝가리 제국의 일부였던 모라비아의 소도시 프라이베르크에서 출생했다. 83년에 걸친 그의 생애는 겉으로 보기에는 대체로 평온무사했고, 따라서 장황한 서술을 요하지 않는다.

　　그는 중산층 유대인 가정에서 두 번째 부인의 맏아들로 태어났지만, 집안에서 그의 위치는 좀 이상했다. 프로이트 위로 첫 번째 부인 소생의 다 자란 두 아들이 있었기 때문이다. 그들은 프로이트보다 스무 살 이상 나이가 많았고, 그중 하나는 이미 결혼해서 어린 아들을 두고 있었다. 그랬기에 프로이트는 사실상 삼촌으로 태어난 셈이었지만, 적어도 그의 유년 시절에는 프로이트 밑으로 태어난 일곱 명의 남동생과 여동생 못지않게 조카가 중요한 역할을 했다.

　　그의 아버지는 모피 상인이었는데, 프로이트가 태어난 후 얼마 지나지 않아 사업이 어려워지기 시작했다. 그래서 프로이트가 겨우 세 살이었을 때 그는 프라이베르크를 떠나기로 결심했고, 1년 뒤에는 온 가족이 빈으로 이주했다. 이주하지 않은 사람은 영국 맨체스터에 정착한 두 이복형과 그들의 아이들뿐이었다. 프로이트는 몇 번인가 영국으로 건너가서 그들과 합류해 볼까 하는 생각을 했지만, 그것은 거의 80년 동안 실행에 옮겨지지 못했다.

프로이트가 빈에서 어린 시절을 보내는 동안 그의 집안은 몹시 궁핍한 상태였지만, 어려운 형편에도 불구하고 그의 아버지는 언제나 셋째 아들의 교육비를 최우선으로 꼽았다. 프로이트가 매우 총명했을 뿐 아니라 공부도 아주 열심히 했기 때문이다. 그 결과 그는 아홉 살이라는 어린 나이에 김나지움에 입학했고, 그 학교에서 보낸 8년 가운데 처음 2년을 제외하고는 자기 학년에서 수석을 놓친 적이 없었다. 그는 열일곱 살 때 아직 어떤 진로를 택할 것인지 결정을 하지 못한 채 김나지움을 졸업했다. 그때까지 그가 받았던 교육은 지극히 일반적인 것이어서, 어떤 경우에든 대학에 진학할 것으로 보였으며, 서너 곳의 학부로 진학할 길이 그에게 열려 있었다.

프로이트는 수차례에 걸쳐, 자기는 평생 동안 단 한 번도 〈의사라는 직업에 선입관을 가지고 특별히 선호한 적이 없었다〉고 주장했다.

나는 그보다는 오히려 일종의 호기심을 느꼈다. 하지만 그것은 자연계의 물체들보다는 인간의 관심사에 쏠린 것이었다.[1]

그리고 어딘가에서는 이렇게 적었다.

어린 시절에 나는 고통받는 인간을 도우려는 어떤 강한 열망도 가졌던 기억이 없다. (......) 그러나 젊은이가 되어서는 우리가 살고 있는 세상의 수수께끼들 가운데 몇 가지를 이해하고, 가능하다면 그 해결책으로 뭔가 기여도 하고 싶은 억누를 수 없는 욕망을

1 「나의 이력서」(1925) 앞부분 참조.

느꼈다.[2]

또 그가 만년에 수행했던 사회학적 연구를 논의하는 다른 글에
서는 이렇게 적기도 했다.

나의 관심은 평생에 걸쳐 자연 과학과 의학과 심리 요법을 두
루 거친 뒤에 오래전, 그러니까 내가 숙고할 수 있을 만큼 충분히
나이가 들지 않았던 젊은 시절에 나를 매혹시켰던 문화적인 문제
들로 돌아왔다.[3]

프로이트가 자연 과학을 직업으로 택하는 데 직접적인 계기가
되었던 사건은 ― 그의 말대로라면 ― 김나지움을 졸업할 무렵
괴테가 썼다고 하는(아마도 잘못된 것으로 보인다) 〈자연〉에 관
한 매우 화려한 문체의 에세이를 낭독하는 독회에 참석한 일이었
다고 한다. 하지만 그 선택이 자연 과학이긴 했지만, 실제로는 의
학으로 좁혀졌다. 그리고 프로이트가 열일곱 살 때인 1873년 가
을, 대학에 등록했던 것도 의과대 학생으로서였다. 하지만 그는
서둘러 의사 자격을 취득하려고 하지는 않았다. 한두 해 동안 그
가 다양한 과목의 강의에 출석했던 것만 보더라도 이를 알 수 있
다. 그러나 차츰차츰 관심을 기울여 처음에는 생물학에, 다음에
는 생리학에 노력을 집중했다. 그가 맨 처음 연구 논문을 쓴 것은
대학 3학년 때였다. 당시 그는 비교 해부학과 교수에게 뱀장어를
해부해서 세부 사항을 조사하라는 위임을 받았는데, 그 일에는 약
4백 마리의 표본을 해부하는 일이 포함되었다. 그로부터 얼마 지

2 「비전문가 분석의 문제」(1927)에 대한 후기 참조.
3 「나의 이력서」에 대한 후기 참조.

나지 않아서 그는 브뤼케Brücke가 지도하는 생리학 연구소로 들어가 그곳에서 6년 동안 근무했다. 그가 자연 과학 전반에 대해 보이는 태도의 주요한 윤곽들이 브뤼케에게서 습득되었다는 것은 의심할 여지가 없는 일이다. 그 기간 동안 프로이트는 주로 중추 신경계의 해부에 대해서 연구했고, 이미 책들을 출판하고 있었다. 그러나 실험실 연구자로서 벌어들이는 수입은 대가족을 부양하기에는 충분하지 못했다. 그래서 마침내 1881년 그는 의사 자격을 따기로 결정했고, 그로부터 1년 뒤에는 많은 아쉬움을 남긴 채 브뤼케의 연구소를 떠나 빈 종합 병원에서 근무하기 시작했다.

그러나 결국 프로이트의 삶에 변화를 가져다준 결정적인 계기가 있었다면, 그것은 생각보다도 더 절박한 가족에 대한 것이었다. 1882년에 그는 약혼을 했고, 그 이후 결혼을 성사시키는 데 모든 노력을 기울였다. 그의 약혼녀 마르타 베르나이스Martha Bernays는 함부르크의 이름 있는 유대인 집안 출신으로, 한동안 빈에서 지내고 있었지만 얼마 안 가서 곧 머나먼 독일 북부에 있는 그녀의 집으로 돌아가야 했다. 그 뒤로 4년 동안 두 사람이 서로를 만나 볼 수 있었던 것은 짧은 방문이 있을 때뿐이었고, 두 연인은 거의 매일같이 주고받는 서신 교환으로 만족해야 했다. 그 무렵 프로이트는 의학계에서 지위와 명성을 확립해 가고 있었다. 그는 병원의 여러 부서에서 근무했지만, 얼마 지나지 않아 곧 신경 해부학과 신경 병리학에 몰두하기 시작했다. 또 그 기간 중에 코카인을 의학적으로 유용하게 이용하는 첫 번째 연구서를 출간했고, 그렇게 해서 콜러에게 그 약물을 국부 마취제로 사용하도록 제안하기도 했다. 바로 뒤이어 그는 두 가지 즉각적인 계획을 수립했다. 하나는 객원 교수 자리에 지명을 받는 것이었고, 다른 하나는 장학금을 받아 얼마 동안 파리로 가서 지내려는 것이었다. 그곳에서는 위대한 신경 병리학자 샤르코Charcot가 의학계를 주도하고 있었다. 프로이트는 그 두 가지 목적이 실현된다면 자기에게 커다란 도움이 될 것이라고 생각했고, 열심히 노력한 끝에 1885년에 두 가지 모두를 얻어 냈다.

프로이트가 파리 살페트리에르 병원(신경 질환 치료로 유명한 병원)의 샤르코 밑에서 보냈던 몇 달 동안, 그의 삶에는 또 다른 변화가 있었다. 이번에는 실로 혁명적인 변화였다. 그때까지 그의 일은 전적으로 자연 과학에만 관련되었고, 파리에 있는 동안에도 그는 여전히 뇌에 관한 병력학(病歷學) 연구를 계속하고 있었다. 그 당시 샤르코의 관심은 주로 히스테리와 최면술에 쏠려 있었는데, 빈에서는 그런 주제들이 거의 생각할 만한 가치가 없는 것으로 여겨졌다. 그러나 프로이트는 그 일에 몰두하게 되었다. 비록 샤르코 자신조차 그것들을 순전히 신경 병리학의 지엽적인 부문으로 보았지만, 프로이트에게는 그것이 정신의 탐구를 향한 첫걸음인 셈이었다.

1886년 봄, 빈으로 돌아온 프로이트는 신경 질환 상담가로서 개인 병원을 열고, 뒤이어 오랫동안 미루어 왔던 결혼식을 올렸다. 하지만 그렇다고 해서 그가 당장 자기가 하던 모든 신경 병리학 업무를 그만둔 것은 아니었다. 그는 몇 년 더 어린아이들의 뇌성 마비에 관한 연구를 계속했고, 그 분야에서 주도적인 권위자가 되었다. 또 그 시기에 실어증에 관해서 중요한 연구 논문을 쓰기도 했지만, 최종적으로는 신경증의 치료에 더욱 노력을 집중했다. 전기 충격 요법 실험이 허사로 돌아간 뒤 그는 최면 암시로 방향을 돌려서, 1888년에 낭시를 방문하여 리에보Liébeault와 베르넴Bernheim이 그곳에서 괄목할 만한 성공을 거두는 데 이용한 기법을 배웠다. 하지만 그 기법 역시 불만족스러운 것으로 밝혀지자, 또 다른 접근 방법을 강구하지 않을 수 없었다. 그는 빈의 상담가이자 상당히 손위 연배인 요제프 브로이어Josef Breuer 박사가 10년 전쯤 아주 새로운 치료법으로 어떤 젊은 여자의 히스테리 증세를 치료했다는 사실을 알고 있었다. 그는 브로이어에게 그 방법을 한 번 더 써보도록 설득하는 한편, 그 스스로도 새로운 사례에 그 방법을 몇 차례 적용해서 가망성 있는 결과를 얻었다. 그 방법은 히스테리가 환자에게 잊힌 어떤 육체적 충격의 결과라는 가정에 근거를 둔 것이었다. 그리고 치료법은 잊힌 충격을 떠올리기 위해 적절한 감정을 수반하여 환자를 최면 상태로 유도하는 것으로 이루어져 있었다. 얼마 지나지 않아 프로이트는 그 과정과 저변에 깔린 이론 모두에서 변화를 일으키기 시작했고, 마침내는 그 일로 브로이어와 갈라설 정도까지 되었지만, 자기가 이루어 낸 모든 사상 체계의 궁극적인 발전에 곧 정신분석학이라는 이름을 붙였다.

그때부터 — 아마도 1895년부터 — 생을 마감할 때까지 프로이트의 모든 지성적인 삶은 정신분석학의 발전과 그 광범위한 언외(言外)의 의미, 그리고 그 학문의 이론적이고 실제적인 영향을 탐구하는 데 바쳐졌다. 프로이트의 발견과 사상에 대해서 몇 마디 말로 일관된 언급을 하기란 물론 불가능하겠지만, 그가 우리의 사고 습관에 불러일으킨 몇 가지 주요한 변화를 단절된 양상으로나마 지적하기 위한 시도는 얼마 안 가서 곧 이루어질 것이다. 그러는 동안 우리는 그가 살아온 삶의 외면적인 과정을 계속 좇을 수 있을 것이다.

빈에서 그가 영위했던 가정생활에는 본질적으로 에피소드가 결여되어 있다. 1891년부터 47년 뒤 그가 영국으로 떠날 때까지 그의 집과 면담실이 같은 건물에 있었기 때문이다. 그러나 행복한 결혼 생활과 불어나는 가족 — 세 명의 아들과 세 명의 딸 — 은 그가 겪는 어려움들, 적어도 그의 직업적 경력을 둘러싼 어려움들에 견실한 평형추가 되어 주었다. 의학계에서 프로이트에 대해 편견을 가지고 있었던 이유는 그가 발견한 것들의 본질 때문만이 아니라, 어쩌면 그에 못지않게 빈의 관료 사회를 지배하고 있던 강한 반유대 감정의 영향 때문이기도 했을 것이다. 그가 대학교수로 취임하는 일도 정치적 영향력 탓으로 끊임없이 철회되었다.

그러한 초기 시절의 특별한 일화 한 가지는 그 결과 때문에 언급할 필요가 있다. 그것은 프로이트와, 명석하되 정서가 불안정한 베를린의 의사 빌헬름 플리스Wilhelm Fließ의 우정에 관한 것이다. 플리스는 이비인후과를 전공했지만 인간 생태학과 생명 과정에서 일어나는 주기적 현상의 영향에 이르기까지 관심 범위가 매우 넓었다. 1887년부터 1902년까지 15년 동안 프로이트는 그와 정기적으로 편지를 교환하면서 자기의 발전된 생각을 알렸고, 자기가 앞으로 쓸 책들의 윤곽을 개술한 긴 원고를 그에게 미리 보냈다. 그리고 무엇보다도 중요한 것은 「과학적 심리학 초고」라는 제목이 붙은 약 4만 단어짜리 논문을 보낸 것이었다. 이 논문은 프로이트의 경력에서 분수령이라고도 할 수 있는, 즉 그가 어쩔 수 없이 생리학에서 심리학으로 옮겨 가고 있던 1895년에 작성된 것으로, 심리학의 사실들을 순전히 신경학적 용어들로 서술하려는 시도였다. 다행스럽게도 이 논문과 프로이트가 플리스에게 보낸 다른 편지들도 모두 보존되어 있는데, 그것들은 프로이트의 사상이 어떻게 발전되었는가에 대해 매혹적인 빛을 던질 뿐 아니라, 정신분석학에서 나중에 발견된 것들 중 얼마나 많은 것이 초기 시절부터 이미 그의 마음속에 있었는지를 보여 준다.

플리스와의 관계를 제외한다면, 프로이트는 처음에는 외부의 지원을 거의 받지 못했다. 빈에서 점차 프로이트 주위로 몇몇 문하생이 모여들었지만, 그것은 대략 10년쯤 후인 1906년경, 즉 다수의 스위스 정신 의학자가 그의 견해에 동조함으로써 분명한 변화가 이루어진 뒤의 일이었다. 그들 가운데 중요한 인물로는 취리히 정신 병원장인 블로일러E. Bleuler와 그의 조수인 융C. G. Jung이 있었는데, 그것으로 우리는 정신분석학이 처음으로 확산되기 시작했음을 알 수 있다. 1908년에는 잘츠부르크에서 정신분석학자들의 국제적인 모임이 열린 데 이어, 1909년에는 미국에서 프로이트와 융을 초청해 여러 차례의 강연회를 열어 주었다. 프로이트의 저서들이 여러 나라 말로 번역되기 시작했고, 정신분석을 실행하는 그룹들이 세계 각지에서 생겨났다. 그러나 정신분석학의 발전에 장애가 없지는 않았다. 그 학문의 내용이 정신에 불러일으킨 흐름들은 쉽게 받아들이기에는 너무 깊이 흐르고 있었던 것이다. 1911년 빈의 저명한 프로이트 지지자들 중 한 명인 알프레트 아들러Alfred Adler가 그에게서 떨어져 나갔고, 이삼 년 뒤에는 융도 프로이트와의 견해 차이로 결별했다. 그 일에 바로 뒤이어 제1차 세계 대전이 발발하자, 정신분석의 국제적인 확산은 중단되었다. 그리고 얼마 안 가서 곧 가장 중대한 개인적 비극이 닥쳤다. 딸과 사랑하는 손자의 죽음, 그리고 삶의 마지막 16년 동안 그를 가차 없이 쫓아다닌 악성 질환의 발병이었다. 그러나 어떤 질병도 프로이트의 관찰과 추론의 발전을 막을 수는 없었다. 그의 사상 체계는 계속 확장되었고, 특히 사회학 분야에서 더욱더 넓은 적용 범위를 찾았다. 그때쯤 그는 세계적인 명사로서 인정받는 인물이 되어 있었는데, 1936년 그가 여든 번째 생일을 맞던 해에 영국 왕립 학회Royal Society의 객원 회원으로 선출된 명예보다 그를 더 기쁘게 한 일은 없었다. 1938년 히틀러가 오스트리아를 침공했을 때 국가 사회주의자들의 가차 없는 박해로부터 그를 보호해 주었던 것도 — 비록 그들이 프로이트의 저서들을 몰수해서 없애 버리기는 했지만 — 들리는 말로는 루스벨트 대통령까지 포함된, 영향력 있는 찬양자들의 노력으로 뒷받침된 그의 명성이었다. 그렇다 하더라도 프로이트는 어쩔 수 없이 빈을 떠나 그해 6월 몇몇 가족과 함께 영국으로 건너갔고, 그로부터 1년 뒤인 1939년 9월 23일 그곳에서 세상을 떠났다.

프로이트를 현대 사상의 혁명적인 창립자들 중 한 사람으로 일컬으며, 그의 이름을 아인슈타인Albert Einstein에 결부시켜 생각하는 것은 신문이나 잡지에 실릴 법한 진부한 이야기가 되었다. 그러나 대부분의 사람은 그나 아인슈타인에 의해 도입된 변화들을 간략하게 설명하기가 매우 어려울 것이다.

프로이트의 발견들은 물론 서로 연관되어 있기는 하지만 크게 세 가지로 묶을 수 있다. 연구의 수단, 그 수단에 의해 생겨난 발견들, 그리고 그 발견들에서 추론할 수 있는 이론적 가설들이 그것이다. 그런데 여기서 우리는 프로이트가 수행했던 모든 연구 이면에 결정론 법칙의 보편적 타당성에 대한 믿음이 있었다는 사실을 인정해야 한다. 자연 과학 현상과 관련해서는 이 믿음이 아마도 브뤼케의 연구소에서 근무한 경험에서 생겨났을 것이고, 궁극적으로는 헬름홀츠Helmholtz 학파로부터 생겨났을 것이다. 그러나 프로이트는 단호히 그 믿음을 정신 현상의 분야로 확장시켰는데, 그러는 데는 자기의 스승이자 정신 의학자인 마이네르트Meynert에게서, 그리고 간접적으로는 헤르바르트Herbart의 철학에서 영향을 받았을 수도 있다.

무엇보다도 먼저 프로이트는 인간의 정신을 과학적으로 탐구하기 위한 첫 번째 도구를 찾아낸 사람이었다. 천재적이고 창조적인 작가들은 단편적으로 정신 과정을 통찰해 왔지만, 프로이트 이전에는 어떤 체계적인 탐구 방법도 없었다. 그는 이 방법을 단지 점차적으로 완성시켰을 뿐인데, 그것은 그러한 탐구에서 장애가 되는 어려움들이 점차적으로 분명해졌기 때문이다. 브로이어가 히스테리에서 설명한 잊힌 충격은 가장 최초의 문제점을 제기했고, 어쩌면 가장 근본적인 문제점을 제기했을 수도 있다. 관찰자나 환자 본인 모두에 의해서 검사에 즉각적으로 개방되지 않는, 정신의 활동적인 부분들이 있다는 것을 결정적으로 보여 주었기 때문이다. 정신의 그러한 부분들을 프로이트는 형이상학적 논쟁이나 용어상의 논쟁을 고려하지 않고 〈무의식〉이라고 기술했다. 무의식의 존재는 최면 후의 암시라는 사실로도 증명되는데, 이 경우 환자는 암시 그 자체를 완전히 잊었다 하더라도 충분히 깨어 있는 상태에서 조금 전 그에게 암시되었던 행동을 수행한다. 그러므로 어떠한 정신의 탐구도 그 범위에 이 무의식적인 부분이 포함되지 않고는 완전한 것으로 여겨질 수 없었다. 그렇다면 이것이 어떻게 완전해질 수 있었을까? 명백한 해답은 〈최면 암시라는 수단에 의해서〉인 것처럼 보였다. 그리고 이 방법은 처음엔 브로이어에 의해, 다음에는 프로이트에 의해 이용된 수단이었다. 그러나 얼마 안 가서 곧 그 방법은 불규칙하거나 불명확하게 작용하고, 때로는 전혀 작용하지 않는 불완전한 것임이 밝혀졌다. 따라서 프로이트는 차츰차츰 암시의 이용을 그만두고 나중에 〈자유 연상〉이라고 알려진 완전히 새로운 방법을 도입했다. 즉 정신을 탐구하려는 상대방에게 단순히 무엇이든 머릿속에 떠오르는 것을 말하라고 요구하는, 전에는 들어 보지 못했던 계획을 채택했다. 이 중대한 결정 덕분에 곧바로 놀라운 결과가 도출되었다. 프로이트가 채택한 수단이 초보적인 형태였음에도 불구하고 그것은 새로운 통찰력을 제시했던 것이다. 한동안은 이런저런 연상들이 물 흐르듯 이어진다 하더라도 조만간 그 흐름은 고갈되기 마련이고, 환자는 더 말할 것을 아무것도 생각하지 않거나 또는 할 수 없게 된다. 그렇게 해서 저항의 진상, 즉 환자의 의식적인 의지와 분리되어 탐구에 협조하기를 거부하는 힘의 진상이 드러난다. 여기에 아주 근본적인 이론의 근거, 즉 정신을 뭔가 역동적인 것으로, 일부는 의식적이고 일부는 무의식적이며, 때로는 조화롭게 작용하고 때로는 서로 상반되는 다수의 정신적인 힘들로 이루어져 있다고 가정할 근거가 있었다.

그러한 현상들은 결국 보편적으로 생겨난다는 것이 밝혀지기는 했지만, 처음에는 신경증 환자들에게서만 관찰 연구되었고, 처음 몇 년 동안 프로이트의 연구는 주로 그러한 환자들의 〈저항〉을 극복하여 그 이면에 있는 것을 밝혀낼 수단을 발견하는 일과 관련되었다. 그 해결책은 오로지 프로이트 편에서 극히 이례적인 자기 관찰 — 지금에 와서는 자기 분석이라고 기술되어야 할 — 을 함으로써만 가능해졌다. 다행스럽게도 우리는 앞에서 얘기한, 그가 플리스에게 보냈던 편지로 그 당시의 상황을 직접적으로 알 수 있다. 즉 그는 분석 덕분에 정신에서 작용하는 무의식적인 과정의 본질을 발견하고, 어째서 그 무의식이 의식으로 바뀔 때 그처럼 강한 저항이 있는지를 이해할 수 있었다. 또 그의 환자들에게서 저항을 극복하거나 피해 갈 기법을 고안할 수 있었고, 무엇보다도 중요한 것, 즉 그러한 무의식적인 과정의 기능 방식과 익히 알려진 의식적인 과정의 기능 방식 사이에 아주 큰 차이점이 있음을 알아낼 수 있었다는 것이다. 다음 세 가지는 그 하나하나에 대해서 언급이 좀 필요할 것 같다. 왜냐하면 사실 그것들은 정신에 관한 우리의 지식에 프로이트가 미친 공적들의 핵심을 구성하고 있기 때문이다.

정신의 무의식적인 내용들은 대체로 원초적인 육체적 본능에서 직접 그 에너지를 이끌어 내는 능동적인 경향의 활동 — 욕망이나 소망 — 으로 이루어져 있는 것으로 보인다. 이 무의식은 즉각적인 만족을 얻는 것 외에는 전혀 아무것도 고려하지 않고 기능하며, 따라서 현실에 적응하고 외부적인 위험을 피하는 것과 관련된, 정신에서 더욱더 의식적인 요소들과 동떨어져 있기 마련이다. 더군다나 이러한 원초적인 경향은 훨씬 더 성적이거나 파괴적인 경향을 지니며, 좀 더 사회적이고 개화된 정신적인 힘들과 상충할 수밖에 없다. 이것을 계속 탐구함으로써 프로이트는 오랫동안 숨겨져 있던 어린아이들의 성적인 삶과 오이디푸스 콤플렉스의 비밀을 알아낼 수 있었다.

두 번째로, 그는 자기 분석을 함으로써 꿈의 본질을 탐구하기 시작했다. 이 꿈들은 신경증 증상들과 마찬가지로 원초적인 무의식적 충동과 2차적인 의식적 충동 사이에서 생겨나는 갈등과 타협의 산물임이 밝혀졌다. 그것들을 구성 요소별로 나누어 분석함으로써 프로이트는 숨어 있는 무의식적인 내용들을 추론할 수 있었으며, 꿈이 거의 모든 사람들에게 보편적으로 일어나는 공통된 현상인 만큼 꿈의 해석이 신경증 환자의 저항을 간파하기 위한 기술적 도구 중의 하나임을 밝혀냈다.

마지막으로, 꿈에 대해 면밀하게 고찰함으로써 프로이트는 그가 생각의 1차적 과정과 2차적 과정이라고 명명한 것, 즉 정신의 무의식적 영역에서 일어나는 일과 의식적 영역에서 일어나는 일

사이의 엄청난 차이점들을 분류할 수 있었다. 무의식에서는 조직이나 조화는 전혀 발견되지 않고, 하나하나의 독립적인 충동이 다른 모든 충동과 상관없이 만족을 추구한다. 그 충동들은 서로 영향을 받지 않고 진행되며, 모순은 전혀 작용하지 않고 가장 대립되는 충동들이 아무런 갈등 없이 병존한다. 그러므로 무의식에서는 또한 생각들의 연상이 논리와는 아무런 관련도 없는 노선들을 따라 진행되며, 유사한 것들은 동일한 것으로, 반대되는 것들은 긍정적으로 동등하게 다루어진다. 또 무의식에서는 능동적인 경향을 수반한 대상들이 아주 이례적으로 가변적이어서, 하나의 무의식이 아무런 합리적 근거도 없는 온갖 연상의 사슬을 따라 다른 무의식으로 대체될 수도 있다. 프로이트는 원래 1차적 과정에 속하는 심리 기제가 의식적인 생각으로 침투하는 것이 꿈뿐만 아니라 여러 가지 다른 정상적 또는 정신 병리학적인 정신적 사건의 기이한 점을 설명해 준다는 사실도 분명히 알아냈다.

프로이트가 했던 연구의 후반부는 모두 이러한 초기의 사상들을 무한히 확장하고 정교하게 다듬는 데 바쳐졌다고 해도 과언이 아닐 것이다. 그러한 사상들은 정신 신경증과 정신 이상의 심리 기제뿐 아니라 말이 헛나온다거나 농담을 한다거나 예술적 창조 행위라거나 정치 제도 같은 정상적인 과정의 심리 기제를 설명하는 데도 적용되었고, 여러 가지 응용과학 — 고고학, 인류학, 범죄학, 교육학 — 에 새로운 빛을 던지는 데도 일익을 담당했다. 그리고 정신분석 요법의 효과를 설명하는 데도 도움이 되었다. 마지막으로, 프로이트는 이러한 근본적인 관찰들을 근거로 해서 그가 〈초심리학〉이라고 명명한 좀 더 일반적인 개념의 이론적인 구조를 세우기도 했다. 그러나 많은 사람들이 이 일반적 개념을 매혹적이라고 생각할지라도, 프로이트는 언제나 그것이 잠정적인 가설의 속성을 띤다고 주장했다. 만년에 그는 〈무의식〉이라는 용어의 다의성과 그것의 여러 가지 모순되는 용법에 많은 영향을 받아 정신에 대한 새로운 구조적 설명 — 여러 가지 문제점을 해명하기 위해 만들어진 것이 분명한 새로운 설명 — 을 제시했는데, 거기에서는 조화되지 않은 본능적인 경향은 〈이드〉로, 조직된 현실적인 부분은 〈자아〉로, 비판적이고 도덕적인 기능은 〈초자아〉로 불렸다.

지금까지 훑어본 내용으로 독자들은 프로이트의 삶에 있었던 외면적인 사건들의 윤곽과 그가 발견한 것에 대해 어느 정도 조망했을 것이다. 그런데 더 많은 것을 요구하는 것이, 좀 더 깊이 파고들어 가서 프로이트가 어떤 부류의 사람이었는지를 알아보는 것이 과연 적절할까? 아마도 그렇지 않을 것이다. 그러나 위인에 대한 사람들의 호기심은 만족할 줄 모르며, 그 호기심이 진실된 설명으로 충족되지 않으면 필연적으로 꾸며 낸 이야기라도 붙잡으려고 할 것이다. 프로이트는 초기에 낸 두 권의 책(『꿈의 해석』과 『일상생활의 정신 병리학』)에서 그가 제기한 논제로 인해 개인적인 사항들을 예외적으로 많이 제시하지 않을 수 없었다. 그럼에도 불구하고, 또는 바로 그런 이유로 그는 자기의 사생활이 침해당하는 것을 완강히 거부했으며, 따라서 여러 가지 근거 없는 얘깃거리의 소재가 되었다. 일례로 처음에 떠돌았던 아주 단순한 소문에 따르자면, 그는 공공 도덕을 타락시키는 데 온 힘을 쏟는 방탕한 난봉꾼이라는 것이었다. 또 이와 정반대되는 터무니없는 평가도 없지 않았다. 그는 엄격한 도덕주의자, 가차 없는 원칙주의자, 독선가, 자기중심적이고 웃지도 않는 본질적으로 불행한 남자로 묘사되었다. 그를 조금이라도 알고 있는 사람들이라면 누구에게나 위의 두 가지 모습은 똑같이 얼토당토않은 것으로 보일 것이다. 두 번째 모습은 분명히 부분적으로는 그가 말년에 육체적으로 고통받았다는 것을 아는 데서 기인한 것이다. 그러나 또 한편으로는 가장 널리 퍼진 그의 몇몇 사진이 불러일으킨 불행해 보이는 인상에 기인한 것일 수도 있다. 그는 적어도 직업적인 사진사들에게는 사진 찍히기를 싫어했으며, 그의 모습은 때때로 그런 사실을 드러냈다. 화가들 역시 언제나 정신분석학의 창시자를 어떻게든 사납고 무서운 모습으로 표현할 필요를 느꼈던 것처럼 보인다. 그러나 다행히도 좀 더 다정하고 진실한 모습을 보여 주는 다른 증거물들도 있다. 예를 들면 그의 장남이 쓴 아버지에 대한 회고록(마르틴 프로이트Martin Freud, 『명예로운 회상』, 1957)에 실려 있는, 휴일에 손자들과 함께 찍은 스냅 사진 같은 것들이다. 이 매혹적이고 흥미로운 책은 실로 여러 가지 면에서 좀 더 형식적인 전기들 ── 그것들도 매우 귀중하기는 하지만 ── 의 내용에서 균형을 회복하는 데 도움을 주는 한편, 일상생활을 하는 프로이트의 모습도 얼마간 드러내 준다. 이러한 사진들 가운데 몇 장은 그가 젊은 시절에 매우 잘생긴 용모였다는 것을 보여 준다. 하지만 나중에 가서는, 그러니까 제1차 세계 대전 뒤 병이 그를 덮치기 얼마 전부터는 더 이상 그렇지 못했고, 그의 용모는 물론 전체적인 모습(대략 중간 키 정도인)도 주로 긴장된 힘과 빈틈없는 관찰력을 풍기는 인상으로 널리 알려졌다. 그는 공식적인 자리에서는 진지하되 다정하고 사려 깊었지만, 사사로운 곳에서는 역설적인 유머 감각을 지닌 유쾌하고 재미있는 사람이기도 했다. 그가 가족에게 헌신적인 애정을 기울인 사랑받을 만한 남자였다는 것을 알아보기란 그리 어려운 일이 아니다. 그는 다방면으로 여러 가지 취미가 있었고 ── 그는 외국 여행과 시골에서 보내는 휴일, 그리고 등산을 좋아했다 — 미술, 고고학, 문학 등 좀 더 전념해야 하는 주제에도 관심이 많았다. 프로이트는 독일어 외에 여러 외국어에도 능통해서 영어와 프랑스어를 유창하게 구사했을 뿐 아니라, 스페인어와 이탈리아어에도 상당한 지식을 갖고 있었다. 또 그가 후기에 받은 교육은 주로 과학이었지만(대학에서 그가 잠시 철학을 공부했던 것은 사실이다), 김나지움에서 배웠던 고전들에 대한 애정 또한 잃지 않았다. 우리는 그가 열일곱 살 때 한 급우[4]에게 보냈던 편지를 가지고 있는데, 그 편지에서 그는 졸업 시험의 각기 다른 과목에서 거둔 성과들, 즉 로마의 시인 베르길리우스에게서 인용한 라틴어 구절, 그리고 무엇보다도 『오이디푸스왕』에서 인용한 30행의 그리스어 구절을 적고 있다.

한마디로 우리는 프로이트를, 영국에서라면 빅토리아 시대 교육의 가장 뛰어난 산물과 같은 인물로 볼 수도 있을 것이다. 그러므로 프로이트의 문학과 예술에 대한 취향은 분명 우리와 다를 것이며, 윤리에 대한 견해도 자유롭고 개방적일지언정 프로이트 이후 세대에 속하지는 않을 것이다. 그러나 우리는 그에게서 많은 고통을 겪으면서도 격한 태도를 보이지 않는, 충만한 감성을 지닌 인간형을 본다. 그에게서 두드러지는 특징들은 완전한 정직과 솔직성, 그리고 아무리 새롭거나 예외적이더라도 자기에게 제시된 사실을 어떤 것이든 기꺼이 받아들여 숙고할 준비가 되어 있는 지성이다. 그가 이처럼 놀라운 면을 지니게 된 것은, 아마도 표면적으로 사람들을 싫어하는 태도가 숨기지 못한 전반적인 너그러움을 그러한 특징들과 결합하여 확장시킨 필연적인 결과일 것이다. 미묘한 정신을 지녔음에도 불구하고 그는 본질적으로 순

4 에밀 플루스Emil Fluss. 이 편지는 『프로이트 서간집』(1960)에 들어 있다.

박했으며, 때로는 비판 능력에서 예기치 않은 착오를 일으키기도 했다. 예를 들어 이집트학이나 철학 같은 자기 분야가 아닌 주제에서 신빙성이 없는 전거(典據)를 받아들이는 실수를 한다든가, 그리고 무엇보다도 이상한 것은 그 정도의 인식력을 지닌 사람으로 믿기 어려울 만큼 때로는 그가 알고 있는 사람들의 결점을 보지 못한 것 등이 그렇다. 그러나 프로이트가 우리와 같은 인간이라고 단언함으로써 허영심을 만족시킬 수 있다 하더라도, 그 만족감은 쉽사리 도를 넘어설 수 있다. 이제까지는 정상적인 의식에서 제외되었던 정신적 실체의 모든 영역을 처음으로 알아볼 수 있었던 사람, 처음으로 꿈을 해석하고, 유아기의 성욕이라는 사실을 처음으로 인정하고, 사고의 1차적 과정과 2차적 과정을 처음으로 구분한 사람 — 우리에게 무의식을 처음으로 현실로 제시한 사람 — 에게는 사실상 매우 비범한 면들이 있었을 것이다.

프로이트 연보

1856년 5월 6일, 오스트리아 모라비아의 프라이베르크에서 태어남.

1860년 가족들 빈으로 이주, 정착.

1865년 김나지움(중등학교 과정) 입학.

1873년 빈 대학 의학부에 입학.

1876년 1882년까지 빈 생리학 연구소에서 브뤼케의 지도 아래 연구 활동.

1877년 해부학과 생리학에 관한 첫 번째 논문 출판.

1881년 의학 박사 과정 졸업.

1882년 마르타 베르나이스와 약혼. 1885년까지 빈 종합 병원에서 뇌 해부학을 집중 연구, 논문 다수 출판.

1884년 1887년까지 코카인의 임상적 용도에 관한 연구.

1885년 신경 병리학 강사 자격(프리바트도첸트) 획득. 10월부터 1886년 2월까지 파리의 살페트리에르 병원(신경 질환 전문 병원으로 유명)에서 샤르코의 지도 아래 연구. 히스테리와 최면술에 대해 소개하기 시작.

1886년 마르타 베르나이스와 결혼. 빈에서 개업하여 신경 질환 환자를 치료하기 시작. 1893년까지 빈 카소비츠 연구소에서 계속 신경학을 연구. 특히 어린이 뇌성 마비에 관심을 가지고 많은 출판 활동을 함. 신경학에서 점차 정신 병리학으로 관심을 돌리게 됨.

1887년 장녀 마틸데 출생. 1902년까지 베를린의 빌헬름 플리스와 교분을 맺고 서신 왕래. 이 기간에 프로이트가 플리스에게 보낸 편지는 프로이트 사후인 1950년에 출판되어 그의 이론 발전 과정에 많은 시사점을 주고 있음. 최면 암시 요법을 치료에 사용하기 시작.

1888년 브로이어를 따라 카타르시스 요법을 통한 히스테리 치료에 최면술을 이용하기 시작. 그러나 점차 최면술 대신 자유 연상 기법을 시도하기 시작.

1889년 프랑스 낭시에 있는 베르넴을 방문. 그의 〈암시〉 요법을 연구. 장남 마르틴 출생.

1891년 실어증에 관한 연구 논문 발표. 차남 올리버 출생.

1892년 막내아들 에른스트 출생.

1893년 브로이어와 함께 히스테리의 심적 외상(外傷) 이론과 카타르시스 요법을 밝힌 『예비적 보고서』 출판. 차녀 소피 출생. 1896년까지 프로이트와 브로이어 사이에 점차 견해차가 생기기 시작. 방어와 억압의 개념, 그리고 자아와 리비도 사이의 갈등의 결과로 생기는 신경증 개념을 소개하기 시작. 1898년까지 히스테리, 강박증, 불안에 관한 연구와 짧은 논문 다수 발표.

1895년 브로이어와 함께 치료 기법에 대한 증례 연구와 설명을 담은 『히스테리 연구』 출판. 감정 전이 기법에 대한 설명이 이 책에서 처음으로 나옴. 『과학적 심리학 초고』 집필. 플리스에게 보내는 편지 속에 그 내용이 포함되어 있는 이 책은 1950년에야 비로소 첫 출판됨. 심리학을 신경학적인 용어로 서술하려는 이 시도는 처음에는 빛을 보지 못했지만 프로이트의 후기 이론에 관한 많은 시사점을 담고 있음. 막내딸 아나 출생.

1896년 〈정신분석〉이란 용어를 처음으로 소개. 부친 향년 80세로 사망.

1897년 프로이트의 자기 분석 끝에 심적 외상 이론을 포기하는 한편, 유아 성욕과 오이디푸스 콤플렉스에 대해 인식하게 됨.

1900년 『꿈의 해석』 출판. 책에 표시된 발행 연도는 1900년이지만 실제로 책이 나온 것은 1899년 11월임. 이 책의 마지막 장에서 정신 과정, 무의식, 〈쾌락 원칙〉 등에 대한 프로이트의 역동적인 관점이 처음으로 자세하게 설명됨.

1901년 『일상생활의 정신 병리학』 출판. 이 책은 꿈에 관한 저서와 함께 프로이트의 이론이 병적인 상태뿐만 아니라 정상적인 정신생활에까지 적용된다는 것을 분명히 보여 주고 있음.

1902년 특별 명예 교수에 임명됨.

1905년 「성욕에 관한 세 편의 에세이」 발표. 유아에서 성인에 이르기까지 인간의 성적 본능의 발전 과정을 처음으로 추적함.

1906년 융이 정신분석학의 신봉자가 됨.

1908년 잘츠부르크에서 제1회 국제 정신분석학회가 열림.

1909년 프로이트와 융이 미국으로부터 강의 초청을 받음. 〈꼬마 한스〉라는 다섯 살 어린이의 병력(病歷) 연구를 통해 처음으로 어린이에 대한 정신분석을 시도. 이 연구를 통해

성인들에 대한 분석에서 수립된 추론들이 특히 유아의 성적 본능과 오이디푸스 콤플렉스 및 거세 콤플렉스에까지 적용될 수 있음을 확인함.

1910년 〈나르시시즘〉 이론이 처음으로 등장함.

1911년 1915년까지 정신분석 기법에 관한 몇 가지 논문 발표. 아들러가 정신분석학회에서 탈퇴. 정신분석학 이론을 정신병 사례에 적용한 슈레버 박사의 자서전 연구 논문이 나옴.

1912년 1913년까지 『토템과 터부』 출판. 정신분석학을 인류학에 적용한 저서.

1914년 융의 학회 탈퇴. 「정신분석 운동의 역사」라는 논문 발표. 이 논문은 프로이트가 아들러 및 융과 벌인 논쟁을 담고 있음. 프로이트의 마지막 주요 개인 병력 연구서인 『늑대 인간』(1918년에 비로소 출판됨) 집필.

1915년 기초적인 이론적 의문에 관한 〈초심리학〉 논문 12편을 시리즈로 씀. 현재 이 중 5편만 남아 있음. 1917년까지 『정신분석 강의』 출판. 제1차 세계 대전까지의 프로이트의 관점을 광범위하고도 치밀하게 종합해 놓은 저서임.

1919년 나르시시즘 이론을 전쟁 신경증에 적용.

1920년 차녀 사망. 『쾌락 원칙을 넘어서』 출판. 〈반복 강박〉이라는 개념과 〈죽음 본능〉 이론을 처음 명시적으로 소개.

1921년 『집단 심리학과 자아 분석』 출판. 자아에 대한 체계적이고 분석적인 연구에 착수한 저서.

1923년 『자아와 이드』 출판. 종전의 이론을 크게 수정해 마음의 구조와 기능을 이드, 자아, 초자아로 나누어 설명. 암에 걸림.

1925년 여성의 성적 발전에 관한 관점을 수정.

1926년 『억압, 증상 그리고 불안』 출판. 불안의 문제에 대한 관점을 수정.

1927년 『어느 환상의 미래』 출판. 종교에 관한 논쟁을 담은 책. 프로이트가 말년에 전념했던 다수의 사회학적 저서 중 첫 번째 저서.

1930년 『문명 속의 불만』 출판. 이 책은 파괴 본능(〈죽음 본능〉의 표현으로 간주되는)에 대한 프로이트의 첫 번째 본격적인 연구서임. 프랑크푸르트시로부터 괴테상(賞)을 받음. 어머니 향년 95세로 사망.

1933년 히틀러 독일 내 권력 장악. 프로이트의 저서들이 베를린에서 공개적으로 소각됨.

1934년 1938년까지 『인간 모세와 유일신교(有一神敎)』 집필. 프로이트 생존 시 마지막으로 출판된 책.

1936년 80회 생일. 영국 왕립 학회의 객원 회원으로 선출됨.

1938년 히틀러의 오스트리아 침공. 빈을 떠나 런던으로 이주. 『정신분석학 개요』 집필. 미완성의 마지막 저작인 이 책은 정신분석학에 대한 결정판이라 할 수 있음.

1939년 9월 23일 런던에서 사망.

『히스테리 연구』에 대하여

― 제임스 스트레이치, 앨릭스 스트레이치

이 책에 실린 「히스테리 현상의 심리 기제에 대하여: 예비적 보고서 Über den psychischen Mechanismus hysterischer Phäno-mene(Vorläufige Mitteilung)」는 1893년 1월 『신경학 중앙지 *Neurologisches Centralblatt*』에 처음 발표되었다가 1895년에는 『히스테리 연구 *Studien über Hysterie*』(1893~1895)의 한 장으로 실리게 되었다. 1909년에는 "The Psychic Mechanism of Hysterical Phenomena(Preliminary Communication)"라는 제목으로 브릴A.A.Brill에 의해 영역되어 『히스테리 연구』와 함께 뉴욕에서 출간된 『히스테리와 그 밖의 정신 신경증에 관한 논문집 *Selected Papers on Histeria and Other Psychoneuroses*』에 수록되었다.

『히스테리 연구』는 1895년 라이프치히와 빈에서 첫 독일어판이 출간되었다. 1909년에는 첫 번째 영어 번역판(브릴 번역)이 *Studies in Hysteria*라는 제목으로 『히스테리와 그 밖의 정신 신경증에 관한 논문집』에 실렸다(아나 O., 에미 폰 N., 카타리나의 사례와 브로이어의 이론적인 장 제외). 1936년에는 프로이트가 1925년 부가한 각주 외에는 완역되어 뉴욕에서 출간되었다.

『히스테리 연구』에 관한 몇 가지 역사적인 사실

본 연구서의 기본이 되는 아나 O.의 치료는 1880년부터 1882년까지 요제프 브로이어에 의해 이루어진 것이다. 그때 이미 브로이어는 커다란 병원을 소유한 의사로, 또 과학적 성과를 이룬 사람으로 빈에서 큰 명성을 얻고 있었다. 그러나 지크문트 프로이트(1856~1939)는 단지 의사로서의 자격만 갖추고 있었을 뿐이다. 두 사람은 수년 전부터 서로 친구였다. 치료는 1882년 6월 초에 끝났고, 그해 11월 브로이어는 프로이트에게 이 놀라운 이야기를 들려주었다. 프로이트에게는 (당시 그의 주요 관심사가 신경계의 해부에 관한 것들이었음에도 불구하고) 그 이야기가 상당히 인상 깊었다.

약 3년 후 파리의 샤르코 밑에서 프로이트는 주로 히스테리에 관하여 연구하게 된다. 그리고 1886년 그가 빈으로 돌아와서 신경 질환을 치료하는 진료소를 세웠을 때 히스테리 환자들이 그의 환자들 중에 많은 부분을 차지했다. 처음에 그는 당시 많이 사용되던 수(水)치료, 전기 치료, 마사지, 그리고 웨어-미첼Weir-Mitchell의 휴식 치료에 의존했다. 그러나 이러한 치료법들이 만족스러운 효과를 내지 못하자 그는 1887년 후반에 최면을 채택했다. 그러나 아나의 사례는 그때도 그의 마음 한구석에 자리 잡고 있었고, 그것도 〈처음부터〉 그러했다. 그는 우리에게 다음과 같이 말했다.[1] 〈나는 처음부터 최면을, 최면적 암시 이외에도 다른 방식으로 응용하고 있었다.〉 〈다른 방식〉은 바로 카타르시스 요법으로서 이 책의 주제가 되고 있다.

에미 폰 N. 부인의 사례는 우리가 프로이트에게서 배우게 되는 첫 번째 사례로서 카타르시스 요법으로 치료했다.[2] 1925년 판에

1 「나의 이력서」(프로이트 전집 15, 열린책들).

첨가된 각주에서 그는 이것에 관해 설명하면서 〈상당 부분〉이 방법을 사용한 첫 번째 사례라고 말했다. 그리고 이러한 초기 시점에 그가 아직도 계속적으로 전통적인 방법으로 최면을 사용하고 있던 것은 사실이다(그는 직접 치료적 암시를 주었다). 그가 에미 부인의 사례에서 이것을 사용한 정도는 치료가 처음 시작된 2~3주일에 걸친 매일매일의 보고서로 분명히 알 수 있다. 그는 매일 저녁 기록을 했는데, 이것을 보고서에 옮겨 썼다. 우리는 언제 그가 이 사례를 시작했는지 확실하게 알지 못한다. 그것은 1888년이나 1889년의 5월이었다. 즉 그가 최면을 채택한 지 4개월 내지 16개월이 지난 뒤였다. 치료는 1년 뒤 1889년이나 1890년 여름에 끝났다. 어느 쪽이 옳건 다음 사례의 환자를 치료하기까지는 상당한 공백기가 있었던 것이 사실이다(사례 발표순이 아니라 치료한 사례의 연대순으로 볼 때). 엘리자베트 폰 R. 양이 바로 다음 사례로서, 프로이트가 〈처음으로 완전한 기간 동안 히스테리를 분석한〉 사례였다. 엘리자베트를 치료한 뒤 곧 루시 R. 양을 분석했다.[3] 마지막 남은 사례인 카타리나의 경우 아무런 날짜가 표시되어 있지 않다. 1889년과 1892년 사이에 프로이트는 분명히 그 외에 다른 사례들을 경험했을 것이다. 특히 체칠리 M. 부인의 사례가 그러한데, 프로이트는 이 책에 언급된 그 어느 환자보다도 더 잘 아는 환자이지만 〈개인적 배려〉 때문에 자세히 보고할 수가 없었다고 했다. 그러나 프로이트나 브로이어는 그녀에 대해 자주 논했는데 이 책을 읽다 보면 프로이트가 다음과 같이 쓴 것을 보게 된다. 〈이 놀라운 사례에 영향을 받아 브로이어와 함께

2 그러나 에미 부인의 사례를 보면 체칠리 M. 부인이 먼저라는 생각이 든다. 그러나 이 인상은 아마도 문장을 풀어쓸 때의 모호성 탓인 듯싶다.

3 이 두 사례의 분석은 「예비적 보고서」의 간행 당시 막 시작되었음을 주지하라.

「예비적 보고서」를 발간하기에 이르렀다.〉

이 획기적인 논문의 초고는 1892년 6월에 시작되었고, 초고를 진행시키면서 프로이트는 빌헬름 플리스Wilhelm Fließ에게 편지들과 원고들을 보냈다. 프로이트가 묘사하기를 〈동료와의 긴 투쟁〉 끝에 「예비적 보고서」는 간행되었다. 발표 시에 그 논문은 빈이나 독일에 별로 눈에 띌 만한 영향을 끼치지 않은 듯했다. 그러나 프랑스, 영국, 스페인에서는 반응이 꽤 좋았다. 그런 뒤 저자들은 사례 소개와 이론적인 장을 준비했고, 또다시 프로이트는 1895년 책이 간행될 때까지 플리스에게 진행 사항을 보고했다. 독일 의학계에서 『히스테리 연구』는 확실히 잘 받아들여지지 못했다. 그러나 영국에서는 찬사로 가득 찬 매우 긴 서평들이 발표되었다.

『히스테리 연구』의 재판이 필요해진 시점은 이미 출판이 발간된 지 10년 이상 지난 뒤였고, 그때는 이미 두 저자의 길이 갈린 상태였다. 1909년 드디어 2쇄가 나왔을 때는 두 개의 개별적인 저자 서문만 첨부되었을 뿐이다. 이때 본문은 달라진 것이 없고 이후 브로이어 생전에 재판이 두 번 더 나오게 된다.

『히스테리 연구』가 정신분석에 대해 갖는 의미

『히스테리 연구』는 통상 정신분석의 시작점으로 간주된다. 이것이 사실인지, 또 사실이라면 어떤 면에서 그러한지를 잠시 생각해 볼 가치가 있다. 여기서 기술된 기술적 절차들과 그 절차들이 이끌어 낸 임상적 발견들이 어느 정도, 또 어떤 방식으로 정신분석의 길을 다져 놓았는가? 여기서 제의한 이론적 견해들이 프로이트의 후기 학설에 어느 정도로 수용되었는가?

아마도 프로이트의 업적 중에 가장 중요한 것은 인간의 마음을 과학적으로 탐구하는 첫 번째 도구를 고안했다는 사실일 것이다. 그리고 이 책에서 가장 흥미로운 점 중 하나는 그 도구가 초기에 어떻게 발달했는가를 우리가 되짚어 볼 수 있게 해준다는 것이다. 이 책은 단지 일련의 장애물을 극복해 가는 이야기를 들려주고 있지 않다. 오히려 극복해야 하는 일련의 장애물들을 〈발견〉하는 것에 관한 이야기이다. 브로이어의 환자였던 아나 자신이 그 첫 번째 장애물을 보여 주었고, 또한 그것을 극복했다 ─ 그 장애물은 바로 이 히스테리 환자의 기억 상실이었다. 기억 상실의 존재가 보였을 때 즉시 깨달은 사실은 이 환자의 외견상에 드러난 정신이 정신의 전부가 아니라는 사실, 외견상의 정신 저 너머에 〈무의식적〉인 정신이 놓여 있다는 사실이었다. 따라서 이러한 무의식적 정신을 탐구하는 데 일상적으로 사용되는 연구법으로는 충분하지 않으리라는 것이었다. 어떤 특수한 도구가 분명히 요청되고 있었고, 최면 암시가 명백히 그 도구였다 ─ 이 최면 암시는 직접적인 치료 목적으로 사용된 것이라기보다는 환자를 설득해 정신의 무의식적 영역에서 소재를 이끌어 내도록 하기 위해 사용되었다. 아나의 경우 이 도구를 아주 조금만 사용하면 될 듯했다. 그녀는 그녀의 〈무의식〉에서 줄줄이 소재를 이끌어 냈고, 브로이어가 해야 할 일은 그저 옆에 앉아 말을 중단시키지 않고 들어 주는 것이 전부였다. 그러나 이 일은 상상하는 것만큼 쉽지 않았고 에미 부인의 사례사를 보면, 여러 시점에서 프로이트가 최면 암시를 새로이 사용하는 이 기법을 적용하면서, 그리고 방해하거나 지름길을 택하지 않고 환자가 말하고자 하는 바를 들어 주는 것을 얼마나 힘들어했는지를 알 수 있다. 더군다나 모든 히스테리 환자가 아나처럼 그렇게 유순하지 않았다. 또한 아나가 쉽게 빠져 들어간 깊은 최면 상태도 누구에게서나 다 쉽게 얻어질 수 있는 것이 아니었다. 그리고 여기에 더 심한 장애물이 있다. 즉 프로이트는 그 자신이 최면에 능한 편이 못 된다고 우리에게 이야기하고 있는 것이다.

그는 이 책에서 자신이 어떻게 이 어려움을 교묘히 피했는지, 그가 어떻게 해서 최면 상태에 빠뜨리려는 시도를 점차로 포기하고 단지 환자를 〈정신 집중〉 상태로 이끄는 데(또 가끔 이마의 압박법을 사용하면서) 만족을 느끼게 되었는지 누차 설명했다. 그러나 이것은 결국 최면을 버린 것이었으며 이로 인해 정신 과정에 대한 그의 통찰력은 더욱 넓어졌다. 그럼에도 또 다른 장애물이 존재한다는 것이 드러났다 — 환자가 치료에 대해 갖는 〈저항〉이 바로 그것이다. 자기를 치유시키는 데 협조를 하지 않는다는 말이다. 이러한 비협조를 어떻게 다루어야 했을까? 윽박지르거나 암시로 없애야 했을까? 아니면 다른 정신 현상과 마찬가지로 탐구의 대상에 불과한가? 프로이트는 두 번째 선택을 했기 때문에 미지의 세계로 진출하여 전 생애 동안 탐색하게 된다.

『히스테리 연구』에 이어 프로이트는 의도적 암시는 멀리하게 되었고, 환자의 〈자유 연상〉의 흐름에 더욱 의존하게 되었다. 그리하여 꿈-분석이라는 길이 열렸다. 꿈-분석을 통해 처음으로 그는 정신의 〈일차적 과정〉에 작용하는 것들에 대한 통찰력을 얻었고, 이 〈일차적 과정〉이 우리가 더 쉽게 접근할 수 있는 산물들에 어떻게 영향을 주는지도 알게 되었다. 그리하여 그는 새로운 도구 — 즉 〈해석〉이라는 도구 — 를 얻게 된다.

두 번째로 꿈-분석은 프로이트 자신의 자기 분석을 가능하게 했고, 그 결과 유아기의 성이라든지 오이디푸스 콤플렉스라는 개념을 발견해 냈다. 이 모든 것은, 이 책을 쓸 당시에는 실마리만 제공했을 뿐 아직도 풀어 가야 할 과제로 놓여 있었다. 그러나 이미 프로이트는 이 책의 마지막 쪽에서 연구자의 길을 가로막는 또 하나의 장애물을 제시했다. 〈전이〉가 바로 그것이다. 프로이트는 그때 이미 전이의 막강함을 어슴푸레하게 알아차리기 시작했고, 아마도 그때 이미 그것이 장애물일 뿐 아니라 심리 분석 기법의 주요 도구의 하나로 쓰일 수 있음을 깨닫기 시작했다.

「예비적 보고서」에서 저자들은 이론적 측면에서 표면적으로는 단순한 입장을 취한 것 같다. 일의 정상적인 경과에 따른다면, 저자들은 어떤 경험에 많은 양의 〈감정〉이 수반되면 그 감정은 여러 다양한 의식적 반사 작용을 통해 〈발산〉되든지 다른 의식적 정신 소재와 연합되어 점차로 사그러든다고 전제한다. 반면 히스테리 환자에게는 그중 어떤 일도 생기지 않는다(그 이유는 우리가 곧 언급할 것이다). 그래서 감정은 〈꽉 눌려진 채〉 남아 있게 되고 그 감정이 얽힌 경험에 대한 기억은 의식으로부터 차단된다. 그 이후로 감정이 얽혀 있는 기억은 히스테리 증상들에서 나타나는데, 이것들은 〈기억의 상징〉, 즉 억눌린 기억의 상징으로 간주된다. 이 병적인 결과의 발생을 설명해 주기 위해 두 가지 주된 이유들이 상정되었다. 하나는, 환자의 마음이 특히 분열 상태일 때, 소위 〈유최면〉 상태일 때 원래의 경험이 일어난다는 것이다. 또 다른 하나는, 그 경험은 환자의 〈자아〉가 자신과 〈양립할 수 없는〉 것으로 간주하여 〈쫓아내 버린〉 경험이라는 것이다. 두 경우 모두 같은 근거에서 〈카타르시스적〉 절차가 치료 효과를 보는 이유라고 할 수 있다. 즉 만약 원래의 체험이 그 얽힌 감정과 함께 의식으로 불러일으켜질 수 있다면, 그 감정은 바로 그 사실로 인해 발산되거나 〈소산〉된다. 그리고 증상을 유지시켰던 힘은 작용이 중지되고, 따라서 증상 자체가 사라진다.

이 모든 것은 꽤 명백해 보인다. 그러나 조금만 숙고하면 많은 것이 아직 설명되지 않았음을 알게 된다. 왜 감정이 〈발산〉되어 야만 하는가? 그리고 감정이 발산되지 않은 결과가 왜 그토록 강력한가? 이러한 바탕에 깔린 문제들은 「예비적 보고서」에서 전혀 고려되지 않았다. 그렇지만 그런 문제에 대한 설명을 제공하는 가설은 이미 존재하고 있었다. 매우 이상하게도 「예비적 보고서」에서는 이에 관해 언급하지 않고 「예비적 보고서」와 유사한 내용의 강의에서 프로이트 자신이 언급했던 것이다. 이 기본 가정은 1895년 브로이어가 쓴 이 책의 이론적인 장에서 공식적으로 만들어졌고 이름까지 붙여졌다. 프로이트 이론의 가장 핵심적인 사항을 브로이어가 처음으로 완전하게 논의했다는 사실은 흥미롭다. 그리고 프로이트 자신은, 비록 그가 가끔 그 주제를 언급하긴 했지만 「쾌락 원칙을 넘어서」를 저술할 때까지 한 번도 그 주제에 대해 확실하게 거론한 적이 없었던 것이다. 오늘날 우리가 알고 있듯이 프로이트는 이 가설을 〈D 원고〉로 불렀고, 이것을 1894년경 플리스에게 보냈다. 플리스는 그것을 꼼꼼히 읽은 다음에 다른 제목으로 『과학적 심리학 초고』라는 책에 포함시켰다. 이 책은 『히스테리 연구』를 발간하고 몇 달 후 집필한 것이다. 그러나 〈D 원고〉나 『과학적 심리학 초고』 모두 프로이트 사후에 발행되었다.

〈항상성 원리Konstanzprinzip〉(이것이 바로 문제의 가설에 붙여진 이름이다)는 프로이트 자신이 「쾌락 원칙을 넘어서」에서 사용한 용어로 정의될 수 있다. 〈정신 기관은 내부에 존재하는 흥분량을 가능한 한 낮게, 혹은 적어도 일정하게 유지하려고 노력한다.〉 브로이어는 다음과 같이 비슷하기는 하지만 좀 더 신경학적인 용어로 진술했다. 〈대뇌 안의 흥분을 일정하게 유지하려는 경향.〉 이에 대해 논의하면서 브로이어는 히스테리의 병인론에서 감정이 중요한 까닭은 감정이 많은 양의 흥분을 수반하기 때문이라고 주장하면서 이 흥분이 항상성 원칙에 따라 발산을 요한다고 했다. 또한 유사하게, 외상적 체험이 병인이 되는 힘을 갖는 이유는 그 체험들이 정상적인 방식으로 다루기에는 너무도 많은 양의 흥분을 일으키기 때문이라는 것이다. 따라서 『히스테리 연구』의 근저에 깔린 본질적인 이론적 입장은 다음과 같다. 즉 감정을 소진시킬 임상적 필요성과 감정이 억눌려진 결과 병인이 되는 것이 흥분의 양을 일정하게 유지하려는 일반적 경향(항상성 원칙으로 표현되는)으로 설명된다는 것이다.

『히스테리 연구』의 저자들이 히스테리 현상의 원인으로 단지 외상과 그 외상에 대한 지워지지 않는 기억만을 꼽고 있다고, 또 나중이 되어서야 프로이트가 그 강조점을 유아기의 외상*Trauma*에서 유아기의 환상*Phantasie*으로 옮긴 다음 정신 과정에 대한 〈역동적〉 견해(그의 견해에서 상당히 중요한)에 도달했다고 생각하기도 한다. 그러나 방금 말한 대로 항상성 원칙에서 이 역동적 가설이 이미 외상 이론이나 소산 이론의 바탕에 깔려 있었다는 것을 독자는 알게 될 것이다. 그리고 경험과 대비되는 본능이 경험보다 훨씬 더 중요하다고 간주하는 시기가 왔을 때 이 기본 가설을 수정할 필요가 없었다. 사실상 브로이어는 이미 발산해야 하는 흥분을 증가시키는 요인으로 본능, 특히 성적 본능의 중요성을 강조했다. 더군다나 자아와 양립 불가능한 관념의 갈등과 억압이라는 개념은 불쾌하게도 흥분의 증가로 생겨난다. 이것은 더 나아가 프로이트가 「쾌락 원칙을 넘어서」에서 지적했듯 〈쾌락 원칙〉 자체가 밀접하게 항상성 원칙과 맞물려져 있고 더군다나 항상성 원칙을 목적으로 쾌락 원칙이 작용한다는 결론이 나온다. 프로이트가 후기 연구에서 본능의 속성으로 든 〈보수적인〉 특성과 〈반복 강박〉 또한 〈항상성 원칙〉이 작용한 것이다. 그렇게 본다면 이 책의 논문들이 근거로 삼은 가설을 당시 프로이트가 자신의 추론에서 근본적인 것으로 간주하게 되었다는 사실이 분명해진다.

브로이어와 프로이트의 차이점

브로이어와 프로이트 간의 개인적인 관계는 어니스트 존스의 전기 첫째 권에 잘 묘사되어 있으며, 여기서 관심을 가져야 할 부분은 아니다. 그러나 그들 간의 〈학문적인〉 차이에 관해서 간단히 논하는 것은 흥미 있는 일일 듯하다. 그러한 차이의 존재는 초판의 서문에 공개적으로 언급된 바 있지만 전체 책의 여러 구성 요소의 기원에 관한 책임을 확실하게 구분하기는 쉽지 않다.

의심할 바 없이 후기의 기법 발달, 그리고 저항, 방어, 그로 인한 억압에 대한 중추적 이론 개념은 프로이트의 것이라고 말할 수 있다. 이러한 개념들이 어떻게 해서 최면을 압박법으로 대치한 뒤에 발견되었는지에 관한 설명이 이 책에 나와 있다. 프로이트 자신이 「정신분석학 운동의 역사」에서 〈억압 이론은 전체 정신분석의 구조를 떠받치고 있는 초석이다〉라고 선언한 바 있다. 같은 문단에서 그는 억압의 개념에 대한 힌트를 쇼펜하우어[4]에서 볼 수 있다고 언급했다(그러나 프로이트는 만년이 되어서야 쇼펜하우어의 글을 읽었다). 그리고 〈억압〉이라는 단어가 심리학자인 헤르바르트[5]의 글에 나온다고 지적한 적도 있다. 헤르바르트의 개념들은 프로이트 주위의 여러 사람에게 많은 영향을 끼쳤고, 특히 프로이트의 정신 의학 스승인 마이네르트T. H. Meynert에게

---

4 『의지와 표상으로서의 세계*Die Welt als Wille und Vorstellung*』(라이프치히, 1844).
5 『과학으로서의 심리학*Psychologie als Wissenschaft*』(쾨니히스베르크, 1824).

그러했다. 그러나 그러한 것들이 프로이트 이론의 독창성을 손상시키지는 못한다. 프로이트의 이론은 「예비적 보고서」의 앞 부분에서 표현했듯이 경험에 근거한 것이다.

한편 브로이어가 〈유최면 상태〉라는 개념을 창안해 냈다는 것은 의심할 여지가 없다. 〈유최면 상태〉에 관해서는 곧 논의할 것이다. 또한 〈카타르시스〉와 〈소산〉이라는 용어 또한 브로이어가 창안한 것 같다.

그러나 『히스테리 연구』에 나오는 많은 이론적 결론은 두 저자 간의 토론의 산물임에 틀림없다. 그리고 그러한 경우에 우위를 결정하는 데 따르는 난점을 브로이어 자신이 언급한 바 있다. 샤르코의 영향은 별문제로 하고(프로이트는 그의 영향을 계속 주장한다) 브로이어와 프로이트 둘 다 헬름홀츠Helmholz 학파 사람들에게 큰 영향을 받았다는 것을 기억할 필요가 있다. 그들의 스승인 에른스트 브뤼케Ernst Brücke는 헬름홀츠 학파의 걸출한 학자였다. 그리고 또한 심리-물리학자인 페히너G. Fechner도 큰 영향을 미쳤다. 브뤼케와 페히너 둘 다 『히스테리 연구』의 기저가 되는 이론들을 도출해 내는 데 도움이 되었는데, 그들의 믿음, 즉 모든 자연 현상은 결국 물리적 힘과 화학적 힘으로 설명될 수가 있다는 믿음이 그러했다.

우리가 이미 본 바대로 비록 브로이어가 〈항상성 원칙〉이라는 이름을 붙여 처음으로 언급하긴 했어도 그 가설의 성립은 프로이트의 공으로 돌리고 있다. 마찬가지로 그는 〈전환〉에도 프로이트의 이름을 붙였는데, 프로이트 자신은 그 〈단어〉만 자신의 것이며, 그 개념은 둘이 함께 만들어 낸 것이라고 선언했다. 한편 브로이어의 공으로 돌릴 만한 매우 중요한 개념들이 여러 개가 있다. 그중에는 환각Halluzination이 이미지에서 지각으로 〈퇴행〉되는 것이라는 개념, 지각과 기억의 기능은 동일한 기관으로 수행될 수 없다는 명제, 그리고 마지막으로 가장 놀랍게도, 속박된 심리 에너지와 속박되지 않은 심리 에너지 사이의 구분과 일차적 및 이차적 심리 과정 간의 상호 관련된 특성을 들 수 있다.

〈리비도 집중Besetzung〉이라는 용어는 정신분석 이론에서의 의미로 에미 부인의 사례에서 처음으로 등장하는데, 아마도 이것은 프로이트의 공인 것 같다. 정신 기관의 전체나 일부가 에너지 충전을 맡고 있다는 생각은 물론 항상성 원칙의 전제가 된다. 『히스테리 연구』가 간행될 당시 프로이트는 〈집중〉을 순전히 생리적 의미로 간주했는데 『과학적 심리학 초고』의 제1장 2절에 다음과 같이 정의한다. 〈우리가 뉴런에 대한 설명과 양(量)의 이론에서의 접근을 결합시킨다면 《집중된》 뉴런의 개념에 도달한다. 이 뉴런들은 다른 때는 비어 있지만 이제 일정량이 차게 된 것이다.〉

이 당시 프로이트의 이론에서 신경학적 편향은 불변성의 원칙이 『과학적 심리학 초고』의 같은 문단에서 진술된 형태를 보면 더 잘 알게 된다. 〈뉴런의 무력증 원리〉라는 이름이 붙어 있고, 〈뉴런은 자신의 분량을 덜어 내려는 경향이 있다〉라고 주장했다. 프로이트는 생의 초기에 신경학자로서 훈련을 받고 경험도 쌓았기 때문에 결론으로서 심리학적인 설명을 수용하려고 들지 않았다. 그러나 1895년 그는 정신적으로 병든 상태에 대해 생리학적인 설명이 아닌 심리학적인 설명을 하게 되는 과도기에 들어서게 된다. 1905년이 되자 그는 처음으로 〈집중〉을 순전히 심리적인 의미로 사용하는 것 외의 모든 사용을 공식적으로 거부하고 신경 다발이나 뉴런을 정신 연상의 통로와 동일하게 취급하려는 모든 시도를 거부했다.[6]

6 『농담과 무의식의 관계』(프로이트 전집 6, 열린책들).

그러나 브로이어와 프로이트 사이에 드러나는 본질적인 학문의 차이는 무엇인가? 정말 중요한 것이 두 가지 있는데, 둘 다 히스테리의 병인론과 관계가 있다. 첫 번째는 〈유최면 상태 대(對) 방어 신경증〉으로 묘사할 수 있다. 함께 집필한 「예비적 보고서」에서 두 병인론이 모두 수용되었다. 브로이어는 그의 이론적 장에서는 유최면 상태에 가장 강조점을 두었지만, 또한 약간 내키지 않는 듯하지만 〈방어〉의 중요성도 강조했다. 프로이트는 카타리나의 사례사를 소개하면서 〈유최면 상태〉라는 개념을 받아들이는 듯하다. 그리고 엘리자베트의 사례사에서도 명확하지는 않지만 그 개념을 수용했다. 프로이트의 이론적 장에 가서야 유최면 개념에 대한 그의 회의가 명백해진다. 〈유최면 상태〉에 대한 최후의 거부는 각주에 있는 〈도라〉의 사례사에서 공식적으로 선언되었다. 그는 그 각주에서 〈유최면 상태〉라는 용어가 〈불필요하며 잘못된 생각으로 인도하는 것〉이라고 말하면서 그 가정은 〈전적으로 브로이어가 주도해서 불거져 나온 것〉이라고 했다.

　　그러나 뭐니 뭐니 해도 프로이트가 후에 주장한 바 두 저자 사이의 의견에서 주요 차이점은 히스테리의 인과 관계에서 성적 충동이 하는 역할과 연관되어 있다. 그러나 여기서도 또한 〈표현된〉 차이는 기대한 것보다 분명하지 않으리라. 프로이트가 히스테리의 근원으로 성적인 근원을 믿었다는 것은 그의 심리 치료 장에서의 논의를 통해 충분히 알 수 있다. 그러나 그는 그 어느 곳에도 나중에 그가 주장했듯이 히스테리 환자들의 경우 성적인 병인이 있게 마련이라는 주장을 펴지 않고 있다. 반면 브로이어는 여러 지점에서 신경증에서 성이 중요한 역할을 한다는 것을 강하게 말한다. 예를 들어 그는 다음과 같이 말한다. 〈성적 본능은 의심할 여지 없이 흥분을 지속적으로 증가시키는(따라서 신경증을 일으키는) 가장 강력한 근원이다.〉 또한 그는, 〈여성들이 앓는 심한 신경증의 대부분은 원앙금에 그 근원을 두고 있다〉라고 했다.

두 저자의 학문적 동업자 관계를 와해시킨 이유에 대한 만족할 만한 설명을 찾기 위해서는 행간에 숨겨진 내용을 볼 필요가 있는 것 같다. 프로이트가 플리스에게 보낸 편지를 보면 브로이어는 의심과 주저함이 많은 사람으로 자신의 결론에 대해 결코 확신이 없었다. 이러한 점은 『히스테리 연구』에 쓴 브로이어의 글들을 통해 어느 정도 읽을 수 있다. 그리고 자기 자신의 훌륭한 발견을 반은 두려워하는 사람이라는 생각을 가지게 된다. 결정 나지 않은 발견들이 아직도 더 많이 기다리고 있으리라는 생각에 브로이어는 더욱더 당황했음에 틀림없다. 대신 프로이트는 자신의 동업자가 엉거주춤 주저하는 것을 보고 짜증이 났고 훼방받는다고 느꼈음에 틀림없다.

후기 저술의 몇몇 구절에서 프로이트는 『히스테리 연구』와 브로이어를 많이 언급했다. 다음의 몇 가지 예가 프로이트의 태도를 다각적으로 보여 줄 것이다.

프로이트는 『히스테리 연구』 이후 수년 동안 간행한 저술에서 자신의 방법과 이론들을 짧게 약술한 적이 많았다. 그는 그런 구절들에서 〈정신분석〉과 카타르시스 요법 간의 차이를 분명히 하는 데 — 정신분석의 기법 개선, 히스테리 외의 신경증에까지 기법 적용의 확장, 〈방어〉라는 동기의 설정, 성적 병인론의 주장, 그리고 이미 우리가 본 대로 〈유최면 상태〉의 거부 등에서 — 애를 먹고 있었다. 여러 해가 흐른 다음에야 프로이트는 자신의 작업에 대해 역사적으로 개관할 기회를 갖게 된다. 그런 뒤 미국에서 다섯 번의 강연을 통해 그는 자신의 작업과 브로이어의 작업 사이의 연속성을 어떻게 설정해야 할지 전전긍긍했다. 사실상 당시 보여 준 인상으로는 프로이트가 아니라 브로이어가 정신분석의 진짜 창시자였다.

그런 다음에 쓴 기다란 회고조의 논문인 「정신분석학 운동의 역사」에서는 판이하게 다른 논조를 보인다. 여기서 프로이트는 브로이어에게 진 빚이 아니라 자신이 브로이어와 다른 점을 강조했고, 브로이어를 정신분석의 창시자로 보는 견해를 공개적으로 부인했다. 또한 이 논문에서 프로이트는 브로이어가 성적 전이에 부딪혔을 때 보인 무력감에 대해 상세히 부연했고, 아나 O. 양의 분석을 중지시켰던 〈성가신 사건〉도 폭로했다.

그다음에는 〈사죄〉나 다름없는 태도가 뒤따랐다 — 이미 앞에서 언급한 바와 같이 생각지도 않게 〈속박된〉 에너지와 〈속박되지 않은〉 에너지 사이, 그리고 일차적 과정과 이차적 과정을 구분한 브로이어의 업적을 인정해 주었다. 이 인정은 1905년 발표한 「무의식에 관하여」의 각주에서 처음으로 나타났고, 「쾌락의 원칙 넘어서」에서도 반복되었다. 이후 얼마 지나지 않아 프로이트는 미국 판에 다음과 같이 썼다. 〈카타르시스 요법은 정신분석이 생기기 바로 전의 선구 형태이다. 그리고 경험의 확장과 이론의 수정에도 불구하고 정신분석의 중심 핵으로서 그 안에 포함된다.〉

프로이트가 그다음으로 길게 쓴 자전적 기록인 「나의 이력서」에서는 또다시 협력 작업으로부터 후퇴한 듯하다. 프로이트는 다음과 같이 썼다. 〈이제까지의 서술에서 『히스테리 연구』의 실질적인 내용이 브로이어의 정신적 재산이라는 인상을 주었다면 그것이 바로 내가 항상 주장해 왔고, 여기서도 말하고 싶은 것이다. 오늘날에 와서는 어느 부분이 내가 연구해 낸 이론인지 자세히 규명할 수 없을 정도로 이 책은 공동의 노력을 기울인 것이다. 그 이론은 신중하게 기술되었으며, 관찰한 결과를 직접적으로 서술

하는 정도를 거의 넘어서지 않았다.〉

　얼마 지나지 않아 브로이어는 죽었다. 아마도 두 사람이 함께 쓴 이 책의 해설을, 프로이트가 쓴 브로이어에 대한 사망자 약력을 인용함으로써 끝맺는 것이 적절할 듯 싶다. 브로이어가『히스테리 연구』의 발행을 주저했다는 것과, 브로이어를 설득해 간행하도록 한 공로를 세웠다는 이야기를 하면서 그는 덧붙였다.〈그가 나의 설득에 굴복하고『히스테리 연구』의 간행을 준비하고 있을 때 그 논문들의 중요성에 대한 그의 판단이 확인된 듯 싶었다. 그는 나에게 다음과 같이 말했다.《내가 믿기로는, 이것이 바로, 우리가 세상에 주어야 하는 가장 중요한 것이네》. 그의 첫 번째 환자에 대한 사례사 외에도 브로이어는『히스테리 연구』에 실린 이론적 논문을 집필했다. 그것은 결코 시대에 뒤진 것이 아니다. 오히려 반대로 지금까지도 충분히 설명되지 못한 생각과 제안들을 내포한다. 이론적인 에세이인 이 책에 몰두한 사람이라면 누구나 이 사람의 정신적 구조에 관해 올바른 인상을 갖게 될 것이다. 이 사람의 학문적 흥미는, 애통하게도 그의 오랜 생애에서 단 한 번의 짧은 기간 동안만 정신 병리의 방향으로 나아갔다.〉

히스테리 그리고 정신분석

히스테리란

일반적으로 〈환자가 히스테리 증상을 보인다〉라는 말은, 의학적인 검사를 했지만 증상에 관해 아무런 신체적 이상이 드러나지 않았고, 심리적으로 정신적 스트레스, 갈등, 관심 추구 등을 드러낸다는 말이다.

현재 미국 정신 과학회가 제정한『정신 장애의 진단 기준 및 통계 편람 제4판 *DSM-IV: The Diagnostic and Statistical Manual of Mental Disorders-IV*』에서 히스테리는 신체화 장애 *somatization disorder*라는 명칭으로 통용된다. 이 신체화 장애는 신체형 장애 범주 *somatoform disorders*에 포함된다. 신체형 장애에는 신체화 장애 외에도 통증 장애, 전환 장애 등이 포함되어 있다. 신체형 장애들의 공통적인 특성은 신체 증상들을 보이지만 신체 의학적인 상태나 약물로 완전히 설명되지 않는다는 점이다. 즉 신체적인 이유로 병을 앓는 것 같지 않다는 얘기다. 그리고 꾀병과는 달리 신체 증상이 고의적이지 않다(즉 환자의 의지로 증상을 조절할 수 있는 것이 아니다).

신체화 장애는 통증, 소화기 계통 증상, 성적 증상 그리고 신경과 증상과 비슷한 증상들이 합쳐진 복합 증세들이 30세 이전에 시작되는 것이다. 진단 기준으로 이에 덧붙여 적어도 몸이나 기능의 네 군데 이상(몸의 경우 머리나 배, 기능의 경우 월경이나 소변 보기 등)에서 통증이 따라야 한다. 또한 통증 말고도 둘 이상의 소화기 계통 증상이 있어야 한다. 신체화 장애를 지닌 사람들은 대부분 아랫배가 더부룩하고 메스꺼운 증세를 호소한다. 적어도 하나 이상의 성적인 혹은 생식기 관련 증상이 있어야 한다. 여성들에게는 불규칙적인 생리, 월경 과다증, 임신 중 내내 토하는 것이 그러한 증상의 예이다. 진단 기준의 마지막으로 신경계 이상을 의심케 하는 증상들이 있어야 한다. 예를 들면 걸어가면서 균형을 못 잡는다든지, 국부적으로 약하든지 감각이 마비되든지, 환각, 귀먹음, 경련 발작, 기억 상실 등이 있어야 한다. 신체화 장애의 진단 기준에는 완전히 들어맞지 않지만 유사한 신체형 장애를 보일 때는 미분화 신체 장애*undifferentiated somatoform disorder*라는 진단을 내린다.

위에서 주로 〈신체화 장애〉에 관해 서술했는데, 이것이 〈히스테리〉를 〈신체화 장애〉로 국한시키려는 의도는 아니다. 전통적으로 〈히스테리〉라는 용어는 사람마다 다른 뜻으로 사용했다. 〈신체화 장애〉뿐 아니라 〈전환 장애〉, 〈히스테리적 성격〉, 혹은 이 중 중간의 현상들을 설명하기 위해 사용되었던 것이다. 〈히스테리〉를 정의하기 위해 폴 브리케Paul Briquet는 1856년 자그마치 430건의 사례를 보고했는데, 그는 〈신체화 장애〉를 특히 강조했다(한편 프로이트의 히스테리 연구는 〈전환 히스테리〉, 〈전환 장애〉의 이해에도 공헌했다).

우리나라의 히스테리 환자
『정신 장애의 진단 기준 및 통계 편람 제4판』에서는 문화마다 신체 증상들의 종류와 빈도가 다르다는 것을 인정한다. 그러므로 위에서 나열한 증상들은 현재 미국에서 자주 보게 되는 증세들에 불과하다. 미국에서 유병률은 여성의 경우 0.2%에서 2%, 남성의 경우 0.2% 이하이다. 원래의 히스테리 개념보다 현대의 기준이 조금 더 엄격하고 좁은 의미를 지니는 탓도 있지만 히스테리가 수수께끼처럼 널리 유행하던 19세기에 비하면 유병률이 낮다고 볼 수 있다.

본 역자나 동료들의 임상 경험에 따르면 우리나라의 경우 히스테리 증상을 보이는 내담자의 반 이상이 전업주부이다. 복통, 배가 더부룩한 느낌, 메스꺼움 등 소화기 장애들과 함께 요통, 손발 저림 등을 많이 호소한다. 연구 논문[1]에 따르면 우리 나라의 히스테리 환자들은 소화기 계통의 증상들보다도 심장 호흡기 계통 증상인 심계항진, 현기증, 가슴의 통증을 더 많이 호소했다. 표집 크기가 작기 때문에 결과를 일반화시키기는 이르지만 역자가 본 미국 환자들과 그 양상이 달라서 흥미롭다. 한 예비적 연구[2]에서는 『정신 장애의 진단 기준 및 통계 편람 제3판』의 진단 기준에다 한국의 환자들이 흔히 호소하는 증상들을 추가하고 한국형 신체화 장애라고 이름 붙인 바 있다.

여기서 한국 문화와 관련된 증후군인 홧병을 잠깐 논하고자 한다. 홧병에는 우울, 불안 등의 일반 신경증적인 증상과 더불어 홧병 특유의 여러 증상, 즉 목, 가슴의 덩어리 뭉침, 치밀어 오름, 신체나 얼굴의 열기, 답답함, 심계항진, 소화기 장애, 두통 등의 통

---

1 김호찬·오동원·도정수, 「신체화 장애의 임상 양상」, 『신경정신의학』 제31권 제2호, 1992, 240~250쪽.
2 이만홍·민성길·김경희·김수영·송동호·신정호·박묵희·배안·송금영, 「한국판 진단적 면담 결과의 개발과 그 타당도 검사 ─ 강화도 정신과 역학 연구(1)」, 『신경정신의학』 제25권, 1986, 300~313쪽.

증을 함께 호소한다. 히스테리 증상과 겹치는 임상 양상이 있는 것 같다.『정신 장애의 진단 기준 및 통계 편람 제4판』에서는 홧병이 한국 문화에 고유한 증후군으로 기록되어 있다.

역자나 역자의 동료들이 상담 과정에서 경험한 바로는, 홧병은 주로 중년 이후의 여자들에게 많고 원인으로 남편과 시부모와의 관계, 자녀와의 갈등, 가족의 병이나 사망 등을 들 수 있다. 이에 대해 화, 억울함, 분함, 속상함 등의 감정 반응을 보인다.「홧병에 대한 일반 역학적 연구」[3]에 따르면 홧병 환자들 중에 한국형 신체화 장애에 들어맞는 경우가 약 38%였지만 원래의『정신 장애의 진단 기준 및 통계 편람 제3판』에 있는 신체화 장애의 진단 기준에는 아무도 들어맞지 않았다. 홧병 환자들 중에는 범(汎)불안 장애[4]와 우울증의 진단도 함께 내려야 하는 경우도 꽤 많다. 이 결과를 토대로 연구자들은, 홧병이 매우 복잡하고 광범위한 개념의 장애라고 말하고 있다.

『히스테리 연구』와 히스테리 그리고 정신분석

19세기의 의학계는 해부학과 생리학을 강조하는 경향이 두드러졌다. 우울 등의 모든 심리적 증상을 〈뇌 조직이 병든 탓〉이라고 여기는, 좁은 〈의학적 모델〉이 성행하고 있었다. 당시 이러한 사조 속에서 브리케는 히스테리가 성적인 것에서 비롯될 가능성을 부정했는데, 이것은 매우 영향력이 있었다. 히스테리가 심리적인 병이 아니라 뇌의 조직 장애에서 비롯된 것이라는 주장은 널리 받아들여졌다.

이러한 상황에서도 샤르코는 심리적인 접근법을 써서 히스테

3 민성길·남궁기·이호영,『신경정신의학』제29권, 1990, 867~874쪽.
4 일에 대하여 극심하게 불안해하고 걱정하는 것이 특징.

리를 치료했고, 관념이 히스테리 현상을 야기한다고 했다. 그러나 유전적인 영향도 강조했다. 샤르코가 사용한 접근법은 최면 암시 요법으로 환자를 최면 상태로 이끈 뒤 직접적인 암시를 주는 것이다. 예를 들어 환자가 복통을 호소하면 최면 상태에서 〈복통이 없어집니다〉라는 암시를 주는 것이다. 이 책의 사례사를 읽어 보면 프로이트가 이 방법을 에미 부인에게 사용했지만 효과를 보지 못했다는 기록이 나온다.

브로이어는 환자들이 히스테리의 병인이 되는 외상적인 사건들을 기억하지 못하는 문제를 해결하기 위해 최면을 이용했다. 그의 카타르시스 요법에는 우선 환자를 최면 상태로 이끈 뒤 증상의 원인이라고 여겨지는 잊힌 외상적 기억들을 불러일으키고, 그에 얽힌 감정을 발산시킴으로써 그 증상을 완화시킨다. 그러나 『히스테리 연구』에 나오는 사례들을 보면서 프로이트는 치료 수단으로서의 최면을 버릴 생각을 하게 된다. 프로이트 말에 따르면 자신이 최면에 능숙하지 못해서인지 최면 상태에 빠지지 않은 환자도 있었다고 한다. 또한 히스테리의 원인이 복합적인 경우 일회적인 카타르시스 요법은 부적합해 보였다. 그러던 중 〈저항〉이라는 현상을 발견하고, 그 개념을 발전시키는 과정에서 최면술과 암시 요법이 환자의 저항을 알아차리지 못하게 하고 그 현상을 연구하고 활용할 기회를 박탈한다는 것을 깨닫게 되었다. 엘리자베트를 치료하면서 각성 상태에서 환자의 이마를 손으로 압박시켜 외상적인 기억을 불러일으키도록 종용하는 방법을 사용해 보기도 하면서 프로이트는 점차 자유 연상을 발전시켜 갔다.

프로이트는 여러 사례에 대한 자세한 기록과 관찰한 현상이 개념을 형성하기까지의 연구 과정과 다양한 자료를 남겼다. 『히스테리 연구』에서 특히 에미 폰 N. 부인에 대한 초기 치료 기록을 보면 상담 현장에 있는 역자로서는 그 자세함과 진솔함이 존경스럽기까지 하다. 현대 심리 치료자의 눈으로 볼 때 그가 부적절한 치료 개입을 한 것이 드러나는 부분도 있으나 프로이트가 〈심리 치료〉 발달의 초기에 활동했으며, 치료 과정에 대한 풍부한 정보를 제공해 주었다는 사실만으로도 가리고도 남을 터인지도 모른다. 물론 사례 기술 방법이 비체계적일 수도 있고, 체계적이라고 할지라도 자신이 선호하는 이론에 부합하는 자료만 선택적으로 제시한다는 비난을 받을 만한 점도 있을 것이다. 그러나 사례를 일일이 정리한 프로이트의 노력은 놀라울 뿐만 아니라 그의 진리 탐구에 대한 열정과 끈기는 존경받아 마땅하다.

정신분석은 당시 유행하던 히스테리의 원인을 규명하고 치료하려는 노력에서 태어난 것이라고 할 수 있다.『히스테리 연구』가 완성된 다음 해인 1896년이 바로 정신분석이 시작된 해이다.『히스테리 연구』본문에는 저항, 전이, 무의식 등 정신분석의 중요한 사례들에 나오는 환자들을 치료하면서 싹트기 시작한 개념들도 있다. 히스테리가 정신 병리의 근대 이론 발달에 중요한 역할을 했던 것처럼『히스테리 연구』는 정신분석 발달에 중요한 초석을 놓았던 것이다.

끝으로『히스테리 연구』에 나오는 환자들 중 아나 O. 양이 누구였는지 밝히고 후기를 끝맺고자 한다.

아나 O. 양의 증세는 상황에 따라 달라졌고, 내면적인 것의 표상이라는 것을 쉽게 볼 수 있었다. 주치의였던 브로이어와의 이별을 앞두고 그녀는 상상 임신 등의 증세를 보였다. 프로이트는 이를 브로이어에게 의존하고 있다는 징표로 보았다.

몇 년 후 파펜하임Bertha Pappenheim이라는 여성이 여성 해방

론자로서, 또 사회 복지사로서 직업적 성취를 이룩하기 시작했다. 여성의 권리를 주장하는 책을 번역하고, 유대인 학살의 희생자들을 위한 안식처를 설립하기도 했다. 이 여성이 바로 아나 O. 양이었다. 서독 정부는 그녀의 업적을 기리는 우표를 발행하기도 했다. 그녀는 훌륭한 인격의 소유자였고, 정력적으로 일하며 인류애로 가득 찬 여성으로 묘사된다(그녀가 뇌의 장애를 앓았으나 후에 나은 것이라는 설도 무성하다).

이 책은 영국의 펭귄 출판사에서 발행한 *Penguin Freud Library*의 제3권 *Studies on Hysteria*를 번역 대본으로 하고 *The Standard Edition of the Complete Psychological Works of Sigmund Freud*, London: the Hogarth Press and the Institute of Psycho-Analysis (1955)를 참고했다. 도움을 주신 이민식 선생과 김영아에게 감사드린다.

김미리혜

참고 문헌

프로이트의 저술은 『표준판 전집』에 있는 논문 제목과 권수를 표시하고 열린책
들 프로이트 전집의 권수를 병기했다.

Benedikt, M. (1894) *Hypnotismus und Suggestion*, Wien.

Bernheim, H. (1886) *De la suggestion et de ses applications à la thérapeutique*, Paris.

Binet, A. (1892) *Les altérations de la personnalité*, Paris.

Cabanis, P. J. G. (1824) *Rapports du physique et du moral de l'homme*, *Œuvres
complètes*, 3, 153, Paris.

Charcot, J.-M. (1887) *Leçons sur les maladies du système nerveux, III*, Paris.

(1888) *Leçons du mardi à la Salpêtrière*, 1887~88, Paris.

Darwin, C. (1872) *The Expression of the Emotions in Man and Animals*, London.

Delboeuf, J. R. L. (1889) *Le magnétisme animal*, Paris.

Exner, S. (1894) *Entwurf zu einer physiologischen Erklärung der psychischen
Erscheinungen*, Wien.

Fisher, J. (1955) *Bird Recognition III*, Penguin Books.

Freud, M. (1957) *Glory Reflected*, London.

Freud, S. (1888-9) Translation with Preface and Notes of H. Bernheim's *De la
suggestion et de ses applications à la thérapeutique*, Paris, 1886, under the title
Die Suggestion und ihre Heilwirkung, Wien.

(1891b) *On Aphasia*, London and New York, 1953.

(1892-3) "A Case of Successful Treatment by Hypnotism", *Standard Ed.*, 1,
117.

(1893a) & Breuer, J., "On the Psychical Mechanism of Hysterical Phenomena:
Preliminary Communication", in *Studies on Hysteria*, *Standard Ed.*, 2, 3; 열린책
들 3.

(1893c) "Some Points for a Comparative Study of Organic and Hysterical
Motor Paralyses", *Standard Ed.*, 1, 157.

(1893h) Lecture "On the Psychical Mechanism of Hysterical Phenomena", *Standard Ed.*, 3, 27.

(1894a) "The Neuro-Psychoses of Defence", *Standard Ed.*, 3, 43.

(1895b[1894]) "On the Grounds for Detaching a Particular Syndrome from Neurasthenia under the Description 'Anxiety Neurosis'", *Standard Ed.*, 3, 87; 열린책들 10.

(1895c[1894]) "Obsessions and Phobias", *Standard Ed.*, 3, 71.

(1895d) & Breuer, J., *Studies on Hysteria*, London, 1956; *Standard Ed.*, 2, 열린 책들 3.

(1896b) "Further Remarks on the Neuro-Psychoses of Defence", *Standard Ed.*, 3, 159.

(1900a) *The Interpretation of Dreams*, London and New York, 1955; *Standard Ed.*, 4–5; 열린책들 4.

(1901b) *The Psychopathology of Everyday Life*, *Standard Ed.*, 6; 열린책들 5.

(1904a) "Freud's Psycho-Analytic Procedure", *Standard Ed.*, 7, 249.

(1905c) *Jokes and their Relation to the Unconscious*, London, 1960; *Standard Ed.*, 8, 열린책들 6.

(1905d) *Three Essays on the Theory of Sexuality*, London, 1962; *Standard Ed.*, 7, 125; 열린책들 7.

(1905e [1901]) "Fragment of an Analysis of a Case of Hysteria", *Standard Ed.*, 7, 3; 열린책들 8.

(1906a [1905]) "My Views on the Part played by Sexuality in the Aetiology of the Neuroses", *Standard Ed.*, 7, 271; 열린책들 10.

(1909a [1908]) "Some General Remarks on Hysterical Attacks", *Standard Ed.*, 9, 229; 열린책들 10.

(1909b) "Analysis of a Phobia in a Five-Year-Old Boy", *Standard Ed.*, 10, 3; 열린책들 8.

(1910a [1909]) *Five Lectures on Psycho-Analysis*, *Standard Ed.*, 11, 3; in *Two Short Accounts of Psycho-Analysis*, Penguin Books, Harmondsworth, 1962.

(1911c [1910]) "Psycho-Analytic Notes on an Autobiographical Account of a Case of Paranoia (Dementia Paranoides)", *Standard Ed.*, 12, 3; 열린책들 9.

(1912–13) *Totem and Taboo*, London, 1950; New York, 1952; *Standard Ed.*, 13, 1; 열린책들 13.

(1914c) "On Narcissism: an Introduction", *Standard Ed.*, 14, 69; 열린책들 11.

(1914d) "On the History of the Psycho-Analytic Movement", *Standard Ed.*, 14,

3; 열린책들 15.

(1915e) "The Unconscious", *Standard Ed.*, 14, 161; 열린책들 11.

(1916-17 [1915-17]) *Introductory Lectures on Psycho-Analysis*, New York, 1966; London, 1971; *Standard Ed.*, 15-16; 열린책들 1.

(1917 [1915]) "Mourning and Melancholia", *Standard Ed.*, 14, 239; 열린책들 11.

(1918b [1914]) "From the History of an Infantile Neurosis", *Standard Ed.*, 17, 3; 열린책들 9.

(1920g) *Beyond the Pleasure Principle*, London, 1961; *Standard Ed.*, 18, 7; 열린책들 11.

(1921c) *Group Psychology and the Analysis of the Ego*, London and New York, 1959; *Standard Ed.*, 18, 69; 열린책들 12.

(1923b) *The Ego and the Id*, London and New York, 1962; *Standard Ed.*, 19, 3; 열린책들 11.

(1924f [1923]) "A Short Account of Psycho-Analysis" [published as "Psycho-analysis: Exploring the Hidden Recesses of the Mind"], Chap. 73, Vol. 2 of *These Eventful Years*, London and New York; *Standard Ed.*, 19, 191; 열린책들 15.

(1925a [1924]) "A Note upon the 'Mystic Writing-Pad'", *Standard Ed.*, 19, 227; 열린책들 11.

(1925d [1924]) *An Autobiographical Study*, *Standard Ed.*, 20, 3; 열린책들 15.

(1925g) "Josef Breuer", *Standard Ed.*, 19, 279.

(1926d [1925]) *Inhibitions, Symptoms and Anxiety*, London, 1960; *Standard Ed.*, 20, 77; 열린책들 10.

(1927a) "Postscript to *The Question of Lay Analysis*", *Standard Ed.*, 20, 251; 열린책들 15.

(1927c) *The Future of an Illusion*, London, 1962; *Standard Ed.*, 21, 3; 열린책들 12.

(1930a) *Civilization and its Discontents*, New York, 1961; London, 1963; *Standard Ed.*, 21, 59; 열린책들 12.

(1935a) Postscript (1935) to *An Autobiographical Study*, new edition, London and New York; *Standard Ed.*, 20, 71; 열린책들 15.

(1939a [1934-8]) *Moses and Monotheism*, *Standard Ed.*, 23, 3; 열린책들 13.

(1940a [1938]) *An Outline of Psycho-Analysis*, New York, 1968; London, 1969; *Standard Ed.*, 23, 141; 열린책들 15.

(1950a [1887-1902]) *The Origins of Psycho-Analysis*, London and New York,

1954. (Partly, including "A Project for a Scientific Psychology", in *Standard Ed.*, 1, 175.)

(1960a) *Letters 1873-1939* (ed. E. L. Freud), New York, 1960; London, 1961.

(1963a [1990-39]) *Psycho-Analysis and Faith. The Letters of Sigmund Freud and Oskar Pfister* (ed. H. Meng and E. L. Freud), London and New York, 1963.

(1965a [1907-26]) *A Psycho-Analytic Dialogue. The Letters of Sigmund Freud and Karl Abraham* (ed. H. C. Abraham and E. L. Freud), London and New York, 1965.

(1966a [1912-36]) *Sigmund Freud and Lou Andreas-Salomé: Letters* (ed. E. Pfeiffer), London and New York, 1972.

(1968a [1972-39]) *The Letters of Sigmund Freud and Arnold Zweig* (ed. E. L. Freud), London and New York, 1970.

(1970a[1919-35]) *Sigmund Freud as a Consultant. Recollections of a Pioneer in Psychoanalysis* (Freud가 Edoardo Weiss에게 보낸 편지, Weiss의 회고와 주석, Martin Grotjahn의 서문과 해설 포함), New York, 1970.

(1974a [1906-23]) *The Freud / Jung Letters* (ed. W. McGuire), London and Princeton, N. J., 1974.

Hartmann, E. von (1869) *Philosophie des Unbewußten*, Berlin.

Hecker, E. (1893) "Über larvirte und abortive Angstzustände bei Neurasthenie", *Zentbl. Nervenheilk.*, 16, 565.

Herbart, J. F. (1824) *Psychologie als Wissenschaft*, Königsberg.

Janet, Pierre (1889) *L'automatisme psychologique*, Paris.

(1893) "Quelques définitions récentes de l'hystérie", *Arch. neurol.*, 25, No. 76, 417 and 26, No. 77, 1.

(1894) *État Mental des hystériques*, Paris.

Jones, Ernest (1953) *Sigmund Freud: Life and Work*, Vol. 1, London and New York.

(1955, 1957) *Sigmund Freud: Life and Work*, Vols 2 and 3, London and New York.

Lange, C. G. (1885) *Om Sindsbevaegelser, et Psyko-Fysiologisk Studie*, Copenhagen.

Mach, E. (1875) *Grundlinien der Lehre von den Bewegungsempfindungen*, Leipzig.

Möbius, P. J. (1888) "Über den Begriff der Hysterie", *Zentbl. Nervenheilk.*, 11, 66.

(1894) "Über Astasie-Abasie", *in Neurologische Beiträge* I, Leipzig.

(1895) "Über die gegenwärtige Auffassung der Hysterie", *Mschr. Geburtsh. Gynäk.*, 1, 12.

Oppenheim, H.(1890) "Tatsächliches und Hypothetisches über das Wesen der

Hysterie", *Berl. klin. Wschr.*, 27, 553.

Pitres, A. (1891) *Leçons cliniques sur l'hystérie et l'hypnotisme*, Paris.

Romberg, M. H. (1840) *Lehrbuch der Nervenkrankheiten des Menschen*, Berlin.

Schopenhauer, A. (1844) *Die Welt als Wille und Vorstellung* (2nd ed.), Leipzig.

Strümpell, A. von (1892) *Über die Entstehung und die Heilung von Krankheiten durch Vorstellungen*, Erlangen.

Wernicke, C. (1900) *Grundriss der Psychiatrie*, Leipzig.

Westphal, C. F. O. (1877) "Über Zwangsvorstellungen", *Berl., klin. Wschr.*, 14, 669, 687.

찾아보기

갈등Konflikt / conflict 117, 127, 154, 158, 199, 225, 229, 233, 245, 283, 284

감각 인상Sinneindruck / sense-impression 258, 263, 272, 282, 310

감각 지각Sinneswahrnehmung / sense-perception 154, 281, 282, 309

강박 관념Zwangsvorstellung(Zwangsidee) / obsession 341~343, 364, 365, 372

강박 신경증Zwangsneurose / compulsive neurosis 342, 344

강박증Zwang / compulsion 148

검열Zensur / censorship 356, 374

관념 복합Vorstellu ngkomplex / ideational complex 289, 291, 317, 320, 334

광기Wahnsinn / insanity 121

광장 공포증Agoraphobie / agoraphobia 150

괴테Goethe, J. W. von 120, 187, 262, 280, 308, 407

기억 상징Erinnerungssymbol / mnemonic symbol 237

대치Substitution / substitution 31, 45, 62, 71, 96, 150, 159, 176, 254, 260, 274, 279, 293, 375, 392, 398, 402

델뵈프Delboeuf, J. R. L. 18, 136

동물 환각Zoopsie / animal hallucination 89

랑게Lange, C. G. 272

뢰벤펠트Löwenfeld, L. 148

리에보Liébeault, Ambrorise-Auguste 144

■

마이네르트Meynert, Theodor 258, 438

마흐Mach, E. 284

망각Vergessenheit / forgetting 149, 243

망상Wahn / delusion 291

몽유Somnambulismus / somnambulism 69, 73, 80, 118, 132~135, 144~150, 165, 224, 339, 355, 377, 378

뫼비우스Möbius, P. J. 254~257, 260, 261, 289, 290, 296, 326, 332~334

무의식das Unbewußte / the unconscious 8, 18, 19, 66, 165, 216, 228, 262, 264, 289, 298, 300, 301, 303, 305~308, 312, 315, 317~321, 329, 360, 364, 377, 387~389, 397, 401

ㅂ

반대 의지Gegenwille / counterwill 15, 127

반복 강박Wiederholungszwang / repetition compulsion 141

방어Abwehr / defence 6, 23, 164, 176, 186, 199, 214, 229, 245, 278, 288, 289, 291, 316, 317, 342, 350, 356, 357, 369, 371, 373, 375, 378~380

방어 히스테리Abwehrhysterie / defence hysteria 229, 378~380

베네딕트Benedikt, M. 19, 284

베르넴Bernheim, Hippolyte 95, 136, 145, 147, 355

보유 히스테리Retentionshysterie / retention hysteria 222, 234, 285, 378~380

복합성 히스테리die komplizierte Hysterie / complicated hysteria 298

본능Trieb / instinct 36, 139, 270, 272, 278, 280, 330

불안Angst / anxiety 15, 17, 38, 39, 41, 43, 44, 46, 47, 50, 58, 59, 62, 63, 70, 88, 92, 94~99, 104~106, 108, 112, 113, 117, 119, 121, 122, 126, 150, 168~170, 178, 180, 181, 184, 192, 212, 213, 273, 274, 284, 290, 292~295, 299, 305, 315, 329~331, 342~347, 362, 363

불안 발작Angstanfall / anxiety attack 43, 168, 169, 362, 363

불안 신경증Angstneurose / anxiety-neurosis 92, 121, 184, 284, 330, 342~347

불안 예기Angstbereitschaft / anxiety-anticipation 343, 345

불안 히스테리Angsthysterie / anxiety hysteria 342

브로이어Breuer, Josef 6, 7, 13, 23, 35, 61, 66, 69, 77~79, 92, 106, 107, 110, 128, 139, 173, 218, 244, 249, 264, 279, 285, 301, 309, 340~342, 344, 350, 353, 354, 378, 381

비네Binet, Alfred 18, 25, 260, 306, 308, 334

◈

상징Symbol / symbol 8, 16, 79, 99, 124, 127, 129, 130, 143, 144, 154, 158~160, 178,
195, 208, 236, 237, 239, 241, 244~249, 282, 369

상징화Symbolisierung / symbolization 16, 143, 208, 241, 244~249

샤르코Charcot, Jean-Martin 26, 27, 29, 30, 63, 105, 128, 180, 182, 288, 318, 345

성도착Fetischismus / fetishism 343

성욕Sexualität / sexuality 348

성충동Sexualtrieb / sexual-impulse 180

소산(消散)Abreagieren / abreaction 20~22, 24, 28, 31, 137, 178, 202, 261, 278, 293,
302, 319, 339, 340

소질성 히스테리die disponierte Hysterie / dispositional hysteria 25

슈트륌펠Strümpell, Adolf von 19, 329

신경증Neurose / neurosis 14, 16, 25, 32, 35, 63, 92, 94, 96, 98, 99, 112, 118~122,
124~126, 128~130, 137, 150, 163, 164, 167, 168, 170, 180, 183, 184, 221, 224,
229, 239, 259, 261, 272, 284~286, 297, 305, 316, 330, 340~347, 349, 350, 353,
362, 381, 388, 395, 402

실제적 신경증Aktualneurose / actual neurosis 121

◐

암시Suggestion / suggestion 18, 19, 26, 31, 32, 35, 64, 68, 73, 75, 76, 81, 82, 84, 85,
88, 89, 95, 100, 106, 109, 110, 117, 126, 134~137, 185, 224, 247, 255, 284, 292,
294, 304, 321, 325, 331, 332, 334, 339, 359, 377, 392

억압Verdrängung / repression 6, 22~24, 29, 40, 60, 82, 110, 119, 120, 122, 123, 135,
151, 155, 164, 165, 199, 202, 215, 216, 218, 223~225, 228, 234, 280, 283, 284,
289, 290, 316, 329, 330, 333, 334, 357, 378, 385

억제Unterdrückung / supression 15, 20, 22, 25, 62, 66, 71, 125, 127, 221, 233, 236,
263, 270, 307, 310

엑스너Exner, Sigmund 263, 266, 323

연상Assoziation / association 21, 23~26, 28~31, 63, 66, 80, 102, 104, 122, 123, 128,
131, 155, 172, 179, 195, 199, 203, 205, 208, 215, 227, 228, 240, 241, 245, 267, 273,
274, 278, 281~284, 288, 291, 292, 310, 314, 319, 321, 334, 339, 357~360, 380

오펜하임Oppenheim, H. 260, 324

왜곡Entstellung / distortion 140, 181, 371, 374, 385

외상Trauma / trauma 6, 14, 16, 17, 20~25, 27, 28, 30, 32, 37, 41, 63, 75, 81, 97, 103,
118~120, 123, 124, 127, 128, 130, 131, 137, 138, 143, 144, 154, 155, 158, 160,

161, 164~166, 174, 179, 180, 195, 204, 215, 222, 229, 230, 237, 238, 244, 245, 283, 285, 287, 296, 298, 311, 316, 330, 331, 354, 366, 381

외상성 히스테리die traumatische Hysterie / traumatic hysteria 16, 63, 283, 296, 331

욕구Anspruch / need 95, 139, 221, 234, 267, 268, 270, 271, 291, 293, 295, 315~317, 326, 331, 332

유최면 공포Schreckhypnoid / hypnoid fright 296, 316

유최면 상태Hypnoid / hypnoid 24~26, 28~30, 289~291, 293, 295, 315~317, 332~334

유최면 히스테리Hypnoidhysterie / hypnoid hysteria 378~380

융Jung, C. G. 310

음성 환각die negative Halluzination / negative hallucination 43, 147

의식Bewußtsein / consciousness 6, 19, 21, 23~25, 28~31, 38, 39, 41, 48, 50, 51, 57, 62, 65, 66, 68, 71, 82, 88, 94~97, 105, 119, 124, 130~133, 140, 146~151, 155, 156, 164~166, 172, 179, 180, 187, 190, 192, 196, 197, 214~217, 223, 225~229, 238, 239, 243, 244, 262, 263, 271, 273, 278, 282, 284, 289, 290, 293, 296~321, 329, 330, 333~335, 339, 354, 356, 357, 359, 360, 379, 382, 385, 386, 387, 391, 395, 397, 400

이중 의식double conscience 24, 62, 305, 317

ᄌ

자기 관찰Selbstbeobachtung / Self-observation 296, 314

자기 암시Autosuggestion / autosuggestion 247, 255, 292, 325

자기 의식Selbstbewußtsein / self-conciousness 299~301, 306, 307

자기 최면Autohypnose / auto-hypnosis 23, 46, 291~296, 315, 317, 332

자네Janet, P. 18, 25, 1227, 140, 260, 266, 306, 308~313, 319, 320, 322, 334

자아das Ich / ego 127, 140, 155, 164~166, 172, 179, 180, 227, 230, 308, 315, 349, 350, 356, 357, 359, 369, 378~380, 384~386, 395, 396

자위(행위)Onanie(Selbstbefleckung) / masturbation 284

자유 연상die freie Assoziation / free association 80

잠복기Inkubation / period of incubation 37, 52, 176, 180, 288, 349

잠재 의식das Latentbewußte / the subconscious 66, 96

저항Widerstand / resistance 38, 63, 104, 135, 145, 174, 186, 211, 214, 215, 227, 275, 276, 281, 290, 321, 323, 327, 350, 351, 356~358, 362, 365, 369~380, 382, 385~390, 398~400

전이(轉移)Übertragung / transference 61, 62, 399~402

전환(轉換)Konversion / conversion 16, 51, 119, 126, 130, 154, 155, 164~166, 176, 180, 199~201, 205, 214, 225~232, 237, 238, 240, 241, 245, 247, 267, 275, 279, 280, 283, 287, 288, 291~294, 296, 302, 316, 328~332, 334, 357, 368, 378, 379, 392

전환 히스테리Konversionhysterie / conversion hysteria 342

정동(情動), 정서Affekt / affectivity 272, 301

정신 이상Psychose / psychosis 66, 78

조발성 치매Dementia Praecox / dementia praecox 129

주 히스테리die große Hysterie / major hysteria 291, 332

징후Anzeichen / indication 29, 74, 116, 119, 120, 122, 128, 182, 304, 325, 328, 351

최면Hypnose / hypnosis 13, 18, 19, 22~31, 43, 45~49, 51~55, 57, 59, 63, 65~69, 72~75, 77~80, 82~86, 88~101, 103~110, 112~114, 116, 117, 122, 123, 126, 128, 130, 132~136, 139, 141, 144~146, 148, 152, 169, 172, 179, 187, 188, 196, 197, 203, 224, 232, 235, 242~244, 259, 284, 286, 289~296, 302~304, 309, 311, 317~319, 321, 332, 334, 339, 340, 352~355, 359, 363, 376~378

충동Strebung(Trieb) / impulse 44, 64, 131, 236, 267, 268, 270, 278, 285, 300, 319, 363, 400, 402

카타르시스Katharsis / catharsis 6, 20, 103, 128, 137, 141, 146, 187, 341, 347~350, 353, 369, 376, 377, 380, 398, 402, 404

퇴행Regression / regression 258

편집증Paranoia / paranoia 115, 164

플리스Fließ, Wilhelm 148

피트레Pitres, A. 243

해석Deutung / interpretation 6, 29, 118, 128, 143, 155, 172, 177, 193, 215, 227, 231, 235, 246, 248, 258, 263, 272, 323, 353, 359, 366, 368

환각Halluzination / hallucination 14, 18, 22, 27, 28, 36, 39, 42~44, 46~49, 51,
   56~63, 66, 71, 74, 89, 91, 101, 103, 118, 131, 143, 147, 243, 244, 249, 257~259,
   261, 275, 282, 289, 292, 311, 317, 318, 322, 333, 334
환각 혼란die halluzinatorische Verworrenheit / hallucinatory confusion 131, 333
환상Phantasie / phantasy 49
회상Erinnerung / recollection 18, 24, 25, 54, 75, 77, 80, 93, 97, 98, 101, 102, 105,
   113, 118, 123, 129, 143, 144, 154, 156, 158~160, 164, 175, 178, 180, 187, 188,
   198, 202, 212, 213, 223, 226, 231, 234~238, 278, 279, 282, 284, 287, 289, 296,
   298, 319, 355, 357~360, 363, 364, 366, 371, 373, 374, 377, 381, 382, 386, 390,
   391, 399, 400
히스테리Hysterie / hysteria 5, 7, 8, 11, 13~19, 21~32, 52, 53, 58, 59~69, 71, 76, 91,
   92, 97, 98, 105~107, 116, 118~120, 123~128, 130, 131, 135, 137~143, 150, 151,
   154, 155, 163~165, 169, 173, 178, 179, 180, 182, 183, 185, 188, 195, 196,
   199~201, 203, 208, 214, 220~222, 224, 225, 227~235, 237~241, 243, 244,
   247~249, 253~260, 264, 266, 275, 277, 279, 281~283, 285~292, 294~298,
   302~315, 317~335, 339~353, 356, 358, 362, 365, 372, 375, 376, 378~381, 384,
   388, 389, 392, 393, 399, 400, 402, 403

옮긴이 **김미리혜** 고려대학교 심리학과를 졸업하고 동 대학원에서 임상 심리학을 전공했으며 뉴욕 주립대학교 심리학과에서 박사 학위를 취득했다. 1989년부터 1994년까지 뉴욕주 스트레스·불안 센터 상담 및 심리 치료 실장을 역임했으며 현재 덕성여자대학교 교양학부 교수로 재직 중이다. 저서로는 『건강심리학』(공저), 『정서의 이해와 조절』(공저) 등이 있다.

프로이트 전집 3

히스테리 연구

발행일	1997년	4월 10일	초판	1쇄
	1998년	1월 20일	초판	3쇄
	2003년	9월 30일	2판	1쇄
	2019년	3월 1일	2판	13쇄
	2020년	10월 30일	신판	1쇄
	2023년	3월 10일	신판	2쇄

지은이 요제프 브로이어·지크문트 프로이트
옮긴이 김미리혜
발행인 홍예빈·홍유진
발행처 주식회사 열린책들

경기도 파주시 문발로 253 파주출판도시
전화 031-955-4000 팩스 031-955-4004
www.openbooks.co.kr

이 도서의 국립중앙도서관 출판예정도서목록(CIP)은 서지정보유통지원시스템 홈페이지(http://seoji.nl.go.kr)와 국가자료공동목록시스템(http://www.nl.go.kr/kolisnet)에서 이용하실 수 있습니다.(CIP제어번호 : CIP2020039854)